金融投机学

Financial Speculation

陈师伟 陈润和 编著

厦门大学出版社
XIAMEN UNIVERSITY PRESS
国家一级出版社
全国百佳图书出版单位

图书在版编目(CIP)数据

金融投机学/陈师伟,陈润和编著. —厦门:厦门大学出版社,2018.12
ISBN 978-7-5615-7098-2

Ⅰ.①金…　Ⅱ.①陈…②陈…　Ⅲ.①金融—投机　Ⅳ.①F830.91

中国版本图书馆 CIP 数据核字(2018)第 211678 号

出 版 人	郑文礼
责任编辑	许红兵
封面设计	夏　林
技术编辑	朱　楷

出版发行	厦门大学出版社
社　　址	厦门市软件园二期望海路 39 号
邮政编码	361008
总 编 办	0592-2182177　0592-2181406(传真)
营销中心	0592-2184458　0592-2181365
网　　址	http://www.xmupress.com
邮　　箱	xmupress@126.com
印　　刷	厦门市明亮彩印有限公司

开本	787 mm×1 092 mm　1/16
印张	19.75
字数	410 千字
版次	2018 年 12 月第 1 版
印次	2018 年 12 月第 1 次印刷
定价	68.00 元

本书如有印装质量问题请直接寄承印厂调换

厦门大学出版社
微信二维码

厦门大学出版社
微博二维码

序

我在教育战线上勤耕多年，教学之外，潜心科研，每日斗室度春秋，既是工作之需要，也是个人毕生之追求，积近半个世纪之辛劳，甚至是呕心沥血的付出，才出版了几部自己并不完全满意但聊可自慰的著作，算是对自己对亲人对后人对关心帮助自己的师长们有一个交代。近年来认真读书认真研究的人似乎有渐少之趋势，故多年来虽培养了不少博士硕士和本科生，但完成自己的研究著作并请我为其作序的学生并不多，当然他们在各条战线上都工作得十分出色，作为老师，吾与荣焉。陈师伟同学是我2003级的硕士研究生，2006年毕业。师伟同学曾在国家机关做过公务员，在大型国有企业担任过中层以上的管理者，此后和所有改革开放以来的年轻人一样，业余时间玩玩股票，留意股市的风云变幻，不经意间，竟涉入期货市场，从此人生发生了巨大的改变，在变幻莫测的不够成熟的股市和期货市场的惊涛骇浪中摸爬滚打，虽然遇到过不少挫折，也积累了不少经验，但更重要的体会是书读得还不够，研究得还不深，于是选择先放下，好好再读书。这时的师伟同学不是老师要他读，不是老师要他完成功课，也不是领导要他完成什么任务，而是"我要读"。正如他在前言中所说，期望把握市场波动的脉络，希望预测各个顶点和底部。毕业后的师伟同学重新回到自己的母校厦门大学，重新坐到厦门大学图书馆的阅览桌前，开始了长达十余年的读书研究实践的艰难历程，终于悟出了金融投机学方面许多更深的道理，更加难得的是在研究与实践中还有不少创新性的见解。为了与更多的人分享自己的心得和研究成果，师伟决定写这本书。本书完成于2017年年末，师伟又做了多次修改，付梓前，嘱我作序。如前所述，学生请我作序的并不多，有感于他的研究精神和探索精神，虽本书内容我不甚了了，也立即答应，夫做勉为其难的事。

本书作者认为，投资依靠价值，投机依靠概率，赌博依靠运气。为了更好地研究金融投机学，作者在认真学习概率论、行为金融学、心理学、博弈论等与金融投机相关理论的基础上，对金融投机学的理论基础进行了梳理。概括来讲，本书对投机交易的概念、不同交易行为的特点及区别、投机交易系统的设计方法、心理因素对交易的影响、价格形成的基础和价格形成的相关要素进行了分析。

本书在以下几个方面有所创新：提出了心理控制和投机者个人心理健康对投机交易行为的影响；论述了交易应激状态及解决的方法；首次提出交易者必须进

行自我心理训练和交易脱敏治疗方法;把趋势、优势、心定确定为投机交易的三大要素并与传统的天时、地利、人和联系起来。以上的一些创新思维是作者本人在学习研究和实践中的感悟总结和提升,是作者本人愿意与入门者和身在其中的困惑者分享的经验和成果。

　　本书作者是初次尝试把学习心得和实践经验与各位同好者分享,既是初次必有许多不足,如章目过多论述不深入,涉及的许多课题仅仅是该领域尚不够成熟的提法,有些论点证据不够充分。这些都是有待作者在今后的研究和实践中加以注意的。作者向我提起过,他还会继续努力学习、研究、实践,并不断提高,以期下一部作品能让自己和大家都更满意些。

　　术业有专攻,闻道有先后。作者嘱我作序,虽认真学习和拜读了他的大作,但对金融投机学依然一头雾水,古人教诲我们,知之谓知之,不知谓不知,是知也。我勉强写了以上的文字已经有违祖训了,实不敢再多置一言。有感于作者的勤奋努力,佩服其困境中的坚持,敬重其求知路上的执着,故不敢推辞所托,是为序。

廖泉文
于鹭岛

前 言

很久以前，我也像很多人一样，工作之余，炒些股票，但都是业余交易，小亏小盈，也没有影响到生活。不知道什么时候，意外地进入了期货市场，从此人生大不相同。

期货和股票不同的是杠杆交易，远比股票交易刺激，它可以让你一夜暴富，也可以让你一夜亏光。个人在股市还可以进行投资交易，但在期货市场很难进行投资，只能投机，期货交易的结果也必然对生活产生重大影响。

开始进入期货投机时，经常遇到各种交易问题，和很多人一样，我也期望能够把握市场波动的脉络，预测出各个顶点和底部。因为不甘心于亏损，所以开始了对专业投机的研究。

十多年前为了研究期货投机，我尽可能地将图书馆里与交易有关的书籍都看了一遍。我还从网络上下载了大量关于交易的书。当时的书籍并没有今天这么丰富，现在流行的《金融怪杰》《新金融怪杰》等书当时都没有中文翻译本，只有英文电子版。《克罗谈期货投资》只有港台翻译的版本。

读了很多交易方面的书，感觉还是没有什么用。交易中遇到很多问题，其实都是心理问题，于是又阅读了大量的心理学书籍和论文。

一直以来市场将投资与投机混为一谈，这些年发现实在不能混在一起了，于是起了个名叫"价值投资"。投资加上"价值"两字实在是画蛇添足。照此提法，大学的投资专业要改成"价值投资专业"，因为投资专业传授的就是价值的计算与投资。

直到有了多年的投机经验以后，回顾过去读过的书籍，发现都没有强调投机和投资的区别，而这恰恰是一个初入市场的交易者要明白的第一件事。

金融市场上的参与者行为复杂，有投资、投机、对冲保值，但更多的是赌博式交易，我们更愿意称这些市场的参与者为交易者。

投资依靠价值，投机依靠概率，赌博依靠运气。投机的背后其实是心理和资金的运动，表现出来的是概率的利用。

目前国内对投机学的理论研究还比较薄弱，这些年受到翻译国外书籍的影响，也有一些投机交易实务方面的书，却很难看到金融投机学的专著。大学里金融、财务专业传授的是投资理论和知识，但金融市场提供的却是投机的便利。因为没有投机就没有手续费和佣金,证券公司就无法生存,公司的融资成本也终将上升。这种知识与实务的脱节,导致多数人仍然不明白何为投资,投资与投机的区别是什么,投资和投机区分的依据是什么,各自需要什么策略。很多交易者都是碰运气交易。

本书的出发点,一是对投机学相关的各种理论进行一次梳理,包括金融交易相关的理论,如概率论、行为金融学、心理学、博弈论与战争理论、技术分析理论,尝试证明投机学的理论基础和前提假设。二是对专业投机实务进行初步的介绍,强调了容易被投机者忽略的资金管理、交易系统设计,而这些恰恰是决定投机成败的关键因素。

本书将情绪心理学、生理心理学、心理学应用于金融交易方面的研究,关注了交易心理控制和投机者心理健康问题,论述了交易应激状态及其解决办法,如收盘定多空、只关注价格而忽略其他信息等,并提出交易者自我心理训练、自我交易脱敏治疗的方法。首次将元认知理论与交易心理控制结合起来,应用于投机学。

本书提出了交易优势的概念,并将心定概念应用于投机交易中。将趋势、优势、心理因素(心定)与“天时地利人和”联系起来,提出了交易中趋势不如优势,心定最重要的观点。在技术分析应用方面,提出了均线成本论和均线战争论,用来解释均线背后的心理和资金运动。对于技术指标的应用,本书强调需要进行长期拟合才能确定有效的指标参数。本书将技术指标分为进攻性指标和防御性指标,分别用于开仓和平仓。上述论述均来自作者长时间的投机经验总结。

本书的主旨是阐明投机的本质、投机与投资的区别、投机交易的原理,因此本书并不是一夜暴富的秘籍。

本书作者认为:如果交易者不能正确区分投机与投资,注定亏损;没有适合自己的交易系统,必然无法稳定获利;不会正确地止损,那么亏多胜少,最终仍然无法获利。

交易者进入投机领域前,首先要了解投资与投机的区别,了解一下投机的真实面目,然后再决定是否进行投机,如果确定要进行投机,再去研究相关的资料。对于新交易者而言,这是一本投机入门的书;对于有了一定经验的投机者而言,可以获得一些新的感悟。

本书从投机理论方面进行了一些尝试研究,期望能够抛砖引玉。由于受研究条件和个人能力所限,必定存在一些不足。我们尽最大可能地检索了早期翻译的国外交易书籍、国内有原创的交易相关书籍及涉及投机理论的论文。本书对论述的内容均尽可能加注引用,如有遗漏,实属无意,希望大家能够及时指正。

陈师伟

2018 年 9 月

目 录

上篇·理论篇

下篇·实务篇

上 篇

理 论 篇

◆第一章◆

金融交易行为

第一节　金融交易市场

金融行业经过几百年的发展,从最初的商品、债券、股票的现货(现券)交易,发展到现在眼花缭乱的各种衍生品,但总体上可以分为期货市场、股票市场、外汇市场、金融衍生品市场、大宗商品电子交易市场。这些市场既能进行投资和套期保值交易,也能进行投机,区分的关键在于交易者本身的目的和行为。

一、期货市场

期货交易是以现货交易为基础,在远期合同交易基础上发展起来的交易方式,是市场经济发展到一定阶段的必然产物。最初的远期合同交易,至少有一千多年的历史,是商人先向农民支付定金预购农产品,农民等收获后再交付产品。远期交易至今仍然存在于民间贸易。远期合同交易经过产品质量、保证金、交割约定的标准化,并转移到固定的场所,形成了今天的期货交易。

期货通常指的是期货合约,是由期货交易所统一制定的、在将来某一特定时间和地点交割一定数量标的物的标准化合约。每份期货合约都有对应一定标准数量的现货,可以是某种商品,如铜或原油,也可以是某个金融工具,如外汇、债券,还可以是某个金融指标,如国债利率或股票指数。期货交易实际上是标准化期货合约的转让。

期货合约分为商品期货合约和金融期货合约。商品期货多为大宗商品,包括贵金属、有色金属、黑色金属、工业制成品、能源和原油制品、橡胶、矿产、农产品等。金融期货包括货币期货、利率期货、股价指数期货、股票期货、外汇(互换)期货。金融期货交易形式上和商品期货相同,但交割时可能以现金进行交割。

期货市场(future market)是期货合约交易的场所。广义上的期货市场包括期货交易所、结算所或结算公司、经纪公司和期货交易员；狭义上期货市场仅指期货交易所。

目前我国的期货交易所有四所，分别是上海期货交易所、大连商品交易所、郑州商品交易所、中国金融期货交易所。另外上海期货交易所下属的上海国际能源交易中心于 2018 年 3 月推出原油期货。

期货合约可以进行平仓了结，也可以交割了结。通常情况下，交割的数量很少。成熟的期货市场，期货合约交割率通常少于 5％，我国期货市场的交割率更低。

商品期货交割都是实物的交割；交割不一定是期货合约指定的商品，也可以是相关品种，通过升贴水进行交割。股指期货是现金交割。国债期货品种主要是中长期国债期货，一般采用实物交割。

二、期权市场

期权又称选择权，付给期权出售者一定的期权费后，期权持有者有在指定的日期或这个日期之前按双方约定的价格购买或出售一定数量某种商品或期货的权利。对于期权持有人而言，拥有一项权利，可以决定是否买入或出售标的资产。对于期权卖出者来说，收取期权费（保险费、期权价格、权利金）做补偿，有义务保证持有人行使购买权或卖出权。

期权市场是随着期货市场的发展而产生的，并且期货期权的行权、履约要依托原生期货市场。

按照购买者的权利，期权可以分为看涨期权和看跌期权。按交割时间可以分为美式期权和欧式期权。按期权的内涵价值，可以分为实值期权、虚值期权和平价期权。按交割品可以分为商品现货期权、金融现货期权、商品期货期权和金融期货期权。

看涨期权又称买入期权，是指期权的购买者享有在规定的有效期限内按某一具体的履约价格买进某一特定数量的相关金融资产的权利，但不负有必须买进的义务。

看跌期权又称为卖出期权，是指期权的购买者享有在规定的有效期限内按某一具体的履约价格卖出某一特定数量的相关金融资产的权利，但不负有必须卖出的义务。

欧式期权是指期权合约的购买方在合约到期日才能决定是否履约的期权。

美式期权是指期权合约的购买方在合约有效期内的任何一个时间都能决定是否履约的期权。

实值期权是指期权持有者如果立即执行权利则可获得正现金流。如标的物价格在执行价格之下的看跌期权。

平价期权是指期权持有者如果立即执行权利则其现金流为零。如标的物价格与执行价格相等的期权合约。

虚值期权是指期权持有者如果立即执行权利则其现金流为负值。如标的物价格在执行价格之上的看跌期权。虚值期权的持有者是不会行权的,因为如果行权还不如直接到相应市场上买入标的资产更省钱。

期权交易中,交易者了结头寸的方式除了行权与被动履约外,还可以平仓,无论是买方还是卖方,都不是必须将仓位持有至到期,换句话说,平仓是买卖双方共同的权利。

期权具有以下特点:

1.标的物的特殊性:期权交易对象是一种权利。这种权利是建立在标的资产的基础上的。

2.期权买卖双方在享有权利或者承担义务上存在明显的不对称性。期权的买方只有权利没有义务。期权的卖方有义务在买方行权时,保证买方能够按约定行权。从这一点上看期权卖方有些类似于保险公司卖出保险。期权买卖双方权利义务的不对称性并不意味着不公平,因为买方要支付给卖方期权费。

3.期权具有时间性,只能在合同规定的时间内行使。

4.期权价格是一个变量,而期权合约的敲定价格是不会发生改变的。

5.期权交易双方的风险不同。买方的风险较低,最大的风险就是期权费用,收益可能是无限的;卖方收益是有限的,最大的收益是期权费用,风险可能是无限的。

6.期权交易在许多方面类似于期货交易,也存在杠杆。

7.期权的概念是站在买方的角度定义的,比如看涨期权、看跌期权、权利的放弃等。买方看涨标的资产,才会买入相应的看涨期权。如果买方看跌标的资产,那么会买入看跌期权。

人们都说期权市场买方风险有限,收益无限;而卖方风险无限,收益有限。真的如此吗?

首先,卖方风险无限大,是假定期权价格可以向一个方向无限变动。但实际上期货市场有涨停板限制、强制平仓制度,实际上价格无法单边无限上涨。而下跌的最低值为零,因此看跌期权卖方风险也是有限的。

其次,任何一个期权都有到期日,期权在有限的时间跨度内价格变动幅度总是有限的。

再次,卖方在到期日前可以平仓期权,以控制风险;也可以通过现货市场、期货市场交易相应的合约进行对冲,转移风险。

最后,从国外期权的运作来看,期权买方和卖方风险都是一样的,买方的盈利是卖方的亏损,卖方的盈利是买方的亏损。

【例 1-1】交易者 2018 年 5 月 18 日以 341 元的价格,买入 1 手 10 吨,行权价格为 5200 元的白糖 1809 看涨期权,当时白糖期货 1809 合约(2018 年 9 月到期交割)的结算价格为 5533 元,期权结算价为 348 元。买方花费 341 元就是付给卖方的权利金。假设买方当天申请行权,那么需要在收盘前存入足够的期货合约保证金,次日可以得到一手开仓价为5200元的白糖期货1809多头合约,该期权的价值为333(5533－5200)元,属于实值期权。不考虑手续费,行权后买方亏损8元。

对于卖方,在期权成交后,收到买方支付的341元,同时要向交易所缴纳履约保证金为:

$$348×10＋(5533×10×7\%)/2≈5417(元)$$

履约保证金＝期权合约结算价×白糖期货合约交易单位＋(1/2)×白糖期货合约交易保证金,其中期货保证金为7%。

如果买方申请行权,由交易所匹配一个卖方来履约。如果该卖方持有1手白糖1809的多头合约,则当天收盘后,自动交付给期权买方。

如果卖方没有白糖期货仓位,卖方在当天收盘后得到1手开仓价为5200元的1809空头合约。履约保证金转入期货保证金并将多余部分返还卖方。同时,买方得到一张开仓价为5200元的1809多头合约。

也就是说如果行权时,期权卖方有相应的期货合约就付给买方,如果没有,就生成两张对应的期货合约并冻结双方期货保证金,一张给期权买方,一张给期权卖方。

期权在我国的历史较短,我国2011年4月1日推出银行间外汇期权交易,但没有对个人开放。2015年2月9日,上海证券交易所推出了华夏上证50ETF期权交易,标的物采用欧式期权行权。

2017年3月31日,豆粕期权合约在大连商品交易所挂牌交易;2017年4月19日,白糖期权在郑州商品交易所挂牌交易。这两类期权均为美式期权。

总体上,由于期权交易计算较股票、期货交易复杂,而且市场准入的开户条件要求较高,目前参与交易的人数并不多。

三、股票市场

股票市场是已经发行的股票转让、买卖和流通的场所,按功能分为发行市场(一级市场)和流通市场(二级市场)两大类别。按是否有固定的交易场所分为场内市场和场外市场。

场内交易,又称交易所交易,指所有的供求方集中在交易所进行竞价交易的交易方式。这种交易方式具有交易所向交易参与者收取保证金,同时负责进行清算和承担履约担保责任的特点。此外,由于每个投资者都有不同的需求,交易所事先设计出标准化的金融合同,由投资者选择与自身需求最接近的合同和数量进行交易。股票交易所和期货交易所都属于场内交易。

场外交易又称柜台交易,具有以下特点:

1.场外交易没有集中的交易场所。场外交易市场是由众多企业、证券公司、投资公司及普通投资者分别交易组成的,它基本属于一个分散且无固定交易场所的无形市场。证券交易不是由证券交易所等少数统一机构组织完成的,而是由众多投资者参与交易而实现的。在现代社会,场外交易更多地借助现代通信技术和通信网络,但许多交易依然依赖着直接协商交易的原则。

2.场外交易是开放型交易。证券交易所交易是通过封闭市场完成的,投资者必须委托证券经纪公司完成交易,而不得直接进入证券交易所大厅,更无法与交易对方当面协商交易。但场外市场是开放性市场,无论借助当面协商或者电话通信等方式,投资者总可在某一价位上买进或者卖出所持证券。参加场外交易的主体并非完全是证券公司。投资者既可以委托证券公司代其买进或卖出证券,也可以自行寻找交易对方,还可以与证券公司进行直接交易,完全不受证券交易大厅的地理位置限制。

3.场外交易的证券品种多样。证券交易所对上市证券规定严格的上市条件,并只接受符合严格条件的证券上市,能够成为交易所交易品种的证券数量相对较少。场外交易的证券品种通常都是非上市证券,它们无须符合集中市场管理者发布的、严格的上市条件,故其数量庞大。与上市证券相比,场外交易的证券种类更加丰富、多样。值得注意的是,非上市证券并非劣质证券,有些证券只是因为证券发行人未申请上市而未进入证券交易所交易。在美国,股份公司发行的新股即通过场外交易进行转让,一些联邦证券、地方政府债券和公司债券,也是通过场外交易方式进行转让的。

4.场外交易主要以协商定价方式成交。场内交易依照集中竞价原则确定证券交易价格,即若干卖方和若干买方通过集合竞价或连续竞价,按照时间优先和价格优先的规则,确定每项买卖的成交价格。但场外交易是按照"一对一"方式确定证券价格的,成交价格由交易双方协商一致。有些场合下,证券交易价格是由交易各方反复协商而确定的;有些场合下,证券价格虽是由一方挂牌出价的,但依然可根据市场情况以及交易对方的接受程度加以调整,依然存在着协商定价的机会。

5.场外交易采取特殊的交易管理结构。在国外,场外交易是证券交易的重要的方式,场外交易市场也是巨大的。为了确保场外交易的健康发展,证券监管机构依然以特有的方式实施着间接监管。一方面,通过划定场外交易的具体范围,避免"名为场外交易、实为场内交易"现象的出现;另一方面,支持各种自律性组织实现对场外交易的监管,鼓励证券公司和各类证券业协会对场外交易实施监管。

中国证券业协会 2015 年发行的《场外证券业务备案管理办法》规定:场外证券业务是指在上海、深圳证券交易所、期货交易所和全国中小企业股份转让系统以外开展的证券业务。因此目前我国仅有三家场内市场,分别是上海证券交易所、深圳证券交易所和全国中小企业股份转让系统(俗称"新三板")。其中新三板对个人开户条件要求较高,必须有 500 万以上证券资产,有两年以上证券投资经验或具有会计、金融、投资、财经等相关专业背景或培训经历。

我国股票交易的场外市场主要是区域性的股权交易市场,俗称"四板市场"。区域股权市场大多由地方政府设立,归地方政府监管,一般是遵循"一省一市场"格局。

习惯上,人们将在上海或深圳证券交易所交易称为"上市",而在新三板和四板市场交易称为"挂牌"。而在区域股权市场,除了挂牌交易外,还有监管要求更低的"展示板"。

2017年7月,中国证监委《区域性股权市场监督管理试行办法》实施,作为区域性股权市场的首份框架性文件,该办法明确了区域股权市场的业务边界和发展方向,重点内容包括:"四板市场"应坚持私募性质,不得变相公开发行产品;不得跨区域经营;交易同一证券的间隔不得少于5个交易日,也就是 $T+5$ 交易;业务范围仅限于中小微企业股票、可转换为股票的公司债券,不包括私募债。截至2017年9月底,全国已设立40家区域性股权市场,新增挂牌企业1.33万家,新增展示企业3.34万家,累计为企业实现各类融资4369亿元。

四、外汇市场

外汇市场是指在国际间从事外汇及以外币计价的票据等有价证券买卖,调剂外汇供求的交易场所。外汇交易市场是银行间市场或交易商间市场,它并非传统印象中的实体市场,没有实体的场所供交易进行,交易是透过电话及经由计算机终端机在世界各地进行的。外汇市场每天24小时不停地工作。

外汇市场包括三个层次:一是银行与客户之间的外汇交易市场,二是银行同业间的外汇交易市场,三是银行与央行间的外汇交易市场。

主要外汇交易包括现钞交易、现货外汇交易、保证金现货外汇交易、外汇期货交易、外汇期权交易、远期外汇交易、掉期交易等。外汇交易的大部分成交量都来自银行或大型投资机构间的交易。

进行外汇交易的目的,主要有贸易和投资需要的外汇兑换、对冲汇率波动、套利、投机。

外汇市场除了因为生产经营或消费需求的现钞兑换外,多数都是杠杆交易,而且外汇市场的杠杆远高于期货市场。

对于个人交易者,除了换钞,最常接触的是外汇保证金交易,实际上是以保证金形式进行的外币兑换。我国前几年个别银行探索过外汇保证金交易,2008年6月银监会发文(银监办发〔2008〕100号),要求各银行终止外汇保证金交易。地方大宗商品交易所也曾开设过保证金外汇现钞交易,但影响力很小,也没有大规模宣传,均已停止。目前在民间不少外汇保证金交易实际上是因为网络发达后,国外的交易机构违规在国内设立代理点,有些交易商甚至没有与国外机构关联,而是利用外盘的行情显示,在后台直接进行对敲。

五、大宗商品交易平台

大宗商品现货电子交易平台是为生产商和经销商提供网上大宗商品交易的平台,通过平台实现大宗商品的订单、竞买、竞卖、招标、撮合、挂牌、现货交割等多种交易处理。交易的对象包括金属、农产品、能源、化工等大宗商品。全国各地的称呼有所差异,例如"商品交易所""大宗商品交易中心""大宗商品电子批发交易中心"等。

由于大宗商品交易的数额大,交易能够给当地带来税收、保证金流入,增加就业,扩大本地产业的影响力,因此各地政府对大宗商品交易平台都持积极态度。据生意社 2017 年《中国大宗商品电子交易市场研究报告》显示,截止至 2016 年年底,国内大宗商品现货交易平台数量已突破 1700 家,而其中正常运营的大约有 900 家。按照 2017 年全国清理整顿各类交易场所部际联席会议第三次会议的材料显示,全国共设有交易场所 1131 家,单个地区交易场所较多的有:大连(86 家)、河北(79 家)、上海(71 家)、江苏(70 家)、青岛(66 家)。

总的来说,期货交易和大宗商品交易的相似之处在于:(1)两者都是通过一定的交易场所或者电子交易平台进行的;(2)两者交易对象都可以是大宗商品;(3)都涉及保证金的交易方式;(4)交易资金均通过第三方进行资金监管;(5)交易场所采用会员制。

按照我国现有的监管规定,期货交易与大宗商品交易应该有以下几个方面的区别:

1.监管机构不同。大宗商品交易是由商务部主管,由中国人民银行依据职责负责商品现货市场交易涉及的金融监管以及非金融机构支付业务的监管工作;期货交易所由国务院审批,由证监会监管。

2.适用规范性文件不同。大宗商品交易适用的规范性文件主要是《大宗商品电子交易规范》《商品现货市场交易特别规定(试行)》《国务院办公厅关于清理整顿各类交易场所的实施意见》《国务院关于清理整顿各类交易场所切实防范金融风险的决定》和《证监会、发展改革委、工业和信息化部、商务部、工商总局、银监会关于禁止以电子商务名义开展标准化合约交易活动的通知》等;期货主要适用的法律规范是《期货交易管理条例》。

3.交易目的不同。大宗商品电子交易的目的是获得或转让现货商品的所有权;期货交易中,套期保值者的目的是规避风险,投机者的目的是获得投机利润,套利者的目的是获得低风险收益。

4.参与群体不同。参与大宗商品电子交易的交易商大多数为现货生产、加工企业与贸易、经销商;参与期货交易的客户则多为投资、投机者,有钱即可。

5.交易对象不同。大宗商品交易针对的是现货商品或者物化的商品凭证;期货针对的是将来的期货合约或者期权合约,其中包括了金融类工具。

6.交易方式不同。大宗商品交易禁止用以集中交易方式进行标准化合约交易;期货交易则是以集中交易方式进行。

7.保证金比例不同。期货交易时只需缴 5％～10％的保证金；大宗商品交易采用履约金与保证金相结合的交易方式，履约金额度在 10％～100％不等，交收时必须交纳全额保证金。

8.价格风险不同。参与大宗商品电子交易的客户大多为现货生产、加工企业与贸易、经销商，因此，大宗商品电子交易品种的价格更贴近于现货价格，对现货企业更具有价格指导作用；期货交易投机氛围浓厚，导致期货交易品种的价格容易严重偏离现货市场价格。

作为大宗商品交易市场的纲领性文件，《国务院关于清理整顿各类交易场所切实防范金融风险的决定》（国发〔2011〕38 号）规定："除依法设立的证券交易所或国务院批准的从事金融产品交易的交易场所外，任何交易场所均不得将任何权益拆分为均等份额公开发行，不得采取集中竞价、做市商等集中交易方式进行交易；不得将权益按照标准化交易单位持续挂牌交易，任何投资者买入后卖出或卖出后买入同一交易品种的时间间隔不得少于 5 个交易日；除法律、行政法规另有规定外，权益持有人累计不得超过 200 人。"

但在实际操作中，多数大宗商品交易所也采取了标准化的合同形式，并且采取与期货相当水平的保证金交易。虽然大多数商品交易所规定只能是生产商或经销商才能参与交易，但为了活跃市场交易，几乎所有大宗商品交易平台都允许个人参与交易，实际上已接近了期货交易，因此国家进行了多次整顿。

2017 年国内大宗商品交易进行新一波行业清理整顿，全国 300 多家交易所面临关门、被兼并的命运。未来可能每个省、市、自治区仅保留两三家，最多不超过五家大宗商品电子交易场所。例如大连清源能源交易中心，2017 年 1 月份烷烃下架，3 月 3 日休市后，全部产品暂停交易。宁夏银汇贵金属交易中心于 2017 年 2 月 27 日起，微盘所有产品停止交易。

未被关闭的企业也纷纷调整交易规则以适应国家监管要求。例如黄河商品交易市场自 2017 年 3 月 20 日起，对现行交易模式由 $T+0$ 更改为 $T+5$ 模式。海南国际商品交易中心自 5 月 1 日起，所有品种建立新仓及预付款比例提高到 100％。

个人参与大宗商品交易时要注意交易所违规操作和政策监管的风险。但最大的风险是交易所没有按照监管要求将交易保证金通过第三方银行托管。另一个风险是，地方性交易所中的大户想要操纵行情比较容易。由于我国四个期货交易所的交易保证金已实行集中托管，安全性要远高于地方性的大宗商品交易所，因此如果期货交易所上市交易的品种，在大宗商品交易所交易，除了保证金低、手续费低外，没有其他优势。

六、贵金属交易市场

贵金属包括黄金、白银、铂金、钯金等。贵金属一直是个热门品种，由于历史原因，贵金属在银行、期货交易所、现货市场、大宗商品交易市场都有交易。

贵金属在上海期货交易所进行期货交易,在大宗商品交易平台进行现货交易。

除此以外,上海黄金交易所是国务院批准的唯一的全国性黄金交易所。主要进行 $T+D$ 的黄金、白银、铂金现货交易($T+5$)或中远期现货交易($T+N$)。上海黄金交易所也属于现货交易,递延交收,同时属于保证金交易。

第二节　金融市场的交易行为

提及金融市场的行为,人们自然会想到投资、投机等行为,但对于金融市场中的交易行为的界定,存在较大的争议。传统经济学或金融学更多的是关注市场的整体表现,较少去关注个体的交易行为。即使关注个体交易,也主要是关心交易后的结果,较少关心交易本身,直到心理学的发展和行为金融学的产生,研究者才涉及一些交易者本身的行为背后的心理活动。

长期以来人们将投资与投机行为混淆,当需要褒义的时候,就用投资,需要带有贬义的场合,就用投机。在各种媒体中,大量充斥着"股票投资"的词语,但却很少提到"投机"。投机在中国人传统观念中属于不劳而获,和赌博差不多。

在很长一段时间里,我国刑法上有"投机倒把罪"。在 2011 年前,投机在我国法律上还是属于违法行为。

也正因为如此,我国经济学领域长期忽略金融投机行为的研究。即使近十几年来,市场敢于公开承认和讨论投机行为,有些文献也使用了"投机"的名词,但仍然很少见到投机交易行为的研究。但是由于投资和投机确实存在较大的差异,所以近两年来,不少媒体提出了"价值投资"和"技术投资","价值投资"以股票的价值为基础进行"投资",而"技术投资"以技术指标为依据进行"投资"。这种提法是在"投资"的名义下试图区分交易者的行为,但在"投资"的名义下,无法科学地区分交易者的行为。实际上投资就是以价值为基础的,高校开设的投资学、金融学传授的都是价值的计算与投资,并不传授技术分析,投资加上"价值"两字实在是画蛇添足。

约翰·赫尔认为期货市场有三类参与者:对冲者、投机者、套利者。对冲者(hedger)采用期货、远期和期权合约来减少自身面临的由市场变化而产生的风险。投机者(speculator)面对资产价格波动,建立头寸旨在获取利益,投机者的交易或者对资产上涨下注,或对资产的下跌进行下注。套利者(arbitrageur)同时进入两种或更多的交易锁定无风险收益。[1]

实际上金融市场的参与者行为复杂,这种分类并不能完全涵盖全部的市场交易行为。因此本书认为应该从交易行为入手,分析交易行为的分类,才可能辨识出不同

---

[1]　约翰·赫尔.期权、期货及其他衍生品[M].王勇,译.北京:机械工业出版社,2009.

类型的市场参与者。

市场存在各种各样的经济行为,本书将研究限定在交易行为,并以此为基础去研究金融市场的各种参与者。

自从有了人类社会,就出现了交易行为。早期原始人以物易物,后来产生了一般等价物,在一般等价物的基础上产生了货币,现代社会普遍以货币为媒介进行交易。

无论投机、投资还是其他经济行为,都要以交易为基础,因此要研究交易行为首先要了解交易的含义。广义的交易除了经济性的交换外,还包括非经济性的交换,如政治交易等。狭义的交易指经济领域的交换行为,它是指买卖双方对有价商品、资产及服务进行互通有无的行为。它可以是以货币为交易媒介的一种过程,也可以是以物易物。对于交易,按照交易本身是否直接涉及产业经营活动,可以分为商业性交易和非商业性交易。也可以根据是否直接涉及金融产品以外的资产,分为产业交易和金融交易。

商业性交易是指为生产经营服务的交易,例如批发、零售、服务交换等;非商业性交易,包括金融市场的交易及其他非商业性的交易,例如古玩收藏的拍卖等。

本书所论述的投机交易,属于非商业性交易,为了论述方便,本书把非商业性交易限定在金融市场。金融市场的交易行为可分为四个类别:

一是投机性交易。投机性交易是根据市场大众心理预期的价格变化和市场资金流动的方向来进行交易决策,辅之以概率计算的手段来保证收益。

二是投资性交易。投资性交易是以投资对象的价值评估为基础进行的交易,例如投资某个公司或项目;或者以可预测的未来现金流现值为基础进行交易,例如操纵性交易、套利等。

三是赌博式交易。赌博式交易根据运气或无法预测现金流的信息进行交易。

四是保值交易。保值交易是指从企业或个人整体经济利益出发,保证生产经营正常运行或者资产不贬值而进行的交易。其交易目的不是获利。

投机建立在心理预期之上,赌博建立在运气之上,投资建立在价值之上,保值是为了对冲风险,交易本身不以赢利为目的。

如果没有正确区分投机与投资,那么不可能采取正确的策略,最终影响到交易是否盈利。本书认为,进入金融市场的第一步是正确区分交易行为。

附录 1-1 投机倒把

1949 年 4 月,华北人民政府工商部提出区别正当商人和投机商人的标准:"凡在国家的政策法令之下,从事于调剂工农产品,促进城乡物资交流的经营者,都叫正当商人。反之,为谋取高利,而囤积居奇(即投机),玩弄价格(即倒把),波动物价,捣乱市场,破坏国家的政策与法令的,就是投机商人。"对"循环倒卖,刺激物价,从而获得超额的利润"的投机行为要坚决取缔。

1997 年 3 月,第八届全国人大第五次会议修订的《中华人民共和国刑法》,将投机倒把罪除名,并分解出几种常见罪,分别是合同诈骗罪,非法经营罪,强迫交易罪,倒卖车票、船票罪,非法转让、倒卖土地使用权罪等。

2008年1月15日,国务院公布《关于废止部分行政法规的决定》,宣布废止49件行政法规,宣布失效43件行政法规,包括《投机倒把行政处罚暂行条例》及其《细则》便在失效之列,理由是"调整对象已消失,实际上已经失效"。国务院法制办就此指出,包括《条例》在内的一部分行政法规只适用于经济社会发展的特定阶段或者特定历史时期的特定对象,在此特定阶段结束或者特定对象消失后,该行政法规理应宣布失效。

2009年8月27日,十一届全国人大常委会第十次会议通过关于修改部分法律的决定,一揽子对59部法律的141个条文进行修改,基本解决了现行法律规定中存在的与经济社会发展明显不适应、不协调的问题。其中一项,就是删去《计量法》《野生动物保护法》《铁路法》《烟草专卖法》四部法律中关于"投机倒把""投机倒把罪"的规定,并做出修改。

到2011年1月8日,国务院又公布《关于废止和修改部分行政法规的决定》,对7件行政法规予以废止,对107件行政法规的部分条款予以修改,其中一项就是删去《金银管理条例》《国库券条例》中关于"投机倒把"的规定。

第三节 投机交易

一、投机的定义

投机,英语 speculation,本义有猜测、预期的意思。对投机有多种定义,《新帕尔格雷夫经济学大辞典》对投机的解释是"为了再出售或再购买而不是为了使用而暂时买进或暂时售出商品,以期从价格变化中获利"的交易行为。

本杰明·格雷厄姆在《有价证券分析》一书中,就给出这样的定义:"投资是一种通过认真分析研究,有指望保本并能获得满意收益的行为。不满足这些条件的行为就被称为投机。"

有人认为,投机行为就是采取积极的措施,希望将自己所预测、理想和相信并带有很强随机性和不确定性的事情得以实现的行为(陈东,2004)[1]。

塞思·卡拉曼在《安全边际》中提出:"投资品会为持有人带来现金流,投机品不会。投机品持有人的回报完全取决于扑朔迷离的买卖市场。"

过去对投机的定义都局限在个人主观预期价格变化上,而忽略了交易对象的属

---

① 陈东.道氏理论——市场分析的基石[M].北京:中国经济出版社,2004.

性变化,加上投资与投机的对象都是同一市场上的同一商品,因此很难将投机行为与投资行为区分开来。股票投机也可能带来现金流,只不过投机者不以现金流为目的。股票投资者也并不一定以现金流为目的,也可能以价差作为回报。例如投资可能不是为了长期持有,而是为了再出售。只是价格偏离价值暂时买进,价格纠偏后卖出。

本书给出投机的定义:投机交易是指在市场交易中,不要求交易对象的经济属性发生变化的前提下,利用市场对价格变化的不确定性预期来谋取交易对象价差的交易行为。

这里对投机的定义有几个要素:

(一)交易对象的经济属性

金融市场交易的对象,无论是商品还是金融产品,都要区分其属性。过去人们描述商品时,将其属性区分为使用价值和价值,但对商品属性的具体范畴没有清晰的界定。本书认为,影响交易品价格的是该商品的经济属性,包括以下几个方面:

1.使用属性

商品有价值,很大程度上是因为该商品具有的使用特性。例如手表原始的功能是计时,但现代社会,除了低端手表,许多手表还有代表身份、财富的作用,商品使用属性发生了变化,自然会影响到市场的供需,从而影响价格。如果以计时功能定价,电子表的精度、便利性和时尚性远高于名牌机械表,那么电子表的价格应该远高于机械表。但如果以财富表征的功能定价,那么名牌机械表的价格远高于电子表就是合理的。

2.获得便利性

获得的便利性以获得的成本来衡量,包括获得时投入的精力和金钱。获得的便利性可以从地域属性、批量属性、物流属性来考察。

(1)地域属性。对于商品的价格来说,地域属性是一个很大的变量。地域属性包括地区属性、店铺属性等。例如社区便利店同类商品的价格往往高于大超市,但人们都能普通接受,就是因为对地域属性的认可。

(2)批量属性。对于同样的商品,但如果购买批量不同,价格也会有较大差异。就是所谓的"批发价""出厂价"零售价,甚至有"一批价""二批价"等。因为批量的不同,导致销售方投入的人力、物流成本、资金占用成本等都会不同。

区分交易对象的批量属性,可以有效地确定交易行为。零售商从批发商处购进商品,目的就是赚取差价,但这种差价是建立在零售商为客户提供便利的基础上,附加了零售的服务。如果把投机仅仅定义为谋取差价的行为,而不考虑商品属性,就容易造成混淆。零售属于商业行为,而投机更多地属于金融行为,没有直接产生便利性。两者交易使用的策略完全不同。

(3)物流属性。物流方式的不同,导致商品的时效性、运输成本不同,也会影响价格。物流属性有两个方面,一个是送达的时效性,例如快递寄达的商品价格要高于货运。

物流属性的第二个方面是物流的便利性。同样一种商品,包装方式不同,影响了物流,就会导致价格的不同。例如散装商品价格往往要低于整包装商品。

3.时间属性

时间属性往往会影响价格。例如月饼在中秋节前后的物理属性是一致的,但节前与节后的价格有较大的差异。这时因为时间属性导致商品的效用发生了重大的变化,从而影响使用属性。中秋节前购买或送出月饼,代表了祝福与团圆,但中秋节后,月饼仅仅是一种食品。因此人们都愿在节前购买月饼,导致月饼的供求关系发生变化,也就是稀缺属性发生了变化。

时间属性往往与仓储的服务关联。某些产品尤其是农产品,生产的时间与消费的时间不一致,收购商在产品大量上市时收购,等消费集中的时间再售出,收购商提供了仓储的服务。收购商出售的商品虽然物理属性是一样的,但由于提供了仓储服务,改变了商品的时间属性,所以农民与收购商出售的是两种不同的商品价值,收购商赚取了仓储的服务收益。

4.稀缺性

稀缺性可能对商品的使用属性不会影响,但会影响商品的价格。所谓物以稀为贵。有个经典的故事,就是某收藏家手上拥有存世量仅两枚中的一枚珍稀邮票,在拍卖市场上高价拍得仅存的另一枚同种邮票,拍下后当场销毁,而两枚邮票的总价格还低于一枚的价格,就是因为稀缺性的影响。

当然这位收藏家的行为并不是投机行为,而是属于操纵性交易,因为通过改变商品的稀缺属性,导致商品的价值发生变化,操纵性交易也属于投资范畴。

(二)利用市场对价格变化的预期

交易要谋求获利,就要预期商品的价格会发生变化,变化产生价差。但是商品价格的变化来源不同,决定了交易的性质。对于商业交易来说,商品价格的变化来源于经济属性的变化;对于投资来说,价格的变化来自于价值的变化;而对于投机交易来说,价格的变化来自不同交易者对未来价格预期的不同,不同预期在市场上博弈,形成最终的价格。投机交易者就是要利用这种市场预期。当投机者认为市场预期价格会上升时,就会买入,而如果认为市场预期会下跌就卖出。投机交易就是建立在对市场预期的判断上。每个人都有自己的好恶,这种好恶会影响到对价格的预期。投机者也有好恶,有自己的预期,但在进行交易时,并不是以自己的预期为标准,而是以市场整体的预期为标准。所以一个专业的投机者,是以"大家认为会涨会跌",而不是以"我认为会涨会跌"来判断行情。所以专业投机者,面对市场行情时,常表示"看不懂",但仍然要按照市场的方向交易。

市场对商品价格的预期是不确定的,并且会随时发生变化。投机就是要判断市场整体的预期,如果"大家认为要跌"就要卖空。

(三)金融投机与商业交易的区别与联系

金融投机与商业交易一样,都是为了获得商品差价的行为,都要通过价格的波动来获利。但金融投机与商业交易行为也有本质的不同：

（1）投机多数存在于金融市场，而商业交易则普遍存在于经济的各个层面。当然商业交易也会通过金融市场来实现，例如套期保值、生产商通过期货市场实物交割的形式购买原材料或销售商品。

（2）投机是通过利用市场预期价格的变化来获利，投机的对象要求是经济属性没有发生变化，或者在交易开仓时不是以经济属性发生变化为前提条件。也就是说投机对象的内在价值在整体投机过程中没有发生显著变化。商业交易的形式与投机交易类似，但是商业交易的出发点是，预期交易商品的经济属性会发生变化，并导致价值的变化。商业交易是利用商品的价值变化来获利。

二、投机的获利途径

很多人认为，投机的获利途径，不就是赚取差价吗？很多股评都说要"高抛低吸"。但真实的投机事实远比高抛低吸复杂。很多人之所以仅停留在高抛低吸的认识上，是不明白投机、投资与赌博的区别。

在明确了投机的定义后，我们就可以知道，投机要获得利润，就必须准确掌握市场大众的预期。如果确认市场预期会上涨就买入，如果认定市场预期会下跌，就卖空。

不过如何确定市场预期成了较大的困难。市场预期是由人的心理活动构成的，这就带来了复杂性。首先人的心理是不断变化的，尤其是在金融市场的交易者，现在看涨，但很可能下一秒就看跌；其次市场预期是由众多的参与者共同预期的结果，人数无法确定；再次，参与者的心理预期是不显性的，外人并不知道他们的真实看法，有些个人预期会形成真实的交易，但有些预期并不参与交易。

更进一步地说，市场预期还要通过资金运动才能形成对市场的影响。当市场看涨时，如果此时金融流动性不佳，很多人即使看好未来行情，也无法入市交易，市场预期良好并不能导致较好的行情。例如市场预期某股票价格会提高 10%，但如果市场流动性充裕，股价甚至会上升超过 20%，如果流动性紧张，甚至可能会下跌。国内外大量的论文对资产价格与流动性过剩的关系进行了实证分析，多数结论均支持流动性对市场行情有较大影响（例如 Adalid & Detken，2006；Bordo & Jeanne，2002）。并且许多研究认为流动性过剩与资产价格上涨不是线性的。

影响交易价格的两个决定性因素是市场心理预期和资金运动。理论上如果能够准确地计算出这两个方面的数据，就可以准确地计算交易对象的价格变化。遗憾的是，市场预期并不像自然科学那样有确定性的结果，要直接计算市场预期根本不可能。流动性的总体数据可以获得，但这些过剩的流动性有多少流入期货市场、多少流入房地产、多少流入股票市场，目前是无法计量的，更不用说流入具体的某个交易品种的资金有多少。

既然我们不能计算形成价格的基础，我们就只能通过评估价格形成后的表现，来推测未来的价格变化趋势。就像古人无法了解人体的解剖学和病理学,但通过对病症的归纳与观察形成了中医理论,并用于医疗实践。

进行投机交易时,我们通过观察资金运动与市场预期共同作用的结果来进行投机决策。资金运动与市场综合作用的结果是价格。所以在投机领域有一句至理名言:价格说明一切。

对于投机而言,只要关心价格波动。当市场形成预期上涨时,投机者要追随市场预期买入,并且越涨越买,直到有明确的信号表明市场的资金流入无法再支持当前价格时;而如果市场预期下跌,投机者要跟进卖出,越跌越卖,直到有明确的技术指标提示没有新的卖家进入市场时。在这个过程中,投机对象的价值根本不重要,只要市场认可就行。如果考虑到交易对象的内在价值,反而会影响投机决策的判断。

通过对价格波动的归纳与总结,我们可以推测未来的波动走势。国内目前金融投机常常采用的工具是K线图、均线系统以及布林通道等建立在价格和成交量上的指标,在投机领域统称为技术指标。

投机技术的分析存在很大争议,因为它无法提供确定性的结论。同样的技术指标,有些人得出的结论是上涨,有些人得出的结论是下跌。运用相同的指标,有些人获利,但有些却亏损。这是为什么?关键在于概率。

投机交易要借助于技术指标来进行分析,不过技术指标不是预言大师,无法预知明天的行情。但是技术指标能反映过去的市场人气和资金运动。投机者就是利用过去的价格,通过一定的统计技术推测未来的价格,但是这种推测是不确定的。对于不确定性的预测,我们在经济学中大量通过计算概率的方式来达到确定性。

投机的概率计算与经济学的概率计算有一些不同,主要是通过对历史图形的拟合,统计不同K线图形和技术指标的未来发展来计算概率。主要有以下几个方面的不同:

一是目前投机交易应用的概率计算不够严谨,只是纯粹的统计归纳,类似于抽样统计。抽样统计中,假设样本是随机变量。但对于实际交易行为,投机并不是随机的,它受人类心理预期的影响。如果前一天上涨,那么投机者会受到市场氛围的影响,如果没有大的消息出现,第二天多数普通投机者仍然是看多。有些想操纵价格的庄家或主力资金会利用这种情绪拉抬或打压价格。但是投机统计中并没有考虑这种因素,只看市场价格最终的结果。

由于学术界长期忽视对金融投机的研究,也没看到主流的学者去建立投机模型进行研究。因此投机概率计算中信度的研究成果较少。

二是投机技术分析指标的概率计算简单直接。

主流经济学或金融经济学的模型都是假设价格是独立的,并且模型的参数有越来越复杂的趋势。但投机技术分析指标并不假设价格是独立性的,常用投机技术指标的计算相对简单,只用到简单的线性回归;参数也不多,一般只用到两三个参数。

一些大的基金公司也会用到复杂的数学模型来计算行情走势的概率,但这些模型多数未通过市场长期的检验,目前还没有看到很复杂的技术分析指标。

三是投机技术分析指标的概率计算重视经验上的多重拟合。对于价格走势出现的异常行情,只要趋势不变,计算概率时可以忽略不计。对于个别的异常行情,要看这种异常是否突破了极限值,突破极限值就是趋势结束信号,否则就是技术指标噪音。对于噪音可以忽略它。趋势结束信号并不等于趋势反转信号,不能立即做出反向决策,但要求先退出现有仓位,等行情明朗后重新确定趋势。

三、投机关注的重点

投机是利用市场预期价格的变化来获利。而市场预期是由大众的心理决定的,例如大多数人认为股市会上涨,也就是说大多数人对市场持有看多心理,那么他们就会将资金转入股市,买入股票。如果大多数人认为股市将下跌,那么人们就可能卖出股票,并且将资金转出股市。期货、外汇等投机市场都是如此。大众心理预期指导着大众的交易行为,这些交易行为形成资金流动。而资金流动的直接结果是导致投机对象的价格变化。对于投机交易而言,需要关注以下几个方面:

(一)资金流动

投机市场,所有人的预期和交易行为推动了资金的流动。资金流动如潮水一般,来时汹涌,退时卷走一切浮动的东西。资金潮推动了行情趋势的形成。对于普通投机者,只能关注资金的流动状况,并做调整以适应市场的资金潮。

资金的来源有两个方面:一是一个经济体内全社会的存量资金;另一个是增量资金。

存量资金是全社会原本就有的资金总额。例如我们可以用一国的 M2 来评估一国的资金总量。资金总量在各个市场间流动。如果房地产市场繁荣,资金流入房地产市场,那么在全社会资金总量固定的情况下,就可能从实体产业、股市、期货市场中流出。

全社会的资金增量变化,主要受三个方面的影响:一是央行的政策和公开市场操作,二是境外资金的流入流出,三是宏观经济的增长率。央行的行为,直接导致市场流动性状况的变化。利息调整、存款准备金的调整、逆回购等都会直接导致股市行情的剧烈波动。境外资金的流入可能推动国内股市的上升。经济增长会直接导致社会财富的增长,社会财富的增长导致全社会资金总量的增加。

投机者可以从宏观和微观两方面来关注资金流动。宏观方面是指国家整体的资金流动指标,例如央行的公开市场业务、逆回购、再贴现率、银行同业拆借利率等指标。宏观资金流动会影响微观投机品种的变化,例如流动性增加,股市就会上涨。

微观方面指针对某个投机品种的资金流动状况,例如个股的成交量、能量潮指标等。

除了关注资金本身,也要关注资金流动对心理预期的影响。例如央行加息就会对市场心理产生利空影响,从而降低买入意愿。

(二)大众心理预期

经济学的心理预期理论,早期有影响的论述出现在凯恩斯的《就业、利息和货币通论》中,但他的预期理论没有形成体系。1961 年穆斯(John Muth)提出了理性预期理论(Rational Expectation)。该理论认为经济学中存在着四种预期,它们分别是静态预期、外推式预期、适应性预期和理性预期。其中,静态预期、外推式预期、适应性预期属于非理性预期。这里的"非理性"并不是通常意义上的性格特征,而是指预期的结果与未来实际情况可能不一致,称之为"不准确预期"更贴切些。

而理性预期是指预期者在事前做出的与未来实际情况一致的预期。首先,理性预期是经济主体利润或效用最大化的自然结果,是最准确的预期。其次,经济当事人的主观概率分布等于经济系统的客观概率分布。理性预期并不保证每个人都有同样的预期,也不要求每个人的预期都正确无误,但理性预期的误差平均为零。

从严格意义上说,经济学的"预期"并不是一种心理期望,而是对未来可能发生的客观结果的一种计算。经济学对预期的计算,是为了掌握社会预期对宏观经济和资源配置的影响,与投机学关注的对象不同。

投机关注的是市场参与者对投机对象的总体心理预期。金融市场中的参与者,有人看多,有人看空,但在某个时期,当多数人持有某个方向的预期时,行情就会朝那个方向推进。例如当中东局势紧张时,人们认为原油会上涨,而当多数人都持有这种观点时,原油就上涨了。

投机关注的是占主流的参与者心理,而不是个别交易者的心理趋向。这其中拥有大资金的金融机构的态度就成为决定大众心理的主导因素。个人心理对整体大众心理的影响还需要按照他们各自拥有的资金数量加权分析。假设占有市场资金 70% 的大机构操盘手都看涨,虽然这些操盘手人数可能不到市场交易者总数的 5%,但即使散户看空,最后市场心理也会变成多头。所以大资金操盘手往往在交易上会存在一定的优势,因为他们属于一个社交圈子。虽然交流个股信息可能因为监管而禁止,但他们交流对市场整体的看法还是合法的,互相之间也比散户更早知道彼此仓位的变化,对市场主流心理变化的感受要快于普通投机者。

不过人心难测,无论是大资金还是散户都无法了解他人的真实心理,但是人的心理最终都会通过行为表现出来。对于投机市场,参与者的行为结果最终形成了价格的变化,所以在投机领域认为价格说明一切。投机者可以通过技术分析指标来了解市场心理,例如超买超卖指标就反映了市场的心理状况。

遗憾的是,很多投机者却是从媒体去观察市场整体心理,他们尤为关心媒体上股评家的评论,如果看涨的股评家多,就认为市场人气好;或者他们追随的某个股评家看涨就认为是多头市场。事实上,市场心理是由机构操盘手和个人交易者共同决定的,但是机构操盘手却从不公开发表意见,法律也禁止他们发表意见,否则容易被定性为操纵交易。

(三)概率

掷一枚硬币之前,你不知道掷出是正面还是反面,但是掷的次数足够多,你就会发现正面和反面的次数非常接近,我们可以说掷出正面的概率是50%。

在投机学看来,行情虽然存在趋势,但对于每天或者每个时刻的价格,是不确定的,你永远无法确认下一分钟是涨还是跌。但是和掷硬币是一样,我们可以通过统计和归纳,知道某种情况下上涨或下跌的概率。概率是投机者消除不确定性的手段。通过概率,人们可以将不确定性转化成可以计量的风险。

投机者要知道各种状况下的上涨或下跌的概率,就要应用技术指标对历史数据进行模拟,为了消除短期事件的影响,概率的计算要采用较长时间的统计资料进行计算。通过概率计算,并配合以一套有效的交易策略,投机者才可能获利。可以说投机的基础就是概率。

四、投机对象

(一)金融投机

所有的金融市场既有投资者,也存在投机者,投机行为涉及金融市场的各个角落。投资涉及的各种类别都是投机者可以运用的工具。因此金融投机包括期货投机、期权投机、股票投机、大宗商品投机、外汇投机、贵金属投机。

投机不要考虑交易对象的经济属性。投机者在进行各个类别的交易时,需要运用的知识几乎是相同的。这一点上,投机比投资更简单。

投资股票,需要公司价值评估的知识,涉及宏观经济、行业发展和公司经营分析;投资期货和大宗商品,对现货、期货两个市场的变动都要了解,要分析各种大宗商品的生产状况、消费状况以及各种影响因素;投资期权,要了解原生资产的市场变化,还要计算期权的价值,关注行权或履约后得到期货合约的处理;外汇和贵金属投资要关心宏观政治、经济形势,各国的经济和货币政策。

相比之下,进行投机交易,关注的内容就少了,只要关注资金流动和大众心理预期,而这两个方面最终都在价格上体现,投机者只要关注价格的变化就可以了,至于交易对象的价值无关紧要。

(二)其他投机

投机交易的理论虽然是从赌博、金融交易中发展起来的,但是和金融市场一样,只要是商品,就会同时存在投资和投机,所以投机的原理对于所有商品也是同样适用的。

投资需要有一定的行业知识,因此投资资金从一个领域转移到另一个领域相对有一些门槛,转移时间周期也较长。相对于投机资金,投资资金稳定性更强。

而投机者和投资者不同,哪个领域有投机机会,资金就会涌向这个领域。投机更讲究流动性,更注重市场机会的变化,资金流向变动性较大。例如房地产市场的火热就可能分流一部分投机资金。

作为投机者,要关注资金流动,对不同领域的投机热度也要有一定的关注。除了金融市场,对投机资金流动影响最大的两个领域是房地产市场和收藏品市场。

1.房地产投机

房地产和金融产品一样,既可以投资也可以投机。不过我国由于土地不能私有,只能从国有土地购买 70 年使用权,这使得房地产的经济属性变得复杂。1992 年以前,土地一级市场还属于市场化交易,开发商既要负责房地产开发,还要负责征地,土地在局部市场还是商品。1992 年以后,各地政府陆续垄断了土地一级市场,大量的土地出让金成为地方政府的重要财政来源。土地逐渐成为一种财税工具,而不是市场化的商品了,但房地产却开始了高度的市场化。这种情况下,房地产市场也变得复杂。全国各地的房地产的租售比都很低,最低的甚至低于 1∶1000,这已不是传统意义上的商品理论能够解释的,一处房地产应该分成土地和房产商品两个项目,分别用财政理论和商品理论来解释。

不过对于投机来说,只要关注价格就可以了。如果一个地区的房价上涨趋势存在,只要没有确认价格拐点,对于投机者来说最佳的选择就是做多。当然房地产投机变现能力远低于金融市场,政策的变化程度远高于金融市场,这些都是房地产投机的风险因素。

2.收藏品投机

文玩市场参与者包括经纪商如古玩店、个人、收藏家、中介机构如拍卖行、投机商等。古玩店主要是赚取商业差价,属于商业性交易。但很多古玩店店主也会参与投机。个人以鉴赏、把玩为目的买卖收藏品的行为才是收藏,而如果没有鉴赏为基础,纯粹地买卖,则属于投机。甚至可以说,收藏市场没有投资,因为收藏品不会带来现金流,博物馆的门票收入在整个文玩市场少到可以忽略不计。

许多入门者买卖古玩,本身缺乏专业知识,看走眼的多,以为是在投资,实际上是在赌博。有些人赌多了,见识了不同的真品和赝品,积累了必要的专业知识,交了足够的学费,才能真正进入收藏或投机。有些人即使赌多了也不会变投机。

第四节　投资交易

一、投资的定义

对于投资(investment)的定义,传统的经济学或金融学已经做了详尽的解释。有人认为,投资是指用某种有价值的资产,其中包括资金、人力、知识产权等投入某个企业、项目或经济活动,以获取经济回报的商业行为或过程。

赫特和布洛克认为投资是支出当前资金以期在未来某时刻获得一笔更高收益[1]。

格雷厄姆对投资的定义为:投资就是在完整地分析研究之后,认为可以确保本金的安全,并能得到满意回报的操作,不符合这些条件的就属于投机[2]。

格雷厄姆和很多金融学家一样,也了解投机与投资之间存在区别,但没有进一步深入分析,实际上投机也要对交易对象进行完整的分析,而且每个投机者在投机交易之前也要计算概率,并且预期收益率要大于零。

虽然前人对投资有较完善的定义,但为了更好地理解投资与投机以及赌博等各种交易行为的区别,本书还是要对投资性交易给出定义:投资性交易是以交易对象的内在价值为参考,投入资金或对价换取某种有价值的资产,在未来某个时间,以确定性的现金流或者是现金流对价方式回收初始投入资金及利润的交易行为。

金融市场的多数交易是以现金方式完成的,但也可能是以某种资产作为现金流的对价进行投资,例如投资上市公司,可以现金收购,也可以用某项资产折合一定的价格来换取定向增发和新股。而投资的回收,多数通过未来的现金流回收,但也可能采取对价形式,例如以现金投入换取某公司发行的股票。

投资获取的回报,主要来自于投资对象属性的变化而导致内在价值的变化,或者投资对象自身产生的效益。

投资与投机的最大不同,是不利用交易对象的市场预期价格变化,而是通过计算交易对象的内在价值来进行投资。

(一)内在价值

对于投资交易来说,最注重的就是交易对象的内在价值。现在市场常见的投资交易对象有以下几类:

1.公司股权或股份。其内在价值是公司在可预见未来的现金流入折算的现值。

【例 1-2】假设某公司近三年的平均净利为 1.0 元、1.1 元、1.2 元,预计四年后每年净利稳定在 1.2 元,市场无风险收益率为 10%,当前股价为 10 元,则其内在价值为:

$$1+\frac{1.1}{1+10\%}+\frac{1.2}{(1+10\%)^2}+\frac{\frac{1.2}{10\%}}{(1+10\%)^3}\approx12.01$$

2.外汇。外汇的价格是汇率,而外汇的价值是某种外币的购买力。某种外币汇率上升,在国际市场上,其代表的购买力价值就会上升,可以购买更多价值的商品。经济学上对外汇的价值有较多的计算方法,涉及利率和汇率变化的影响、国际经济状况等。

3.期货合约。期货合约的内在价值是到期现货交割时能得到现货的价值。由于

---

① 赫特,布洛克.投资管理学[M].刘曼红,译.北京:中国人民大学出版社,2009.

② 格雷厄姆.证券分析[M].邱巍,译.海口:海南出版社,1999.

未来现货的价格不能确定,期货合约的理论价值由两部分构成:一是当前现货价格,二是从当前至合约到期时的仓储、税金等交割费用折算的现值。

4.期权合约。期权的价格是行权的内在价值。由于现在通行的美式期权买方可以随时行权,期权的内在价值可以随时计算。

5.房地产。房地产的价值包括两个部分:一是租金的现值;二是由于城市发展、规划等变动带来的级差地租的变化,预期级差地租折成现值就会导致房地产价值产生变化。

(二)投资的获利途径

投机是利用市场预期来获利,通过概率计算来保证收益率。而投资是通过计算投资对象的内在价值,运用安全边际来保证投资的收益率。

根据投资回收的时间,可以把投资的获利途径分为两类:

1.通过定期或不定期分次的现金流或对价形式回收。例如持有上市公司股票,每年收取红利。

2.通过一次性的现金流或现金流对价回收。如折价购入债券,到期以面值收回投资。或者投资对象缺乏安全边际后卖出股票。

二、投资的种类

(一)股权投资

股权投资是对公司的股权进行投资,投资的主要依据是公司的预期现金流现值。主要方式是成为公司的股东,关注企业的发展变化。选股主要指标有宏观经济分析、行业分析、企业竞争力、企业重大投资项目。交易时机指标为市盈率、分红、安全边际。

股权投资包括上市公司投资和非上市公司股权投资。上市公司投资往往被人误解为股票投资。本书认为股票投资与上市公司投资存在根本的区别,股票投资是属于金融工程领域,标的物为股票这一有价证券;上市公司投资属于财务投资领域,标的物为上市公司的股权。上市公司投资关注的是公司本身,关注经营发展,而股票投资关注的是股票价格波动。上市公司投资有时要参与企业的管理,派驻董事。个人投资者即使无法参与企业的管理,也要关心公司的发展,参与股东投票。股权投资者也关心股票价格,但不关注价格波动,关注价格是为了确保安全边际在交易系统范围内。

市场上买入股票的交易者众多,但真正进行股权投资的人并不多。绝大多数买入股票的人并不是以公司的价值或现金流来进行投资,而是希望赚取股票波动的差价。这一类交易员与上市公司投资者的区别在于,股权投资者可以不用关心市场的波动。

(二)金融投资

金融投资并不太关心投资品的实物形态,而只关心投资的交易对象。金融投资与公司股权投资的区别在于,投资者更注重交易对象带来的现金流的变化。

1.期货投资

期货市场除了大量的投机交易外,也有大量的投资性交易,尤其是近几十年,流动性泛滥,大量基金进入期货市场,加上数量模型和计算机技术的引入,给投资套利带来了便利。

在期货市场,投资性的交易主要是期货合约间套利、期现套利、期货与期权套利。

对于套期保值而言,其实是商业行为的延续,目的是为了保证生产原料或产成品的供应量和价格的稳定,仅仅借用了金融工具,不属于期货投资。

期货市场也有直接单向投资行为,一般是大型投资机构所为。大型投资机构有足够的研究实力,能得到较多的经济、政治、金融和交易信息,能看清产业发展方向,并且对各国的政治、经济有深入了解。一般个人存在信息不对称,期货单向投资较难成功。

2.股票投资

股票投资是指通过金融工具,运用现代金融工程的原理,对股票价格的波动进行分析、模拟,从而做出相应的投资决策。股票投资很大一部分是对股票指数进行投资。因为从历史进程看,股票市场的整体走势能够抵消甚至超过通货膨胀的速度。股票投资多数是以股票综合指数为参考,从而决定投资交易的股票池。

例如投资者想要以综合指数进行投资,那么他可能根据股票的股本规模、行情波动率、行业前景、股东背景、地域等指标,通过金融模型的计算,选出一揽子股票进行投资,在投资股票的同时,也可能进行卖空货币、债券、综合指数等对冲交易。

股票投资与上市公司投资的区别在于上市公司投资可以不关心股票价格的波动,在上市公司投资的交易系统中没有价格波动的指标;而股票投资则必须关心价格波动。当然上市公司投资与股票投资常常可以转化。

股票投资也可能利用股票池和股指进行套利。例如沪深300指数成分股中,有些盘子大,权数大,有些股票属于领先股,往往先上涨后其他股票才跟随上涨,因此可以通过从300只成分股中选出若干股票与沪深300指数进行套利操作,这种套利需要用到一些较复杂的金融工具,也属于股票投资的一类。

3.套利和套汇

套利是投资者利用不同月份、不同市场、不同商品之间的差价,同时买入和卖出两笔以上不同方向的金融产品以从中获取利润的交易行为。套利是一种投资行为,套利必须要同时进行两笔以上交易。套利在计算一笔交易的现金流出的同时,要计算另一笔交易的现金流入。初始投入的现金是确定的,未来可以回收的现金也是可以确定的。否则就不是投资,而是属于投机的范畴。

套利的形式有多种,包括跨市套利、期现套利、跨期套利等。跨市套利是在一个市场买入(或卖出),在另一个市场同时卖出(或买入)等值、同商品但方向相反的合约,例如期现套利就是在期货市场与现货市场间进行套利。跨市套利也可以在不同现货市场之间或在不同期货市场之间进行套利,例如在伦敦交易所买入铜合约,在上海期货交易所卖出相应的铜合约,扣除进口成本、汇率换算成本、资金成本后就可以锁定利润。

套利也可用于股票市场,例如在沪深300股指期货(IF300)与股票间进行套利。首先选择一个沪深300指数成分股票组合,这个股票组合的波动与IF300有较大的相关性。然后买入股票组合,同时卖出股指期货。

假设买入100万元股票组合,股票组合与IF300的相关性为80%,套利时IF300为2800点,1手IF300期货每个点的波动为300元,上涨10%的盈利为8.4万元(2800×10%×300)。100万元股票上涨10%的盈利为10万元,那么买入100万股票要相应开空9.5(100×80%÷8.4)手IF300期货合约。超出这个范围,就产生了风险敞口,不属于套利或套期保值。

外汇市场充斥着大量的投机交易,但也有大量的投资性交易,这些投资交易包括套汇、套利(掉期交易)。套汇是在两种币种间的套利或保值行为。外汇市场的套利往往持续时间很短,几分钟就抹平了市场价差,将比价回复到正常水平。套汇和套利也可以用于保值而不是为了盈利。

套利的安全边际与交易期限相关。短期套利由于现金流确定,风险较小,一般不需要安全边际;短期套利如果需要考虑安全边际,多数是由于对手可能违约的风险补偿。中期套利要考虑资金成本,对手违约的风险较大,需要有安全边际。长期投资要考虑资金成本、通货膨胀率、行业景气风险、公司破产风险,安全边际要高。

(三)房地产投资

房地产投资是以出租回收未来现金流,或投资于房地产级差变化后带来的价值提升。很多人在进行房产交易时,不明白是投机还是投资。

如果购买房地产,目的是为了长期持有,通过定期的租金来收回投资,这种行为就属于投资范畴。例如早些年投资者购买商铺用于出租,有些城中村建楼出租都属于投资。

另一种情况,通过投资对象的商品属性发生变化带动的价格变化来获利,这种行为也属于投资行为。例如,如果投资者预期某区域将会开通地铁,那么买入该区域内的房产,等待地铁开建或消息明朗后,由于级差地租的变化,该区域的房产普遍上涨,投资者再卖出房产,这种交易属于投资,因为获利的基础是房产的经济属性发生了重大变化。

现实交易往往较为复杂,很多人买入房产也进行出租,要如何判断是属于投资还是投机呢?那么要看其出租是不是为了收回投资的现金流。如果购买房产的依据是预期房产上涨,出租只是收回部分交易成本,那就不属于投资。

(四)操纵性交易

金融市场上有两类特殊的交易:操纵性交易和内幕交易。这两类交易,往往采取灵活的操作方式,时间短,进出频繁,也可能以连续报价快速撤单等形式影响市场人气,但和投机交易有本质的不同。

对于操纵交易者来说,投入的现金流和将来预期回收的现金流都是可以预计的,至少是有很大概率可以回收的,其金融交易本身的风险很小,最大的风险来自于监管,因此仍然属于投资性交易。

对于内幕交易者而言,通过提前预知交易对象的经济属性将发生变化,例如上市公司重大收入、税收政策变动等而进行交易。内幕交易利用的都是会严重影响公司估值的经济属性的变化。虽然很多内幕交易者并不会严格计算这些经济属性变化会带来多少的价值变化,但他们很确定地知道,在内幕消息公开后会影响公司股价的变化方向,因此也可以确定自己的内幕交易行为会带来超额的收益。

操纵性交易,其实和赌场中的做庄是一样的性质,对于做庄,除非遇到老千高手或其他破坏赌场的力量,否则庄家多数是稳赚。

当然,操纵性交易并不能完全保证获利:一是可能遇到监管风险;二是市场发生较大变化,如股市大跌,个股的走势无法脱离大盘而下跌;三是控盘需要的资金超预期,而后续融资无法满足操纵的需求,或者资金成本超过了操纵利润;四是遇到操盘水平更高、资金实力更强的庄家对手。

三、安全边际

(一)投资的安全边际

安全边际(margin of safety)这一概念通用于营销领域,是指盈亏临界点以上的销售量或预期销售量。它说明从现有销售量或预计可达到的销售量到盈亏临界点,还有多大的差额。此差额说明现有或预计可达到的销售量再降低多少,企业才会发生亏损。

在投资领域也用到安全边际的概念,例如穆迪公司1930年以前的投资手册就曾使用过"安全边际"的概念,但穆迪的安全边际主要用于描述企业债券,即指息后收益余额与息前收益的比率。安全边际大的债券保证兑付的安全性更大。

格雷厄姆认为,成功投资的秘诀精炼成四个字就是"安全边际"。在《聪明的投资者》中他将安全边际定义为"一种价格与另一种价格所指示的或评价的价值顺差,那就是安全边际"。

本书认为,投资安全边际是投资对象的实际价值与市场价格的差额。安全边际既有正向,也有负向。正向安全边际代表投资对象的低估值,负向安全边际代表投资对象的高估值。正向安全边际也可以称为多头安全边际,负向安全边际也可以称为空头安全边际。

投资除了计算投资对象的内在价值,为了获得收益,决定投资时机,还需要计算投资对象价格的安全边际。

首先,以足够低的价格购买投资对象,才能应对复杂和变化的市场环境。我们评估股票价值,依据的是当前的市场环境,但很多政治经济因素的变化是超过人们所能预测的范围的。如果没有足够的安全边际,一旦市场环境有风吹草动,投资者就会亏损。安全边际是投资者的风险补偿和额外收益。因为投资也是有风险的,投资的风险来自于投资对象现金流的不确定性。

其次,人们也会犯错误,例如价值分析时出现错误,信息不完全等,而足够的安全边际才能为投资者提供容错空间。

再次,市场并不总是正确的,价格会长期偏离价值,投资者如果持有的股票长时间不纠偏,就会导致持有成本上升。安全边际要足够覆盖资金成本和预期获利。

安全边际的前提是要正确计算公司股票的价值,如果价值计算错了,再讨论安全边际就没有意义。对于股票,实际价值是股票所代表的公司未来现金净流入的现值。寻找股票安全边际,实际就是寻找以打折价购买股票的机会。

由于未来存在不确定性,公司的收益会变化,股票的价值也会变化。实际上公司的价值应该是一个波动范围。计算安全边际的时候,应该以公司价值区间的最低值来设置。

【例 1-3】假设某公司未来三年的预期收益为 1 元、1.1~1.15 元、1.2~1.3 元,四年后净利稳定在 1.3~1.5 元,市场无风险收益率为 10%。则:

$$公司股票的最低价值 = 1 + \frac{1.1}{1+10\%} + \frac{1.2}{(1+10\%)^2} + \frac{\frac{1.3}{10\%}}{(1+10\%)^3} \approx 12.76 \text{ 元}$$

$$公司股票的最高价值 = 1 + \frac{1.15}{1+10\%} + \frac{1.3}{(1+10\%)^2} + \frac{\frac{1.5}{10\%}}{(1+10\%)^3} \approx 14.39 \text{ 元}$$

大多数投资教材里,对将来的估值都是以一个确定的收益值来计算的。那么有必要计算一个价值区间吗?首先,公司的环境和经营都存在很大的不确定性,用一个固定价值很可能带来较大的误差,用于交易,则会有天壤之别,因此用一个区间值来计算价值更能应对实际情况。其次,计算出最高和最低的两个估值,那么在进行投资交易时的作用更大。在市场氛围低迷,整体平均市盈率较低的时候,我们可以用公司的低估值加上安全边际确定买卖的价格;在市场氛围高涨的时候,我们可以用最高估值来确定交易价格。

本书认为需要看投资者的投资方式,如果是为了在市场纠偏后,以差价的方式收回投资,那么就要考虑市场的波动性,以一个估值区间作为交易依据更有效。如果主要是长期投资,以分红的方式收回投资,那么根本就不用考虑市场的波动,以一个固定价值为依据进行交易就足够了。

安全边际要多少才合适,这个没有一定的标准。每个投资者掌握资金的期限不同,对风险的承受能力不同,安全边际率的设置也不同。例如养老资金的周期长、资金量大,有足够的耐心等待市场纠偏,能经受市场的波动,对盈利率要求相对较低一些,那么安全边际率可以低一些;如果个人投资,讲究资金利用率,而且可选择的股票多,那么安全边际率要高一些。

二、安全边际市盈率

计算安全边际,原始的方法是先算出股票的价值,根据安全边际率,加上安全边际值,得出买入和卖出点。对于以股价差额方式收回投资的,我们可以将安全边际的计算简化,用市盈率来简易地确定安全边际,本书称为"安全边际市盈率"。

安全边际市盈率的高低,应该与固定无风险收益进行比较。理论上,我们可以把一年期定期存款利率作为无风险收益率,那么安全边际市盈率就可以用利率的倒数来替代。但这必须有一个前提:存款利率必须是由市场形成的。恰恰中国大陆的利率并没有完全市场化。现在很多银行都在销售理财产品,利率较高,但这种理财产品,如果仔细研究它的条款,实际上还是有较大风险的。本书认为,合适的无风险收益可以用余额宝之类的收益率来替代,或者简单地用年化5%来近似替代。那么市盈率20倍是一个基准的安全边际市盈率。

基准安全边际市盈率还要根据不同的行业、不同的经济周期,以及公司的不同发展阶段进行调整。例如传统产品制造业,如钢材、水泥,由于成长性较差,安全边际市盈率不可能太高。而且这些行业的资产实际变现价值与账面价值差异较大,安全边际市盈率也要相应降低。而新兴产品制造业,如在2017年,与电动汽车、人工智能相关的制造业,安全边际市盈率就可以适当调高些。

在不同的经济发展阶段,安全边际市盈率也不一样,国家经济快速发展时期,市盈率可以较高些。但从2015年开始,市场进入一个行业整合的阶段,各个行业内都出现了大鱼吃小鱼的现象,行业龙头企业由于规模效应,业绩增长稳定,市盈率可以高于行业安全边际市盈率;而规模较小的企业,业绩提升困难,甚至下降,设定的买入市盈率要低。因此针对不同行业的竞争状况和具体公司在行业中的地位确定不同的安全边际市盈率。

对于成长性较差的行业,更多地应该考虑以公司分红方式收回投资,那么应该用每股分红,而不是每股收益来计算估值和安全边际。例如银行股在全世界的股市估值市盈率都不太高。主要原因一是多数国家银行股的成长性并不高,二是银行股的资产可能存在高估,不少国家的银行企业坏账没有得到充分的披露,银行实际债权资产与账面值的差异较难准确评估。投资银行股,多数看重稳定和分红,因此对于银行股,用每年分红来估值和计算安全边际更合理。

安全边际市盈率的应用要考虑到公司的经营变化,以动态市盈率来进行确定。

【例1-4】大族激光2017年8月28日公布半年报前,收盘价35.69元,对应2017年第一季度报表动态市盈率为63.7倍,对应2016年年报市盈率为50.26

倍。公布半年报后，动态市盈率变成了 20.75。

大族激光主要指标	2017-09-30	2017-06-30	2017-03-31	2016-12-31
每股收益(元)	1.41	0.86	0.14	0.71
公布日期	2017-10-26	2017-08-28	2017-04-25	2017-04-25
公布日前一日收盘价	47.40	35.69	26.13	
静态市盈率(2016 年收益)	66.76	50.26	36.80	
公布前动态市盈率	27.56	63.70	36.80	
公布后动态市盈率	25.21	20.75	46.66	

四、投资也可以做空

人们最常见到的投资以股票交易为主，而且多是买入股票等待上涨，所以有些人会产生错觉，认为投资就是要做多。监管部门和媒体对于空头也不太友好，常常将正常的卖空行为称为"恶意做空"。

卖空不止是先天就有道德劣势，在技术上也非常容易陷入绝境，遭遇所谓的逼空 (short squeeze)。无论中外，对待空头的仇视都是一样的，英文 squeeze 是挤压、榨取的意思，把空头想象成一只多汁的橘子。中文翻译成"轧空"或称"逼空"，恨不能开辆坦克碾死空头。多头投机者可以借助资金优势，不断地抬高价格，导致空头无法买入足够的现货或现券用于到期交割。面临违约风险，空头只能以天价从逼空者手上买入现货，而空头却不能无限地打压价格，因为价格最低只能为零，所谓上涨无限，下跌有限。

但实际上，投资也可以做空，而且也应该有做空。无论是金融投资还是股权投资，只要价格超出价值突破了一定范围，都可以做空。投资做空和做多一样，也是要计算现金流量和安全边际。

通常情况下，投资做空股票需要的安全边际要远高于做多的安全边际。这是因为股市天然适合做多：

一是交易品的价格有高出价值的倾向，低于价值的股票难找。在正常的市场行情下，谁也不想打折出售持有的股票。只有遇到恐慌行情时，持有者才可能因为心理恐慌，亏损卖出股票。但一旦市场好转，人们又会看好自己手中所持的股票，甚至会把恐慌卖出的股票以更高的价格买回。

二是存在逼空的可能。逼空的风险导致空头不敢在太低的价格开仓。

三是时间对空头不利。空头要借入股票来卖出，需要资金成本。借入股票有期限,还回股票需要在市场上买入。买股票本身就是多头行为,可以说空头是天生的不坚定。但多头可以一直持有股票,尤其是自有资金或者股票基金,不需要支付资金利息的情况下。

假设上市公司每股价值为10元,如果跌到5元,那么该股票多头的安全边际为5元。很多人就会大胆买入。如果该股票涨到15元,同样安全边际为5元,但敢于开空的投资者却很少。

对于期货、大宗商品交易,也是如此,市场环境都偏向于多头,做空也要求更大的安全边际。

五、股权投资分析

股权投资除了直接入股某个公司外,最主要的形式就是买入上市公司的股票。如果是以投资为目的买入股票,就要对该股票代表的上市公司进行价值分析,包括现时的价值和公司未来的成长。公司的运营和发展离不开宏观环境,股权投资就要从宏观、微观多个方面进行分析。

(一)宏观经济分析

宏观经济是指国民经济总体及其经济活动和运行状态,如总供给与总需求;国民经济的总值及其增长速度;国民经济中的主要比例关系;物价的总水平;劳动就业的总水平与失业率;货币发行的总规模与增长速度;进出口贸易的总规模及其变动等。

宏观经济分析是对所投资的公司所在的宏观经济总体进行分析,并研究宏观经济对公司的影响。

宏观经济分析主要关注:

1.国际金融市场环境,即主要贸易国经济状况、国际外汇市场环境、贸易争端等。

2.宏观经济状况,主要体现在对经济指标的研究上,如GDP总量与增长率、采购经理人指数(PMI)、通货膨胀率(CPI)、失业人数或失业率等。

如果上市公司用闲置资金购买股票,就要关注股市总体运行动态。不过这一类股票从经营上来说不太可能成为成长性的股票。证券相关类的股票,也要关注股市的总体状况。例如吉林敖东投资了广发证券,股市的冷热就会影响吉林敖东的价值。

3.宏观经济政策,包括财政政策、货币政策、产业政策。

财政政策包括税收政策的变化、财政补贴政策、国债发行状况。

货币政策包括货币政策工具、法定存款准备金率、再贴现政策、公开市场业务、直接信用控制、间接信用指导。

产业政策是国家制定的,引导国家产业发展方向、引导推动产业结构升级、协调国家产业结构、使国民经济健康可持续发展的政策。产业政策主要通过制订国民经济计划(包括指令性计划和指导性计划)、产业结构调整计划、产业扶持计划,利用财政投融资、货币手段、项目审批等手段来实现。

(二)产业与行业分析

1.产业生命周期

产业与行业既相似又有区别。行业由具有高度相似性和竞争性的企业群体组成,而产业则是具有某种同类属性的经济活动的集合体。

一个产业包括多个行业,但一个行业通常只从属于一个产业,产业是行业的总和;宏观经济活动是产业的总和。例如信息产业包括媒体行业、出版业、互联网行业。

产业生命周期理论是在产品生命周期理论基础上发展而来的。1957年,波兹(Booz)和阿伦(Allen)在《新产品管理》一书中提出了产品生命周期理论,他们根据产品销售情况将产品生命周期划分为投入期、成长期、成熟期和衰退期四个阶段。因为多数行业的产品与产业发展呈正相关,产品生命周期理论被引入产业生命周期,所以现在许多教材都将产业生命周期划分为这四个阶段。

弗农(Vernon,1966)将产品生产划分为导入期、成熟期和标准化期三个阶段。Gort和Klepper(1982)对46个产品最多长达73年的时间序列数据进行了实证分析。他们按产业中的厂商数目对产品生命周期进行划分,发现产业中的厂商数目随着产业的成长而发生变化,建立了第一个产业生命周期模型,称为G-K模型。据此他们将产业生命周期划分为引入期、大量进入期、稳定期、大量退出期和成熟期五个阶段。

在产业成长期,往往鸡犬升天,相关企业的业绩都能快速上升。在产业成熟期和衰退期,相关行业的龙头企业通过收购、扩大产能、提高生产率降低成本等手段,占据更多的市场份额,业绩也可能继续上升。而一些实力较弱的企业业绩下滑,最终退出该产业,甚至可能破产重组。

产业的发展与行业的发展关系密切,如果产业进入成熟期,相关的行业就会受到较大的冲击,必须做出相应的调整。例如家电产业进入成熟期,原来属于家电产业的面板行业就会转型生产手机面板,从而进入通信制造产业。

2.行业分析

行业分析主要是了解行业本身所处的发展阶段及其在国民经济中的地位,分析影响行业发展的各种因素,判断其对行业的影响力度,预测行业的未来发展趋势,判断行业投资价值,揭示行业投资风险。行业特征是直接决定股权投资价值的重要因素之一。行业分析是上市公司分析的前提,是连接宏观经济分析和上市公司分析的桥梁。

行业分析的结构主要包括基本状况分析、市场特征分析及行业的经济周期分析。

(1)基本状况分析。基本状况分析包括行业基础情况、行业发展的历史回顾、行业发展的现状与格局分析、行业发展趋势分析、行业的市场容量、总体市场现状及增长率趋势预测、行业的平均毛利率、平均净资产收益率及未来发展趋势等。

(2)市场特征分析。行业的市场可以分为四种类型:完全竞争、垄断竞争、寡头垄断、完全垄断。

对于完全竞争的行业,如果处于产业引入期,就有较大的成长空间,行业中某些企业可能不断扩张,最终形成垄断竞争。投资者就是要在其中挖掘出未来可能成为垄断的企业。

寡头垄断和完全垄断,一部分是因为技术与先发优势的原因自然形成的垄断,如互联网企业、芯片企业,投资者就要考虑替代技术和替代市场的发展;如果是由行政审批形成的垄断,那么投资者要考虑的是产业政策调整的可能性。

(3)行业的经济周期分析。行业除了与产业生命阶段有关外,还可能与自身的周期的特点有关,人们将根据经济周期特点将行业分为三类:

一是增长型行业。增长型行业的运行状态与经济活动总水平的周期及其波动无关,这些行业主要依靠技术的进步、新产品推出及更优质的服务实现增长。这些行业多数是高科技企业,如电子通信、互联网企业。

二是周期型行业。周期型行业的运行状态直接与经济周期相关。行业景气度高峰期来临时产品需求上升,价格大涨,为满足突然膨胀的需求,产能大幅度扩张;而在萧条期时则刚好相反。船舶制造汽车、机械、有色金属、石油化工等是典型的周期型行业。

三是防守型行业。防守型行业的产品需求相对稳定,不受经济周期的影响。防守型行业的产品往往是生活必需品或是必要的公共服务,公众对行业产品有相对稳定的需求。行业中有代表性的公司盈利相对稳定,比如食品业和公用事业。

(三)公司分析

投资首先要确定行业。在有明确的行业投资方向后,再从行业中找出合适的企业(公司)进行投资分析。公司分析主要针对上市公司,但非上市公司也是类似。主要包括以下几个方面:

1.对目标公司进行基本分析

(1)对公司概况进行分析。对公司进行分析首先要了解企业基本情况,是后续研究财务状况的基础。基本情况包括:①公司经营的延续性。包括公司的最初起源、发展速度、未来发展的前景。②公司所处的行业和公司在行业中的地位。③公司主营业务情况。如主营业务是否出色,多元化发展还是专业化经营。④公司管理层是否稳定,管理层与大股东的关系。⑤管理层的薪酬水平,管理层有无违约或涉诉记录。

(2)对公司业务经营情况进行分析。公司业务经营情况主要有三方面的内容:一是近年来经营情况;二是主营业务收入,净利润完成情况;三是上市公司募集资金的使用情况。透过上市公司近年来生产经营情况的总结并将主营业务收入、净利润指标的完成情况与往年做纵向比较,可以看出公司组织生产、经营管理情况,了解公司取得的重大成绩和可能存在的潜在问题。对募集资金的使用,主要看是否按照募集资金(招股或配股)时的说明投入和使用。若改变募集资金用途,则应重点关注年报的具体说明,以查明原因。

(3)对主要财务数据与财务指标进行分析。上市公司年度报告公布的主要财务指标一般包括：主营业务收入、净利润、总资产、股东权益、每股收益、每股净资产、净资产收益率、现金净流量等。它们是影响上市公司股票价格的重要因素。主营业务收入、净利润同比增长幅度大，表明上市公司主业突出，产品竞争力强，市场销售良好，获利能力强，公司成长性高；每股收益、每股净资产越大，表明股东可以分享的权益越多，投资回报率高，投资安全有保障。

财务指标主要通过公司财务报表了解，包括资产负债表、损益表、现金流量表。

资产负债表主要反映公司某一时点的资产、负债情况。资产与负债的差额就是所有者权益。通过资产的流动性了解公司的短期偿债能力和财务安全性。

损益表也称利润表，反映公司一定时期的盈利水平。损益表反映的是权责发生制下的盈利水平，还要参考现金流量表来了解盈利水平的可靠性。

现金流量表包括经营活动产生的现金流量、投资活动产生的现金流量、筹资活动产生的现金流量，用来反映公司的经营情况、筹资能力和偿债能力。

(4)重要事项与财务报表附注。公司定期报表中，都有附注。会计报表附注是对企业会计报表的补充说明，是财务会计报告的重要组成部分。它是对会计报表的编制基础、主要会计政策和方法以及报表主要项目等所做的注释。有时附注提供的信息比财务报表本身更重要。详细阅读并分析报表附注，有利于看清企业生产经营、管理的真实情况，规避投资风险。例如报表附注包括了主要的客户采购、应收应付账款情况，对外担保等情况。

此外，投资者应当在重要事项公告中，关注可能引起股权变化、经营变化、债权债务变化的重大事项，重点了解公司有无新的投资项目、新产品研发及重大合同签订、重大经营决定如巨额担保等；看是否有债务重组和诉讼事件，以确定公司经营是否良好或陷入困境。

(5)股本与主要股东的变化。股本变化主要看总股本增减情况和股本结构变动。首先，如果公司通过增发、配股等再融资而扩大股本，会带来资金的注入，有利于增强公司实力和抗风险能力。其次要看主要股东的持股变化情况。大股东持股不变或增加，反映对公司仍然持有信心；如果主要股东减持，就要分析减持的数量和原因，是否对公司前景不乐观。

如果管理层本身就是公司的主要股东，那么要考虑管理层的持股比例。管理层持股太低，那么他们会担心被替换。如果企业经营业绩良好，并且管理层是企业的创始人或改制转折时期的主要促进者，那么他们甚至会调整报表，压低净利润，以求以较低的价格追加持股。有些相对控股的股东也会想办法压低股价，降低追加持股的成本，以求绝对控股。

如果控股股东没有整体上市，那么也可能成立一些关联公司，借助上市公司的渠道、客户资源和市场影响力将关联公司培育壮大后，再由上市公司溢价收购。

2.现金流的重要性

企业经营,现金流的管理是重中之重。所谓一分钱难倒英雄汉,如果企业现金流断裂,再好的前景和利润都会化为泡影。现金流做假的可能性相对于利润做假的可能性更低些,因为现金流的失真,多数情况下需要直接更改银行的对账单(这属于欺诈,是违法行为),否则注册会计师不会出具报告。而利润调节可以通过会计政策的变更、延时或提前确认收入等手段,这些手段不容易被发现,有些属于违规,有些也属于合法范围。例如林业公司确认一片山林的成材率,渔业公司指定一片海底的扇贝的估值,都很难被审计发现。对这一类公司更应注重现金流量。

经营现金流与净利润某个时期内会不一致,但从长期看现金流入总量与净利润的总量应该是大致相等的。

现金流分析可以关注以下几种情况:

(1)经营现金流如果为负值,对企业的经营是不利的,说明企业经营缺乏自我造血功能,企业的现金运转需要筹资或者变卖资产维持。如果连续几年经营现金流为负值,但净利润与现金流不匹配,那么公司有调节利润的可能,以期将来增发、配股筹资维护企业运转。也可能是公司实际控制人在公司体外成立关联公司,让上市公司的现金流滞留于关联公司。

(2)经营现金流为负值,但是销售产品或服务收到的现金流与营业收入大致相当,说明公司销售收款能力还是正常的,那么造成经营现金流为负值的原因,一是可能公司扩大经营规模,储备较多的原材料;二是可能公司产品滞销,但公司并不打算赊销。需要结合公司的销售收入成长性、成品存货进行评估。

(3)如果现金流高于净利润,并且企业的原料采购规模没有下降的情况下,说明企业经营较好,产品市场竞争力较强,收款能力较强。

(4)如果连续几年现金流高于净利润,可能是公司调节利润,以应对在将来遇到行业低迷时,仍可以保持相对稳定的净利润水平,以维护股价的稳定。

(5)新兴行业例如互联网企业,企业发展路径与传统企业不一样,在创立的前几年甚至经营现金流的重要性不高,反而是获客率更重要,筹资现金流决定企业的生死。这类企业需要不停地融资扩股,融资后大量投入扩张,以求得客户数和市场占有率不断上升。

(6)分红率也与现金流密切相关。分红方案多数是由管理层首先提出的,而管理层最了解公司的现金流状况,他们提出分红方案前,就应该预期了来年现金流的收支可能性。分红率高说明公司现金流入能力强,不论这种流入是筹资、收回投资、分红或经营所得。

总之,现金流要结合各项财务指标和公司重大事项进行综合分析,通过现金流了解公司真实的运营状况。

3.隐性资产与可拆分价值

除了账面价值外,公司还可能持有隐性资产价值。这部分资产价值在现有会计制度下,不需要调整,未被计入账面价值,但它们的实际价值远高于账面价值。

例如某保险公司,在地价低廉时,购入大量的房产,有些位于一二线城市繁华地段,虽然近几年价值已经增长了十几倍,但是无法在账面上体现。如果将来某一天,该保险公司将这些房产拆分打包成立物业管理公司对外出租,并发行股票,那么这些房产就需要重新评估价值,直接带来所有者权益的增加。

可拆分价值是假设公司能够进行有效重组时,公司拆分后所有部分的价值总和。有些公司可能经过多年的积累,投入多个项目,并且都能够盈利。这些项目在上市公司主体只能体现账面价值,但如果将这些项目拆分出去独立上市,利用资本市场的杠杆作用就能带来资本价值的放大。即使公司投入的项目不盈利,拖了公司主体业绩的后腿,但通过剥离也能带来公司价值的增长。

假设某公司有 A、B 两项业务,A 业务每年可以带来 1 亿元的利润,而 B 业务每年亏损 5000 万元,那么该公司每年净利润只有 5000 万元。由于该公司管理者的感情因素或管理惰性,可能长期维持这种状态。但是如果有人收购该公司,直接剥离 B 业务,那么公司每年净利润就会上涨到 1 亿元,公司价值直接翻倍。

《门口的野蛮人》记录的就是投资银行运用杠杆收购目标公司,收购成功后就会将公司的资产分拆。通过剥离或拆分公司资产、削减费用等手段在短期内使公司增值,然后再卖出公司获得暴利。

(四)折价与溢价

在基本的宏观与微观分析后,我们可以大致确定公司的价值。但是除了一些通用的估值标准外,还需要根据公司的特点和市场环境对估值进行调整,在市场上会通过股价的折价和溢价反映出来。

1.业绩稳定性折价

某些行业的业绩年份之间存在较大的波动性,例如航空股票在全球的估值都不高。一方面,因为航空股的业绩与油价的关联较大,而原油价格波动较大,所以航空股的业绩波动也较大。另一方面,在发达国家经常出现航空公司罢工的事件,如果再加上空难,会导致航空股业绩波动较大。作为长期投资的机构来说,可能会配置一部分航空股,但权重不会太大,不受追捧自然估值不会太高。为了消除业绩波动性,相对市场平均水平要求折价。

2.变现折价

银行类股票在国际上的估值也不高,这首先是因为银行的资产很难正确计量。银行的实际贷款状况与账面值差异较大,银行贷款资产有一部分是坏账,但银行经营者并不愿兑现这些坏账,往往是默许借贷者借新债还旧债。在经济稳定的时候暂时不会爆发,但只要出现经济危机,甚至经济停滞,银行首当其冲,出现各种危机,全世界都是如此。只是银行业有一套游戏规则,尽可能地维持击鼓传花的游戏。其次,银行为了吸引客户,在办公场所和装修上投入较多,这些体现在账面上价值较高,但实际变现的价值却很低。

银行倒闭的较少,因为银行破产倒闭对经济影响太大。多数国家都会通过重组、吸收合并的方式解决银行经营破产的问题。一旦通过重组,被重组的银行估值都会严重缩水。

对于大型投资机构,不会不注意到这些因素。由于近些年混业经营的放松,甚至有些投资机构本身就是银行,所以在投资银行股的时候,会有折价的要求。

3.规模折价与溢价

在经济发展的不同阶段,上市公司的规模对估值的影响是不同的。在经济处于高速发展,主要依靠外延发展的时期,公司规模较小,往往包袱轻,能够快速调整经营,业绩增长较快;而大公司往往是从国有企业改制而来的,背负了较多的本属于社会职能的任务,而且在规模效益上与小公司比没有优势。所以这个时期小盘股的溢价较高。而当经济进入稳定发展的时候,此时规模效益就体现出来了。首先是现在投资规模越来越大,小公司无法承担较大规模的投资。五年前我们还可以在新股发行公告里找出 1000 万元以下的募集资金投资项目,但现在的投资动辄上亿。其次,随着经济的发展,员工的薪酬水平不断提高,劳动密集型的生产已无法适应,提高劳动生产率和人均产值已是迫切需求。大公司有较强的科技实力和资金实力投入研发,能更快地更新自动化水平较高的设备。所以目前大公司的单位成本会低于小公司,并且这种趋势会越来越明显。在股价上,2012 年以前小盘股可以炒上天,但 2015 年以来,我们看到,小盘股的平均市盈率在下降,而大盘龙头股的市盈率水平在上升。

例如制药行业,我国多数制药企业是生产仿制药,产品差异化不大,由于仿制药壁垒较低,市场的竞争集中于营销和公关上。小公司有更大的灵活性投入营销,因此盘子小的医药股市盈率往往较高。

如果制药企业瞄准利润更高的自主专利药,自主专利药的研发都需要大量的资金和科技投入,并且可能以失败告终。没有足够的规模,支撑不起这种研发。我国有 4000 多家制药企业,2016 年,医药工业销售收入为 29463 亿元。而美国活跃的制药企业只有 30 家左右,2015 年销售收入 4155 亿美元。

当然不同行业的不同规模溢价拐点不同。除了经济因素外,还要考虑到政策监管因素。例如家电企业的规模溢价拐点 2012 年就出现了,但制药企业的规模效益拐点目前还没有出现。

4.环保折价

随着国家对环保的重视,对环保的要求越来越高。企业要满足环保的要求,势必要追加投入,包括固定的初期环保设备投入以及后续的环保设备运营成本;企业的盈利也会受到影响,对一些污染较大的企业,需要折价;但是如果公司环保措施已经很完善,而同行业中较小规模的企业可能因为环保因素而关停,那么就会带来市场份额的增加,公司的价值会提高。

六、调仓

对于投机来说,一旦发现交易不能获利或者不符合投机技术系统,那就要立即平仓,称之为止损或止盈。止损是完全退出。

但投资是以价值变化或未来现金流回收的现值为依据,持续的时间较长。投资需要经过严格的测算,有足够的安全边际。多数情况下,不考虑资金成本,投资都应该是获利的。投资也会平仓,但平仓很大原因不是因为亏损,而是因为预期收益率低于预期或不能覆盖资金成本。因此用进入和退出更适合描述投资的买卖行为。当符合投资标准时,投资者就会开多或开空,进入投资交易;而当市场环境变化,投资对象不再符合投资标准时,投资者就清除仓位,退出投资对象。

投资也可能亏损,但这种亏损一方面可能是市场环境发生重大变化,原来的估值已经失效,这时的操作也和投机一样止损。另一种亏损可能是估值仍然有效,但是由于有预期收益更高的投资品种出现,而原有投资品种的价格仍然低于价值。这种情况下,为了取得更高的收益,可以将原有品种亏损清仓退出,买入新的投资品种,这种行为称为调仓,产生的损失属于调仓成本。

可见,止损是完全地退出交易,计算盈亏就截止了。而投资的亏损清仓并不一定终止盈亏计算;如果是估值失效亏损退出,盈亏终止;如果是调仓,新投资品种的预期收益的成本计算就要加上调仓导致的亏损。

投资者会不断拿潜在的新投资机会与自己当前持有的投资进行比较,以确保他们拥有可获利的低估程度最大的投资机会。当新机会出现时,投资者永远也不应该对重新审视当前持有的投资感到害怕,即使这可能意味着对现在持有的投资进行止损。换句话说,当出现更好的投资机会时,没有一项投资应该被看作是神圣不可侵犯的。[1]

不过很多投资者并不愿意调仓,因为市场存在投机性,即使预期收益更高的品种也未必能取得更高的收益,而且确认损失也不是舒服的事情。多数投资者遇到预期收益更高的品种,会以新增资金进入,保留原有品种的仓位。另外为了降低投资风险,策略上也要分散投资,多数投资者不会在同一品种上投入全部资金,而是有多个品种,以消除单一品种的风险,在股市上这种单一股票的风险称为 α 风险。当然投资者也不能持有太多的证券品种,否则投资组合的 β 系数与大盘一致,选股就没有意义了。投资者仍然要通过精选个股来获得 α 收益。

---

① 塞思·卡拉曼. 安全边际[M].叶茂青,译.Value 杂志社,2012:102.

附录 1-2　股票投资

如果你想进行股票投资,一种方式是利用股票和其他金融工具如股指期货等进行套利;另一种方式是进行上市公司股权投资。

进行上市公司股权投资,你买入股票就是买入上市公司的股权,你享有上市公司股东的一切合法权利,可以参加股东大会,参与公司投票,得到公司分红。这种投资行为本质上和你在民间投资一家亲友的公司没有什么不同。

如果你入股一家亲友开办的公司,这家公司可能会赚钱,也可能会亏损,甚至会破产,但这家公司如果赚钱了,他会分红给你。入股亲友的公司,你可能参与公司的经营和管理,也可能放手不管,只等着亲友分红给你。如果你觉得公司不会赚钱,或者你缺钱,要将公司股权转手,你可以让其他股东购买你手上的股权,也可以转让给其他人。

入股上市公司就简单了,只要买入股票就可以了。如果不想投资上市公司了,只要在股市卖出股票就可以了。

不同的是,投资亲友公司,你很可能参与管理,至少可以随时了解公司的运营情况,你的亲友会及时向你汇报。但是投资上市公司,除非你的股票足够多,否则,你最多只能在股东大会上投票,要提案也得联合其他小股东。关心公司的运营只能通过公司董秘或公开报告,得到的是公开的信息。

很多人投资亲友的公司前,会仔细评估这家公司会不会赚钱,入股的价格会不会太高,投资后可以长时间持有股权。可是投资上市公司,因为退出太容易,很多人都不去管它会不会赚钱,买入的股价会不会太高,所以很多人不能长时间持有股票。

买股票,唯有抱着当股东的心态,做好长时间投资的打算,才是投资之道;否则不是投机就是赌博。

第五节　赌博与赌博式交易

一、赌博的内涵和盈亏

金融市场上,大部分人进行的交易,其实是一种碰运气。这种碰运气的交易,我们可以称之为赌博式交易。赌博式交易的行为与赌博的特征几乎一致,因此要理解赌博式交易,就要先了解赌博。赌博包括纯运气的押注和需要专业技巧的押注式竞赛。在多数国家或地区,赌博是法律禁止的,但是金融市场充斥着大量的赌博式交易,因此为了更好地理解投资与投机,我们还是有必要讨论一下赌博的定义、获利途径。

赌博是对一个事件及其不确定的结果,下注金钱或具有物质价值的东西,其主要目的为赢取更多的金钱或物质价值。本书不对赌博的定义做更深入的研究,分析赌博,是为了研究金融市场的赌博式交易行为,更好地理解投机交易、投资交易。

赌博总体上可以分为三类:

第一类是纯运气赌博,例如各种摇号彩票、六合彩等。各类摇号彩票几乎没有老千,但由于返还率低,例如体育彩票返还率平均 48%,也就是说庄家成本为 52%,买彩票预期收益率低于 -52%。而且奖金返还集中到个别中奖者。所以对任何购买彩票者来说,中奖都是小概率事件。例如 36 选 7 的彩票,中得大奖的概率是 $1/C_{36}^{7} = 0.00000001198$,中大奖的概率几乎为零。

第二类是非参与式押注,例如足球彩票、赛马押注。非参与式押注的彩票,要以某类竞技为基础,但购买者本身不参与竞技。购买足球彩票也需要用到各种分析,了解每个球队的情况、竞赛当天球员的受伤情况、红黄牌情况、教练的排兵布阵风格、主客场优势、历史比赛结果、当天的温度和湿度,甚至裁判的国籍和对球队的态度等都要列入考虑的范围。赌马也要了解参赛马匹、骑师、马场等外部条件的情况。不过也没有听说有人靠这种押注长期赚钱。一是这两项竞赛本身不确定性都太大,足球虽然实力决定成败,但比赛的结果常常爆冷;二是下注者都会受到心理因素影响,无法完全理性,对球队的偏好会期望球队赢球,从而导致评估胜率的时候出现偏差,这一点和投机是一样的。

第三类是专业押注竞赛,例如麻将、德州扑克比赛。这一类赌博的特点是押注者本身要参与竞赛。押注竞赛还是有一定的专业性的,尤其是没有庄家和老千的时候,实际上相当于一种竞技比赛,和桥牌、围棋一样,都是人与人之间的斗智斗勇,只不过押注竞赛加入了押注这一环节,将竞技复杂化了。事实上在美国的个别地区,专业押注比赛是合法的,例如德州扑克牌比赛。

赌博会获利吗?普通人眼里都认为赌博不会获利,生活中因为赌博而破产的例子比比皆是。但在赌徒看来,赌博是可以获得暴利的。真实的情况是什么呢?

对于纯运气赌博和非参与式押注,预期收益率都是负值,长期来看,确定是亏的。对于纯净的专业押注竞赛,还是有人可以获利的,这种干净的赌博中,首先没有庄家,或者庄家的成本较小,可以忽略不计;其次没有出老千。这种纯净的赌博,博弈论的理论是可以应用的,因为很多博弈论就是在这种纯净的赌博基础上研究发展起来的结果。

美国许多州允许下注扑克牌比赛,这一类比赛有完善的规范,赌场本身不参与赌博,抽水也不高。相对而言是比较干净的赌博。有不少参与者能快速估计出牌面概率,调整下注额,通过大盈小亏而获利。

但是纯净的赌博较少,因为几乎所有专业性的赌博中,都存在庄家和老千。所以人们常说"十赌九输",赌徒总是想成为获利的那十分之一,但如果加上前提条件,那么"十赌九输,剩下一个不是庄家就是老千"。对于普通赌徒来说,十赌十输。

二、专业押注竞赛

(一)专业押注竞赛的获利途径

现实生活中较纯净的赌博,往往是民间的固定群体赌博,例如朋友间打打麻将或打打牌,小量押注,实质上和专业押注竞赛是一样的,只不过缺乏规范化。这种民间赌博多数没有庄家,通常也不会有人出老千。如果是固定群体赌博,从概率上说,每个人的运气是一样的。长久来说,运气就不重要了。但是假设 N 个成员,每次每人固定下注 1 元,每人的获胜概率是 $1/N$,每次只有一个赢家,那么赢家一次可获利 N 元,输家一次损失 1 元,长远来说,民间赌博的预期收益是零,也就是不输不赢。只不过赢家获利时觉得赢来的是别人的钱,会将 N 元赌博获利用于消费,殊不知赢来的钱不过是自己以前输掉的和将来要输掉的赌资。群体成员数量越小,理论上获胜概率越接近于 $1/N$。但如果是非固定群体,再好的运气,也是小概率事件,长期计算输赢的话,预期赌博收益仍然为零。

民间小赌不会花脑力去计算博弈论。但是我们在日常生活中可以发现,某些人总是赢多输少,但有些人却总是输。同样的概率,为什么不同的人会有不同的操作结果呢?原因有两个。一是有些人自觉运用了一些策略,这些策略符合博弈论的原理。这其中最通用的就是下注额的调整。当赌博者接触到牌面时,会在最短的时间内在心里估计获胜的概率,如果胜率高于平均水平,会提高下注额,而如果胜率较低的话,会降低下注额,甚至不下注。在固定群体的赌博中,这些人由于获胜时下注额会较高,而亏损时下注额较低,长时间后总体上能够比群体其他成员取得更大的收益。

另一个原因是心理知识的运用。赌博者摸到牌时,瞬时会有一些心理反应,有些人反应强烈,有些人反应较平静。一些人摸到好牌时喜形于色,对手很容易看穿,并相应地调整出牌策略或下注额。有些人虽然表面平静,但一些微表情或者微反应会泄露内心的真实想法。有经验的专业赌徒能够捕捉到这些微表情。

微反应全称是"心理应激微反应",它是人们在受到有效刺激的一刹那,不由自主地表现出的不受思维控制的瞬间真实反应,包括微表情和身体微反应。

微表情是指人们面对外部刺激时,在最初的时间内会产生下意识的反应,这种反应会通过一些表情把内心真实感受表达出来。微表情也称为面部微反应。如果最初的反应表情与后来受意识控制的反应不同,人们会掩饰最初的反应。而最初的表情就是微表情,微表情最短可持续 1/25 秒,但仍然可以被肉眼或机器捕捉到。

身体微反应包括各种不自主的身体语言,是能够映射心理状态的细微身体动作。

老练的赌博者能够控制自己的微反应。一是老赌徒经历长时间赌博,见识了大起大落,因此盘面上的有利与不利对他们的刺激性相对于新手较小,微反应的幅度也较小,不容易被发现。二是老赌徒知道掩饰,在没有看牌前瞬间,先通过低头、转身、捂嘴遮脸等刻意的动作阻挡别人看到他的微反应。而新手进入赌局时,不太会去注意对手的身体微反应。

在《诊疗椅上的谎言》①这本心理学小说里,描述了一个总是输钱的赌徒谢利·梅里曼,为戒赌瘾而进行心理治疗。在治疗期间,谢利发现了治疗师马歇尔违反职业操作,以起诉治疗师和心理治疗协会为要挟,要求马歇尔到赌场观察他的行为。马歇尔发现谢利在进行德州扑克牌赌博时的行为:

"当你拿到好牌时,消息就像野火一样迅速传开来。你似乎会紧捏住牌,仿佛手中有黄金似的。"

"当你有好牌时,下注之前会一直望着你的筹码。""每次你拿到好牌,你会故意望向远处,假装你在看电视里的篮球赛,我想你是希望其他人以为你对这一手牌不感兴趣。但如果你要唬人,你就会死瞪着每一个人,仿佛要用眼睛威胁每一个人,让他们不敢下注。""当你唬人时,你从来都不看你的筹码。""如果你在看你的筹码,也许是在计算,那么就可以确定,你一定有好牌。"

"当你有好牌时,你会轻轻地把赌注放在桌上,而且离你很近——你的手臂不会伸开来。但是当你唬人时,表现相反,会很强悍地把赌注放在桌子的正中央。还有当你唬人时,虽然不是每一次,但你会一再瞄着你的暗牌,仿佛牌能变好。最后一件事,当其他人似乎都知道有人赢定了,你却还一直跟下去——我想你的注意力都放在牌上,而不是在其他人身上。"

押注竞赛的结果一定程度上自己是可以控制的,甚至是可以获利的,虽然人数不多,但确实有人以此为生,前提是专业押注竞赛合法。

(二)专业押注竞赛与投机的区别与联系

实际上专业押注竞赛者不进行完全靠运气的赌博,他们也需要计算概率。投机者也会计算概率。在金融市场,投机者要计算足够的概率才会入市交易。但是投机者对概率的理解与赌博者是不同的。

1.两者的概率建立的基础不同

投机者计算的概率建立在对市场预期的估计上,现代交易会借助技术图形进行概率的分析;而业余赌博者的概率纯粹是建立在运气之上。专业押注竞赛者的概率除了建立在运气之上外,还有对赌博对手的策略预期,这就属于心理学运用和博弈论的范畴。

---

① 欧文·亚隆.诊疗椅上的谎言.[M]鲁宓,译.成都:四川大学出版社,2007.

2.两者的参与群体不同

专业押注竞赛都要加入特定的赌局,赌局可以是牌局、棋局,也可以是赛马、赛车等体育竞技。专业押注竞赛的赌局对手都是固定的,关心对手的心理状态,才可以使用较好的押注策略。而投机市场参与者众多,不但有专业投机者,也有投资者、赌博式交易者、对冲风险者,投机交易的对象是不确定的,因此投机关心的是群体心理和群体预期。

3.两者对概率的要求不同

投机的获利基础建立在预期之上,但是投机操作的实务也是建立在对概率的计算之上。投机者对概率的要求要高得多,投机的单次盈亏理论上是一样的,但考虑到手续费、利息等交易成本,实际上同比例的盈亏,亏损的金额要高于获利的金额。所以投机要超过50%以上的成功概率才可能获利,在实际交易系统中对概率的要求更高,60%的概率都很难获利。而对于赌博者而言,再好的下注机会获利都是小概率事件。

专业赌博在运用策略的时候,关心的不仅是自己手中牌面的好牌概率,也关心对手的好牌概率,实际上专业赌博关心的是自己与对手之间的好牌概率差值。实际上是一种相对概率。

4.两者预期收益率不同

投机的预期收益率>0,而赌博预期收益率<0。专业赌博也需要计算概率,只不过运气成分大,概率1%就算高的了。而投机的概率理论上至少需要超过60%,实际上需要达到70%以上;如果连预期收益率都无法计算,那一定不是投机,而是赌博。

三、赌博式交易

金融市场上,大部分人进行的交易,其实是碰运气。这种碰运气的交易,我们可以称之为赌博式交易。

本书把赌博式交易定义为:将交易建立在以运气为基础或建立在无法计算预期现金流基础上的金融交易行为。无法预测现金流或者预期现金流收益小于零,但仍然期望运气垂青而获利。

交易除了投资和投机,就是赌博。既不计算现金流,又不计算概率,就是赌博。赌博靠的是运气。

有些人交易中虽然运用了技术分析指标,但是他们没有系统的交易规则,而且并不是仅依据技术分析指标,很多人在交易中还混用了所谓基本面分析,实际上是用投资的理论去指导投机交易,混用投资和投机交易的理论,结果必然是两种理论都不能发挥作用,最终起作用的完全是运气。

有些机构交易员运用了各类模型,然而不少模型并没有经过市场的检验。多数模型都只是在一定时期、一定市场内有效,但是人们很难知道何时失效。实际上这些交易,大部分也是靠着运气。

抛硬币交易也能获利。历史上确实有人通过抛硬币来决定交易方向,并且能获利。但人们只看到抛硬币能够获利,却不了解其实在抛硬币交易中,还需要有一套交易系统来配合。例如,如果开仓后没有按预定的方向发展,立即止损;而开仓后如果开始获利,就持仓不动,直到价格从最高点回落多少百分比才止损,这样虽然交易获利次数和亏损次数相等,概率都是 50%,但由于仓位管理,通过赚的多、亏的少来保证整体获利。而且在这种操作过程中,还要绝对地相信抛硬币结果,没有自己的主观影响。

专业押注竞赛仍然可以当成一种职业,只要保证完全没有庄家,不过大陆不允许开设。专业押注竞赛需要研究各种牌面的概率,并且要研究对方的牌面概率。专业赌博还要研究对手的心理状态和表现,从而推测对手可能获得的底牌概率是否高于自己。而赌博式交易则完全不计算盘面的概率,也不关注金融市场的群体心理和群体预期。

第六节　保值交易

一、保值交易的定义

金融市场上,有些交易并不是为了获利,而纯粹是为了规避价格波动的风险。这种交易行为属于保值交易。

本书将保值交易定义为:交易本身不以盈利为出发点,而是为了让自己的资产不受货币贬值或市场价格波动的影响;或者在生产经营中,根据企业自身的财务规划,为了锁定原材料或产品的价格,而在市场上进行的不超过本身持有资产的规模或生产经营所需规模的相反方向的交易。

二、保值交易的特点

这里有三个关键点。

(一)交易本身不以盈利为出发点

保值交易本身可能预期会盈利,也可能会预期亏损,但都是要符合交易者防止贬值或生产经营的需要。保值交易的盈亏会在生产或持有领域得到对冲。例如铜矿主卖出铜期货合约,将来铜价可能上涨,虽然期货合约会亏损,但在现货市场因为涨价得到弥补。如果铜价将来下跌,未来现货市场价格低于当前价格,企业的盈利降低,但能够通过期货市场空头合约的盈利得到补偿。

(二)保值交易不能超过持有资产或生产经营所需规模

例如铜矿主一年生产1万吨铜,那么在期货市场总计卖出5000吨铜或1万吨铜都属于保值交易,但如果卖出2万吨铜,就不属于保值交易了,因为与生产量相比,有了1万吨的风险敞口。如果铜矿主年初卖出1万吨12月到期的铜期货合约,但在6月份前,铜矿已通过现货市场卖出5000吨,而仍然持有1万吨的空铜合约,那么也不属于保值交易,因为有了5000吨的风险敞口。

某人持有100万元的现金资产,担心货币贬值,买入价值100万的纸黄金属于保值交易,但如果他又贷款100万元,买入现价200万的黄金,那么就不属于保值行为。

当然我们也可以将风险敞口超过实物规模的交易定义为不完全保值交易,这种交易是保值交易与投机交易混合。

(三)保值交易与企业的经营方向要相反

铜矿主本身是铜的生产者,如果预期铜价会上涨,在市场上开多铜的期货合约,那就不属于保值交易。历史上确实有生产者大幅买入自己的产品,多数是妄图改变市场的价值趋势,但在现代经济环境下,资金流动规模巨大,市场趋势很难被个别大户扭转,操纵行业价格无一例外都是失败的。

期货中的套期保值、外汇交易市场的掉期交易都属于保值交易。这一类的交易,其实是生产经营活动或其他交易行为的延续,只是为了保证生产经营中的成本、利润可控制。

另外个人虽然没有经营保值的需要,但为了防止通货膨胀而买入黄金长时间持有,这一类也是保值交易。因为不是以赚取差价为目的,不属于投机。另外从现金流角度,黄金不会产生任何正的现金流,甚至要付出持有成本,因此也不属于投资。

套利和套期保值之间存在相似性,它们的现金流价值计算方式相同,也要两笔以上方向相反的交易,也要分别计算两笔交易现金流,其实两者并没有明确的界限。两者的区别在于套期保值是为生产经营和资产保值服务的,套值仅是为了对冲风险,本身可能会亏损;而套利纯粹是为了赚钱。

附录1-3　黄金交易

对于短期炒作黄金,属于投机或赌博。但长期购买黄金是投机还是投资呢?

黄金没有正现金流,保管黄金要费用,是负的现金流,只能通过价差来获利。如果卖空黄金,不属于投资。但是黄金有保值作用,如果是长期持有黄金,而不准备出售,只在需要用钱时才卖出,目的不是获利,属于保值性交易。

◆ 第二章 ◆

交易行为的区分

第一节　投机与投资的策略区别

投机与投资是金融市场最普通的两种有效的交易策略,但并不是最常见的交易行为。实际上,在金融市场最常见的是赌博式交易,这就是金融市场多数人亏损的原因。但多数的交易者并不明白自己的交易行为性质。参与金融市场交易,区分交易行为的性质尤为必要。投资与投机的区别是:

1.适用的理论不同。投资适用的是传统的经济和金融理论,而投机适用的理论是群体行为理论。在社会学和社会心理领域,对群体行为有较多的研究,但遗憾的是,群体行为在金融市场的理论研究相对较为薄弱。因此广大投机者在应用理论时,只能采取间接的方式,通过观察金融市场的运行概率来预期群体行为。这些群体行为预期理论被称为技术分析,包括趋势理论、波浪理论。

2.投资讲求确定性,需要足够的安全边际;投机讲求概率。

3.投资关注的是投资后带来的现金流现值或价值变化;投机看重市场价差。

4.虽然在金融市场,投机对象与投资对象往往是同一产品,但是投资与投机对交易对象的价格变化的解释和关注期限是不一样的。

5.股权投资关注基本面分析,不关注短期的行情波动;股票投机要完全消除基本面的影响,价格说明一切。

6.投资讲求安全边际,不注重短期止损;投机能否长期生存靠止损。

7.投资不关注心理,而投机要随时关注市场心理变化和监控自身的心理状态。

8.交易系统设计的依据不同。投资交易依据的是对投资对象的估值系统。估值系统要能够准确估算投资对象未来可以获得的现金流现值,并以此作为投资的依据。而投机交易依据的是一套对市场心理预期和资金运动的评估系统。由于人类行为的复杂性,对市场心理预期无法准确计算,只能通过价格变动来分析市场心理和资金流动,并通过概率的方式来保证投机者总体预期收益率大于零。投机评估系统要能够相对准确地计算出未来行情发展方向的概率。

9.投资要研究证券的价值依据,而投机不需要知道价值,只要跟随市场,价格说明一切。

10.要求的环境不同。投资要求经济稳定、财务与经济信息可靠。除了特殊时期,多数时候对投机而言都是合适的。而投机信息的来源就是价格,只要有基本的内幕交易监管,不是明目张胆的抢劫,价格信号对投机都是有效的。

11.股票投资为了分散风险,需要买入多只股票;投机为了保证资金灵活,交易品种要少,一般情况下,同向交易品种不多于两个。

12.面对同样的行情,投资与投机要采取不同的策略,多数时候两种策略是相反的。

投资以估值为基础,当商品价格低于估值加上合理的安全边际时,就可以买入。如果价格继续下跌,那么理论上有更大的安全边际,更适合买入。因为在将来可以用更短的时间收回投资的现金流。而当商品价格高于估值,并且超出合理的区间,也就是空头有足够的安全边际时,就可以卖出。

对于投资来说,越跌越买,越涨越卖。

对投机而言,价值不重要,甚至是应该完全忽略的因素,预期才重要。如果价格上涨,并且市场大众继续看涨,那么对于投机者来说,是较好的买入机会,因为他预期可以有更高的价格可以卖出。这就是所谓的"博傻",每个投机者都相信有更傻的人会买入他手上的商品。如果价格下跌,人气涣散,形成下跌趋势,也就意味着市场预期会继续下跌。投机者要抢在其他人前面卖出投资品,也就是不做最后一个傻瓜。

对于投机来说,越涨越买,越跌越卖。

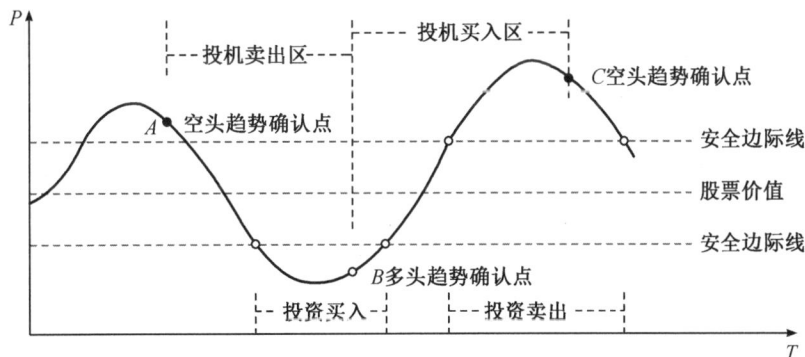

图 2-1　投资与投机买卖时机差异

13.股权投资时间相对较长,一年以内的投资都可以算短期投资,巴菲特的投资甚至可以持续几十年。金融投资的时间较短,外汇市的套利行为,常常不到一分钟就完成,超过一分钟,市场上大量的套利者就把利差抹平。投机时间相对较短,几个月就算长期投机了。金融市场很少有人有超过一年的投机,但在股票市场、房地产市场,持续的时间就较长,往往经历数年。

14.典型代表人物:股权投资交易的典型代表人物就是大家熟悉的巴菲特,他以伯克夏保险公司的保险资金为主进行投资。巴菲特的投资部分是上市公司投资,也有部分是非上市股权公司,投资的标准是公司的经营水平和公司未来长时期的现金流收益价值。

投资交易的另一代表人物是索罗斯,从现有资料看,索罗斯的交易次数会远远高于巴菲特。有些人误解索罗斯是投机交易,实际上索罗斯仍是投资交易,但他的交易主要集中于金融投资,较少听到他进行股权投资。索罗斯主要利用市场的错误进行投资。索罗斯首先会计算投资对象的内在价值,如果价格偏离价值较大,说明市场错误较大,实际上是安全边际较大,此时他会入市交易。例如索罗斯1992年阻击英镑时,仍然是种投资行为。1992年英镑汇率严重偏离其内在价值,也就是它的实际购买力(价值)与汇率(外汇价格)严重不符。汇率会向价值回归,索罗斯抓住这个机遇做空英镑。

投机的代表人物,目前最早的被公众认可的投机大师是杰西·利莫弗尔和威廉·江恩。《股票作手回忆录》就是利莫弗尔的个人传记小说。江恩不但在投机操作上获得了大量的利润,还留下了丰富的投机交易技术书籍。他们的交易纯粹以投机为主,交易时也用到一些他们个人自定的交易指标。

附录 2-1　索罗斯做空英镑

1992 年,德国经济一片繁荣,德国的官方货币马克兑美元的汇率也因此不断攀升。与此同时,英国经济却一直处于不景气的境地,它需要实行低利率政策,以刺激经济的增长。但德国政府却因为财政上出现了巨额赤字,担忧引发通货膨胀,于 1992 年 7 月把贴现率升为 8.75%。

但英国政府却受到欧洲汇率体系的限制,必须勉力维持英镑对马克的汇价。而一场英镑的旷世危机的导火索也由此被点燃:过高的德国利息率引起了外汇市场出现抛售英镑而抢购马克的风潮。在过去的 200 年间,英镑一直是世界的主要货币。然而到了 1992 年 9 月,投机者开始进攻欧洲汇率体系中那些疲软的货币,英镑首当其冲。

1992 年 9 月 15 日,索罗斯出场了。他开始大举放空英镑,英镑对马克的比价一路狂跌,英国政府也因此乱了阵脚。到了 16 日清晨,英国政府无奈宣布提高银行利率 2 个百分点,几小时后又宣布提高 3 个百分点,将当时的基准利率由 10% 提高到 15%,并同时大量购进英镑,希望可以吸引国外短期资本的流入,以增加对英镑的需求来稳定英镑的汇率。然而,就在英国央行布局的同时,索罗斯早已开始对英镑的空袭。大量英镑被抛出,大量德国马克被买进。

尽管英国央行购入了约 30 亿英镑以力挽狂澜,但未能阻挡英镑如雪崩般的跌势。16 日收市,英镑对马克的比价在一天之内大幅下挫约 5%,英镑与美元的比价也跌到 1 英镑等于 1.738 美元的低位。此后的一个月内,又再度下挫约 20％。

英国政府不得不宣告这场货币保卫战以失败告终,并同时宣布英镑将退出欧洲汇率体系,开始自由浮动。索罗斯和他的量子基金则在此次英镑危机中获取了逾十亿美元的暴利。

索罗斯预测了如下事件:欧洲汇率机制解体,欧洲货币汇率大洗牌;欧洲各国利率大幅下调;欧洲股市下跌。实际上索罗斯原计划放空 150 亿美元英镑,保证金占其管理基金的 20％,只是由于其他交易员也大量放空英镑,导致英镑在几周之内贬值了超过 20％,结果建仓规模只到 70 亿美元就停止了。

索罗斯并不是纯粹地做空弱势货币,而是同时押注了将受货币调整影响的利率和股市。索罗斯和他的助手们卖空了大约 70 亿美元的英镑,买入了约 60 亿美元的德国马克,并买入了一定数量的法国法郎。作为平行交易,他们还在做空英镑的时候,就买入了价值高达 5 亿美元的英国股票。因为股市通常会在货币贬值后上涨。索罗斯还做多了德国和法国债券,同时做空这些国家的股票。对于在法国和德国市场的操作,索罗斯的理由是:货币估值上升在股票是坏事,但在债券是好事,因为它会导致利率走低。

第二节 交易的依据系统

就像人们在从事自然科学实验时,需要相应的理论指导一样,不同的交易者,在进行交易时,都要求有其自身的依据,对于投资、投机、赌博以及保值交易,依据的理论系统是不同的。

一、投资交易的依据:估值系统

投资是通过对交易品的价值进行投资,因此对投资而言,投资品内在价值的正确评估是决定投资成败的关键。

投资交易是将资金投入投资品的内在价值,通过未来现金流回收的方式来实现的,因此对投资品内在价值的评估,也要通过现金流的现值计算。

投资除了收回本金外,还要考虑到投资利润以及投资的风险。一个有效的投资交易系统应该包括以下五个方面的内容。

(一)投资品种的筛选

投资之前首先要确定所要投资的市场,要根据自身的知识、资金量、信息获得的便利性等各种资源来确定目标市场。

例如在国内期货套利投资,就有许多限制。期货套利的主要形式是期现套利和时间套利,这两种方式都离不开现货或仓单的实际交割。

首先要求能够开具增值税发票。假设某时刻 5 月铜的合约价为 56000 元,而 7 月铜的合约价为 58000 元,如果投资者经过计算,买 5 月合约卖 7 月合约,中间成本只要 1800 元,那么有 200 元的套利空间。但是如果期货市场上无法获利平仓的话,必须在 5 月实物交割收到现货铜或仓单,然后再注册成仓单到期货市场进行 7 月实物交割给买方。如果投资者无法开具增值税发票的话,就无法进行实物交割。国内期货交易所不允许个人参与进行实物交割。

其次,以公司进行商品套利,作为卖方,仅仅是注册仓单就存在较大的困难,从他人手中购入仓单用于交割又要增加成本;作为买方,即使能够接受实物交割,也要考虑收到现货后的仓储、运输以及转手销售。

进行外汇套利,外汇市场交易一般以银行为主导,交易单位以百万美元计算。而且外汇市场套利价差极低,甚至不到万分之一,个人通过银行柜台交易显然无法获利。至于房地产市场、操纵性交易都需要严格的条件,对于普通投资者来说,最便利的是上市公司股权投资[①]。

在确定了投资的对象市场后,就要从该市场中筛选出具体的投资品种。期货投资要选择商品期货品种、金融期货品种;外汇投资要选择具体的币种以及期限;股票投资要选出具体的上市公司。菲利普·费舍列出了 15 个优良普通股的原则,到今天还是适用的。[②]

附录 2-2   优良股票的 15 个标准(菲利普·费舍)

1.这家公司的产品或服务有没有充分的市场潜力,至少几年内营业额能否大幅成长?

2.为了进一步提高总体销售水平,发现新的产品增长点,管理层是不是决心继续开发新产品和新工艺?

3.和公司的规模相比,这家公司的研究发展努力,有多大的效果?

4.这家公司有没有高人一等的销售组织?

5.这家公司的利润率高不高?

6.这家公司做了什么事,以维持或改善利润率?

7.这家公司的劳资和人事关系是不是很好?

8.这家公司的高级主管关系很好吗?

9.公司管理阶层的深度够吗?

10.这家公司的成本分析和财务控制做得如何?

11.是不是在所处领域有独到之处?

---

① 对个人投资来说,是投资于上市公司,而不是"股票"这种有价证券,但为了便利说明,后文仍沿用习惯的"股票投资"。

② 菲利普·费舍.怎样选择成长股[M].冯治平,译.地震出版社,2007.

12.这家公司有没有短期或长期的利润前景？

13.在可预见的将来,这家公司是否会大量发行股票,获取足够的资金,以利公司发展,现有持股人的利益是否因预期中的成长而大幅受损？

14.管理阶层是不是只向投资人报喜不报忧？

15.这家公司管理阶层的诚信正直态度是否毋庸置疑？

(二)合理估值

在确定了具体的投资品种或上市公司后,需要对投资对象做出正确的评估,准确预测投资品可预见未来的现金流现值。

对于期货投资、外汇投资,现金流的计算相对较容易,尤其是借助现代计算技术,可以瞬间得出。对于房产投资和股票投资,现金流的估计相对较难。关键原因是这两类投资品的现金流时间较长,而时间长就意味着不确定性,需要估计未来外部环境的变化。

对于房地产投资,需要考虑未来的经济发展、交通条件的变化带来的租金的变化或者房地产价值的变化。

对于股权投资来说,未来现金流的估计是一个较困难的问题,涉及公司的外部经济环境,以及生产、营销、人力资源、财务管理、社会关系等方面,这些都是需要考察的因素。主要从现金流收入和公司成长性两个方面分析。

此外,现代社会对上市公司价值影响较大的因素是科学技术进步。技术的发展会改变商品的内在价值,或者商业模式,从而导致公司的现金流发生变化。改变公司内在价值,股票市场最典型的例子是柯达公司,由于数码技术的发展,导致胶片摄影萎缩,柯达公司破产。又如计算机技术及网络的发展,电商平台对传统零售行业产生冲击,百货类上市公司的股票就需要重新估值。

附录 2-3　为什么投资者不愿持有科技股和银行股以及保险股?

科技公司的经营风险过大,失败率高;但是一旦成功,在行业市场上会形成先发优势,赢家通吃。由于不确定性和预期因素较多,容易形成市场热点,也容易被操纵,市盈率较高。投机者喜欢这类公司的股票,但投资者相反。

商业银行、保险公司的资产和负债很难进行有效评估,也就很难准确计算企业的内在价值,要求更高的安全边际。对这些股票往往通过市净率或分红率进行考察,而商业银行、保险公司为了获得更多的营运资金,倾向于少分红。所以世界各国的银行股和保险股市盈率都比较低。

(三)风险溢价

投资虽然是以未来确定的现金流进行投资,但是并不意味着投资没有风险。除了一些短期套利的风险可以忽略不计外,所有投资都有不同程度的风险。对于房地产投资,存在着政策变动风险、经济景气风险等。对于股票投资来说,税收政策变动、行业景气风险、产品安全风险、公司破产风险、管理层道德风险等都是现实存在的。

投资讲求确定性,如果风险发生的概率过高,那么投资者就会规避。超过一定的概率,未来收回的现金流就难以估算,已经超出投资的范畴,但多少的概率以下属于投资,这个问题比较复杂,但每一位投资者必须有自己的标准。

投资者本质上是风险厌恶者,但投资过程不可避免地面对各种风险,投资者只能面对。通过对风险的评估以及恰当的风险溢价来弥补未来风险可能带来的损失。

从投资学的角度,风险溢价可以视为投资者对于投资高风险产品时,所要求的较高报酬。衡量风险时,通常的方法就是使用无风险利率,一般以国债利率作为无风险利率来与其他高风险的投资比较。高于无风险利率的报酬,这部分即称为风险溢价。高风险投资获得高报酬,低风险就只有较低的报酬,风险与风险溢价成正比关系。

风险溢价的作用在于计算投资对象现金流现值的时候,需要用高于无风险利率的折现率来计算现值。

一个投资交易系统应该包括投资对象的风险评估系统,并据此计算风险溢价。

(四)安全边际

在正确估值后,还需要确定投资的安全边际。短期套利由于现金流确定,风险较小,一般不需要安全边际。有时短期套利也需要考虑安全边际是预期对手违约的风险补偿。中期套利要考虑资金成本、对手违约的风险较大,需要有安全边际。长期投资要考虑资金成本、通货膨胀率、行业景气风险,安全边际要高。

对于安全边际的确定主要从以下几个方面考虑。

一是资金的成本与期限。

【例2-1】假设某公司近三年的平均净利为 1.0 元、1.1 元、1.2 元、预计四年后每年净利稳定在 1.2 元,折现率为 10%,当前股价 10 元,则内在价值为

$$1+\frac{1.1}{1+10\%}+\frac{1.2}{(1+10\%)^2}+\frac{\frac{1.2}{10\%}}{(1+10\%)^3}\approx12.01(元)$$

这里用折现率来计算现值,而不是用无风险利率,就是考虑到风险溢价的要求。

$$安全边际=12.01-10=2.01(元)$$
$$安全边际率=2.01/10=20.1\%$$

如果某投资者的资金年成本是 15%,那么该股票的盈亏平衡点为

$$1+\frac{1.1}{1+15\%}+\frac{1.2}{(1+15\%)^2}+\frac{\frac{1.2}{15\%}}{(1+15\%)^3}=8.12(元)$$

$$安全边际=8.12-10=-1.88(元)$$

如果投资者的资金年成本为 8%,那么购入该股票的盈亏平衡点为

$$1+\frac{1.1}{1+8\%}+\frac{1.2}{(1+8\%)^2}+\frac{\frac{1.2}{8\%}}{(1+8\%)^3}=14.95(元)$$

$$安全边际=14.95-10=4.95(元)$$

除了资金成本,还要考虑到资金的期限。虽然资产价格有向价值靠拢的趋势,但这是一种长期趋势,短期内资产价格可能严重偏离资产价值。如果是短期资金,那么就要求较高的安全边际,以避免资金到期时价格仍然严重偏离价值的情况;如果是长期资金,那么安全边际就可以更低些。

所以巴菲特选择收购伯克夏保险公司,利用保险公司的资金投资,可以说伯克夏公司的资金是无限期、无成本的。而如果是开放式投资基金,那么就要随时考虑投资者赎回的情形。所以国内很多人要模仿巴菲特的投资,实际上是行不通的,且不说国内上市公司的质量、审计报告的质量,单是资金的限制就很难长期投资,更不用说个人去收购一家保险公司获得无成本资金。

二是对风险的接受程度。如果投资者对风险的接受程度高,可以适当降低安全边际。例如自有养老资金的投资,往往风险的接受程度较低。

三是可选择性。对于国内的股市,普遍存在市盈率偏高的现象,如果要按成熟市场的市盈率来确定安全边际的话,那么可供选择的股票少之又少。因此往往会放松交易标准,把市盈率提高。

安全边际与风险溢价都是为了保证投资安全,两者的区别在于,风险溢价是投资价值的组成部分,而安全边际是在价值外加上一个交易缓冲空间。

(五)定期审查与调整

估值体系要根据社会和科技水平的发展定期审查和调整,包括用于计算价值的折现率(风险溢价)、安全边际率等。

例如中东局势紧张,可能会影响到国际原油的供应,就要相应调整原油类产品的风险溢价。

又如页岩油气开采技术的突破,导致页岩油气的产量大幅上升,天然气价格快速地从 2008 年顶峰时的 13 美元/百万英热左右跌至 2012 年的 2 美元/百万英热以下,并长期在 3 美元/百万英热左右的低位徘徊[①]。到 2016 年第 3 季度,页岩油平均生产成本为每桶 30.7 美元[②]。那么在计算原油的投资价值时,就要考虑页岩油生产成本的下跌趋势以及成本对价格的压制效应,对原油相关公司的投资,就要相应地扩大安全边际。

如果市场的主流投资者普遍调整行业估值的话,往往会通过大跌来完成。

附录 2-4　股灾属于投机者

1987 年 10 月 19 日,道琼斯指数从前一日 2247 点跌到 1739 点收盘,暴跌 508 点,跌幅达 22.61%,超过了 1929 年 10 月 29 日纽约股市暴跌的纪录。大跌之前,自 1983 年起,美国以至整个西方经济进入了一个持续增长期,同时整个西

---

① 余皎.低油价下美国页岩油气公司经营之道[J].当代石油化工,2017(5).
② 赵辰.财务投资市场三重迷雾围绕,页岩油将走向何方[J].中国石油和化工,2017(4).

方国家的股市也进入了前所未有的全面牛市之中,1982—1987 年,道琼斯指数上涨了 2 倍多,其他西方主要股市也大幅上涨。当时的技术背景是,计算机从大型化转到桌面机,1977 年苹果电脑推出 Apple Ⅱ,1981 年 IBM 推出 PC 电脑。这些桌面电脑大大改变了社会生活,开始广泛应用于生产、管理各个领域。而公司对 PC 电脑的应用和对原有经营流程、管理架构的变革,直接影响到了相关公司的估值。这次股灾对投机者的打击是巨大的,但并没有整体上影响美国经济的发展,到了年底道琼斯指数又回到 2000 点上方。

二、投机的依据:交易系统

投机交易系统是指在交易市场中能实现稳定赢利的一套投机规则。和投资的依据系统不一样的是,投机的交易系统不但包括对交易对象的分析,还包括对交易者自身的控制与管理。

投资的估值系统不包括对心理特性的要求,因此对于每一个投资者而言,估值系统是可以通用的。投资水平的差异只在于对未来现金流以及风险的估计上。而对投机而言,每一个投机交易系统就是一个交易员的心血结晶,每个交易员的心理特性都不一样,它不具有普适性,即一个交易系统只有在它的创造者手中才能发挥出最大效果。对交易员来讲,只有打造出自己的交易系统才能走上稳定盈利的道路。

一个投机交易系统应该包括交易策略、资金管理、风险控制、心理控制、分析技术五个方面。

(一)交易策略

投资最重要的是估值,交易策略相对次要,一般分为长期投资与短期投资。短期投资只持续数月,同样交易上市公司股票,投资可能延续数年,甚至于巴菲特几十年持有可口可乐都很常见。

相比而言,投机交易的周期更短。股票投机,往往只持续数日,几个月就算长期投机了。期货投机是 $T+0$ 交易,持续时间更短,往往在一天内就有几个来回的交易。因此,投机交易策略相对复杂些,一般可分为长期投机、中期投机、短期投机、日内炒单(国外也叫"抢帽子"交易)。当然,投机交易所谓的长期与投资的长期不是同一概念,金融市场长期投机最多也就几个月,中期投机一般持续数周,短期投机从建仓到退出只持续数日,而日内炒单,往往在数分钟内甚至几秒钟内完成。

(二)资金管理

对于投机而言,几个交易日,甚至一个交易日内的盈亏,就会导致交易资金重大变化。不同的投机者由于采取的交易策略不同,导致单次交易的盈亏比例不同,所以要采取相应不同的资金管理策略。

投资资金管理重点是收益率或贴现率。投机资金管理的重点是安全性,交易前要设置单次亏损最高限额,周、月累计亏损限额,一旦突破限额,停止交易。

亏损后,普通人都有放大交易规模的倾向,以期更快地弥补亏损。这是典型的"赌徒心理",会导致破产。正确的做法是缩小交易规模或者停止交易,等待下一轮行情。

投机资金管理的主要内容是针对某种投机交易策略,初始投入的资金比例限制,中途加仓的比例限制,由于市场行情变化产生浮动盈亏后资金的调整,超过资金限额的处理等。

附录 2-5 保护资金的重要性

如果盈亏的概率相等,收益率和亏损率相等,那么最终亏损。

假设本金 100 万,每次获利或亏损都是 20％,2 次获利 2 次亏损后:

一次亏损后,资金余额为 80 万;80 万获利一次后,资金为 96 万;第二次亏损一次,余额 76.8 万;第二次获利,资金余额 92.16 万。

如果同样获利和亏损 20％,先盈后亏结果会如何?

一次获利后,资金为 120 万;亏损一次后资金为 96 万;第二次获利,资金为 115.2 万;第二次亏损,资金余额 92.16 万。结果是一样的。

因为亏损后,你的本金缩水了,一次亏损 20％后,本金剩余 80％,只有获利 25％才能恢复原来的本金。所以投机交易,一定要赚的比亏的多,才能保证总体获利。如果是长期投机交易,不亏就是赚到。

(三)风险控制

投机交易的风险控制总体有两方面:一方面是资金管理;另一方面是对交易本身的风险管理,其中最重要的就是止损。当市场行情与自身的持仓方向不一致时,何时进行止损? 在获得利润时何时退出?

(四)心理控制

包括在何种心理状态下不交易,遇到各种行情状况时如何应对,出现某种心理状态时提示交易错误,对心理定势的自察与评估。

(五)技术指标

对于一个投机交易系统,并不是要利用所有的技术指标,而是要针对不同投机策略,设定不同的指标标准。短期投机适用的技术指标与中期投机适用的指标不同,炒单所用的指标和短期投机的指标也不相同。

例如短期投机可以用均线系统提示买卖,但炒单用均线这种趋势性的指标效果却很差。短期投机一般用的是日 K 线图,但炒单用分钟、小时的均线都很难匹配,反而超买超卖的指标更适合。

每个技术指标都有其适应性,也有其自身的概率。技术指标过多,同样一个行情下,常常发出相反的交易信号,导致投机者无所适从,最后只能凭感觉交易,这实际上变成了赌博式交易。例如 KDJ 指标提示可以开多,但布林指标可能提示开空。这种情况下以哪个为准? 所以用少量的指标来确定投机交易,才能形成果断的交易风格。

即使两种指标都提示可以交易,那么也不能保证获利。假设在特定行情下,均线指标和布林指标都提示可以开多,那么开多就一定能获利吗？不一定。因为均线有失效的概率,布林线也有失效的概率。假设这两种指标的拟合有效性都是 70%,也就是说在 70% 的情况下,两种指标都是各自有效的。如果一个投机者只用一个指标交易,那么 10 次交易可以盈利 7 次,足够覆盖亏损。但是如果两种指标合用,成功的概率是多少？数学上的计算就复杂了,需要根据不同的实际情况,细分为不同的条件概率进行计算。你以为两种指标可以消除不成功,成功的概率是 91%(1 − 30% × 30%),但最有可能是 49%(70% × 70%)的成功率。

三、押注竞技的依据:概率的估计

赌博有技术吗？很多人对此有疑问。前面我们已讨论过,民间赌博和专业押注竞赛在没有庄家和老千的前提下,通过调整下注额以及运用心理学的技术,还是有获利的可能的。

专业押注竞赛的技术主要有两个方面:一是自身牌面概率的估计,二是对手概率的估计。通过对两者概率的估计来决定自己的下注额。我们以德州扑克牌为例,来说明如何运用赌博技术。

德州扑克竞赛共有 52 张牌,具体规则是:

1.四轮发牌:先发 2 张底牌(暗牌),再发 3 张翻牌,再发一张转牌,最后发一张河牌。

2.四轮押注,每轮发牌后都要押注,若是无限制押注比赛,每一轮押注至少是上一次的两倍。

3.摊牌:最后选 5 张牌进行组合成最大牌。

那么赌博者能做什么呢？

1.每轮发牌后根据底牌和明牌重新快速计算可能的概率。

2.每次发牌后在第一时间观察对手的微表情反应,从而估计对手得到好牌的概率。

3.通过自己的牌面和观察对手反应,估计胜算,确定下注额,或弃牌。

4.胜算高时多押注,胜算低时少押注或弃牌,通过盈多亏少获利。

那么金融市场上的赌博式交易,能够获利吗？如果是短期赌博式交易,运气好可能会获利;但如果从长远交易看,赌博的概率太低,而且交易都需要付出交易成本和资金成本,结果肯定是亏损的。

第三节 明确交易行为的重要性

金融市场有四种交易行为：投资、投机、保值、赌博。从事交易前，确定自己到底要投机还是投资，无论怎么强调都不为过。这是关系到在交易市场上是生存还是死亡的首要问题。如果没有正确认识这个问题，交易依据就会混乱，最终必然变成赌博式交易，除非永远有内幕消息，否则注定失败，即使资金量再大，也会亏光。不要以为资金量足够大就能左右市场，当市场形成合力的时候，就会巨轮滚滚，碾压任何资金巨人。可以下定论：如果交易者不能正确认识自己的行为，那么长期交易都会亏损。

一、如何区分交易行为

在进行交易前，要评估自己是否适合交易，采取哪种交易模式。本书列出投机交易和投资交易的几种标准供分析。

(一)投机交易的七条标准

1.我相信价格说明一切。

2.我相信趋势，坚持趋势交易。

3.投机时能忽略交易对象的内在价值，能够完全不受投资理论的影响。

4.我对技术分析有基础的了解，并确定了适合自己的交易技术指标。

5.我有适合自己的交易系统，对适合自己交易的条件已经做出了概率计算，并进行了历史数据的拟合。

6.有资金和仓位管理系统。

7.投入的资金量不会因为影响生活而对交易产生过大的心理压力。

(二)投资交易的七条标准

1.我只进行投资，不进行投机。

2.我相信每只股票、每个投资对象都应该计算内在价值，内在价值可能为负值。

3.我具备了宏观经济分析、行业分析、公司经营与财务分析能力，能够计算公司或其他投资对象的未来现金流现值。

4.我明确股票的价格可能与价值严重背离，而且背离的时间可能长达几年时间。

5.我能接受价格长时间背离价值，只要开仓，我的计划将是长时间持有，可能持续几年时间。

6.投资也可能亏损，可能遇上宏观经济变化、行业景气度下降。上市公司管理层可能存在道德风险。如果宏观经济环境发生变化，公司管理层变动等各种原因导致公司价值变化时，我能够及时止损退出投资。

7.投资的资金在我可接受的范围内，不会因为购房、生活、求学等各种需求影响，被迫中途平仓。

(三)赌博式交易

如果不符合上述条件,那么可以肯定,你是在进行赌博式交易。绝对是赌博,绝对要亏损。

二、谁是最终的利益贡献者

我们知道股市交易有手续费、印花税,股票也会有分红。这两项对抵,我们可以把股市看成零和交易,一个人的亏损意味着另一个人的盈利。散户亏损了,那么谁获利了?

一是股票原始股东。他们购买的原始价格远低于上市后的交易价格,一旦能够解除限制交易,那么原始股东卖出就会获利。如果原始股东卖出后的资金不再买入其他股票,那么这一部分资金就抽离股市了。

二是上市公司。公司发行股票,是以未来获利的现金流对价,如果未来盈利不及预期,意味着抽离的募集资金不能在将来得到补充。如果一个股市的发行价格长期高于其内在价值,那么股市将变成各种 IPO 公司的提款机。2015 年,全国共 248 家公司 IPO,募集资金 1619.06 亿,也就是说从股市抽走了 1619.06 亿。

三是内幕交易者,利用内幕消息获利。

四是真正的投资者,通过投资来获得未来的现金流。

五是专业投机者,他们也能够获利。专业投机者多数拥有大规模的资金。

专业投资者、投机者都能够获利。保值对冲者可能一时会亏损,另一时间会获利,一个保值者会亏损,另一个保值者会获利,总体上,我们可以认为保值交易者不赚不亏。那么唯一的亏损者就是赌博式交易者。赌博者是股市的最终输血机,专业投资者、投机者最终赚的并不是对手的钱,而是赌博者的钱。

我们以大多数人接触的股票交易来看,多数人是亏损的。有人做过统计,如果以一年的周期来看的话,90% 的散户是亏损的。可以推测 90% 的散户是赌博者。

散户是股市真正的利益来源,所以我们看到股市的涨跌规律其实与散户的资金补充是一致的。经过一个牛市后,多数的机构投资者和少部分的散户获利出局了,大部分的散户在牛市结束后仍然留在股市中,并且随着股价的下跌,由小利转到亏损,到最后深套,而所谓的深套,其实是大幅的账面亏损。在下跌途中,很多散户会把积攒下来的资金补仓,直到资金耗尽,失望等待中,或者到最后跌无可跌的时候止损平仓了。物极必反,多头行情开始孕育,但此时散户却在省吃俭用的攒钱过程中,即使有钱,也不敢去补仓了。直到行情再次上涨了大半年,散户才开始觉悟,积攒的资金也能够追涨了,开始再次大量地买入,和各路资金一起推高了股价。等股价在最高点时,散户仍然在买入,直到新一波的获利者带着资金退出,散户再一次扮演了利益贡献者。

三、知识结构与交易行为

目前国内还没有看到散户交易获利水平与职业和专业相关性的研究,但根据个人的经验和了解,散户这一群体中,大致可以分为以下几类:

第一类,既懂宏观经济分析又懂财务分析。这一类人受过经济学训练后又从事财务相关工作,或者受过财务知识训练后从事宏观经济相关工作。

第二类,有财务基础知识,能够对股票财务方面进行基本的分析,但宏观经济知识不强。能够说清公司的资产负债表、利润表、现金流量表的来龙去脉,能从整体上分析公司的经营状况。这一类群体其实不少,有很多人从事会计、审计工作,每年学校培训了大量的会计从业人员。

第三类,懂得宏观经济或管理知识,受过经济或管理训练,或者有管理经验,但财务知识不强,略知公司财务,能够说清市盈率、净资产收益率等主要指标。

上述三类人数并不少,国内高校每年有大量的财务经济类毕业生,加上各类成人教育,几十年来为股市输送了大量有财经知识的股民。但这几类人的交易效果并不见得很好。我们所认识的这类人群,他们的获利率水平并没有超过散户总体水平。但这几类散户有较大的特点:他们都有稳定的收入和固定的职业,除了个别人,总体上股票交易的盈亏并没影响到他们的生活。而且这一部分人的交易的特点是有所顾忌,不太愿意买入垃圾股,买入后提心吊胆,一有风吹草动就立即平仓。而对绩优股有较大的偏好,但也是叶公好龙,在市盈率低的时候也不敢买入,价格高的时候却会追价买入。由于在垃圾股上的谨慎和绩优股的抗跌性,虽然也是亏损,但总体上他们的亏损水平要小于其他散户。

第四类散户,对某个行业较熟悉,这个行业是他们的职业范围,或者曾经受过这个行业的专业训练。按照理性,这一类人交易股票应该是选择本行业类的公司进行投资,例如临床医生,投资医药类上市公司是有优势的,他们了解行业的竞争水平,知道哪个品牌的市场占有率和进入医保的状况。但我们发现这类人的交易品种和其他股民是一样的,没有特殊性,他们的行业知识并没有帮助他们提高获利水平。他们在选股时也是根据新闻、股评,以及 K 线图。

第五类,很少受过财务和宏观经济方面的训练,即使其中有些人学历和社会地位不低,但他们在股票交易上和大量文化水平较低的交易者是一样的,都是同一类模式。只是会听些新闻股评或朋友推荐,买入具有较大随意性。这一类人明明不可能掌握上市公司的基本面,平时却大谈特谈市盈率和公司成长性。

实际上前四类散户应该在完善相应的知识结构后进行投资。很多受过财务学或经济训练的交易者,却不能淡定地长时间持有一只股票,没有想到去计算股票的内在价值。或者计算出了内在价值后,受到市场影响,不敢坚持自己的想法。反而去关注

K线或技术分析,所以绝大多数人是亏损的。就是因为没有明确区分自己的交易行为。

第五类散户想要进行投资比较困难,单是财务方面的学习就要几年的时间,宏观经济和行业分析知识也要相同的时长。那能不能去学习投机学呢? 如果有较好的数学基础或受到较好的数理逻辑训练的人,那么也可以去研究一下投机的技术。学习投机知识容易,但达到专业投机状态,至少也要三年的刻意训练。当然最好的办法是交给专业人员去投资。但恰恰这一类人赌徒心理最强,有自我掌控的自信,只愿意自己交易。

我们看到,大多散户的交易技术并没有大的不同,大家都是混用着投资知识和投机知识,从多数散户口中既能听到市盈率、公司业绩,也能听到对个股的K线图、布林线研判,甚至也常听到止损的概念,但是否执行是另一回事。多数散户的交易频率都很高,获利的时候持仓时间都很短,但亏损时持仓时间都很长。

这种混用的结果是,无论散户是有专业知识还是没有专业知识的,即使交易了十多年都始终处于业余状态,不可能会有自己的交易系统,当然也很难获利。实际上在极少获利的散户中,还有一半是因为运气好,另一半是因为交易多年的经验,虽然不明白其中的区别,但经验让他们能够及时地退出,只有退出了才能落袋为安。

投机和投资交易遵循的是不同的思想,不同的理论基础,不同的策略,不同的分析工具。

就好像去打仗,首先要知道你的对手是谁。股权投资交易的对手是公司的管理者和公司所处的行业。要投资一个公司,首先要考虑这个公司所处的行业,公司在行业中的地位。但股权投资最大的对手其实是公司的经营者。如果公司的经营者敬业并且有效,那么会带来公司利润的增加和市值的上升。如果公司管理混乱,很容易导致公司业绩下降。甚至有些公司大股东和管理层通过虚假报表等手段,粉饰业绩,包装上市,而且由于内部人控制,这种行为在一定时期内难以发现。一旦纸包不住火的时候,就会造成投资者的重大损失。

对于金融投资来说,交易的对手其实是交易者本人,他需要准确地计算出交易对象的真实价值,并且还要准确计算交易相关品种的真实价值,如果金融投资交易者的计算错误,将直接导致投资的亏损。

对于投机交易来说,他面对的是一个零和市场,他的对手就是市场上所有的交易者,这些交易者既有投资者,也有投机者,还有做庄的操纵者。

知道了对手是谁,才能针对对手选择合适的兵器。股权投资需要计算公司未来现金流和成长性的知识。金融投资需要综合运用金融工程的知识,用到各种金融产品的价值分析工具和金融模型。如果不知道对手而盲目去交易,无异于堂吉诃德。

很多交易者交易了几十年,交易规模也不小,因为没有认识到区分交易行为的重要性,仍然没有正确区分自己的交易行为,自然无法正确选择交易工具。

投资注重价值的计算，就好像远距离攻击用弓箭，注重的是准度。投机注重快速的概率计算和快速止损，当交易员在市场上投机时，与对手就是你死我活的肉搏，注重力量和速度，短刀更实用。如果不明白形势，近战时还用弓箭，还没张弓就被碾压了。

四、投机与投资能不能结合

有些人说，我想结合投机与投资，效果不是更好吗？理论上可以，实际上很难做到。尤其是以投机为主的交易往往是瞬间决策，而且决策后对心理会产生长远的影响。实际上对交易品种进行投资分析后，反而对投机交易有害。

第一，人性的种种本能，使得我们会因为投资与投机的依据不同而互相干扰。

一旦关注交易对象的内在价值，在进行投机交易的时候，容易受到干扰而不能集中于价格的技术指标上。反之，我们关注投资对象的技术指标，那么即使安全边际很大仍然不敢持有投资对象；或者在多头安全边际很大时，由于趋势下跌导致不敢大胆开多。

例如一个垃圾股的趋势良好，说明有人在炒作，如果投机者平时研究过公司的业绩情况，那么买多时心理上就会犹豫，而一犹豫，最佳开仓时机就过了。对于绩优股，如果遇到趋势反转，投机者就会想，即使下跌也不怕，我改成投资，所谓炒股炒成股东就是如此。但这种心理状态对投机非常有害，首先违背了投机止损的原则，可能放大亏损；其次资金套住不能寻找下一次机会。

如果投资信息研究过多，遇到良好的趋势，投机者就不敢开空，实际上错过了空头的行情。投机的利润来源一是空头行情，二是多头行情，做空不果断，成功概率就降到了一半，做多时犹豫，成功机会又失去了 1/4。

有些人在运用 K 线图的同时，又去根据 GDP 增长率、央行货币 M1、国家产业政策、公司业绩增长等信息，调整了股票预期价格。按照投机基本原则，价格说明一切，当前的股价已完全反映了各种宏观政策和公司业绩，如果心理上再增加投资类信息的影响，其实是高估了这些信息的影响。尤其在市场行情高涨的时候，心理更容易选择性地注意到利好信息。我们看到很多股票，市盈率低于 20 倍的时候没有成交量，而到了市盈率超过 60 倍的时候，散户却大量追高买入。从投资角度，同样是一只股票，20 倍市盈率有投资价值，但 60 倍的时候安全边际已经为负了，再买入就不是投资了，而是投机甚至赌博。这就是没有严格区分投资与投机，高估股价的结果。

如果以投资为主，结合投机的技术会怎么样？投资需要搜集和研究的信息远远高于投机，再去花时间研究投机技术指标，精力上很难保证。而投机技术的成功运用主要是依赖经验和心理强度，没有足够的时间和精力，很难成功利用投机技术。

市场往往是非理性的，很多时候股票的价格会长期偏离价值，这时候对投资人来说也是考验，投资也需要信心持仓。如果投机分析过多，当看到股票趋势下跌的时候,投机的知识和经验会动摇投资的持仓信心。而且多数情况下,投资者会在安全边际很大的情况下止损。

第二,投机与投资在资金管理上存在着重大区别,混淆投机与投资必然亏损。投资尽量不用资金杠杆,而投机却常用到杠杆。例如期货交易、外汇交易都是杠杆交易。对投机而言,杠杆会加大风险,但投机要求灵活的仓位,遇到市场行情不利,要快速止损。即使有杠杆,只要能做到按专业交易系统止损,也不至于伤筋动骨。

但投资则不同,只有在投资对象的经营环境发生了根本变化,价值可能发生变化时才需要止损。只要价值低于价格加上安全边际,就可以持有。

例如对股票投资来说,价格越低越要加仓买入。但是如果用了杠杆,遇到下跌,被迫止损就违背了投资原则;而不止损,杠杆会导致不断地要求追加资金,而这种资金的压力最终会终结投资。有些股票价格会长期偏离价值,只要坚持持仓,最终都能连本带利赚回来,但如果有杠杆,往往会在最低价格的时候被迫平仓。

第三,无论专业投机还是专业投资,都需要长时间的专业知识和经验。专业投机训练至少要三年时间。投资者具备了财务和宏观经济分析知识后,也需要三年以上的专业投资经验,才能辨别哪些财务信息和行业信息是真实的,哪些是失真的。在投机与投资两者间切换,需要进行必要的心理训练和经验,才能消除相互之间的干扰,至少也要五年时间。

总体上,投机者一旦受到投资意识的干扰,基本上是亏损的。投资者运用投机技术分析,可能不会亏损,但收益率一定会大打折扣。

同时应用投机和投资,这就像两手同时写字一样。写同一个字,容易练成,如果两手同时写不同的字,那是不可能的,人类的生物条件不支持。个别人表现出两手写不同的字,其实是两手序时分配任务,只不过速度加快以后看似同时写字。这要求心理切换速度要飞快。计算机领域有些串行设备会比并行设备速度快,就是因为任务切换的时间相对于任务处理的时间可以忽略不计。

所以能够自如地游走于投资与投机之间的高手,少之又少,就像武林高手同时练成一阳指和九阴真经。也许索罗斯就是一个吧。

五、专业投机和专业投资都不是暴利

很多人虽然不明白投机与投资的区别,但他们也会在股票交易中自然地运用投资的原理,买入绩优股,长期持股。但是有些人,无论是否认识到了投机与投资的区别,他们也会禁不住去投机交易。投资股票觉得来钱太慢,转而去进行期货、大宗商品交易,由于这些交易存在杠杆,导致资金迅速缩水。也有些人原来想长期持有绩优股,可是觉得来钱慢,结果转到短线炒作,实际上这成了赌博式交易。

将投机看成暴利机会就错了。投机和投资一样,一年有30%的收益就很可观,我们听到很多人在期货上获得了多少暴利,但这些事例,一是真实性值得怀疑;二是个别人确实短时间内获得暴利,但是能够长期获得暴利吗? 很多人是多年的巨亏才换得一次暴利;三是暴利也要等待时间,所谓小富由勤、大富由天,一个大的趋势单边行情,至少也要三年才会出现一回。

投机想稳定获利,仓位管理是非常重要的。虽然投机往往有杠杆,但交易员自己要降杠杆。正常行情下,专业的隔夜投机者几乎都把杠杆仓位控制在 30％ 以下。只有单边趋势行情,才会突破 30％。在期货市场上存活五年以上的投机者,隔夜仓位是不可能超过 50％的,而抱着暴利思想的人,往往是满仓杠杆交易。当然,日内炒单者不同,炒单者持仓时间很短,而且要快速平仓,每次获利很小,多数是全额资金交易。

所以要想坚持投机或坚持投资,都要告别暴利思想,才能守得住一种专业交易,不会因为混用投机与投资而最终滑向赌博式交易。

六、专业交易的准备

只有认清了交易行为的本质和区别后,才可能进一步开展交易的各项准备工作,为专业交易打下基础。这些准备工作包括:

1.明确交易的定位,是进行投资还是投机;

2.设计投机交易系统或投资估值系统;

3.积累交易经验,在交易中调整和修订交易系统。

专业交易首先要有明确的行为定位,交易者要确定自己是要投资还是要投机。其次交易者要有适合自己的交易系统。缺乏这两点,都是业余交易。业余交易者很难提升交易水平和收益率。

一个普通人开了十年车,仍然是一个司机,无法成为赛车手,只有专业训练并经过实际比赛才能称为赛车手。

如果你一直在进行赌博式交易,那么即使从事交易的年限再长,积累的也是赌博的经验。所以我们看到很多人,炒股几十年,还是不能稳定获利。只有进行专业的投机交易,那么交易的时间才是积累投机的经验。

◆第三章◆

金融交易相关理论

在明确了市场交易行为的真实分类后,我们再来看市场交易的相关理论,就不能简单地以投资理论来一概而论了。我们要根据不同理论针对的研究对象或适用范围来区分。

作为一名交易者,必须知道自己的交易行为,并对现行的交易理论有所取舍,否则用错误的理论指导,必定造成交易的混乱,甚至南辕北辙。

本书认为关于金融市场的理论,大致可以分为以下几类:赌博与概率理论、投机相关理论、股权投资理论、金融投资理论、行为金融理论。

第一节　赌博与概率理论

人类固有的冒险天性和对财富追求的本能,使得赌博伴随着人类的发展。在金融市场普遍以前,人们就进行了大量的赌博概率研究。在金融交易出现以后,金融市场中存在着大量的投机性交易、赌博式交易和操纵性交易。而长期以来投机交易和赌博的界限并不明显,因为赌博与投机的共同点较多。

一是不考虑交易成本的情况下,赌博和投机都是零和博弈,一人的亏损就是另一人的获利。二是赌博和投机都要考虑随机性和概率。三是投机和赌博都是一种多人参与的活动,参加者之间必然涉及心理的波动、交易策略的变化、交易者之间的博弈。四是都不考虑交易对象的基本面情况,或者不以基本面情况为价格的主要决定因素。

所以在研究投机理论的时候就要考虑到赌博的相关理论。实际上赌博理论要远早于投机理论,现代概率论和博弈论就是在早期研究赌博策略的基础上发展起来的。

由于心理学的形成较晚,因此早期的投机理论研究主要局限于概率。研究者既关心赌博也关心投机,并不加以区分。实际上专业赌博与投机都要计算概率,因此在概率的计算上,赌博和投机的需求是一致的。

1922年年底至1934年间,对美索不达米亚城市乌尔考古发现了一块4500年前的20方块游戏板。这种游戏两人玩,通过掷骰子决定每人能移动的方块数量。

　　我国考古殷墟发现的甲骨文距今 3300 多年。甲骨文最早用于算卦,占卜时先在甲骨背面钻凿一个孔,然后将甲骨放在火上烧灼,正面出现"卜"字形裂纹。如果裂纹沿钻孔裂开,则属于兆枝,如果在凿处裂纹,则称为兆干,据此判断问卜之事的吉凶。占卜后还要将所卜之事刻于甲骨上,称为卜辞。

　　20 方块游戏和用甲骨文骰子或火烤裂纹来决定事件的进一步发展,都带有随机性。如果在这随机性上附加有赌金或物质利益,就是原始的赌博。但古人面对随机性的结果其认识与现代人不同,多数认为是神的旨意。

　　在古希腊和古罗马时代,一些机会游戏非常盛行。虽然古希腊的数学也取得了很高的成就,但是由于当时的计数方法,限制了数学家的运算深入。直到印度人发明的阿拉伯数字传入欧洲后,数学家得以建立复杂的机遇与概率问题数学框架。另一方面,由于古人相信赌博来自于上帝的旨意,因此就没有必要去追求稳定的发生频率,人们更热衷于去揭示"上帝的旨意"。

　　意大利数学家卡尔丹诺(1501—1576)是最早用科学方式而不是神学方式研究掷骰子机会的人。卡尔丹诺是一名著名的医生,他是历史上第一个对斑疹伤寒做出临床描述的人,同时卡尔丹诺又是一名数学家和物理学家,他的数学贡献体现在几本著作中:《算术实践与个体测量》(1539)在计算方法与代数变换中显示出较高的技巧。他最重要的著作《大术》(1545),首次公布了三、四次代数方程的一般解法,确认了高于一次的代数方程有多于一个根,已知方程的一个根可将方程降阶,指出方程的根与系数间的某些关系,利用反复实施代换的方法求得方程的近似解,在解方程中使用了虚数等。其中关于一般二次代数方程的求根公式称为"卡尔丹诺公式"。

　　卡尔丹诺热衷于下棋和掷骰子研究,并且他在这两种游戏中损失了很多金钱。以经验之谈式的专著《游戏机遇的学说》1526 年左右就已完成,但这部著作直到 1663 年才收入《卡尔丹诺全集》中第一次发表。书中给出一些概率论的基本概念和定理,得到所谓"幂定理"(某事件重复 n 次发生的概率)和大数定律。但这些理论因为发表得较晚,对后世影响不大。

　　现代概率论的形成一般认为始于帕斯卡(B.Pascal)与费马(P.de Fermat)在 1654 年 7—10 月的七封通信。开始两人集中讨论了赌金分配的问题,也就两人赌博,其中一人领先另一人,他们决定在赌博结束之前提前中止,该如何分配所有的赌金。后来他们还讨论了给定投掷次数的情况下,至少掷出某个数字的概率。在 7 月 29 日帕斯卡写给费马的信中,圆满解决了点数问题,故概率论史家视其为概率论诞生的日子[1]。

　　1657 年惠更斯(C.Huygens,1629—1695)发表了《机遇赌博的规律》一书,这是概率论的第一部专著,第一次把该学科建立在公理、命题和问题上而构成较完整的理论

---

　　[1]　李文林,邹建成,胥鸣伟.数学史通论[M].北京:高等教育出版社,2004.

体系[1]。书中惠更斯不仅证明了大量已被费马和帕斯卡解决过的问题,还解决了一些惠更斯自己发现的问题。

雅各布·伯努利(Jacob Bernoulli,1654—1705),伯努利数学家族的第二代,他是认识到微积分对概率论的重要性的第一批数学家;除此以外,他还认识到概率论不仅仅用于赌博和机会游戏,还将对其他学科有作用。他一直在写《猜度术》,但直到去世后 8 年,才由其侄子尼古拉斯最终完成。《猜度术》的最大成果是大数定律,也叫伯努利定理。书中有许多关于机会游戏的内容。他也将概率从最初作为赌博计算工具推广到其他领域,如社会公正和道德上。

《猜度术》中表明雅各布·伯努利经过 36966 次的反复试验,得到事件的概率。因此雅格布·伯努利指出:"无限地连续进行试验,我们终能正确地计算任何事物的概率,并从偶然现象之中看到事物的秩序。"但是,他并未表述出这种偶然现象中的秩序。这一工作是由棣莫弗完成的。

1718 年棣莫弗发表了《机会的学说》,是关于概率论技巧的一本重要参考书。棣莫弗否定了运气在赌博中的作用。机会游戏是由确定的频率决定的。棣莫弗首次发现了正态曲线,证明了正态曲线与某些概率论问题密切联系。后来的统计学家发现,一系列的重要统计量,在样本量趋近于无穷大时,其极限分布都有正态的形式,这构成了数理统计学中大样本方法的基础。大样本方法在统计方法中占据了很重要的地位,棣莫弗的工作可以说是这一重要发展的源头。

棣莫弗证明用频率来估计概率的有效性,是人类认识自然的一个重大进展。他对数理统计学最大的影响,是发现了以他名字命名的中心极限定理。

棣莫弗做出他的发现后约 40 年,拉普拉斯建立了中心极限定理较一般的形式,独立随机变量的中心极限定理最一般的形式到 20 世纪 30 年代才最后完成。

1738 年,尼古拉·伯努利(Nicola Bernoulli)提出概率期望值悖论,即圣彼得堡悖论,它来自于一种掷币游戏,即圣彼得堡游戏。设定掷出正面为成功,游戏者如果第一次投掷成功,得奖金 2 元,游戏结束;第一次若不成功,继续投掷,第二次成功得奖金 4 元,游戏结束;…这样,游戏者如果投掷不成功就反复继续投掷,直到成功,游戏结束。如果第 n 次投掷成功,得奖金 2^n 元,游戏结束。按照概率期望值的计算方法,将每一个可能结果的得奖值乘以该结果发生的概率即可得到该结果奖值的期望值。游戏的期望值即为所有可能结果的期望值之和。随着 n 的增大,以后的结果虽然概率很小,但是其奖值越来越大,每一个结果的期望值均为 1,所有可能结果的得奖期望值之和,即游戏的期望值,将为"无穷大"。按照概率的理论,多次试验的结果将会接近于其数学期望。但是实际的投掷结果和计算都表明,多次投掷的结果,其平均值最多也就是几十元。这就出现了计算的期望值与实际情况的矛盾。

---

[1] 徐传胜.概率论简史[J].数学通报,2004(10):36-39.

1738 年,《圣彼得堡皇家科学院论文集》中收录了丹尼尔·伯努利用拉丁文写作的《有关衡量风险的新理论说明》的文章,在文中,丹尼尔·伯努利提出价格和概率并不足以决定什么事是值得的。丹尼尔·伯努利针对圣彼得堡悖论,提出了效用的概念来挑战以金额期望值为决策标准,论文主要包括两条原理:①边际效用递减原理,即一个人随着财富的增加,满足程度的增加速度不断下降,效用函数二阶导数小于零;②最大效用原理,即在面对风险或不确定性条件时,个人的决策行为准则是为了获得最大期望效用值而非最大期望金额值。

预期价值等于许多结果中每个结果的价值和这种结果可能性概率乘积的总和,一般用数学期望来表示预期价值,而效用的概念是直觉的体验。理性决策者是将预期效用最大化,而不是预期价值最大化。

与此同时,与概率论相关的统计学也在发展。1693 年,37 岁的哈雷发布了布雷斯劳城的人口死亡率表,首次探讨了死亡率和年龄的关系,为英国政府出售寿险时确定合理的价格,为寿险的推出奠定了坚实基础。这开创了社会学统计工作。随着统计学的进步,科学家们发现概率论在科学上的重要性,开始考虑概率论在物理、生物等各学科中的应用。

后来概率论的发展,一方面与统计学深度结合,为后来的金融投机的概率分析提供基础,促成了投机技术理论的产生和发展,例如均线直接来自于统计的移动平均数;另一方面,概率论仍然在赌博理论中继续发展。

1835 年,朗伯·凯特勒出版了《论人与其能力的发展》,书中首次提出了"普通人"的概念,这样在统计研究中消除了人的个体差异性。后来发展成典型人、理性人等概念。凯特勒还提出,许多自然过程都符合正态分布。

1900 年巴舍利耶在其博士论文中首次提到,概率论可以用来描述证券价格的波动。巴舍利耶首次对一个时间连续、状态连续的过程(算术布朗运动)进行了数学描述,目的是为了对永久政府债券进行定价。并且巴舍利耶还提出了随机游走与正态分布假设。1906 年巴舍利耶出版了《连续概率理论》,书中定义了几种随机过程类型,包括后来的马尔可夫-奥恩斯坦-乌伦贝克过程。

美国一些州允许合法的赌博,包括下注扑克比赛。因此在美国对赌博有较系统的研究,其中有不少研究者是金融学家。博弈论其实最初是对赌博的研究,后来才引入经济学中。美国的赌博研究很多是关于下注扑克比赛的策略与概率分析。

很多人并不明白风险与不确定性的区别,常常混用。1921 年奈特在《风险与不确定性的区别与联系》中,首次区分了风险与不确定性。用风险表示可以计量的不确定性,通过事先的计算或根据过去的事实统计一组事实所造成的结果将如何分配。风险的计算和规避是建立在概率上的,可以计算并通过金融工具规避;但不确定性却是人们无法避免的。风险针对的是大样本,可计量可重复的概率;而不确定性针对的是单次或少数几次事件结果。风险是指你知道某个事件会出现哪些结果,并且知道各个结果发生的概率;而不确定性是对于某个事件,你不知道各个结果发生的概率,甚至不知道有哪些可能的结果。

第二节　投机相关理论

投机最初的理论,多数来自于研究赌博的概率。早期很多金融投机也用赌博理论来计算和预测投机的价格和方向。即使后期的技术指标计算,也直接来源于概率与统计理论。

但随着金融交易市场的发展,产生了与赌博分析不同的需求。而统计学的发展,能方便地对历史交易数据进行分析,推动了投机理论从赌博理论中独立出来,形成了单独用于投机交易的工具,并且被市场广泛接受。这部分理论主要包括被很多人称之为"技术分析"的理论,例如趋势理论、波浪理论等。这类理论只关心交易品的价格,不关心交易品的内在价值,以 K 线图配合布林线、均线、KDJ 等反映市场供求的指标作为分析工具。技术分析理论以证券的价格判断为基础,试图找出正确的交易时机。技术分析理论的代表性人物有查尔斯·道、威廉·江恩、艾略特等。

早期人们在进行投机交易时,相信市场有种神秘的力量在主导着价格,人们不知道这种力量来自何方,有些人将其归于上帝,例如江恩自称他的理论受到《圣经》的启发;有些人认为金融市场来自神秘的自然规律,而一旦掌握这种规律,人们就可以准确预测出金融交易价格的波动,计算出具体的价格,包括最高点、最低点、转折点。所以早期投机理论多偏向于预测。

随着科学的进步,人们认识到投机交易更多地与大众心理活动有关,而人的心理是很难预测的。并且在经过一百多年的投机理论的发展和应用后,人们发现,要用一个理论或工具来预测金融市场的价格是很困难的,在某个时点可能价格波动符合黄金分割,但另一个时间黄金分割点并没有效果。早期投机理论想要追求精确化,反而不能用于指导投机交易。

1894 年,查尔斯设立了道琼斯指数,并在《华尔街日报》上发表评论,后人将其整理后命名为道氏理论。道氏理论成为现代投机理论的基础。

随着道氏理论的成形发展,投机理论研究进入了新的阶段,人们不再追求精确预测点位,而是跟随趋势交易。但是受限于当时的科学发展水平,人们并没有从心理学和金融资金流动的角度去解释道氏理论。1934 年,在多年研究的基础上,拉尔夫·纳尔逊·艾略特推出了波浪理论。

后人在道氏理论和波浪理论的基础上,发展出各种各样的技术指标,并应用于投机交易。

早期投机理论研究局限于数学概率,不过投机理论从开始就不认同理性人的假设,随着心理学的发展,人们意识到心理在投机中的作用,越来越多的人将各种心理学的研究成果应用到投机理论中,例如认知偏差、心理账户理论等。

除此以外,许多学者也将心理学的研究成果应用于经济领域,形成了交叉科学,这其中就包括行为金融学。其中影响较大的是 1979 年 3 月特沃斯基和丹尼尔·卡尼曼提出的前景理论。

21 世纪以后,由于经济学和投资学的研究者不再固守理性人的假设,经济学开始将投机行为纳入金融投资的研究领域。虽然市场参与者是非理性的,但是经济学者可以建立模型,通过设置行为参数来描述投机行为,并且有部分研究开始应用于程序化交易。投机理论与投资理论似乎有进一步融合的趋势。

现在不少金融机构开发了程序化交易。早期程序化交易主要是依据技术分析理论来确定模型和交易程序。经过几十年的发展,程序化交易越来越复杂,计算量越来越大,依据的理论也从技术分析理论转到了现代金融投资理论。

第三节　股权投资理论

许多学者将股权投资理论与金融投资理论不加区分,甚至包括投机交易理论一起都统称为投资理论。但实际上股权投资理论与金融投资理论有很大的不同。股权投资的投资对象是实体经营的公司,包括上市公司和非上市公司。股权投资理论的主要代表是本杰明·格雷厄姆的《聪明的投资者》、菲利普·费雪的选股理论、默顿·米勒和莫迪利亚尼的公司理财理论等。

股权投资理论只关心被投资公司的价值,不关心股价波动,所以巴菲特说,即使股市关闭十年,对他也没有任何影响。因为他投资的是股票代表的公司,而不是股票。投资回收可以是股利分配,也可以是股权价值的提高。

当然股权投资者更多偏向上市公司,因为:一是变现容易;二是上市公司信息披露和管理相对更规范,财务数据可靠性相对更高,能够避开信息不对称的缺陷;三是对于投资者来说,可以不用亲自参与公司的经营。

第四节　金融投资理论

金融投资理论是针对在市场上进行投资行为研究的理论。这类理论主要包括有效市场理论、投资组合理论、各种金融工程等。可惜的是,很多学者并不区分投资与投机行为,更没有区分股权投资与金融投资,因此并没有哪一种理论能够让投资者信服。

投资组合理论又称为现代经典金融理论、标准金融理论、数理金融理论、现代投资理论、组合投资理论等。1952 年，哈里·马科威茨（Harry Markowitz）在其发表于《金融学》杂志上的一篇论文中创造性地提出用概率论中的数学期望来度量投资的预期收益，用方差（或标准差）来度量预期收益的不确定性。投资组合理论可以简化为如何在投资组合的预期收益及其方差两方面取得平衡，主张投资多元化。在证券投资理论流派当中，投资组合理论系统地运用数学方法对投资收益和风险进行定量化科学分析，在证券投资理论领域具有里程碑的意义。在均值方差模型之后，又发展出了资本资产定价模型、套利定价模型、期权定价模型、投资绩效评价模型等著名的理论模型。投资组合理论的典型代表人物有哈里·马科维茨、威廉·夏普、罗伯特·默顿、迈伦·斯科尔斯等。

1973 年，布莱克和斯科尔斯发明了期权定价公式，在发明后的 15 年里被基金投资公司广泛运用，被视为金融炼金术。它使公司股票期权有了明确的价格，甚至可用于设计"投资组合保险"。但是 1987 年 10 月 19 日黑色星期一的股灾，使得被认为保险的期权组合也崩溃了。人们认识到它是错的，一个根本问题是布莱克－斯科尔斯模型假定市场价格波动率不变，但实际上很多研究都证明同一期权在不同条件下有不同的波动率。

虽然投资组合理论、布莱克－斯科尔斯模型并不能带来无风险的获利，但基金经理仍然广泛使用它们。因为金融业是用别人的钱来交易，这些交易被冠以投资的名义，不论实际上是投资、投机或赌博。要让投资人出资，必须有让人信服的依据。而经济学家设计的理论是最好的依据，连这个都不相信，那还有什么可信的呢？所以我们看到，股市行情好时，几乎所有基金都获利，行情不好时，大多数基金都亏损。有研究表明，大多数基金的水平并不比普通交易者好多少。

有效市场假说最早由法马（Fama）于 1970 年正式提出。该理论认为：如果在一个证券市场中，价格完全反映了所有可获得的信息，那么就称这样的市场为有效市场。有效市场假说理论以信息的充分性为基础，把证券市场分为弱式有效市场、半强式有效市场、强式有效市场。该理论的代表性学者有法马、吉尔斯得姆、米尔曼、鲁宾斯坦、格罗斯曼、Malkiel 等。

有效市场假说的最大缺陷是假设市场的参与者是理性的。心理学的发展表明，人类固有的从众心理在交易市场很容易被激发，从而做出不理性的交易行为。对此有效市场理论的支持者给出了解释：

1.投资者是完全理性的，他们能够对所有证券给出理性估价。

2.即便某些投资者理性不完全，但是这些投资者错误行为的影响是随机的，他们的影响"统计相消"，市场仍不失其有效性。

3.即便这些投资者的错误行为不是随机的，而是表现出一致的偏向性，但是市场自身作为一个价格的发现过程，能够消除投资者个体的错误，理性缺乏的投资者最终必定会由于决策失误而被理性交易者吞噬,市场仍然能够回复到符合其理性定价的公允水平,从而在整体上具备"有效性"。

但这些解释很难成立。首先投资者并不是完全理性的,多数人年复一年交易股票而亏损,理性的投资者应该告别股市,但遗憾的是,我们看到即使年年亏损,交易者仍然留在股票市场。其次投资者的不理性并不能完全抵消,因为人类从众心理的影响,投资者的不理性会向一个市场主导方向发展。涨的时候大家一致看好,跌的时候丧失理智地一致看跌。最后,市场能够发现价格,消除非理性错误,但是这个过程持续很长时间,甚至几年时间,而且振荡的幅度会相当大,甚至达到百万倍。

有效市场理论最初作为一种市场假说提出,获得了西方金融学者的大量实证支持。但是也有很多实证研究表明,有效市场假说并不成立。这可能和实证分析选取的周期有关。从长期看,市场是有效的,但短期内,人们受从众心理影响,做出的决策往往是不理智的。

有效市场假说(EMH)是一个以完美市场和投资者完全理性为前提假设的理论体系,依据价格反映信息的程度不同,有效市场又分为三种形式:① 弱式有效市场——证券价格反映了所有的历史信息,这时,投资者无法利用过去的历史信息获得超额利润;② 半强式有效市场——证券价格包含了所有历史信息和一切公开信息,投资者不仅无法从历史信息中获得超额利润,也不能从当前的公开信息中获取超额利润;③ 强式有效市场——证券价格不仅包含了上述两类信息,还反映了一切私下及内幕信息,在此情况下,投资者即使拥有内部信息,也无法获得超额利润。

第五节　行为金融理论

20 世纪 80 年代,市场上存在大量传统金融理论无法解释的异常现象,使基于投资理性的经典金融理论开始受到人们的质疑。由于心理学、社会科学的发展,不同的研究者从不同的角度对金融市场进行研究,产生了行为金融理论。可以说行为金融学是心理学与经济学结合的边缘科学。

行为金融学作为一门新兴科学,尚没有权威的定义,不同的研究者从不同的角度出发,对行为金融的关注重点也不同,对行为金融的理解也不相同。但有一点是肯定的,行为金融学的建立和发展离不开心理学的发展。

根据 Fuller(2000)、Statman(1999)等人的观点,行为金融学研究的主要内容包括以下三个方面:一是将心理学领域的认知科学与传统经济学和金融学相互融合;二是研究投资者的有限理性及各种认知偏差;三是解释由于投资者认知偏差导致的各种金融市场异象。

Olsen(1998)认为行为金融学,正在"尝试去验证一个理论的假设是否建立在金融市场中投资者的真实行为上。行为金融并不去定义理性行为或将某些决策视为不正常,相反,它尝试去了解和预测投资者的心理决策过程在金融市场中的应用"。

一、行为金融的产生和发展

真正意义上的行为金融学理论是由美国教授 Burrell 和 Bauman 最先提出来的,在其《以实验方法进行投资研究的可能性》(1951)论文中,通过实验经济学,将投资模型与人的心理行为特征相结合应用于金融学研究。他们认为,金融学家们在衡量投资者的投资收益时,不仅应建立和应用量化的投资模型,而且还应对投资者传统的行为模式进行研究。1972 年,心理学教授 Slovic 发表了一篇启发性的论文,开始从行为学的角度研究投资决策的过程。这一时期的行为金融研究主要以心理学教授特沃斯基(Tversky)和卡尼曼(Kahneman)为代表人物。

特沃斯基和卡尼曼的两篇论文对行为金融学的创立和发展影响深远,他们研究的核心是人在面对不确定的决策时并不是理性的。特沃斯基和卡尼曼在 1973 年第一次提出可获得性启发。1974 年在《科学》杂志中,他们提出了代表性启发和锚定效应。

1979 年特沃斯基和卡尼曼共同发表文章《前景理论:风险状态下的决策分析》,提出了前景理论。但是由于 20 世纪 70、80 年代正好是传统金融理论迅速发展的时期,其金融理论体系的完美性,加之大量实证结果的支持,使得行为金融理论处于相对弱势的地位。

理查德·萨勒(Thaler,1980)也认为前景理论能很好地解释消费者的决策行为,并首次提出了"心理账户"一词。心理账户指出由于消费者心理账户的存在,个体在做决策时往往会违背一些简单的经济运算法则,从而做出许多非理性的消费行为。

这个时期行为金融理论以芝加哥大学的 Thaler 和耶鲁大学的 Shiller 为代表。Thaler(1987,1999)研究了股票回报率的时间序列、投资者心理账户等问题。Shiller 主要研究了股票价格的异常波动、股市中的"羊群效应"(Herd Behvaior)、投机价格和流行心态的关系等。此外,Odren 对于趋向性效应(disposition effect)的研究,Ritter(1991)对于 IPO 的异常现象的研究,Kahneman 等对反应过度和反应不足切换机制的研究都得到了广泛的关注。

特沃斯基和卡尼曼在 1981 年提出了框架效应。框架效应是指人们对一个客观上相同的问题,但在描述顺序、方式等方面的不同会导致不同的决策判断。

1985 年,Werner F.M. De Bondt 和 Richard Thaler 发表的《股市会过度反应吗?》使得行为金融第一次得到了主流经济学界的承认。该文指出人们经常会高估或低估新信息,从而证明了股票市场是不完全有效的。

Yaari 在 1987 年提出了二元分割理论来解释人们的有风险决策。Samuelson 和 Zeckhauser(1988)提出了现状偏见。

1990 年,特沃斯基和卡尼曼通过实验证明了损失厌恶和禀赋效应的存在。

1992 年,Banerjee 提出了一个简易的羊群行为(从众行为)模型。同年,特沃斯基和卡尼曼进一步发展了前景理论,并起名为累积前景理论。人们会高估小概率发生的事件,低估大概率发生的事件。

Grinblatt、Titman 和 Wermers(1995)分析了共同基金的交易行为,发现也存在羊群行为和追涨杀跌行为。Chan、Jegadeesh 和 Lakonishok(1996)证明了追涨杀跌策略是有效的。

1998 年,Odean 提出处置效应,投资者倾向卖出盈利的股票而继续持有亏损的股票。

Daniel、Hirshleifer 和 Subrahmanyam (1998)提出过度自信理论,研究表明市场上 90%的投资者都认为自己能打败市场。

Veronesi (1999)发现在牛市里,投资者会高估坏消息对公司的负面影响;在熊市里,投资者会低估好消息对公司股价的影响。

20 世纪 90 年代,不少经济学家将行为金融理论与传统的金融理论结合起来,产生了行为组合理论和行为资产定价模型。其他学者也创建了许多行为金融理论模型,如 BSV 模型、DHS 模型、HS 模型。

二、行为金融理论框架

(一)认识偏差理论

认知偏差理论包括认知上的偏差和决策方面的偏差。

认知偏差理论也可以说是属于心理学的理论知识,实际上特沃斯基和卡尼曼分别是普林斯顿大学和斯坦福大学的心理学教授。但这些心理学知识和实验结果证实了传统经济学理性人假设的错误,因此产生了行为金融学,所以认知偏差构成了行为金融学的基础。

认知偏差理论是研究人们在利用经验法则进行决策判断时所产生的错误。心理学研究显示,人们在解决复杂的问题时,由于时间和认知资源的限制,人们不能对决策所需的信息进行最优分析。长期以来,自然选择的结果是人们运用经验法则处理信息。这些经验法则主要指的是直观推断法(hcuristic)。直观推断法导致了二类认知偏差:代表性推断偏差、可得性推断偏差、锚定和调整推断偏差。

(二)前景理论(Prospect Theory)

前景理论是研究投资者在不确定条件下做出决策的过程和其中的决策偏好的理论。前景理论用权数函数和主观价值函数两个变量描述人的效用。权数函数描述未来前景中单个事件的概率的变化对总效用的影响,主观价值函数直接反映前景结果与人的主观满足大小之间的关系。

根据前景理论,人们对风险的态度是由主观价值函数和权数函数联合决定的。

在此基础上,前景理论得出了以下四点结论:

(1)人们不仅看中财富的绝对量,更加看中的是财富的变化量。与投资总量相比,投资者更加关注的是投资的盈利或亏损数量。

(2)人们面临条件相当的损失前景时更加倾向于冒险赌博(风险偏好),而面临条件相当的盈利前景时更倾向于实现确定性盈利(风险规避)。

(3)财富减少产生的痛苦与等量财富增加给人带来的快乐不相等,前者大于后者。

(4)前期决策的实际结果影响后期的风险态度和决策,前期盈利可以使人的风险偏好增强,还可以平滑后期的损失;而前期的损失加剧了以后亏损的痛苦,风险厌恶程度也相应提高。对于投资者来说,投资者从现在的盈利或损失中获得的效用依赖于前期的投资结果。

1979 年,特沃斯基和卡尼曼正式提出了前景理论,1992 年他们经过一系列试验,提出了累积前景理论(CPT)。Ulrich Schmidt 等人(2005)又将前景理论完善,提出了第三代前景理论(PT3),进入了理论完善阶段。

(三)行为组合理论(Behavioral Portfolio Theory, BPT)和行为资产定价模型(Behavioral Asset Pricing Model, BAPM)

BPT 是在现代资产组合理论(MPT)的基础上发展起来的。MPT 认为投资者应该把注意力集中在整个组合,最优的组合配置处在均值方差有效前沿上。BPT 认为现实中的投资者无法做到这一点,他们实际构建的资产组合是基于对不同资产的风险程度的认识以及基于投资目的所形成的一种金字塔式的行为资产组合,位于金字塔各层的资产都与特定的目标和风险态度相联系,而各层之间的相关性被忽略了。

BAPM 是对资本资产定价模型(Capital Asset Pricing Model, CAPM)的扩展。与 CAPM 不同,BAPM 中的投资者被分为两类:信息交易者和噪声交易者。信息交易者是严格按 CAPM 行事的理性交易者,不会出现系统偏差;噪声交易者则不按CAPM 行事,会犯各种认知偏差错误。两类交易者互相影响共同决定资产价格。事实上在 BAPM 中,资本市场组合的问题仍然存在,因为均值方差有效组合会随时间而改变。

(四)行为金融模型

在认知偏差理论和行为组合理论的基础上,行为金融学者提出了各种关于投资的模型,包括 BSV 模型、DHS 模型、HS 模型、DSSW 模型、BHS 模型等。

1.BSV 模型:由 Barberis、Shleffer 和 Vishny(1998)提出。该模型认为,人们进行投资决策时存在两种偏差:一种是代表性偏差,即投资者过分重视近期数据的变化模式,而对产生这些数据的总体特征重视不够,从而导致股价对收益变化的反应不足(underreaction)。另一种是保守性偏差(conservation),投资者不能及时根据变化了的情况修正自己的预测模型,导致股价过度反应(overreaction)。BSV 模型从这两种偏差出发,解释投资者决策模型如何导致证券的市场价格变化偏离有效市场假说的。

2.DHS模型：由Daniel、Hirsheifer和Subramanyan（1998）提出。DHS模型把投资者分为无私人信息的投资者和有私人信息的投资者。无私人信息的投资者不存在决策偏差。有私人信息的投资者存在着两种决策偏差：对私人信息的过分自信和自我归因偏差。对私人信息的过分自信意味着他们过分夸大私人信息的准确性，导致对私人信息的过度反应。自我归因偏差意味着公共信息对私人信息的影响是不对称的，即当公共信息与私人信息相符合时，有此偏差的投资者更加确信私人信息的准确性；而当公共信息与私人信息有冲突时，有此偏差的投资者仍然重视私人信息，相对忽视公共信息，因而导致对公共信息的反应不足，往往产生股价的短期连续性，而当最终公共信息战胜投资者的偏差时，出现长期回报的反转。

3.HS模型：由Hong和Stein（1999）提出，又称统一理论模型（unified theory model）。该模型认为，在金融市场上，存在着两类交易者：观察消息者（news watchers）和动量交易者（momentum traders）。观察消息者，根据他们获得的关于未来价值的私人信息进行交易，忽视股价的变化。动量交易者，则完全依赖于股票过去的价格变化进行交易。HS模型研究了这两类投资者的互相作用机制对股价的影响。HS模型假设私人信息在观察新信息交易者之间缓慢传播，导致观察消息者对最初的私人信息反应不足。动量交易者意识到了观察消息者的这种反应不足的倾向，试图通过买入最近股价上涨的股票来赢利。

三、行为金融学评述

特沃斯基和卡尼曼的前景理论将心理学与经济学联系起来，开辟了新的研究领域。行为金融理论最初更偏向于经济学的分支，但近些年来，行为金融开始走入实用研究。一些基金也采取行为金融的模型来进行交易。

行为金融作为一门新兴学科，如在对行为金融学进行总结时，也曾指出行为金融学与现代经典金融学本质上并没有很大的差异，它们的主要目的都是试图在一个统一的框架下，利用尽可能少的工具来构建统一的理论，解决金融市场中的所有问题。而唯一的差别就是行为金融学利用了与投资者信念、偏好以及决策相关的认知心理学和社会心理学的研究成果。应当说，对投资者在实际投资决策活动中所产生的"非理性"行为，试图从心理学、行为认知学等社会科学的角度加以阐释，是直接促成行为金融学产生的一大主要原因，而对投资者实际投资行为的研究，也一直是行为金融学研究的一大重要领域。

行为金融学理论是属于上经济学分支，仍然从经济学的角度来分析市场参与者的行为，关注的是行为的整体结果。但行为金融学更关注的是群体心理和认知偏差对市场价格的影响，行为金融学的实用模型交易依据不是交易对象的价值或未来现金流现值，因此更偏向于投机交易。

例如行为金融学家理查德·萨勒联名的基金公司，旗下基金Undiscovered

Managers Behavioral Value Fund（UBVLX）的业绩从基金成立日 1998 年 12 月 28 日开始计算，若当时投入 1 万美元，到 2017 年 9 月底就会有 93244 美元，回报率达到了惊人的 832.44％；而同期巴菲特执掌的伯克希尔·哈撒韦的涨幅仅有 307％。

作为小盘股基金，该基金的市场容量不大，成立近 20 年来基金规模还不足百亿美元；同时伴随的换手率也相对较高，最近 12 个月的换手率为 44.33％。这也使之区别于传统的长期价值投资。

值得注意的是，该基金并非由查德·塞勒直接管理，而是其公司旗下的两名基金经理大卫·波特和罗素·富勒来直接管理，其中罗素·富勒为公司创始人和总裁，大卫·波特为公司的专职基金经理，曾任高盛副总裁。

依据公开资料，该基金选股有两个原则：一是选择受到金融行为偏差而被明显低估的个股，但同时需要有坚实的基本面作为支撑；另一个就是寻找存在明显的内部人或股东买入，以及存在明显的股票回购的个股。而在卖出个股时，该基金通常会在大量内部人卖出或者新发行股票以及公司发生并购等行为时寻找机会卖出。

依据其公司网站的数据，该基金近 10 年的累计收益率有 159.93％，而同期巴菲特执掌的伯克希尔的涨幅只有 131.93％。

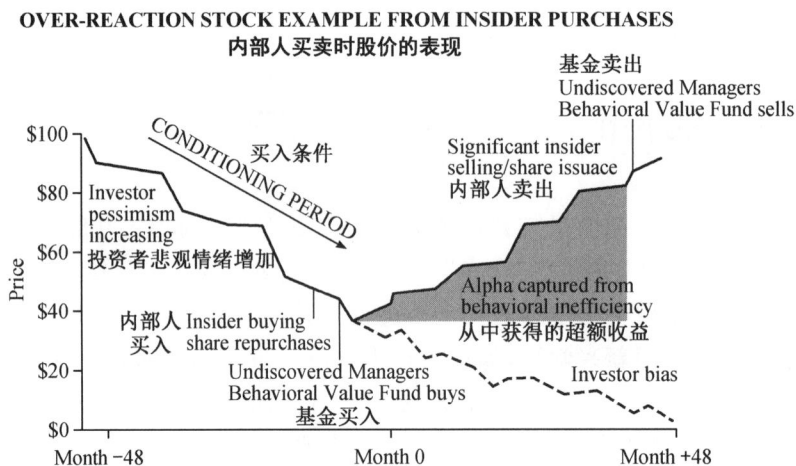

图 3-1　UBVLX 基金买卖策略

来源：姚波.经济学家炒股必亏？今年诺贝尔奖得主 19 年爆赚 832％，远超股神巴菲特旗下公司 [N].中国基金报，2017-10-11.

第六节　博弈论与战争理论

游戏中，是否必须考虑其他玩家的想法，这就是博弈论与概率论的区别。

如果是个人交易,需要根据概率论来设计一个交易系统,但仅有概率论是不够的。因为在执行时会遇到市场的变化和个人心理的变化。当然,如果个人交易员金额不大,而且又能够严格遵守交易系统,那么概率论可以有作用。但如果交易者的资金量达到一定规模,在市场上就会被关注,这时就要考虑博弈论。

博弈论假设参与博弈者有完善的逻辑思维能力,对输赢感兴趣。实际上博弈论研究的出发点也是参与者"完全理性"。但交易市场充斥着大量不关心输赢的打发时间的个人交易者,也有大量不理性的从众交易者。

另外股票市场有大量的投资交易者,尤其是近些年来基金市场的发展,许多上市公司的大股东出现了社保基金、共同基金,并且这些基金的持仓时间都很长,很难将这些基金的交易行为列入投机中。这些基金并不关心交易中的博弈,而更关心投资对象的价值。无论是完全信息模型还是不完全信息博弈,投资者主观上并不参与交易的博弈,但他们的行为结果却会对市场产生影响。尤其是当股价跌穿投资的安全边际下限后,投资者会买入,而超过投资安全边际上限,投资者会卖出。投资者既不属于庄家,也不属于跟庄个人。

但这些基金的交易量足够大,能对交易市场的运行产生影响,而在博弈论运用于金融投机分析或建模中都没有将投资者列入参数变量。

有人问博弈论的创始人之一冯·诺依曼,博弈论能不能帮助股市赚钱?回答是不能。

和心理学一样,博弈论更适宜研究动态的短期投机交易行为,而不是投资行为。国内博弈论的文献对个体交易涉及很少,多数集中于股票市场上的监管者、交易所、庄家和个人行为整体结果上。真实金融市场交易比一般人想象复杂和精彩得多,但可惜的是,很多庄家的交易行为是法律不允许的,所以交易的内幕永远不会被大众知悉。即使有些操盘手没有违反法律,他们也不愿公众知道他们的交易风格和操作手法,一旦被公众知悉,会被对手模仿或利用弱点进行攻击。而研究者无法得到操盘手的交易数据,所以几乎见不到投机交易博弈的研究。

博弈论起源于赌博中的策略博弈,在投机交易也应该有很多的策略运用,但是博弈论应用于投机交易却相当有限,反而大量应用于投资模型。

另一方面,博弈论的思想更多的是理性人的精确算计,从战争角度,关注的是战术层面。但对于投机交易,更重要的是战略层面的思想,而战术层的思想虽然重要,但如果战略方向正确,战术上的疏忽往往能够被战略收益覆盖。

博弈论没有考虑心理因素,或者说心理效用参数。例如在经典的囚徒困境中,理性的结果是双方都选择背叛。但是如果考虑效用,在无罪和拘留十天中选择,两个人都会选择合作。而如果在无罪和10年徒刑中选择,10年徒刑的负效用值太大,两人都会选择背叛。

股票效用权数低,投机者能够长期持仓。期货有杠杆,负效用权数大,一振荡就会首先考虑止损。

博弈论的原理,相对于没有深入研究经济学的人来说,还是复杂化了,因此,本书更愿意从战争论的角度来讨论投机交易的策略。

人们常说商场如战场。而金融投机交易,实实在在是一种战争,交易市场就是战场,资金就是战场中的兵力。交易战场上,人们要和在战争中一样斗智斗勇,参与者也要运用各种策略来削弱对手的兵力,壮大自己。交易市场和战场也存在着各种不确定性和偶然性。所以研究投机就必须研究战争理论。

如果我们对比一些战争的案例和金融交易的案例,会发现它们有许多相似性。交易假设市场存在多空双方和未加入某一方的观望者,而战争是敌对双方间的相互攻击,战争也存在观望的第三方。攻击双方的身份都可以转换,敌人可能在某时变成朋友,没有永恒的敌人,只有永恒的利益。

博弈论与战争论存在相似性,都是竞争状态下的策略研究。博弈论更侧重于具体的策略方法,属于战术层面。而战争理论除了类似于博弈论的战术研究外,另外包括了战略的研究,例如战争之外的经济、社会舆论的动员和群体心理的管理等。

◆第四章◆

概率与统计

投机交易不关心交易对象的内在价值,只关注其价格波动。价格波动的结果只有三个:上涨、持平、下跌。价格的波动是随机性的,人们无法预测第二天的具体价格是多少,如果不是因为很多交易所限制交易波动范围,例如设置了涨跌停板制度或熔断机制,人们甚至无法预测第二天的价格波动范围。

对于随机性的价格和波动方向,就属于概率论的研究范围。前面我们讨论过,投机是需要计算概率的,所以一个投机者,需要了解概率论的相关知识。

当然我们不一定要直接用概率论来设计技术指标。因为已有很多交易指标例如均线、布林通道,都是前人基于概率论和统计学的基础上设计出来的。但是了解概率与统计仍然对交易有较大的帮助,主要包括以下几个方面:

一是用于设计适合自己的交易系统。

二是帮助对现有技术指标的理解,通过归纳分析和模拟交易,找出适合自己的投机技术分析系统。

三是养成不确定性的思想。因为投机市场的不确定性,我们通过学习概率论,可以在心中形成不确定性的思想,这样才能理解和接受一切价格皆有可能,从而不会固执地坚持错误的方向。

第一节　随机思想

如果抛硬币,连续 9 次都出现正面,那么第 10 次出现正面的概率是多少? 多数人的直觉是第 10 次会有 10% 的概率出现正面。在概率论教材里,正确答案仍然是50%。因为抛硬币是一个独立事件,每次抛硬币都是独立的,不受前一次抛掷的影响,所以每一次出现的概率都是 50%。

但在本书看来,概率对于总体才有效,一次试验是没有概率的。抛 100 次硬币,正面和反面都会接近 50 次。但对于一次抛掷,结果是随机的,可能是正面,也可能是反面。针对一次事件讨论概率没有意义,随非是确定事件,否则任何单次事件的结果是随机的。

如果没有这种随机思想,那么我们在对待问题的时候就会出现错误。所以很多人在面对股市的时候,就会出现错误。例如历史数据显示,长期看股票上涨天数与下跌天数大致相等,上涨和下跌天数都接近 50%。当连续下跌了 3 天,第 4 天会涨还是会跌?如果没有随机思想,连续三天下跌的概率是 0.5^3,那么会错误地觉得第 4 天上涨的概率是87.5%。而实际上第 4 天上涨或下跌是随机的,不能用概率来推断。

交易系统设计要依据概率,但执行交易的时候要接受随机性。

随机性与概率通过统计联系起来。对于单一随机事件,是没有概率的。例如仅就明天股价涨跌来说,它是随机的,没有概率。只不过通过统计,我们将随机事件赋予了概率属性。小概率事件对于一个总体是小概率,但对于单一样本,就不存在小概率,任何可能都会发生。

对于投机交易来说,在进行交易时就必须有随机思想,随时面对一切可能,对任何可能都要有应对方案。该止损就止损,该加仓就加仓。但在设计交易系统的时候,就要有概率思想,通过统计得出交易对象的概率,设计自己的依据技术指标和交易系统。

在投机交易上,用总体的概率套用到单次交易,很容易误导交易员。如果交易系统拟合某类技术指标概率达到 80%,那么交易员就会很乐观地开仓,并且形成仓位偏好。但实际上,每次开仓的结果都是随机的,结果可能是小概率方向,趋势可能变化。

所以交易员对交易系统要信任,相信交易系统的概率,但具体到每次交易,就不能有死抱概率,而应在开仓前就要做好止损标准,把每一次交易当成试错。

第二节　概率与随机变量

一、概率

概率,又称或然率、机会率、几率或可能性,它是概率论的基本概念。概率是对随机事件发生的可能性的度量,一般以一个在 0~1 之间的实数表示一个事件发生的可能性大小。越接近 1,该事件越可能发生;越接近 0,则该事件越不可能发生。概率是客观论证,而非主观体验。

频率,是指在相同条件下,进行的 n 次试验中,某一事件 A 发生的次数 m。比值 m/n 称为事件 A 发生的频率。

概率是无限次试验中发生频率的收敛值。概率属于无限次试验的事件全集,单一事件是没有概率的。单一事件的发生是完全随机的,例如掷骰子 30 次,我们说它出现 6 点的概率为 1/6,但如果只掷一次,那么它出现的点数完全是随机的。所以,如果连续掷 5 次出现的都不是 6 点,第 6 次掷骰子,出现 6 点仍然是随机的。

概率是针对一个样本集合。每个概率模型都关联一个试验,这个试验产生的所有可能结果就形成了样本空间。例如掷骰子的结果是一个集合 $S=\{1,2,3,4,5,6\}$。股价的涨跌结果是一个集合 $S=\{上涨,下跌,持平\}$。

所有概率都应当满足三个公理化定义:

1.非负性:对于每一个事件 A,有 $P(A)\geqslant 0$;

2.规范性:对于必然事件 S,有 $P(S)=1$;

3.可列加性:设 $A_1,A_2,\cdots$ 是两两互不相容的事件,即对于 $A_iA_j=\varphi,i\neq j,i,j=1,2,\cdots$,有

$$P(A_1\bigcup A_2\bigcup\cdots)=P(A_1)+P(A_2)+\cdots$$

概率模型按结果可以分为连续模型、离散模型。

如果试验结果是可数的,就构成离散模型,如抛硬币、掷骰子,结果都是固定的。如果试验结果不可数,如发生的时间,结果可以是任意秒。还有一类由离散模型中引申出的序贯模型。

许多试验具有连续性质,称为序贯特征,例如连续抛 3 次硬币的结果(正、反、正),或者连续观察一只股票的股价涨跌结果用数字表示(1、0、1、1),都构成了序贯模型(sequential model)。

二、分布

在数理统计中,我们经常研究的是总体中每一个体的一项或几项数量指标和该指标在总体中的分布情况。用 X 表示数量指标,则指标值 X 随个体不同而变化。

在统计问题中,从总体中抽取个体 X 是随机的,因此 X 是一个随机变量,总体是随机变量 X 所有可能取值的全体,个体就是其中的一个具体值,因而随机变量 X 的分布就完全描述了总体中所研究的数量指标的分布情况。概率分布反映了随机变量的概率性质。概率分布按随机变量的取值可分为连续分布和离散分布,相应的变量也可分为连续变量和离散变量。

常见的概率公布有正态分布、二项分布、泊松分布等。

三、连续变量

在一定区间内可以任意取值的变量叫连续变量,其数值是连续不断的,相邻两个数值可做无限分割,即可取无限个数值。例如,生产零件的规格尺寸,人体测量的身高、体重,股票的价格等为连续变量,其数值只能用测量或计量的方法取得。

反之,其数值只能用自然数或整数单位计算的则为离散变量。例如,正面、反面,上涨天数等,只能按计量单位计数,这种变量的数值一般用计数方法取得。

四、离散变量

(一)伯努利分布

又名两点分布或 $0-1$ 分布,介绍伯努利分布对应的伯努利试验是只有两种可能结果的单次随机试验,即对于一个随机变量 X 而言,伯努利试验都可以表达为"是或否"的问题。例如,抛一次硬币是正面向上吗?刚出生的小孩是个女孩吗?股价上涨还是下跌?等等

如果试验 E 是一个伯努利试验,将 E 独立重复地进行 n 次,则称这一串重复的独立试验为 n 重伯努利试验。

进行一次伯努利试验,成功($X=1$)概率为 $p(0 \leqslant p \leqslant 1)$,失败($X=0$)概率为 $1-p$,则称随机变量 X 服从伯努利分布。伯努利分布是离散型概率分布,其概率质量函数为:$P\{X=k\}=P^k(1-p)^{1-k}$,其中 $k=0,1$。

(二)二项分布

二项分布是 n 重伯努利试验成功次数的离散概率分布。

如果试验 E 是一个 n 重伯努利试验,每次伯努利试验的成功概率为 p,X 代表成功的次数,则 X 的概率分布是二项分布,记为 $X \sim B(n,p)$,其概率质量函数为:

$$P\{x=k\}=\binom{n}{k}\left(1-p\right)^{n-k},k=0,1,\cdots,n$$

显然,伯努利分布是二项分布在 $n=1$ 时的特例。

二项分布名称的由来,是由于其概率质量函数中使用了二项式系数,该系数是二项式定理中的系数,二项式定理由牛顿提出。

二项分布的典型例子是扔硬币,硬币正面朝上概率为 p,重复扔 n 次硬币,k 次为正面的概率即为一个二项分布概率。

(三)几何分布

在伯努利试验中,记每次试验中事件 A 发生的概率为 p,试验进行到事件 A 出现时停止,此时所进行的试验次数为 X,其分布列为:

$$P(X=k)=(1-p)^{k-1}p,k=1,2,\cdots$$

此分布列是几何数列的一般项,因此称 X 服从几何分布,记为 $X \sim GE(p)$。

例如:在股市中,假设上涨概率 p 为 0.5,下跌概率为 $(1-p)$。那么连续上涨 4 天的概率为:

$$P(X=5)=0.5^4 \times 0.5=0.03125$$

几何分布的期望和方差为:

$$E(X) = \frac{1}{p}$$

$$\mathrm{Var}(X) = \frac{1-p}{p^2}$$

也就是说如果股市上涨和下跌概率相等,$p = 0.5$,那么 $E(\text{上涨}) = 2$ 天。也就是说,大样本平均下来,2 天就会有一次上涨。

(四)泊松分布

设随机变量 X 的所有可能取舍为 $0,1,2,\cdots$,各个值发生的概率为:

$$P(X=k) = \frac{\lambda\,\mathrm{e}^{-\lambda}}{k!}, k = 0,1,2,\cdots,\text{其中}\ \lambda > 0\ \text{是常数}$$

则称 X 服从参数为 λ 的泊松分布,记为 $X \sim \pi(\lambda)$。

日常生活中很多事件都符合泊松分布。许多二项随机变量参数 n 很大,但发生概率 p 很小的情况都符合泊松分布,例如一本书中含有打印错误的字数,一个城市中发生车祸的事故数。对于股市来说,极端行情如一年中大盘大跌超过 5% 以上的天数也符合泊松分布。

五、条件概率

条件概率是指事件 A 在另外一个事件 B 已经发生条件下的发生概率。条件概率表示为:$P(A|B)$,读作"在 B 条件下 A 的概率"。若只有两个事件 A、B,那么

$$P(A|B) = \frac{P(AB)}{P(B)}$$

其中:$P(AB)$ 表示两个事件共同发生的联合概率,也可表示为 $P(A \bigcap B)$。

需要注意的是,在这些定义中 A 与 B 之间不一定有因果或者时间顺序关系。A 可能会先于 B 发生,也可能相反,也可能二者同时发生。A 可能会导致 B 的发生,也可能相反,也可能二者之间根本就没有因果关系。例如考虑一些可能是新的信息的概率条件性可以通过贝叶斯定理实现.

条件概率还支撑了一个很重要的理论,那就是贝叶斯定理。

【例 4-1】假设你和甲是多年的牌友,一共打过 100 次赌局。你发现甲有一个很重要的习惯,如果底牌很满意,他会不自觉地笑一下;如果底牌很差,他会不自觉地皱眉头。你的朋友不太会掩饰,但他努力这么做,有时拿到好牌了,却假装不动声色,或者假装是烂牌;或者拿到烂牌了,却虚张声势,故意微笑一下。由于你是个很细心的人,你详细地记录了以下数据:

	微笑	皱眉	无表情	总计
好牌	20	2	18	40
烂牌	8	40	12	60

今天你们又在一起打牌了。在关键的一轮里,他看了底牌,并且他微笑了一下,那么,他对牌满意的概率是多少? 不满意的概率又是多少?

$P(好牌|微笑)=P(好牌,微笑)/[(P(好牌,微笑)+P(烂牌,微笑)]$

$P(好牌|微笑)=P(微笑|好牌)×P(好牌)=(20/40)×(40/100)=0.2$

$P(烂牌|微笑)=P(微笑|烂牌)×P(烂牌)=(8/60)×(60/100)=0.08$

因此:$P(好牌|微笑)=0.2/(0.2+0.08)=71\%$

因此,你可以得出结论,你的朋友好牌概率是71%。于是你就可以根据自己的底牌估计是否能大过他,从而决定是放弃还是继续跟进。

六、全概率与贝叶斯公式

如果事件 $B_1,B_2,B_3,\cdots,B_n$ 构成一个完备事件组,即它们两两互不相容,其和为全集;并且对应每一个 i,$P(B_i)>0$,则对任一事件 A 有

$$P(A)=\sum_{i=1}^{n}P(AB_i)=\sum_{i=1}^{n}P(B_i)\cdot P(A|B_i)$$

【例 4-2】假设在股市上涨趋势途中,当天上涨,次日继续上涨的概率为 0.8,下跌概率为 0.2。当天下跌,次日上涨的概率为 0.4,下跌概率为 0.6,计算当日上涨,3 天后上涨的概率。

令 U_i、D_i 分别表示经过 i 天后上涨和下跌,根据全概率公式:

$P(U_3)=P(U_2)P(U_3|U_2)+P(D_2)P(U_3|D_2)$

$P(U_2)=P(U_1)P(U_2|U_1)+P(D_1)P(U_2|D_1)$

$P(D_2)=P(U_1)P(D_2|U_1)+P(D_1)P(D_2|D_1)$

那么今天上涨,三天后上涨的概率为:

$P(U_3)=0.8×0.8×0.8+0.8×0.2×0.4+0.2×0.4×0.8+0.2×0.2×0.4$
$=0.656$

连续 3 天上涨的概率为 $P(U)=0.8×0.8×0.8=0.512$

这种连续试验具有序贯特征,可以用树形图表示。

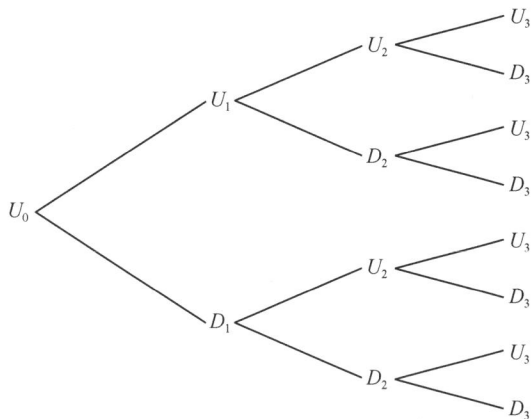

图 4-1　全概率树形图

全概率公式常与贝叶斯公式联系在一起,通过贝叶斯公式,将条件概率 $P(B|A)$ 与条件概率 $P(A|B)$ 联系在一起。

贝叶斯公式:$P(B_k|A) = \dfrac{P(AB_k)}{P(A)} = \dfrac{P(B_k)P(A|B_k)}{\sum\limits_{i=1}^{n} P(B_i)P(A|B_i)}$

贝叶斯公式还可以用来进行因果推理。如果我们知道某一结果的概率,想要知道这个结果出现的影响因素,就可以用条件概率的倒置来计算。

假设事件 $A_1, A_2, \ldots, A_n$ 是原因,B 代表原因引起的结果。$P(B|A_i)$ 表示原因 A_i 引起结果 B 出现的概率。当观察到结果 B 的时候,我们要反推出结果 B 是由原因 A_i 造成的概率 $P(A_i|B)$。$P(A_i|B)$ 表示得到 B 的信息后 A_i 出现的概率,称为后验概率,而原来的 $P(A_i)$ 就称为先验概率。

七、先验概率

通俗地讲,先验概率就是事情尚未发生前,我们对该事件发生概率的估计。利用过去历史资料计算得到的先验概率,称为客观先验概率;当历史资料无从取得或资料不完全时,凭人们的主观经验来判断而得到的先验概率,称为主观先验概率。例如抛一枚硬币正面向上的概率为 0.5,这就是主观先验概率。

后验概率是指通过调查或其他方式获取新的附加信息,利用贝叶斯公式对先验概率进行修正,而后得到的概率。

先验概率和后验概率的区别:先验概率不是根据有关自然状态的全部资料测定的,而只是利用现有的材料(主要是历史资料)计算的;后验概率使用了有关自然状态更加全面的资料,既有先验概率资料,也有补充资料。另外一种表述:先验概率是在缺乏某个事实的情况下描述一个变量;而后验概率是在考虑了一个已经发生和确认的事实之后的条件概率。

第三节　大数定律和中心极限定理

极限理论是概率论的基本理论,研究随机序列的渐近性质。其中大数定律和中心极限定理是极限理论的重要组成部分。

一、大数定律

假设随机变量序列 $X_1, X_2, \cdots X_n$ 为一独立同分布的样本取值。其公共分布的均值为 μ,方差为 σ^2,定义 $S_n = X_1 + X_2 \cdots + X_n$,由于随机变量各项之间的相互独立性,因此

$$Var(S_n) = Var(X_1) + \cdots + Var(X_n) = n\sigma^2$$

样本均值

$$M_n = \frac{X_1 + \cdots + X_n}{n} = \frac{S_n}{n}$$

$$E(M_n) = \mu, \, var(M_n) = \frac{\sigma^2}{n}$$

当 $n \to \infty$ 时,M_n 的方差趋近于 0,也就表示随机变量 X 大部分的取值接近于 μ。这就是大数定律要说明的内容。

大数定律揭示了大量随机变量的平均结果,但没有涉及随机变量分布的问题。而中心极限定理说明的是在一定条件下,大量独立随机变量的平均数是以正态分布为极限的。

为了研究方便,我们构造一个随机变量序列

$$Z_n = \frac{S_n - n\mu}{\sigma \sqrt{n}}$$

$$E(Z_n) = 0, \, Var(Z_n) = 1$$

当 n 充分大的时候,Z_n 分布接近标准正态分布。

大数定律描述当随机变量样本序列的数量较大时,变量的分布就会与所有样本均值接近。而中心极限定理则描述分布的渐近性质。

二、中心极限定理

中心极限定理是概率论中最著名的结果之一。它提出,大量的独立随机变量之

和具有近似于正态的分布。因此,它不仅提供了计算独立随机变量之和的近似概率的简单方法,而且有助于解释为什么有很多自然群体的经验频率呈现出钟形(即正态)曲线这一事实,因此中心极限定理这个结论使正态分布在数理统计中具有很重要的地位,也使正态分布有了广泛的应用。

极限理论的重要定律和结论有:

(一)马尔可夫不等式

一个非负随机变量 X 如果均值很小,则该随机变量取得大值的概率也很小。

设随机变量 X 只取非负值,对于任意的 $\varepsilon > 0$,

$$P(X \geqslant \varepsilon) \leqslant \frac{E(X)}{\varepsilon}$$

(二)切比雪夫不等式

如果一个随机变量的方差非常小,那么该随机变量的取值远离均值 μ 的概率也非常小。并且切比雪夫不等式不要求随机变量为非负。

设随机变量 X 的均值为 μ,方差为 σ^2,对于任意的 $\varepsilon > 0$,

$$P(|X - \mu| \geqslant \varepsilon) \leqslant \frac{\sigma^2}{\varepsilon^2}$$

(三)弱大数定理

设 $X_1, X_2, \cdots X_n$ 独立同分布,其公共分布的均值为 μ,则对任意的 $\varepsilon > 0$,当 $n \to \infty$ 时,

$$P|M_n - \mu| \geqslant \varepsilon = P\left(\left|\frac{X_1 + \cdots + X_n}{n} - \mu\right| \geqslant \varepsilon\right) \to 0$$

(四)独立同分布中心极限定理

设 $X_1, X_2, \cdots, X_n$ 为独立同分布的随机变量序列,其公共分布的均值为 μ,方差为 σ^2,记为

$$Z_n = \frac{X_1 + X_2 + \cdots + X_n - n\mu}{\sigma \sqrt{n}}$$

则 Z_n 的极限分布为标准正态分布函数,即

$$\lim_{n \to \infty} P(Z_n \leqslant x) \Phi(x) = \frac{1}{\sqrt{2\pi}} \int_{-\infty}^{x} e^{-\frac{x^2}{2}} dz,$$ 对任意 x 成立。

第四节 马尔可夫链与转移概率

马尔可夫过程的原始模型马尔可夫链,由俄国数学家安德烈·马尔可夫(Andrey Markov,1856—1922)于 1907 年提出。柯尔莫果洛夫在 1936 年将马尔可夫链推广到

可数无限状态空间。

很多随机过程例如伯努利过程或泊松过程是无记忆的,未来事件发生概率不依赖于过去的状态。而马尔可夫链具有以下特征:每个随机试验的当前状态依赖于此前状态。

如果我们考察离散时间的马尔可夫链。假设 $S=\{1,2,\cdots,m\}$ 表示所有可能状态的空间,马尔可夫链由转移概率 P_{ij} 来描述:

$$P_{ij}=P(X_{n+1}=j\,|\,X_n=i),\qquad i,j\in S$$

对于任意时刻 n 的状态为 i,不论过去发生了什么,也不论链是如何达到状态 i 的,下一个时刻转移到状态 j 的概率就一定是转移概率 P_{ij}。马尔可夫链的性质可以描述为:

对于任意时间 n,对于任意的状态 $i,j\in S$,以及任意之前可能的状态序列 $i_0,i_1,\cdots,i_{n-1}$ 均有:

$$P(X_{n+1}=j\,|\,X_n=i,X_{n-1}=i_{n-1},\cdots,X_0=i_0)=P(X_{n+1}=j\,|\,X_n=i)=P_{ij}$$

所以下一个状态 X_{n+1} 的概率分布只依赖于前一个状态 X_n。

许多马尔可夫链要求计算当前状态下,未来某个时期状态的概率分布,这个概率称为 n 步转移概率,定义为:

$$r_{ij}(n)=P(X_n=j\,|\,X_0=i)。$$

也就是 $r_{ij}(n)$ 表示在给定状态 i 的条件下,n 个时间段后的状态是 j 的概率。它可以通过查普曼－科尔莫戈罗夫议程迭代公式得出。

$$r_{ij}(n)=\sum_{k=1}^m r_{ik}(n-1)p_{kj}$$ 对于所有 $n>1,i,j$ 成立,其中 $r_{ij}(1)=P_{ij}$。

马尔可夫过程在物理中大量存在。在金融交易市场,也很普遍。因为金融市场的参与者与很多物理过程一样,存在心理惯性,所以今天的投资决策会受昨日收盘的影响,今天的行情趋势会影响明天的行情。

第五节　数理统计学

统计学其实是建立在概率论基础上的。当我们说概率的时候,指的是全体样本或试验的概率。但在现实中,我们不可能穷尽所有的试验,或者试验是破坏性的,于是我们会根据其中部分试验的结果来代替总体的概率。这就会出现小概率事件,随机样本的试验结果与总体不一致,这种不一致是随机的,我们用可信度来描述样本与总体一致的概率,在一些软件中用 p 值计算。即使样本的结论与总体的结论一致,但也会存在误差,例如均值不会完全一致,我们用置信区间来描述未知的总体可能的取值空间。

统计推断与概率还是有很多不同的。概率论是建立在一系列公理上的。概率模型都是有唯一性的,当然有时这种唯一性结果很难被计算,甚至会在表象上引起人们的错觉,从而做出错误的概率估计。

但是统计却往往不是唯一性的。统计要设计各种参数,而这种参数是估计性的,不同的研究者设计的参数不尽相同,因此不同的研究者设计的统计模型可能也不相同,但是只要符合统计科学,这些模型还是能够从某一方面推断和解释研究对象。不过有些人先入为主,根据想要的结果去设计统计模型,那就不属于科学的范围了。

例如根据 200 天的收盘价格来设计模型,用不同的指标和参数会得出不同的结果。用日 K 线可能得出继续上涨,而用周 K 线就会得出下跌的结果。没有一个模型能够长期准确地推断下一天的价格。

遗憾的是,在实际应用中,我们更常应用的是统计推断而不是概率计算。例如下一天的股价,上涨的概率或下跌的概率很难去计算。因为群体的心理是很微妙的,会变化的,这涉及很多条件,例如前一天的收盘价、外盘的价格波动、经济政策的变化、消息面的变化等,这些都构成了概率的条件,而要计算这些多条件概率,现有的概率理论不足以支撑。甚至有些条件实际上构成了影响,但分析时会被遗漏。

所以我们在进行投机交易时,更多的是运用统计的模型。尤其我们在处理连续型的变量时,更需要用到统计归纳。例如我们常用的均线系统,就属于一种简单的统计模型。在布林通道中,上、下轨的计算就要用到方差来计算。

一、统计推断

统计学中进行推断有两种主要的学派:贝叶斯统计推断和经典统计推断,两者之间的最重要区别就是如何处理未知变量。

贝叶斯学派的主要观点是统计要回归到概率的结论中,使得每一个问题都有唯一答案。对于未知模型,引入一个随机变量来描述模型 θ,然后构造一个先验参数分布 $F(\mu, \hat{\theta})$,在已知样本数据的情况下,用贝叶斯公式推导出后验概率分布 $F(X, \theta)$,并以后验概率分布来描述总体。

经典统计学派将未知参数 θ 视为常数而不是变量,然后提出参数 θ 的估计方法,且保证具有某些性质。经典统计提出 θ 的估计方法不是一个概率模型,而是多个待选的概率模型。

二、因果关系与相关关系

许多物理或数学工具逻辑推理时,得出的结论存在严格的因果对应关系。但是应用统计推断时,很可能得到的并不是因果关系。例如我们建立统计模型预测经济变量 G,推导出促进增长的因素 A。但因素 A 并不是促进变量 G 增长的原生因素。

实际上原生因素是 B，因素 B 能够促进经济变量 G 的增长，同时也会促进因素 A 的增长。但因为因素 B 不显性或者难以测量，我们在统计模型中只能导入因素 A。在设计模型时，人们往往将 A 定义为自变量，并且在统计上会回归出一个高 p 值（显著性）的结果，并认为 A 与 G 存在因果关系。

因素 B 与因素 G 存在因果关系，那么 B 的变化会导致 G 完全的变化，理论上回归 p 值应该为零。但用 A 进行回归，那么 p 值就不为零。因为 A 与 G 受同一个因素 B 支配而呈现出相关性。

在投机领域同样如此，我们用技术指标的变化推断趋势，但趋势与技术指标只是相关关系。如果将相关关系看成因果关系，那么就会轻视小概率发生的可能，理解不了行情的不确定性。

第六节　主观概率

概率依其计算方法不同，可分为古典概率、试验概率和主观概率。

古典概率通常又叫事前概率，是指当随机事件中各种可能发生的结果及其出现的次数都可以由演绎或外推法得知，而无须经过任何统计试验即可计算各种可能发生结果的概率，例如骰子取 6 个值，硬币只有两面。

在许多实际问题中，要将全部观察或试验结果列举出来往往是不可能的，同时，试验结果的等可能性假定也是很难成立的，难以按古典概率计算，而只能利用实际频率来估计概率。试验概率根据大量的、重复的统计试验结果计算随机事件各种可能发生结果的概率。试验概率建立在可大量重复试验的频率稳定性上，因此也称为频率概率。古典概率和试验概率都属于客观概率。

在实践中，有些随机事件既不能按古典概率，也不能按试验概率计算各种可能发生结果的概率，而只能依据主观判断确定各种可能发生结果的概率。特别是在充满不确定因素的经济问题中，不存在大量重复性过程，决策者面对的往往是仅发生了一次的事件或者无法重复试验的事件，因而需要运用主观概率。

主观概率是人们对某一事件 A 发生信任程度大小的主观评价，即：

$$P(A) = （对事件 A 发生的信任度）$$

主观概率也必须符合概率论的三条公理化定义，既概率的非负性、规范性、可列加性。

主观概率以概率估计者的个人认知为基础，主要针对的是一次性随机事件或不可重复事件。主观概率具有很大的灵活性，决策者可以根据任何有效的证据并结合自己的认知对概率进行调整。

主观概率也要根据确凿有效的证据对个别事件进行估计。这里所说的证据，可以是事件过去的相对频率的形式,也可以是过去丰富的经验。

例如在投机市场,遇到连续三根阴线的时候,许多投机者认为"乌云密布,大盘很可能要跌",这就是主观概率判断。

又如,假定你是销售主管,要从公司中挑选 1 名业务员去完成一项临时性的大额推销任务。限定你只能从 3 个人中选择 1 人,这 3 个人都有丰富的工作经验、较好的业绩记录,都得到客户良好的评价。那么,这 3 个人各自成功的概率是多少?为了回答这个问题,并从中选定 1 个人,就需要你对每一个人的潜在能力确定一个主观概率。

主观概率是一种心理评价,判断中具有明显的主观性。对同一事件,不同人对其发生概率的判断是不同的。主观概率的测定因人而异,受人的心理影响较大,谁的判断更接近实际,主要取决于判断者的经验、知识水平和对分析对象的把握程度。

实际上,主观概率并非凭空产生,它与猜测还是有本质的不同:首先主观概率也要符合概率的三个公理化定义;其次主观概率也是根据历史数据进行推测的。但这种数据可能是非显性的或者是间接性的数据。当一个投机者面对连续三根阴线,运用主观概率推测要下跌,实际上他可能经历过类似这种行情,但次数又不足以达到频率的要求,每一次表现形式也略有差异。另外这名投机者在盯盘时感觉到卖单的数量比买单平均数量大等,这些都是非显性的数据。对这些历史数据,因为没有现成的数据模型而无法进行概率分析,但我们的大脑能感觉到差异,实际上我们的大脑的容量和计算量远远超出人们的想象。即使有现成的模型,仅仅是为了一两次特殊行情,花费的时间成本也过大。

销售主管选择业务员去完成临时性的任务,销售主管必定已经接触过很多的业务员,对业务员的各种能力和个性的适应性都有他个人的经验认知,知道哪种能力和个性在某个环境的成功概率会更高,这种历史经验都是非显性的数据。以此做出主观概率判断并非完全不科学。

有些主观概率推测所用的数据是间接性的数据,这些数据与推测的对象存在相关性。例如期货交易所推出一个新品种,由于没有历史数据进行趋势分析,有些交易员可能会避开这类品种,但多数投机者还是会进行投机。投机者会借用相关品种的历史数据进行推断,因为市场的参与者是同一类人,人性是相通的。

在实际应用中,主观概率与客观概率的区别是相对的,因为任何主观概率总带有客观性。市场趋势分析者的经验和其他活信息是市场客观情况的具体反映,因此不能把主观概率看成纯主观的东西。实际上,任何客观概率在测定过程中也难免带有主观因素。

在投机交易的系统设计中,尤其是对止损标准的设计上,为了降低重大亏损的风险,许多标准是根据主观概率进行设计的。

主观概率正受到越来越多的注意,尤其是在贝叶斯决策理论这一领域里更是如此。但这种观点尚未被一些持传统观点的统计学家完全接受。

第七节　投机交易中概率论与统计

一、投机交易的变量

在投机交易分析中,我们会涉及两种变量:离散变量和随机变量。

如果我们要确定第二天上涨或是下跌的概率,假设涨跌变量为 X,将上涨和持平定义为 $X=1$,将下跌定义为 $X=0$,那么涨跌变量 X 服从伯利努分布。第二天上涨 $(X=1)$ 的概率为 p,下跌的概率为 $1-p$。$P\{X=k\}=p^k(1-p)^{1-k},k=0,1$。

如果定义 N 日内 n 次上涨天数为 X,则 X 服从二项随机分布。假设上涨和持平概率为 p,不张概率为 $1-p$,则 N 日内 k 次上涨的概率为:

$$p(X=k)=\binom{n}{p}p^k(1-p)^{n-k},k=0,1,\cdots,n。$$

而连续型变量,更多的是用于计量价格的具体值。例如我们通过回归分析来预计股价的可能上涨幅度。

二、设计交易系统

投机市场中,因为每天的行情结果变化是随机的,因此无法用概率去预测每天的涨跌。但是我们要用到概率论与统计学的知识来设计投机交易系统。在现在通行的技术指标中,多数都是运用概率统计学来设计的。例如布林指标用的是方差分析和移动平均的结合。威廉指标(W％R)、随机指标(KDJ)、强弱指标(RSI)用的是波动率的分析,其原理与方差分析是一样的。平滑异同移动平均线(MACD)是利用平均数的无差估计原理来设计的。最常用的均线就是不同周期的移动平均值,当我们使用这些移动平均线时,其实就是利用价格回归平均值的原理。

投机者设计系统的交易标准时,运用的是概率论的原理。虽然我们也可以自己设计技术指标,但会遇到诸如历史数据资料欠缺、对数学掌握不够熟练等限制,所以利用现有的技术指标能给我们带来很大便利。

在进行概率分析时,常常用到条件概率。在投机交易中,我们也可以通过条件概率来提高交易系统的胜率。例如,我们在趋势确认的前提下,再来运用优势交易指标。很多投机者在运用技术指标时,没有考虑趋势前提,或者在拟合技术指标时对前提条件限制不严,得到的标准名义有效率较高,但稳定性不强,难以用于操作,经常下手一慢就会失去获利机会。

【例 4-3】上证综指的条件拟合。

假设我们通过观察,对于上证综指,有效上穿 60 日线后三个月内的上涨空间会达到最低点到上穿位的幅度。那么我们首先要进行定义:

1.最低点为前一波谷的最低价。为了避免噪声干扰,我们定义最低位为:当天的最低价格低于前一日的最低价且低于后续 10 天的最低价。

2.有效上穿 60 日线:连续 3 天的收盘价高于 60 日线。

3.上穿位:第一天收盘价高于 60 日线,当天收盘的 60 日线值。

4.过 60 日线行程倍数:过 60 日线后涨幅与 60 日线到最低点距离的比值。

其次,对历史图形进行拟合,从最近一次向前追溯,找出全部有效上穿 60 日线的行情,按照概率分布通常的要求,要求拟合次数 n 不小于 30 次。

再次,统计有效上穿后 60 个交易日内一倍涨幅的次数,计算出这一技术指标的概率。

我们选上证综指 2004 年以来共 37 次收盘价有效上穿 60 日线的行情(见附表),过 60 日线后行程倍数超过 100% 的次数有 17 次,概率 45.9%。行程倍数大于 50% 的次数是 27 次,概率 73%。从最低点整体涨幅为 24.02%,过 60 日线后平均行程倍数为 250.47%。

但如果我们对统计增加一些附加的条件,例如,只统计 K 线收盘价上穿 60 日后,三天内 60 日线必须向上的条件,那么一共有 17 次收盘价有效上穿 60 日线。过 60 日线后行程倍数超过 100% 的有 10 次,概率 58.8%,过 60 日线后行程倍数超过 50% 的有 14 次,概率 82.4%,总体涨幅为 36.03%,过 60 日线后行程倍数为 445.83%。

显然,我们以收盘价上穿 60 日线为开多标准,只有平均 24% 的涨幅,如果没有把握好入场时机,平均行情空间不够大,容易亏损。如果我们加上 60 日线向上的条件,那么平均行情空间大得多,操作更容易。

如果我们加上条件,收盘价穿 10 日线的同时,5 日线上穿 60 日线,得出的概率会更高。当然概率高往往意味着操作频率性低,需要在概率与操作频率之间取得一定的平衡。

只要收盘价同向上穿 60 日线时买入,就有 82.4% 的概率获利 50%。似乎很简单,事实真的如此吗?这就是涉及投机中的心理控制和投机最重要的技术——止损。因为当获利机会来临时,可能你所有的资金已用光,所有股票都被套。

表 4-1　上证指数 5 日线上穿 60 日线统计

日期	最低点	上穿点	最高点	总体涨幅	总体涨幅（%）	过 60 日线后行程（%）	3 天内 60 日线向上
20040917	1259.43	1376.79	1496.21	236.78	18.80	101.76	0

日期	最低点	上穿点	最高点	总体涨幅	总体涨幅（%）	过60日线后行程（%）	3天内60日线向上
20050221	1187.26	1283.55	1328.53	141.27	11.90	46.71	0
20050727	1004.66	1074.38	1223.56	218.9	21.79	213.97	1
20051214	1074.01	1123.70	1754.47	680.46	63.36	1269.41	1
20060828	1570.05	1630.28	4335.96	2765.91	176.17	4492.25	1
20070720	3563.54	3976.32	6124.04	2560.5	71.85	520.31	1
20080104	4778.73	5325.54	5522.78	744.05	15.57	36.07	0
20081204	1664.92	1969.30	2100.81	435.89	26.18	43.21	0
20090114	1814.75	1898.08	3478.01	1663.26	91.65	1895.99	1
20091019	2639.76	3029.84	3123.46	483.7	18.32	24.00	0
20091102	2923.53	2979.22	3361.39	437.86	14.98	686.25	0
20091224	3039.86	3124.14	3306.75	266.89	8.78	216.67	1
20100329	2968.68	3086.34	3181.66	212.98	7.17	81.01	0
20100726	2319.74	2575.39	3186.72	866.98	37.37	239.13	0
20101213	2758.92	2873.39	2939.05	180.13	6.53	57.36	1
20110211	2661.45	2823.93	3057.19	395.74	14.87	143.56	0
20110714	2610.99	2797.96	2826.96	215.97	8.27	15.51	0
20111102	2307.15	2488.34	2536.78	229.63	9.95	26.73	0
20120208	2132.63	2310.54	2478.38	345.75	16.21	94.34	0
20120418	2242.34	2356.45	2453.73	211.39	9.43	85.25	1
20121101	2053.09	2095.05	2123.33	70.24	3.42	67.40	0
20121210	1949.46	2101.64	2136.87	187.41	9.61	23.15	1
20130320	2232.02	2303.45	2344.89	112.87	5.06	58.01	0
20130517	2161.14	2266.13	2334.34	173.2	8.01	64.97	0
20130826	1849.65	2069.69	2270.27	420.62	22.74	91.16	1
20131118	2078.99	2156.55	2260.87	181.88	8.75	134.50	1
20140217	1984.82	2117.66	2177.98	193.16	9.73	45.41	0
20140404	1974.38	2050.19	2053.53	79.15	4.01	4.41	1
20140610	1991.06	2047.14	2087.32	96.26	4.83	71.65	1
20140702	2010.53	2049.36	5187.19	3176.66	158.00	8080.94	1
20151104	2850.71	3355.58	3684.59	833.88	29.25	65.17	1

续表

日期	最低点	上穿点	最高点	总体涨幅	总体涨幅（%）	过60日线后行程（%）	3天内60日线向上
20160330	2638.3	2999.42	3097.16	458.86	17.39	27.07	1
20160629	2780.76	2920.21	3140.11	359.35	12.92	157.69	0
20161010	2969.13	3038.51	3301.23	332.1	11.19	378.67	1
20170209	3044.29	3168.25	3295.18	250.89	8.24	102.40	1
20170623	3016.53	3153.35	3450.5	433.97	14.39	217.18	0
20180103	3254.18	3354.08	3587.03	332.85	10.23	233.18	0

注：3天内60日线向上：0为未向上倾斜，1代表向上倾斜。

三、以数据说话

概率与统计思想的最大作用，就是消除我们的主观性，使得我们在分析行情和投机决策时，都尽可能以数据说话。例如投机市场常听到评论"长多短空"，似乎上涨的时间比下跌的天数多。但是如果我们对上海和深圳两家股票交易所3476家上市公司（20171222）进行300个交易日的统计，上涨超过153天的只有611家，而下跌超过153天的有336家。而上涨或下跌超过165天的只有1家。如果以95%的置信度，上涨与下跌的概率是相等的，都是趋向50%。

我们在设计投机交易标准时，就要避免受主观印象的影响，要严格地根据数据进行分析，才能正确地计算技术指标的有效概率。

◆第五章◆

投机学基本原理

投机学不关心交易对象的价值,通过金融产品的价格来决定交易。因此,投机学的理论也是围绕着金融产品的价格以及价格的变化来研究的。研究的范围包括价格的形成基础,价格变化的幅度和方向,价格变化背后人的因素,价格变化的连续性及能否形成趋势行情,面对价格变化交易员应该采取的策略。

投机学有三大公理:一是价格说明一切,这是假定市场针对投机行为是有效的,但这种有效不是对价值有效,而是对个人的心理和资金流动有效,二是行情存在趋势,趋势的基础来自于从众心理,三是历史会重演,属于行为假定,基础是进化心理学,人的遗传心理已相对稳定。

第一节 投机价格的决定因素

传统经济学认为,商品价格是由供应曲线与需求曲线的交点共同决定的(见图 5-1)。金融市场的价格也同样如此。买股票的人和钱多了,股价就上升;卖股票的人多了,价格就下跌,最终市场达到平衡。

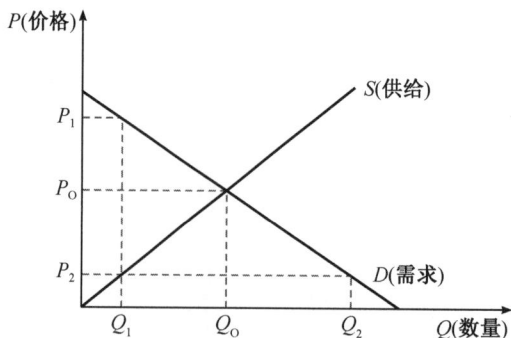

图 5-1 供求与价格形成

与商品市场不同,理论上只要不交割,金融市场产品的需求和供应可以无限创造出来,只要有人买,就会有人卖,通过市场的匹配,可以形成无限的合约。很多庞氏骗局就是通过设计不要兑现或很长时间以后兑现的合约来维持圈钱游戏的运转,直到某个时间,突然要求兑现的金额超过新加入的金额,导致庞氏骗局无法维系而崩盘。

如果期货期权合约到期时有人要行权或交割,就会出现逼仓的现象。所以为了控制交易所的风险,多数交易所都会对合约的开仓数和持仓量进行限制。尤其到了接近交割时,会通过提高保证金,限制开仓等方式,必要时通过强制平仓来降低风险。

在投机市场,价格从来不是固定不变的,平衡只有收盘不交易时才会达到暂时的平衡。一开盘,价格就要发生变化。而价格的变化,说明市场的供应曲线和需求曲线都发生了移动。供求曲线的移动主要来自两个方面的推动:大众心理预期和资金运动。

一、大众心理预期

金融市场的交易在交易前,通过对交易对象的分析,每个人都会形成对金融产品的判断。这些判断,构成了金融产品价格的预期。对于投机者而言,他们的决策依据是市场预期。投机者预期市场看涨就会买入,而预期市场下跌,就会卖出。

对于投资者来说,他们的交易行为并不建立在预期上,当金融产品的价格偏离价值,并且这种偏离达到足够的安全边际时,就会进行交易。当长期投资者分析出一只股票低于它的价值时,他并不知道何时股票会回归价值,但他知道将来终有一天,价格会回归到价值。或者他通过分红等形式收回投资的现金流。短期的套利者,虽然不需要预期,只要在预定的时间内收回现金流。短期投资者实际上也是一种预测,只不过短期投资者的这种预测是高概率的,只要不发生意外,价格的运行都会符合预测。

预期会受到价值的约束。股票市场上,亏损股的价格也可能高达几十元,高于一些绩优股。我们看到,垃圾股的市盈率可以达到几千倍,但市场上股价最高的还是有业绩支撑的股票。难道价格不是完全由预期推动的,而是由业绩决定的?

实际上这是混淆了因果关系与相关关系。价格与资金运动是因果关系,价格虽然与业绩有一定关系,但那属于相关关系。一方面业绩影响了人们的预期,预期是改变资金流动的直接原因,而资金流动是价格变化的直接原因。由于金融市场上资金流动的时间很短,所以预期也可看成价格变化的直接因素。股价与业绩存在相关关系,正是因为市场上普遍不区分投机与投资,人们在预期股价的时候,本应该只考虑投机因素,但都受到了投资意识的干扰,预期的时候考虑了业绩等因素。另一方面预期也会认为其他人会受业绩的影响,尤其是股评家的推波助澜。此外,由于市场上还是有大额资金进行投资交易,虽然这些交易不是受心理预期影响,但投资资金的行为也会影响投机者的预期。

二、资金运动

金融市场的交易,无论是投资者、投机者、庄家、赌博交易者等,无论哪一种类型的交易者进行交易时,都会对金融市场产生影响。各种交易者虽然依据不同、目的不同、交易的时间长短不同,但只要产生交易,就会产生资金的流入和流出。所有交易的行为构成了金融市场上的资金流动。

本杰明·格雷厄姆用"市场先生"来形容市场的参与者:"设想你在与一个叫市场先生的人进行股票交易,每天市场先生一定会提出一个他乐意购买你的股票或将他的股票卖给你的价格,市场先生的情绪很不稳定,因此,在有些日子市场先生很快活,只看到眼前美好的日子,这时市场先生就会报出很高的价格,其他日子,市场先生却相当懊丧,只看到眼前的困难,报出的价格很低。另外市场先生还有一个可爱的特点,他不介意被人冷落,如果市场先生所说的话被人忽略了,他明天还会回来同时提出他的新报价。市场先生对我们有用的是他口袋中的报价,而不是他的智慧,如果市场先生看起来不太正常你就可以忽视他或者利用他这个弱点。但是如果你完全被他控制后果将不堪设想"。

市场先生口袋里的钱构成了市场的资金运动。进一步假设市场有三个先生,A先生、B先生和C先生。A称为主力,占有市场50%的资金份额。B称为大户,占有市场30%的资金份额。C称为散户,占有市场20%的份额。主力资金运动对市场有较大影响力,但并不能完全控制市场。当B和C与A的行为不一致时,市场处于胶着状态。

资金运动决定着价格的变化。而影响资金流动的最大因素就是央行的行为,央行的流动性管理对股市的影响是直接的。当央行扩大流动性时,即使是定向性的,但最终都会有一部分流入股市;如果央行收缩流动性,就会引起资金流出股市,行情下跌。

第二节　投机理论的三个假设

技术指标广泛用于金融投机领域。虽然没有人能够准确说出技术指标到底有多可靠,但大家普遍使用,因为没有更好的方法替代为投机决策做参考。

投机理论的三个基本假设——价格说明一切、趋势运行和历史会重演——都出自于道氏理论,构成了投机技术分析的基础。没有这三个假设,技术分析就无从谈起。

传统金融学对投机理论三个假设的态度并不友好。一种倾向认为三个假设都没有科学依据。价格说明一切缺乏信度，不符合传统金融学和经济学的模型。但是这些学者并没有考虑到投机领域的"有效价格"与投资领域的"有效价格"意义不同。投机领域认为存在就是合理的，投机对象的价格反映了一切交易者对信息的反应，这种价格无论偏离交易对象的真实价值多大，都是合理的。而投资领域的有效价格，是要求或假设能够反映交易对象的真实价值。投机的有效价格更多的是一种心理认同，而投资的有效价格是对现金流价值的一种回归。

许多学者根本没有区分投机与投资，也没有多少实际投机的经验。对于价格以趋势方式运动，有些人以抛硬币来反驳。如果市场连续上涨五天，第二天上涨的概率为 50%，和抛硬币一样。这种思路的前提是假设市场未来的价格变化是随机的。但是投机理论并不认为市场的走势是随机的。今天的价格会对明天的价格产生影响。实际上，只要是有人为心理影响的事件，都很难确认是随机的，只有抛硬币这种无心理干扰的情况才会是随机的。我们研究技术分析的指标，就会发现，技术分析并不是抛硬币这么简单。

我们可以简单统计，次日的涨跌与前一日涨跌相同的概率是略大于 50% 的。如果我们缩小范围，除了收盘价上涨，还要求 K 线为阳线，再剔除长上影，将符合这些条件的上涨定义为有效上涨。那么前一日上涨，次日继续上涨的概率要高于 60%。如果加上更多的设定条件，那么概率会大大提升。例如第一天上涨并且收于 5 日线上，那么接下来两天内价格上涨的概率大于 70%。

在一些行为统计中，也会出现随机的结果，但这种结果的前提是个体的非随机性会互相抵消，整体行为表现为随机性。但在投机交易市场，个体的非随机性很难互相抵消。首先交易行为对人类的行为影响比其他影响要大。人类在几千年的商品经济中，对金钱的概念已经内化到人们潜意识中，与人类固有的损失厌恶共同影响。10 元买入的股票，9.99 元卖出就会产生亏损，这对人来说是很痛苦的事情。除了对金钱的损失厌恶，如果人们对交易投入过多，金钱上的亏损会导致人们的自尊受挫，人们会问自己"我怎么这么笨"，也有些人会产生一种无助感："我的运气怎么这么差？！"

其次即使人们心理对交易影响的非随机性可以抵消，但是不同交易者的权数是不同的。在金融市场上，人们以主力资金、大户和散户来表述不同的交易者。虽然没有严格的区分，但我们可以简单地将主力资金看成以保险资金和大型基金为主的交易者，将资金低于 100 万元的看成散户，介于中间的看成大户资金。主力资金的交易员人数不多，但如果大多数主力资金交易员看多，那么价格就会上涨。实际上，一方面，由于主力资金的信息来源接近，而且信息质量高于大户和散户，往往会对信息做出相对一致的反应。另一方面，主力资金如果行为不一致，输赢结果影响较大，一般情况下，主力资金间往往避免成为对手。一个主力资金选择做多 A 产品，其他主力资金多数也会做多 A 产品，即使看空，更愿意选择做空 B 产品。这种资金数量的不同和博弈，导致主力资金行动的一致性，结果是交易个体的非随机性无法抵消。

假设个体交易行为的波动率为 μ，个体能够进行交易的资金为 A，那么 $\sum\mu=0$，但 $\sum\mu A\neq0$。

主流金融学的另一种倾向是试图将投机理论纳入主流金融学中，形成了所谓现代技术分析理论。这一理论不再假定价格的正态分布和理性人假设。传统的经济计量模型假定样本的方差保持不变，也就是假设价格是随机性的。但非主流的经济学家曼德尔布罗特（Mandelbrot，1963）曾观察到许多经济随机变量的分布都有着很宽的尾部，其方差也在不断变化中。同时他还发现在方差的变化过程中，幅度较大的变化会相对集中在某些时间段里，而幅度较小的变化会相对集中在另一些时间段里。Bera（1992）进一步验证了 Mandelbrot 的结论，即经济类时间序列数据的方差易变性及丛集性[①]。

现代技术分析理论还运用混沌理论、时序分析、神经网络、遗传算法等高级数学工具试图建立有效的模型。不过，现代技术分析理论仍然没有脱离投资理论的范畴，和传统金融理论一样存在很多难以克服的问题。

首先，混沌理论虽然更接近市场的本质，但其运用仍受到许多限制，比如建立模型就非常困难，稳定性也很弱，同时对初始条件极具敏感性，而且在统计数据上还存在更严重的"过度适应"（overfitting）和"数据偷窃"（data-snooping）问题，即对非线性特征和随机噪音难以区分，以及选择并不合适的数据或参数使得错误的模型符合实证数据[②]。

其次，现代技术分析理论无论是时序分析、神经网络还是遗传算法都无一例外地是在追求一种实际数据更高程度的拟合。线性的方法如此，非线性的方法也是如此。这些方法虽然在市场走势较为平稳时能够起到一定的预测指导作用，但是在股价波动较大，特别是行情反转时缺乏预测性。因为股票走势的反转往往是突发性的，在此之前并不能看到明显的迹象。所以在处理这种情况时，上述的方法往往会失效。

一、价格说明一切

在经典道氏理论里，有一个基础假设是，市场指数会反映每一条信息，每一位对于金融事务有所了解的市场人士，他所有的希望、失望与知识，都会反映在上证指数与深证指数或其他的什么指数每天的收盘价波动中，因此，市场指数永远会适当地预期未来事件的影响。如果发生火灾、地震、战争等灾难，市场也会迅速地加以评估并做出价格调整。

---

① 丛集性（volatility clustering），一次大的波动后接着一次大的波动，小的波动后接着一次小的波动。也叫波动率的聚类性，一段时间内，随机扰动项的波动的幅度较大，而另外一定时间内，波动的幅度较小。

② 陈成，王永县.股市技术分析理论研究发展综述［J］.经济师，2005（05）.

如果具体到某一个投机品种的话，那么我们可以说，价格说明一切。每一个品种的市场价格，都是所有市场参与者共同作用的结果。

在经济学中，人们假设供应量与需求量一致时产生均衡价格。在投机领域，供应方是空头，多头是需求方，对于金融市场的投机品种，市场形成的最终价格就是供需双方的均衡价格，在这个价格水平上，多头的需求量与空头的供应量达到均衡。既然经济学体系能通过价格和数量的均衡来说明，那么有什么理由怀疑投机市场的价格有效性呢？

价格说明一切假设和法玛的有效市场假说（Efficient Markets Hypothesis，EMH）有一定的类似性，都承认价格反映所有参与者的行为结果。但是有效市场要满足三个基本条件：市场参与者是理性的、追求利益最大化、对信息反应迅速。

价格说明一切理论，并不假设市场参与者是理性的。首先，有些交易者是理性的，但更多的是不理性的。市场参与者也是普通人，有人类共同的心理特点，例如从众心理、恐惧心理和贪婪，这些特点都可能导致人们做出错误的决策，而这些决策最终反映到价格上。

其次，市场存在不同的交易者，有套利者、投机者、套保对冲者、市场干预者（政府）。对期货、期权等金融市场而言，套保对冲者并不追求利益最大化，而是为了其商业上的安全性。

再次，市场参与者的信息是不对称的，有些人能够得到内幕信息，并在消息公开化前做出有利的交易。即使面对相同的信息，人们对信息的理解并不一致。有些人能从公开的信息中得到更多数据，而有些人没有能力消化公开的信息。同样的信息下，交易者的反应不同，有人卖空，有人买多。

EMH假设市场是有效的。EMH认为市场价格反映了商品的内在价值，只要市场环境不发生较大的变化，内在价值在一定时间内是不会变化的，是一个时期值。

价格说明一切理论也认为市场是有效的，但不在意股价是否反映了股票的内在价值，而是认为市场价格是有效的，反映了人们对股票或商品的"认知价格"。这种认知价格是一种心理价格，是一种被大众接受的"可转手价格"，表示在当时的时点上，人们普遍接受能够转手的一个价格。它随时会发生变化，今天价值一幢楼的郁金香，明天就可能一钱不值。市场形成的价格无论多么离谱，都有效反映了市场参与者的行为结果。认知价格是一个时点值。

对于投机而言，不需要知道市场参与者是谁，也不需要知道相关信息。公开信息都是滞后的、不完全的，一定有人提前知道了内幕信息并提前做出操作，但所有信息都反映在图形上。

投机不需要关心和研究证券的内在价值，因为投机行为可能使价格严重偏离价值。但这种偏离也是合理的，它反映了群体心理和资金的双重运动。

对于投机而言，只需要跟随市场行为就行了。价格偏离价值没有关系，因为有人认为合理。涨了还会再涨，跌了还会再跌。所谓博傻，即使股价严重高于价值，买入者是个傻瓜,但没有关系,因为还会有更傻的人从你手上买走,只要不做最后一个傻瓜就行。

我们从市场的表现上看,也能证明价格说明一切的有效性。在股票市场,往往有"利空出尽"而上涨。每次美联储开会,市场就会对黄金、美元进行预测,而市场的趋势往往会提前反映美联储的会议结果。如果美联储倾向于加息,在会议前半个月内,黄金往往下跌,美元上涨;当美联储不加息,出乎市场预料时,往往是报复性上涨。价格已经充分反映了市场大众心理预期。

在我国,经济决策缺乏透明性,加息、调整等政策往往突然性宣布。但是我们看到价格却往往能够提前反映政策。

2015年股票大跌,两年后,公众才知道徐翔和其他证券机构联手做空,本应救市的机构却背地里做空。但是无论当时舆论如何有利于多头,我们从K线上看,2015年6月15日开始,不断地有均线掉头向下,6月15日5日线掉头向下,6月16日10日线掉头向下,6月19日20日线掉头,6月26日30日线掉头向下,7月2日60日线掉头向下,说明长短线主力资金的平均成本下移,典型的趋势下跌信号。

附录5-1 为什么爆仓的都是现货商

1967年原糖跌到每磅2美分,连买麻袋都不够,但却真实发生了。很多人在2美分抄底,但1968年跌到1.33美分,抄底者破产了。1969年原糖开始上涨,1974达到60美分。

2005年橡胶从8千元开始涨到了4万多元。国内许多现货商一万多元就开始入市做空,因为在之前的历史上,他们从未见过橡胶超过一万元。而长期现货买卖的经验束缚了他们的价格想象力。所谓熊市不言底,牛市不言顶。

不能完全认同价格说明一切,不关心交易对象的价值,那么就不是投机的交易行为。

没有人能及时完全掌握所有的信息,占优势地位的庄家可以知道主要的信息,但也不能完全知道所有的信息,经济学上的完全信息假设在现实中是不存在的。所以做庄也可能失败,事实上很多做庄都是失败的。

附录5-2 《期货大作手风云录》作者逍遥刘强自杀的原因

2015年7月24日的一则消息在投资界引发了强烈关注:中国期货界传奇人物刘强在北京华贸中心酒店顶楼平台跳楼自杀。他的死让我想起了中财同级朋友魏东,同样的方式,都是用惨烈的跳楼结束自己年轻的生命。

笔者虽然与刘强素昧平生,但基于一种对人生、对生命的思索让我在网上通读了一遍刘强的博客,字里行间,处处体现出了刘强是一位修养良好、热心帮助他人、市场悟性高、才华横溢、在圈内有着极佳口碑的人。笔者对于刘强的自杀真的感到很惋惜,与当年痛失校友魏东一样!

公开信息显示,刘强为北京人,生于 1979 年,殁时年仅 36 岁。生前是瑞林嘉驰 4 号对冲基金的基金经理,在此之前曾长期从事股票私募工作,2015 年年初出版《期货大作手风云录》,自称"逍遥刘强"。

因为博客上有关他的著作《期货大作手风云录》的连载不完整,在当当网上下单他的著作好多天了,今天终于收到了。一拿到这本书,我就迫不及待地将未连载的部分读完了,正是在这一部分内容中,我找到了导致他最终选择自杀的深层原因。

压垮刘强的直接原因是 2015 年 6 月 15 日开始的股票暴跌。有知情人士透露说,当大盘在 6 月中下旬跌破 60 日均线之后,刘强竟然一反其一贯的投资理念,高位重仓抄底做多股指期货,甚至还配资抄底购入股票,最终爆仓破产。在重压之下,刘强在自己的博客上写下了这么一句话:"太依赖一件事一个人,它/他一定会成为你最大软肋。"

为什么刘强会这么做? 在他的著作《期货大作手风云录》第七十二节中,我找到了一些影响他思维甚至影响他做出上述昏招的原因。在这一节中,他与他在大理鸡足山所拜的期货大师田方源的一段对话:

田方源对逍遥说:"在判断大势时,政治大于经济,当你在做多或者做空某商品时,考虑的不应该是供需关系,而是该商品的政治因素。"

逍遥接着问他:"这我以前还真没考虑过政治因素,期货不是商品经济吗? 商品经济中政治因素能占据主导? 这我有点想不明白。"

田方源笑了笑说:"你说的纯粹商品市场那只存在于书本的理论上。我不否认供需最终决定商品价格这个观点,但政府作为商品市场的超级主力,他完全有能力在中短期内影响市场的走势,如果这时你没有良好的大局观,还在一根筋研究商品的基本面和技术面,你就会死得很惨。所以,我再次忠告你,无论何时何地,做期货都不要和政策对着干!"……

逍遥:"哦,我懂了。如果政府的干预方向和市场本身的方向一致,那我就跟随;如果政府的干预方向和市场本身方面相反,那我就等到政府干预力量结束时再出手跟随市场做单,是这样的吗?"

田方源一字一句地说道:"是的,这就是如何判断大势的第一要点:政治大于经济,不要跟政府对着干。"

可能就是这位田方源老师的一句"不要跟政府对着干"导致了刘强高位重仓抄底做多股指期货,甚至还配资抄底购入股票,最终爆仓破产。

7 月 7 日,刘强在自己的博客上写下了最后一篇博文《对于这次 A 股股灾的几点反思》。其中下面的一段反思很震撼:"永远不要高估了政府的能力和智商。"

更何况这本来就是新政府一手导演的人造牛市,既然政府需要牛市,那我们还有什么可担心的呢? 可这种万里挑一的意外却恰恰发生了! 打死我也想不到,我们政府一手导演的加杠杆的牛市,最终的结果却是政府又反手查配资,把杠杆瞬间降下来,导致了股市的流动性危机,买盘和卖盘严重失衡,上千只股票连续跌停,造成了严重的踩踏!

市场的力量是不以任何人的意志为转移的,包括政府的意志,而这恰恰就是刘强没有意识到或者漠视了的地方!市场最终教训了刘强,任何外在的力量可以暂时扭曲市场的力量,但最终,市场会消灭逆势者。刘强与其说是误解政府救市力量的牺牲者,还不如说是最终没有遵循市场之道的牺牲者。

刘强在文章中说,此次股灾颠覆了他的很多投资原则,救市措施的失败也一度让他感到极度的愤怒。他同样高估了有关部门在救市中的表现。刘强最后给出了"当风险来临时,保命最重要",以及"缩小自己的投资圈子,学会独立思考"这两个投资建议,并在文中似乎若有伏笔地写道:"祝各位好运!活着就好!"

资料来源:马靖昊.我找到了《期货大作手风云录》作者逍遥刘强自杀的原因[EB/oL].2015—08—08,http://www.sohu.com/a/26408498_114732.

二、行情以趋势的方式演变

趋势理论来源于道氏理论。按照道氏对趋势下的定义,只要相继的上升价格波峰和波谷都对应地高过前一个波峰、波谷,那么市场就处于上升趋势之中。换言之,上升趋势必须体现在依次上升的峰和谷上。相反下降趋势则以依次下降的峰和谷为特征。

趋势是金融市场价格行情运行的趋向性,这种趋向性和幅度及其周期有关。道氏将市场波动分为三个级别的运动,一是主要波动,持续可能达到数月至数年。主要波动就是长期趋势,因为它会呈现出方向性,我们称为牛市或熊市。二是次级波动,持续从两天到一个月或更长时间,一般技术分析将其称为"波段"。三是日间波动。三个波动方向可能彼此相反。

以趋势方式演变,是指在一定的时间宽度内行情会形成稳定的方向性。这种方向性无法人为操纵,它提前和真实地反映了经济的运行情况。

以往的投机交易理论较多地关注趋势形成的结果和表现,但较少去讨论趋势形成的原因。查尔斯·道用自然法则来解释趋势。认为趋势像海水的波浪推动性一样。主要趋势是广阔、吞没一切的潮流,持续数年;次级趋势是与主流趋势背道而驰的短期和暂时现象,持续数周或数月,像海水波涛;日常波动是股市日复一日的波动,持续数小时或数天,像波浪上小的波纹。

经济学的原理之一是价格由供应量和需求量共同决定。金融市场上的供应量来自于卖方的出售意愿,需求量来自于资金运动和买方的预期。心理和资金运动共同决定了行情的特征。因此趋势的形成和持续,也应该从心理和资金运动两方面去分析。

一是人类心理存在着心理定势或者说存在心理惯性。心理定势是指个人对某一对象心理活动的倾向,是接受者面对某一对象时的精神和心理准备状态,这种状态决定了后继心理活动的方向和进程。心理定势使人们会以某种习惯的方式对刺激情境做出反应,在解决问题时具有一种倾向习性。

人们如果要接受市场的方向发生变化,那么需要一定的心理准备,这种心理准备来自于市场环境的变化,例如重大的政策变化等。在环境没有重大变化时,人们会因为心理定势而习惯性地进行决策,看多股市的还会继续看多。股市也会因此持续上涨,当然这种上涨是波动性的。

二是资金的投入与回收周期。当市场上的参与者决定交易时,无论他是投机者、投资者、赌博交易者或者是内幕交易者,都必须投入资金,并在获利或者认为必须退出时通过交易来收回初始投入的资金。对于个人散户交易者,资金的进出较容易,理论上期货市场最短只要几秒钟就可以完成从投入到退出的全过程,股市散户在 $T+1$ 下,最多也只要 3 个交易日就可完成资金的投入到退出的全过程。但对于一些基金、投资公司等交易大户,从交易决策、投入资金到收回投入的资金,每一个过程都需要一定的期限。这些大户在交易前会有较长的决策过程,投入资金并不是一次性投入,而是按交易策略分期分批地投入建仓,退出也必须分期分批,否则可能导致价格短时间跳水。即使这些大户想要一次性地投入或退出,在市场上也未必能找到对手成交。

由于市场所有参与者的资金运动,导致市场预期并不是一次性实现的。因此,当形成一个市场普通接受的预期时,不同的交易者会将他们各自的资金不断地流入市场,直到资金使用完毕或市场预期发生变化而流出。不同交易者的资金流入在时间上有继起性。

主流经济学历来不重视投机的研究,因此投机领域的趋势现象历来不入经济学主流。传统经济学的金融模型都假设当天的价格是独立的,与前一天价格无关,即随机游走。而产量、通货膨胀则假定是相关的,所以通胀率是持续的。这种独立的假设是无法解释趋势的,因为在趋势下,价格变动是会受前一天价格的影响。实际上经济学领域总是忽略投机行为。

不过发明分形理论的曼德尔布罗特(B.B.Mandelbrot)验证了趋势的存在。曼德尔布罗特在研究棉花产量模型时,注意到了水利学家赫特斯关于尼罗河水位的研究。尼罗河的排水量变化范围很宽,变动范围的扩大不是按掷币中随机性的平方根律,而是 3/4 次。尼罗河当年的水位与以前年份的水位有相关性,随着时间的推移,相关性逐渐降为零,但无论它们之间有多远,它们的相关性似乎从来没有消失过。[①]

在股票随机游走模型中,收益率序列是白噪声。而曼德尔布罗特发现股市收益

---

① 曼德尔布罗特,赫德森.市场的(错误)行为[M].张新,张增伟,译.北京:中国人民大学出版社,2017:175.

率的分布是尖峰胖尾的,而且收益率序列还呈现长期相关性。股票价格的变动也存在类似的相关性。曼德尔布罗特 1963 年据此提出了股票价格的"诺亚效应"(Noah Effect)和"约瑟效应"(Joseph Effect)。

从曼德尔布罗特的研究我们可以看到,股价不是独立的,当天的价格受前期价格的影响,这种影响在一定期间内就会表现出趋势的形态。

当然价格以趋势方式演变,并不代表价格只能单向运动。趋势只是在一定时间内延续。那么趋势什么情况下才会改变呢?这是所有投机者关心的问题。

和物理学的惯性一样,趋势也存在惯性,在外部环境没有发生根本变化的情况下,趋势会沿着当前方向一直运行。如果市场的外部环境变了,趋势也要变了。

外部环境的变化,最重要的是导致市场群体心理的变化和资金运动的变化。

心理会影响资金。如果市场看空,投机者急于卖出股票,撤出资金;而市场看多,各路资金流进股市买入股票,从而推高股价。群体心理反过来也会受到资金运动的影响,例如当某只股票放量上涨时,多数人会认为有庄家入场炒作,价格还会涨,从而跟风买入。

投机理论虽然认为价格不是独立随机性的,价格以趋势方式演变,但并不认为价格可以预测。

首先,趋势实现有波动性,当天价格会受前期价格影响,但这种影响是一种概率,对于每天的价格波动幅度是随机的。

其次,趋势要求在外部环境没有重大变化的前提下才能保持不变,而金融市场外部环境复杂,包括资金流动、心理预期、国家政策、国际影响,甚至一些小的意外都会改变趋势。而且有些环境的变化会及时出现在公开信息中,但有些重大环境的变化,公众过很长时间才会知悉。

因为趋势是一种方向,在实现趋势的过程中会有波动。对投机交易而言,只需要跟随趋势方向就可以了。价格说明一切要求交易不能猜行情,而是应该严格依据大概率的方向进行操作。如果交易者要进行三个月周期的多头趋势行情,那么他无法预测明天的涨跌,他也无法预测今天买入,三个月后一定上涨,一切皆有可能。他必须将眼光放在三个月的长度,他只要知道他的交易系统概率超过 70% 就可以了,十次交易会遇到三次亏损。但剩余的七次获利能够覆盖三次的亏损。

三、历史会重演

根据进化心理学的研究,我们人类的心理机制是在长期进化过程中自然选择形成的,为了适应生存与繁殖的心理加工过程。[①] 但是由于进化过程发展得非常缓慢,自然选择往往需要经过数千代不断的实践,所以现代人类其实是先前环境的设计产

---

① 巴斯.进化心理学[M].熊哲宏,张勇,晏倩,译.上海:华东师大出版社,2007:58.

物,换句话说,我们拥有石器时代的大脑,却生活在现代社会中。[1] 我们人类现在的心理机制,产生于狩猎—采集者时代的大量选择性环境。

随着生产力的发展,尤其现代科技的发展,婴儿成活率大大提高,对于优胜劣汰的自然选择机制来说,现代社会的出生死亡率几乎可以忽略不计,不论何种心理机制的人类都能繁衍。实际上人类的遗传心理机制已经停止了进化。我们和几千年前的古人的心理机制是一样的。

既然我们与前人有相同的遗传心理机制,那么我们在面对同样的市场环境或者类似的市场行情的时候,我们就会采取相同的反应。对于个体,每个人的行为受其个性、知识背景、经验会有不同的反应。但对于市场总体,遇到市场疯狂的时候我们会和前人一样追高买入,即使我们知道买入的东西一文不值。同样,现代人类和古人一样,会有同样比例的人就是喜欢赌博,一样会有人喜欢在股市上碰运气。所以说,现代金融市场的参与者和几百年前、几十年前的市场参与者一样,采取相同的策略交易。面对同样的行情会有同样的市场反应,那么趋势、行情就会重复发生。

虽然由于信息技术与经济的发展,现代市场的行情也许与几十年前甚至几年前都会有差异。例如道氏在 1902 年《运动中的运动》提出:"市场中存在三种相互融合的确定的运动,这是毫无疑问的。首先是针对地方性事业和特定时点的买卖平衡而产生的日常波动。次级运动所涵盖的期间从 10 天到 60 天不等,平均而言在 30～40 天。第三种运动是期间在 4 到 6 年的大运动。"但二十年后,汉密尔顿在《股市晴雨表》中提到:"请注意道氏的这番话写于 20 年前,他并没有今天这种分析股票市场运动的记录。他在此处提出的基本运动的期间被以后的经验证明是太长了,而且我经过仔细检查发现,在道氏写这番话之前也从未出现过 4 到 6 年的大运动,很少能超过三年,更多的是少于二年。"

实际上当今金融市场,几乎所有参与者都能实时获得行情信息;信贷及各种金融衍生品的发展导致市场充斥流动性,现在行情的周期较以前大大缩短。而由于监管制度的进步,例如涨停板的引入,一些市场的振荡幅度会较历史有较大差异。但是,行情的特性并没有发生根本的变化,现在和一两百年前一样,也有不同级别的趋势的运动,也有趋势途中的回调,只不过趋势的平均持续时间不同而已。前人发明的技术指标仍然能够有效地反映市场变化,历史仍然在不断地重演,只不过不是简单地重复。

对于历史会重演,有些人机械地认为去年股票涨到 5700 点,今年涨到 5700 点就会下跌。实际上历史会重演,更多的是一种波动规律的重演,涨久必跌,跌久必涨。而且历史会重演的验证,不同的技术指标验证方式不同。例如用布林通道进行有效的拟合,选用合适的参数,在期货市场的短期有效性可以达到 80％以上,但长期却很难超过 70％,说明历史会重演在具体细节上存在差别。

----

[1]　巴斯.进化心理学[M].熊哲宏,张勇,晏倩,译.上海:华东师大出版社,2007:23.

第三节 技术分析的三个要素

金融市场交易的结果体现在以价格为基础的交易数据上,这些数据的外在表现形式可以用各种技术指标来表示,技术指标的背后都能找到概率的影子,从而能够用技术指标进行分析。所有的指标都是由三个基础要素构造出来的,包括价格、时间、成交量。

一、价格

投机市场,价格说明一切,价格是最重要的要素。所有技术指标都离不开价格。均线、振荡指标都离不开价格。

投机市场常用的价格主要有:开盘价、收盘价、最高价、最低价、结算价、平均价、均线值。这些价格的运用与 K 线图结合在一起。

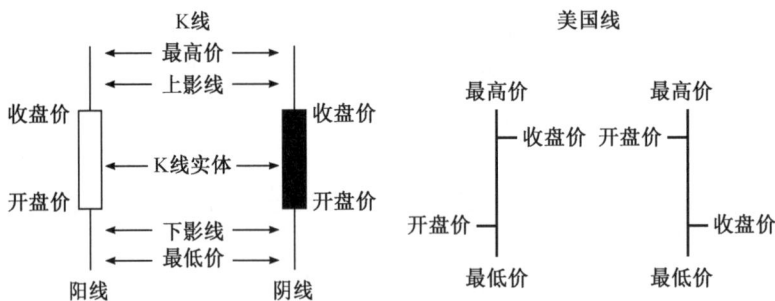

图 5-2 K 线与美国线

价格是最综合的指标,反映了市场买方和卖方的平衡点,在现有价格的基础上,买方的力量与卖方的力量相等,买方暂时无法继续推高,卖方也暂时无法压低价格。但价格是不稳定的、动态的,随时会变化,即使在收盘以后,账面上价格不变,但人们的心理对价格的预期是不断变化的。市场参与者在收盘后,并没有离开市场,有些人在复盘,有些人在搜寻新的市场信息,有些人在重新评估交易对象的价值,有些人在调集资金准备第二天入市,只有极少部分人真正在休息。所以有些技术分析将价格看成连续的。

价格有时点价格和时期价格。时期价格以均价的方式表现。日内均价是交易开盘时间内所有成交价格的平均,期货市场一般以均价作为结算价。均价反映了当天的买卖双方的成本。

除了日内均价,不同时间周期有不同的均价。如 5 日均价、10 日均价、每周均价等。这些均价以连续曲线表现出来,就成了日均线、5 日均线、周均线、分钟线、小时线等不同周期。

均线一般是以收盘价来计算，实际上平均成本应该以每日的平均价格或结算价来计算更能用于技术分析。但是由于目前市场上没有以平均价为准的均线系统，而且虽然有个别日子内收盘价与平均价差异较大，但不同时间有正价差也有负价差，相互抵消。另一方面，收盘价往往与平均价差异不大，尤其期货市场以均价为当天的结算价，接近收盘往往会向均价回归。所以我们可以近似地认为均线能反映市场交易的平均成本。

二、时间

许多技术分析也有考虑时间因素，例如江恩曾经考察了时间循环，查尔斯·道也提到了股市危机存在一定的时间规律。

时间虽然不会对价格直接产生影响，但是时间对心理和资金都有较大的影响，从而也能影响到价格，因为心理会有厌倦的时候，资金有到期要求。市场上的资金普遍以一个月或一周来计息，一个月大约有 20 个交易日，一周有 5 个交易日。我们可以看到很多技术指标用 5 日或 20 日来拟合效果比其他周期要好，正是因为符合了资金计息周期。

在一定时间内，时间反映多空实力的对比，如果上涨持续时间长，说明多头占优。上涨和调整时间代表着多空双方的力量，多头相对空头实力越悬殊，调整时间越短。而如果一个方向的持续时间越长，就越接近于形成趋势。

正因为时间影响了心理和资金，因此在技术分析上，时间的优先权高于成交量。

三、成交量

在各类股评中常常听到关于成交量的分析，包括成交数量和成交额、换手率等。在期货市场由于与现货交割有一定的联系，更关注持仓量和注册仓单数量的变化。

技术指标中有不少关于成交量的指标，如成交量（VOL）、能量潮（OBV）、离散指标（Accumulation/Distribution，A/D），也叫作积累分布指标、资金流量指标（MFI）等。

但按照道氏理论，价格说明一切，成交量的力量变化，最终都能体现在价格上，买入成交量放大，价格自然上涨，因此成交量是参照指标。

根据本书作者的观察，金融市场成交量的作用主要与品种是否有定价权有关。没有定价权的品种，成交量不是最重要的，如国内有些期货品种，无论成交量的高低，只要外盘变动，国内的相关品种行情也跟随变动，但这些年，随着我国经济规模的扩大，行情自主性越来越强。有定价权的品种，如股票，其成交量就是很重要的指标。

◆第六章◆

投机技术分析理论

前面我们分析了投机学的基础理论,包括概率论基础等。但在实践方面,人们通过长期总结,形成了各种直接用于交易的理论,并且在这些理论的基础上,设计了众多的数学模型来计算和预测金融市场的价格。

技术指标可以知道最早的记录是 K 线图的应用,K 线图也称为蜡烛图,它起源于日本 18 世纪德川幕府时代(1603—1867 年)的米市交易,用来计算米价每天的涨跌。不过由于 K 线局限于日本国内,早期并不为人所知。西方最早形成理论并被市场普通接受的是道氏理论。

第一节　K 线与酒田战法

日本米市兴起于幕府时期。1591 年丰臣秀吉颁布身份统制令,实施兵农分离政策和固定身份的政治制度。这种制度抑制不同等级身份的人相互转化身份,尤其禁止百姓武士向町人转化。它将社会身份地位最高的大约 200 万武士集中到城镇居住,脱离自己作为藩主的农村土地"知行地",与在农村土地上耕种的农民分离。1583 丰臣秀吉开始修建大阪城堡,大量武士和其家属迁入大阪,大阪人口大量增加。

兵农分离政策的推广,使武士居住在城堡中的领主宅邸内,完全脱离了对农业生产的直接管理经营。他们的生活,侍奉他们的随从、奴仆的生活,以及往来于江户和藩地之间的日用生活品皆需要花费金钱,这一切只能靠市场交换来满足。于是武士们便将作为俸禄的大米向市场出售,以换取生活必需的金钱。大米不仅成为生活必需品,更重要的是成为商品。

到了德川幕府时期,为了加强对武士的控制,幕府实行更为严厉的政策,法律上规定武士只能居住在城市中,从事政治和军事活动,尤其是以军事为专职,原则上不能从事其他职业。

1600 年德川加康统一日本后,将首都迁到江户(今天的东京地区),德川幕府制定了参觐交代制。1635 年,参觐交代制经武家诸法度的修订而制度化。此法度第二条明文规定,大名必须在每年四月交替参觐,参觐的办法是一年在藩,一年在江户,隔年交替进行。对少数藩有一些特殊的规定。如关东大名定为半年交替,马藩的宗氏,因有招待朝鲜使节之故,则定为三年一次。但隔年交替则为参觐交替的通则。实际上命令各地大名举家迁入江户,大名回领地时,家属就是人质。大名们在参觐期间还率领庞大的家臣团,少则数百人,多则上千人,平均每个大名的 15% 的家臣皆常驻江户。

各藩主的主要经济来源是佃家以大米支付的税金。为了维持自己巨大的开支,大名们把自己在本藩剥削农民的部分贡米投放于江户和大阪的市场。按诸大名隔年参觐一次的通则,每年有全国半数左右的大名集居于江户。享保七年(1722 年),全国大名的总数为 264 家,常住江户的大名及其家属、家臣达到 50 万~70 万人。

德川幕府中期,日本大米的商品化率已达相当高的程度,大米商品化率平均已达到 50%(许晓光,2008)。由于大阪水路交通发达,各大名均在大阪设立仓库存放大米,在大阪市场销售他们的贡米。有些大名要求农民交纳现金代替贡米,农民也必须将稻米运到大阪变卖成现金。大阪米市尤其兴旺发达。有些大名为了维持奢侈的开支,甚至在大阪卖出未来的收成,由仓库发行"米票",实际上相当于今天的期货。

期货交易的引入和市场的繁荣必然吸引各地商人到大阪进行交易和投机炒作。商人投机时会应用各种交易策略,后来这些策略逐渐演化为日本投机者所用的蜡烛图方法,也称为酒田战法。

蜡烛图具体是谁发明的已无明确的证据,日本也是东方国家,并不注重个人发明的命名权,就像我们把中医最早的理论取名为《黄帝内经》,托名黄帝发明,将《周易》托名周文王所著。因为本间宗久是 18 世纪最知名的稻米交易商,并且著有《黄金泉——三猿金钱录》,最早记录了蜡烛图的思想,日本人便将蜡烛图的发明归功于本间宗久。

本间宗久(1724—1803)出生的酒田港出羽地区(现在的山形县酒田市)是 18 世纪米市的重要产地及商业交易中心,本间宗久长期研究稻米现货买卖及定期交易的价格信息及走势。靠着他研究的行情战术及过人的胆识,本间宗久赚进巨额财富。当时流传有一句话可以形容他的富有,"你可以挣上领主大名的宝座,却休想像本间宗久家一样有钱",这些都足以证明本间宗久在当时的地位,之后他被当时的天皇聘为大藏省首席并被册封为武士,后来居住于江户的根岸(现在东京的上野区),但最后却突然出家学佛夫了。

本间宗久一生致力于研究稻米现货买卖及定期交易的价格信息与走势,传说其16 岁便入市交易,并于 1755 年完成《三猿金钱录》。

本间宗久记录其心得的书籍还有《本间宗久翁密录》。然而在本间宗久的原版书《黄金泉——三猿金钱录》和《本间宗久翁密录》中并无任何图形,仅是一百多条有关文字记载交易战法,经过一两百年来日本人的研究,1949 年首次出版图形版本《证券买卖秘宝》。因为本间宗久的记录心得引用了很多战法中的名词,同时为了纪念这位大师的出生地,所以后人将源自于本间宗久的以蜡烛图为基础的交易策略统称为"酒田战法"。

1990年，美国人史蒂夫·尼森以《股票K线战法》一书向西方金融界引进日本K线图，立即引起轰动，史蒂夫·尼森在书中展示了日本长期流行的4种技术分析手段，包括蜡烛图、三线反转图、砖块图、折线图，破解了日本金融投机的秘密。我们在阅读一些美国华尔街的经典投资类书籍时，里面只会说到点图、线图之类的东西，而对于今天我们习以为常的K线图却绝口不提，其原因就在于美国人是1990年以后才对K线有比较广泛的认识和应用。与美国线相比较，K线所表达的含义更丰富。K线较容易掌握短期内价格的波动，也易于判断多空双方的相对强弱状态，作为进出场交易的参考。

"K线"是阴阳线的统称。为什么叫"K线"呢？实际上，在日本的"K线"并不是写成"K"字，而是写作"罫"（日本音读 kei），K线是"罫"的读音，K线图称为"罫"图，西方以 KEI 的英文第一个字母"K"直译为"K线"。

第二节　周易与酒田战法

日文的"罫"字就是汉字"卦"。早期K线并不是以红绿表示，而是以空心和实心表示，空心为阴线，实心为阳线。并且早期的酒田战法而且也没有像今天更多地以连续形态来分析，而是以三根K线组合来预测未来行情。这和八卦极为类似。

周易认为万物皆有阴阳，将爻象分为阴爻、阳爻。并以阴爻、阳爻的组合构成64卦。可见日本人发明的K线图其实是直接来自于《周易》。估计K线发明者为了预测稻米的趋势，最初也是想用卜卦的形式来指导交易，后来画出了成交结果的蜡烛图后，明白卦象其实已由市场给出了，不必再卜卦，只要对卦象进行解释就可以了。

本间宗久的酒田战法有数十条法则，几乎都能用《周易》的64卦来涵盖，主要的战法由三根K线组成，属于八卦基础。酒田战法推崇以三为组合，符合八卦三根爻线。酒田战法图形以"三"字冠名的即有：三兵、三法、三山、三川、三尊、三针、三发火、三连线、上升三星、下落三星、三空天顶、川字三黑、倒川字三黑、反打前三。非图形战法条文有"上升过程中，回落三支买入，回落五支加码买入"，"周线连续九连阳，须高价警戒"等。

其中有名的酒田五法是指三山、三川、三空、三兵、三法。红三兵对应乾卦，绿三兵对应坤卦。

三山：即三种头部，包括三尊头、两尊头、圆头，原则为卖点。三尊亦称为头肩顶，而两尊头，亦俗称之为"M头"。

三川：即三种底部，三川与三山相对应，原则为买入点。实际上就是我们所说的头肩底、W形底及V形底。

三兵：三根红 K 线或黑 K 线,形成一底比一底高或低并没被跌破的线型。红三兵为买入信号,黑三兵为卖出信号。

三空：连续三个跳空上涨或下跌现象,上跳三空为强势涨升信号,下跳三空则为下跌信号。

三法：酒田三法"应该卖、应该买、应休息",若一串连续的 K 线组合同时隐含买进、卖出与观望的暗示时,原则建议先观望等待更加明确的信号为宜。

除了上文所述《黄金泉——三猿金钱录》之外,本间宗久另有一部名为《风、林、火、山》的典籍,"风、林、火、山"出自于《孙子兵法》军争篇。原文为"其疾如风,其徐如林,侵掠如火,不动如山",意思是：行动迅速,如风之疾；行列整肃,其严整舒缓如原始森林；攻击时如烈火燎原；休息或防守时如泰山。

可见本间宗久深受中国文化影响,尤其对指导战争的《周易》和《孙子兵法》深有研究。K 线思想直接来自于《周易》,因此发明者一定是对中国文化有一定了解的人。江户时代日本的文化主要还是受中国文化的影响,而当时的商人,虽然政治地位不高,但很多商人积累较多的财富,有能力让家庭成员受到较好的教育。从这个角度推测,本书作者更认可是本间宗久发明了 K 线图。

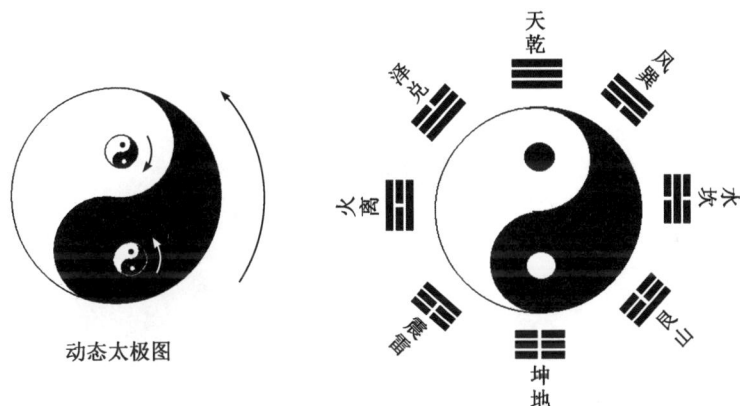

图 6-1 动态太极与八卦

不过《周易》是以六爻来定一卦象,每一爻就是一根阴阳线,对应于投机交易,需要六根 K 线。本间宗久可能是为了方便使用和理解,所以基础战法只用了三根 K 线,也就是八卦来确定交易策略。但在酒田战法却和 64 卦相符。

一根 K 线可以代表一天,就是日 K 线,也可以代表一周、一月,当然同样可以代表 1 小时甚至是 1 分钟。从周 K 线中可以拆分出日 K 线,也能从日 K 线中分化出小时 K 线。

K 线反映了交易中多空双方力量的变化,我们现代意义上的空头就是"阴",多头代表"阳",阴阳相生相克。阴线代表空头占优,阳线代表多头占优。

既然 K 线图出自《周易》,如果不了解《周易》的思想,那么就不能很好地体会 K 线图的本意,很难用好 K 线图。

例如三空定义为三个连续跳空上涨为强势信号,三个跳空下跌为空头信号。如果只是机械地去套用 K 线组合,那么很难成功。

如果是在长时间下跌或横盘后出现三空上涨,则属于"元亨利贞",市场真正的底出现。而后续发展还要看后续的资金运动。如果长时间的多头行情后,再次出现三空上涨,会导致"亢龙有悔",多头行情极易结束。同样的三空上涨,结果却不同。

八卦也可以用二进制编号,只要三位,以 0 代表阴爻,1 代表阳爻。从 000 到 111 分别是坤、震、坎、巽、艮、离、兑、乾。但古人并没有二进制的观念,八卦太极图中各卦不是按顺序排列,而是与方位、地理匹配。

周易共有 64 卦,如果用二进制编号就是从 000000 到 111111。其中坤、震、坎、巽、艮、离、兑、乾八卦也是 64 卦中的组成成分。这八卦的特点是上三爻与下三爻完全一致叠加。例如八卦中的震为 001,周易 64 卦中的震为 001001。

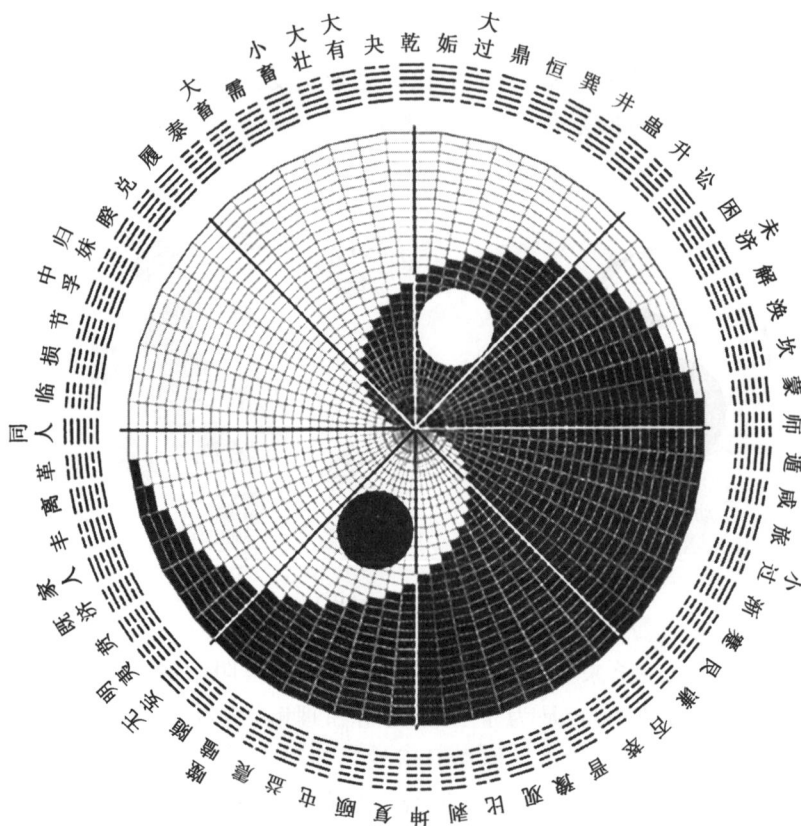

图 6-2　六十四卦图

很多人研究周易,喜欢用卦象去套用自然和社会现象。但《周易》最重要的思想是变,兵无常形,水无常势。要以运动的方式来看待太极。太极图中的阴阳鱼,不是静止不动的,是不停地运动旋转的,两个鱼眼中还有小太极,所谓阴中有阳,阳中有阴,阴阳互生。小鱼眼中的太极还可以再裂分下去,太极生两仪,两仪生四象,四象演八卦,生生不息。因为太极是动态的,所以即使是同一爻卦,也要看之前的卦象。

例如,周易对乾卦解释。乾:元亨,利贞。初九:潜龙勿用。九二:见龙在田,利见大人。九三:君子终日乾乾,夕惕若厉,无咎。九四:或跃在渊,无咎。九五:飞龙在天,利见大人。上九:亢龙有悔。用九:见群龙,无首吉。

K线对应于易卦,九爻即阳线,六爻为阴线。用九,对应K线就是做多。用六,就是做空。

初九,即第一根阳线的时候,不能进场做多,要观望等待时机,所谓潜龙勿用。因为趋势刚开始形成时,空头的力量还很强大,此时市场的稳定性不够,可能多头趋势夭折。

九二,即第二根阳线时,见龙在田,就是有大资金入场开多,利见大人,就是要跟随主力资金。

九五,即第五根阳线时,飞龙在天,多头取得完全控制权,应该持多不动。

上九,卦象是第六个九爻,并不意味着只有六根,而是代表着最后一根九爻。最后一根九爻会出现亢龙有悔。在K线上,虽然收阳,但力度已不强,可能是带长上影的阳线,也可能与前几根阳线相比,实体很短,甚至涨幅持平的阳线,说明多头力衰。应该及早平多仓。

用九,群龙无首吉,就是如果各路多头机构都入场做多,没有绝对主力,就是群龙无首,不会操纵行情,此时形成趋势最有效,不容易变化,趋势持续也最强,此时做多容易赚到钱。如果群龙有首,说明有庄家操纵价格,不是真正的趋势。庄家可能用连续买入或连续卖出的方法在短时内形成极端价格,让散户或跟庄者心态浮动,不敢坚持,把筹码丢出。尤其是动用了杠杆的交易,更容易被击穿平仓线,即使方向对了,也很容易亏钱。

酒田战法为什么用的是阴阳K线,而不是用收盘价上涨或下跌来对应?正是反映了周易动态的思想。收盘价的涨跌是一个时点值。用阴阳K线,代表的是一种力量,并且反映这种力量的强弱。阳线代表多头力量,阳线实体反映的是多头攻占的阵地,实体长表示多头力量强;即使收盘下跌,但阳线也说明多头虽然暂时受到空头的压制,静态实力不如空头,但动态生命力比空头强,如果多头继续发展,那么将改变多空对比。反之阴线K线亦然。

周易博大精深,其实阴阳变化与金融市场涨跌相合,有兴趣的可以进一步将各种卦辞与行情结合研究。但要坚持三个原则:一是要注意前后变化和限制条件,如前序卦象、资金量等。例如上述的乾卦的解释对于散户是合适的。但对于大资金来说,如果前序姤卦再入场,有些太迟了,因为大资金不可能在牛市获得足够的筹码,只能在熊市末期就建仓,所以否卦对于大资金来说可能是很好的用九时机。对于散户来说,只要有大资金进入就利见大人。但对于大资金来说,只有天时地利一致才能利见大人,例如预期天气干旱做多农产品,预期央行降息买入股票,等等。二是注意卦象的起点。在不同的起点下,周易会有不同的解释。六十四卦是连续的,如果出现一根阴线和五根阳线,可以看成是姤卦,但如果再出现一根阳线,我们可以重新排列成乾卦,容易亢龙有悔,关键看起点爻在何处。一般情况是在波峰或波谷开始计算第一爻。三是将周易当成一种思想,才能灵活运用,不能将周易当成机械的卦辞生搬硬套。例如大资金由于进出周期较长,就不能用周易解释日 K 线,而是解释周 K 线或月 K 线。

第三节　道氏理论

查尔斯·亨利·道是道琼斯指数发明者和道氏理论奠基者,纽约道琼斯金融新闻服务的创始人、《华尔街日报》的创始人和首位编辑。查尔斯·道曾经在股票交易所大厅里工作过一段时间。当时爱尔兰人罗伯特·古德鲍蒂从都柏林来到美国,由于纽约股票交易所要求每一位会员都必须是美国公民,查尔斯·道成了他的合伙人,持着股票交易所中的席位并在大厅里执行各种指令。当古德鲍蒂成为美国公民以后,道退出了交易所,重新回到他更热爱的报纸事业上来。

查尔斯·道在 1894 年创立了股票市场平均指数——"道琼斯工业指数"。该指数诞生时只包含 11 种股票,其中有九家是铁路公司。它是一种算术平均股价指数,发表在《华尔街日报》上。直到 1897 年,原始的股票指数才衍生为二:一个是工业股票价格指数,由 12 种股票组成;另一个是铁路股票价格指数。到 1928 年工业股指的股票覆盖面扩大到 30 种,1929 年又添加了公用事业股票价格指数。道本人并未利用它们预测股票价格的走势。1902 年过世以前,他虽然仅有五年的资料可供研究,但他的观点在范围与精确性上都有相当的成就。

道氏理论的形成经历了几十年,但道本身从未使用过"道氏理论"这个词。查尔斯·道的全部作品都发表在《华尔街日报》上。《华尔街日报》记者 S.A.纳尔逊曾试图说服查尔斯·道写本书,却没有成功,于是他在 1902 年完成并出版了《股票投机的基础》。该书把查尔斯·道在《华尔街日报》的关于股票投机活动的所有论述都写了进去。全书的 35 章中有 15 章是查尔斯·道在《华尔街日报》的评论文章,有些经过少许删节,内容包括"科学的投机活动""读懂市场的方法""交易的方法"以及市场的总体趋势等。这本书首次使用"道氏理论"这一名称。

1902 年,在查尔斯·道去世以后,威廉·汉密尔顿(William Peter Hamilton)和罗伯特·雷亚(Robert Rhea)继承了道氏理论,并在其后有关股市的评论写作过程中,加以组织与归纳而成为今天我们所见到的理论。他们所著的《股市晴雨表》《道氏理论》成为后人研究道氏理论的经典著作。

19 世纪 20 年代福布斯杂志的编辑理查德·夏巴克,继承和发展了道氏的观点,研究出了如何把"股价平均指数"中出现的重要技术信号应用于各单个股票。在 1948 年出版的由约翰·迈吉、罗伯特·爱德华所著的《股市趋势技术分析》一书,继承并发扬了查尔斯·道及理查德·夏巴克的思想,现在已被认为是有关趋势和形态识别分析的权威著作。

道氏理论的主要内容都是针对股市的,并没有涉及期货,但股市和期货市场一样,都是由人组成的投机市场。因此道氏理论的原理也适用于期货和其他交易市场。

查尔斯·道强调其理论并不是用于预测股市,也不是用于指导投资者,而是一种反映市场总体趋势的晴雨表。但是大多数人将道氏理论当作一种技术分析手段。

道氏理论是一种思想,指导我们在看待行情的时候,要以运动和趋势的观点来看待,不要猜测谁在操纵行情,基本趋势反映了经济的现在以及未来的真实状况。人性是基本不变的,所以道氏理论所描述的走势仍然会再次发生。

但是道氏所处的时代与现在有很大不同,进入 21 世纪,第三产业发展和繁荣,仅有运输业指数和工业指数不够了,需要增加银行业指数、科技股指数等才能真实反映市场情况。

其次是科技水平发生了很大的进步。这导致市场的波动周期缩短。上涨趋势的周期加长,而下跌的周期缩短。例如 1929 年股灾持续了十年,直到二战时期经济才再度繁荣。而 1987 的黑色星期一股灾只持续了几天,就开始步入新的上涨征途。

道氏理论的最大贡献在于,它为投机交易提供了一种哲学思想,这些思想构成了投机学的理论基础。

道氏理论主要内容包括:三级运动原理、相互验证原则和投机原理、股市是晴雨表、价格指数反映一切、市场无法被操纵等。这些内容通过后人的发展和验证,构成了后来所谓技术分析理论的基础。

一、价格指数反映一切

汉密尔顿在《股市晴雨表》中阐明了股票平均指数的作用:"任何人所了解、希望、相信和预期的任何事都可以在市场中得到体现。道琼斯工业和运输平均指数的运动是分辨市场未来趋势的关键","股市本身是一种晴雨表","股市晴雨表的确能提前几个月预测出未来的商业情况,而没有任何其他指标或组合可以做到这一点"。股票交易所中的交易规模和趋势代表华尔街对过去、现在和未来的全部理解。华尔街能得到的所有细微认知,都已经反映在未来的市场走势中。股票市场的走势并不反映今天的经济情况,而是提前反映几个月后的情形。

雷亚在《道氏理论》中指出,每一位涉足金融的市场人士,他所希望、失望与市场判断都会综合地反映在铁路和工业股价格指数每天的上下波动中。平均指数能够提前反映未来事件的影响,但不可抗力除外。如果发生诸如火灾、地震等灾难,其影响也会在股价指数中迅速反映出来。

股价并不是基于众所周知的事情,而是基于那些具有最佳信息的人所能预见的前景,所以每个股票市场反映的是未来,并且人们常说的行情操纵对市场影响微不足道。一旦有一个消息发布出来，与之相关联的股票价格运动也就结束了。所以人们常看到在经历了六个月左右的普跌之后，工商业基本面出现了不景气；或者相反的情形，就在工商业基本面改善并不显著的同时，股票市场却出现了超乎预期的普遍上涨。

政府的法律变更、货币与财政政策、贸易政策都会对经济造成较长期的影响，这些政策因素都会被具有最佳信息的交易者所预见或预期，而提前做出市场交易行为，这就是"市场行为包容一切信息"。

在道氏看来，股市在长期是无法被操纵的，因此股市是一个完全有效的市场。这与后来的有效市场理论有相似之处。

二、三级运动原理

道氏理论认为平均指数包含三个级别的运动：主要运动、次级运动、日间波动。主要运动是能够被预测的。次级运动带有一定的欺骗性，虽然可以被识别，但难以准确把握，而日内波动是随机性的，是不可预测的。三级运动的周期不同，在一个时点，三种运动的方向可能相同，也可能不同。

但是道氏还是坚信，大部分股市投资者钟情于市场的主要方向，所以道氏理论的着眼点是股市中的主要运动。

主要运动代表股市整体的基本方向，也就是众所周知的牛市或熊市，但人们并没有方法确定运动持续时间的长短，可能少于一年，也可能持续数年。而且主要运动的幅度也很难预测。在《华尔街日报》1900年12月19日的评论文章中道氏写道："我们可以认为市场永远包含着三种运动，它们是同时存在的。首先是日复一日的范围狭窄的运动；其次是短期运动，期间从两周到一个月或更长些；最后是基本的运动，它的周期至少是四年。"

牛市是指长期整体向上的主要运动，其中伴随着重要的回调走势。牛市的平均时间往往长达两年以上。牛市运行之时，经济回暖，投资和投机活动增多，资金流动大，股市成交量放大，从而推动股票指数上升。牛市通常由三个阶段组成：第一阶段是人们对未来经济繁荣的信心恢复；第二阶段是上市公司盈利状况改善在股价上得到反映；第三阶段是通货膨胀率上升，市场投机气氛浓厚，股价脱离了基本面的支撑。

熊市是长期整体向下的主要运动，其中伴随着重要的反弹趋势。熊市是由各种不利的经济基本面因素造成的，直到股票价格彻底消化了那些最糟糕的情况，这种运动才宣告结束。熊市也有三个阶段：第一阶段很多人追涨在高位买入股票，获利希望破灭而导致套牢；第二阶段是经济萧条和企业收入锐减而导致股票抛售；第三阶段是漠视股票实际价值，甚至很多优质筹码廉价割肉卖出，目的是把手中股票变现。

次级运动，是牛市中的重要回调或熊市中的重要反弹。持续的时间通常在三周到几个月。次级运动的幅度往往是前一个主要运动的33%到66%之间（后来也有人用黄金分割来估计次级运动的幅度为 38.2％到 61.8％之间）。但如果要给出精确的幅度则注定要失败。

在雷亚对于次级运动的定义中，有一项关键的形容词："重要"。一般来说，如果任何价格走势起因于经济基本面的变化，而不是技术面的调整，而且其价格变化幅度超过前一个主要走势波段的 1/3，称得上是重要。例如，如果美联储将股票市场融资保证金比率由 50％调高为 70％，这会造成市场上相当大的卖压，但这与经济基本面或企业经营状况并无明显的关系，这种价格走势属于不重要的走势。另一方面，如果美联储加息，股市暴跌，则属于重要的走势，因为许多公司的盈利水平将受到影响。这也是"道氏理论"中的主观成分之一。

次级运动发生的原因复杂，许多人认为次级运动是某种重要的消息导致的。但事实上，次级运动起因于市场本身的脆弱性，这种技术状态极易引起反弹或回调。

次级运动对股市相当重要，雷亚将次级运动比喻为锅炉中的压力控制系统。在牛市中，次级调整相当于安全阀，通过调整抑制股市的泡沫，使得牛市能够健康发展。在空头市场中，次级反弹相当于为锅炉添加燃料，熊市中的反弹让一部分人能够将股票变现，以补充超卖流失的压力。

但次级运动的把握却很困难。次级运动从外表看来，与趋势反转的特征非常相似。牛市出现回调，极容易被人们误认为市场即将反转下跌。由于众多投资者都存在同样的迷惑，推动了次级运动的产生。次级运动是市场得以存在的基础，也是绝大部分投资者亏损失败的陷阱。

三级运动最后一级是日间波动，道氏理论认为这是无意义的价格波动。但是如果经历了长期的窄幅横盘，那么日内波动的幅度就有价值。如果仅靠日间波动来决定交易，纯属于无意义的猜测。

三、基本趋势是无法操纵的

道氏理论认为，股市中的主要运动是无法操纵的。次级运动可能在有限的程度内受到人为的操纵，平均价格指数的日间波动最可能受到人为的操纵。但少数股票能够被操纵一时，并且误导普通的投资者对局势的判断完全错误，但是不可能操纵所有的股票。普通的投机者轻信股价被操纵，其危害性仅次于缺乏耐心，最终会亏损。

主要运动无法操纵，所有的牛市和熊市的形成和结束，都是由基本经济运行状况决定的，只不过在市场上会表现出过度投机或过度套现。

道正确地指出，华尔街可以得到的任何微小信息都会像最明朗的信息一样在价格运动中提前反映出来。市场不会告诉你今天的商业条件如何，它说的是几个月以后的事。即使操纵行为所包括的股票并非一种而是几种，市场仍然会做出同样的回答，操纵行为对此无能为力。操纵者只能预测他预期和希望的价值（有时是错误的），公众投资者将在以后对此做出评价。

在基本的熊市不可能实现旨在推动市场上扬的操纵行为。任何成功的、精心策划的操纵行为(它们的数量很少)都出现在基本的牛市时期,之所以如此是因为市场比操纵者们看得更远。无论华尔街还是其他各大市场的经验都表明,操纵行为在下跌的市场中几乎是不存在的。

汉密尔顿与华尔街密切接触了 26 年,还到伦敦交易所、巴黎交易所进行实地调查,经历了 1895 投机狂潮等市场波动。他确信基本趋势无法被操纵,也就是说股市反映了宏观经济基本面,但可能幅度会超出基本面,表现为超买或超卖。

直到今天,人们还认为华尔街存在着"强大的利益集团",他们垄断着信息并以此为自己谋取私利。但股票市场远不是这些人所能代表的。汉密尔顿认为"即使美国财政部和联邦储备局联合起来,也不能有效地操纵 40 只股票,或者使它们的价格偏高,即使偏离也是微乎其微"。而且华尔街的利益集团很少联合起来行动,除非是像 1907 年危机时那样暂时联合起来以结束一次恐慌。每个利益集团(甚至包括他们暂时结成的联盟)在预测股票市场时都会经常犯错误。

在亨利·H.罗杰斯和被视为最有权力的标准石油集团兴盛时期,这个集团长达数月甚至数年对股票做出错误判断。汉密尔顿曾听罗杰斯抱怨,犯错误的不是他,而是股票市场和任性的公众。

汉密尔顿举例,1901 年詹姆斯·基恩为了卖出 22 万股联合铜矿的股票,并要把股价抬高到面值之上,实现每股 90~96 美元的卖出价,必须交易 70 万股该股股票,涉及的资金达到几千万美元。而如果要操纵铁路和工业指数的 40 只股票,实际交易量至少要达到 1.2 亿股,按票面价值计算,融资规模要达到数百亿美元,这要求当时所有的金融机构放弃全部其他业务,专门为这笔操纵进行融资,实际上是不可能实现的。

到了 21 世纪,金融市场规模较之一百年前已是大幅增长,操纵更不可能。但是股市如果大幅下跌,舆论仍然会谴责操纵者,实际上是人们需要找一个替罪羊,政府也需要转移民众的愤怒。

四、相互验证原理

道氏理论认为,股市永远应该同时考虑铁路和工业股票平均指数,两种平均指数必须相互确认,才能得出可靠的结论,仅根据一种指数的趋势判断,另一种指数并未确认,结论几乎是必然错误。两种平均指数能够相互验证的要求是:在任何一次主要运动甚至次级运动中二者都能保持一致。

道氏没有解释为什么是这两种指数要相互确认,但他认为如果没有相互确认的走势无足轻重。因为道氏理论是建立在观察和归纳基础上的,因此在他的时代两种指数确实有效。

汉密尔顿在《股市晴雨表》中也没有说明为什么两种指数要相互确认。但他认为,两种平均指数相互确认常常发生在主要运动的开始。但市场转向次级运动时,通常两种指数不会相互确认。

在《道氏理论》中,雷亚举例,钢铁公司提前预见经济将好转的市场需求,将对鼓风炉进行改造,带动了砖头、沙石的运输,这些需求进一步促进了工人就业,工人又促进了消费产品的生产和需求。钢铁公司的改造带来了运输公司的利润。雷亚其实是想说明,工业的发展会带动运输业的繁荣,所以工业指数与运输业指数会一起上涨。

雷亚从1932年根据上述原则进行多项观察,认为目前除了道琼斯工业指数与道琼斯运输指数以外,我们还有S&P500指数、"价值线指数""主要市场指数"债券指数、美元指数、商品指数,所以,上述原则经过更新之后,"两种市场指数必须相互确认"应该改为所有的相关指数都必须相互确认。

本书认为,在道氏理论早期发展的时代,第三产业并不发达,因此农业、工业和运输业构成了经济的基础产业。在股市中,只有两个产业部门都繁荣才是真的繁荣,两种指数都是上涨才可能是经济的真正发展,如果只有一个指数上涨,那么经济不是真的繁荣,可能是某些人想要操纵市场,但这种操纵不会对股市的主要运动产生影响。

五、投机原理

道氏认为,所谓投机也就是我们的预期是否能够在市场中得到贴现,可以说市场中已经包含了我们对于市场的预期,我们的预期是市场中不可分割的组成部分,因此投机也是市场的成分之一。可以这样说,市场之所以可以被预测正是由于我们在预测市场,所以预测就是以个体来对群体行为的预测。因此,我们和我们预测的市场是一对对立统一体。

自然经济中的错误导致市场按一定的不规则的周期运动,但是政府总是想对市场中的错误进行纠正,而政府的干预通常酿造更人的错误,结果反而加重了市场的人起大落。构成历史上更大的错误就是战争,战争导致市场暂时的虚假繁荣,而后陷入深重的经济衰退。相应地,投机也可分为三个级别,市场中的自发的经济行为是一个司空见惯的投机,政府干预是造成市场大起大落的投机,而战争更是极限投机。投机行为必然会带来错误,而一系列的错误产生了趋势,价格的波动就是对原来错误价格的否定,向着正确的方向运动。可以说,历史是由错误推动的。

市场之所以可以被我们预测是由于市场中具有投机性,投机性是市场的基本属性之一,如果没有投机性,市场也就不存在了。道氏理论的投机原理是我们一直所忽略的,或者说我们一直将投机视为非市场属性。

投机其实是一桩生意,这和服装销售商因为天气变冷,预期顾客需求增加,大量购进冬衣没有什么两样。

投机是一门艺术也是一门技术。投机的道德性常遭人们质疑,但是无论对与错,它对任何文明国家的进步都具有不可替代的作用。假如没有投机,或许穿越美国各州的铁路永远建不起来,或许电话、电力、收音机和飞机都是天方夜谭。大部分买过收音机公司或飞机制造公司股票的投机者,或许都有赔钱的痛苦经历,即便那些最终破产的上市公司,每一位购买其股票的投机者,都直接或间接地为该产业的进步贡献了一分力量。

任何一位投机者,如果只想着交易而不愿休息,他注定要亏钱。原因是市场接下来怎么走,就连股市老手也不知道。当感到无法确定行情时,最好什么也不做。投机者应该远离股市休息一阵,直到理性和冷静重新战胜自我。

要在日间的小涨小跌中投机,恐怕只有场内交易员才玩得转。在把握次级运动上,场内交易员比场外投机者优势大。市场趋势在华尔街变得路人皆知前,场内交易员往往能超前感知市场情绪的变化,并研判未来走势。汉密尔顿常常指出,长期的实践证明,投机和其他生意没有什么不同,行家总是远胜于业余选手。事实上,世界上任何事都不如投机需要更多的努力、慧眼、耐心和纪律。

道氏在 1901 年的一篇社论中说,对于想在股市上长期存活的投机者,预期每年赚 12% 比预期每周赚 50% 要英明得多。一位专业的场内交易员以一百万美元做起,打拼几年后,每年赚 20% 是正常,几位华尔街战绩不凡的投机老手,均赞成每年的资本收益率应当是 12%。

六、周期性

道氏重视周期性,他认为,恐慌与繁荣总是在周期性地循环,历次恐慌的间隔不同,从 10 年到 14 年不等。这些是基于道氏观察和归纳的结果。

英国逻辑学与经济学家斯坦利·杰文斯教授把危机与太阳黑子再现之间的关系及太阳黑子对天气和农作物的影响联系起来。杰文斯记录了英国发生商业危机的时间,它们分别是 1701 年、1711 年、1712 年、1731—1732 年、1742 年、1752 年、1763 年、1772—1773 年、1783 年、1793 年、1804—1805 年、1815 年、1825 年、1836 年、1847 年、1857 年、1866 年和 1873 年。不过杰文斯遗漏了 1715 年的一次危机,苏格兰人在那一年入侵英格兰试图扶持斯图亚特王朝复辟,从而加剧了这次危机。道氏猜测在那一年太阳黑子的数量不满足杰文斯的理论。

道在 1902 年 7 月 9 日的《华尔街日报》发表了一篇评论员文章,他在文中引用了这些日期并写道:"这非常有力地证明了以十年为周期的理论,而且美国在过去一个世纪中所发生的事也在很大程度上支持了这个理论。"道本人经历了 1873 年、1884 年和 1893 年三次美国发生的危机。

对于股市周期性的原因,道氏认为现实基础是人类的本性。繁荣使人们过度消费,过度消费后又会导致萧条。

在恐慌后的萧条时期,工人们收入下降,生活困难,并从很微薄的工资中留出一部分节余,而资本也将满足于微薄的利润和快速的收益。这个时期,就像美国铁路公司在 1893 年恐慌之后的大规模重组一样,重新调整的时期将是不可避免的。调整过后,经济从一个毫无生气的平静时期开始加速,并且将再次进入繁荣时期。

在繁荣时期,人们的收入会超过生活支出,公司和个人都有盈余,货币就会贬值,剩余资金的增加导致投机冒险的行为充斥金融市场,逐渐发展到投机泛滥。随之而来的是利率上升、工资高涨和其他经济过热的征兆。

在一段繁荣时期后,高速运转的经济链条出现了脆弱的环节,接下来会发生衰退。衰退提前反映在股票市场和大宗商品的价格上,随后是日益严重的失业潮。

后来的人们将周期性理论发展成了投机的三个基本假设之一,历史会重演。

第四节 江恩理论

江恩于 1878 年 6 月 6 日出生于美国得克萨斯州,父母是爱尔兰裔移民。在其投机生涯中,成功率高达 80%～90%,他用小钱赚取了巨大的财富,在其 53 年的投资生涯总共从市场上取得过三亿五千万美元的纯利。

1902 年,江恩在 24 岁时,第一次入市买卖棉花期货。1906 年,江恩到俄克拉荷马当经纪人,既为自己炒,亦管理客户资金。在 1908 年,江恩 30 岁时,他移居纽约,成立了自己的经纪业务。同年 8 月 8 日,发展了他最重要的市场趋势预测方法,名为"控制时间因素"。在《股票行情与投资文摘》杂志的见证下,25 个交易日内进行了 308 次交易,其中 286 次交易获利,22 次亏损,成功率达到 92%,从此江恩声名大噪。在杂志社的邀请下,江恩在该杂志上介绍了他的预测方法,主要内容为后来影响颇大的波动法则。1919 年江恩开始出版刊物《供需通讯》,每天预测股市和期货行情,19 世纪 20 年代,准确率达到 85%。

江恩一生著述颇多,1923 年出版《股票各类真面目》,1927 年出版《空中隧道》。1936 年《股票趋势新发现》是影响较大的一本书,书中第一次公开 24 条交易规则。1942 年出版《如何从商品期货中获利》,1949 年出版《华尔街 45 年》,1950 年《神奇的数字》是江恩最后出版的一本书。

江恩综合了数学、几何学、星相学、天文学的知识,建立起自己独特的分析方法和测市理论,他自称受到《圣经》的启示。江恩理论预测部分的主要两个基础是时间周期理论和波动法则,这两个理论在江恩所处的时代准确率很高。但后人在运用时间周期和波动法则时,却因人而异。实际上一百年过去了,由于金融环境发生了重大变化,许多金融工具被设计出来并投入使用,股市和期货市场参与人数和资金规模都远远超过江恩的时代,再机械地运用江恩理论就难以适应行情了,但是江恩理论的原理却是非常值得借鉴和研究的。江恩理论的两个出发点是价格运行的时间和空间分析,在任何时候这两个部分都是行情的坐标。我们看所有的走势图、K 线图,横坐标是时间,纵坐标是价格空间。

除了时间和空间,对于成交量而言,江恩理论也有其独到见解。在《江恩测市法则》中关于成交量判别顶底的法则,至今仍然有效。

时间周期和波动法则只是江恩理论的行情预测和分析部分,实际上江恩理论的精髓是江恩交易法则。江恩的交易法则有两类,一类是属于交易系统的操作标准,例如《华尔街45年》中记录的江恩12条股票买卖规则;另一类是属于交易系统中的交易部分,最初是在《股票趋势新发现》中提出24条法则,在《如何在商品期货中获利》将交易法则修订为28条。

多数投机者接触到江恩理论的时候,都会被江恩测市的准确折服,所以学习江恩理论的重点也是行情预测部分。但如果我们考察江恩以及利莫弗尔的时代,由于通信和交通的限制,金融市场参与者并不如今天普遍。有限的几个大庄家的操作规律很容易被绝顶聪明的投机者如江恩和利莫弗尔所把握。但随着金融市场的发展,交易规模越来越大,个别庄家对市场的影响也在缩小。市场的规律没有之前简单,对于聪明的投机者而言,行情的不确定性大大增加,所以19世纪30年代后他们也都遇到准确率下降,交易困难的问题。不过他们都有一套严格的交易法则,这才是保证他们在任何环境下都能够获利的根本。所以江恩后期的著作涉及预测的内容很少,更多的是交易规则的内容。

今天的投机者,看待江恩理论,更多的应该是从波动原则和时间周期的原理上去理解,而不是机械地套用百分比。实际上江恩理论的最有价值之处并不是预测,而是一套交易法则。江恩12条股票买卖规则和28条交易法则到今天仍然适用。

在中国股市重新开放,江恩理论引入中国时,确实流行了一阵,但由于江恩理论的测市过于复杂,很多人后来又放弃了江恩理论里的工具。目前通行的交易软件里只有甘氏线应用(港台股票交易软件中更早引入江恩线,翻译为甘氏线)。

一、江恩波动法则与江恩分割比率

江恩曾在《股票行情与投资文摘》中介绍波动法则,但是并没有给波动法则明确的定义。江恩认为"恰当地定义我应用于市场的波动法则几乎是不可能的,外行们也许可以通过下面的描述把握一些原则。我认为,波动法则是无线电波、无线电话和照相技术所依据的基本法则,没有这个法则的存在,上述发明是不可能的"。

江恩波动法则包含着非常广泛的内容。然而江恩认为,波动是基本的,没有任何存在能够逃脱这个法则。它是普遍的,因此能够适用于地球上的各类现象。每一类现象,无论是在自然界中还是在股票市场中,都受到宇宙的因果关系和和谐关系的法则所控制。每种结果都有一种恰当的原因。每一种存在都是以准确的比例和完美的关系为基础的。在自然中没有选择,因为作为最高准则的数学原理为世间万事奠定了基石。

根据波动法则,市场中的每一种股票都是在不同范围内运动,例如不同的运动速率、不同的成交量和价格的不同方向,运动的基本性质由各自的波动率描述。

股票正如同原子一样,是能量的真正核心,因此它们是被数学法则所控制。股票形成自己的运动范围和动力,也就是吸引和排斥的力量,关于这类力量的原理解释为什么某种股票在某段时间领先市场,在其他时间阶段则"死一般沉寂"。因此,科学地投机肯定需要遵循自然法则。

由于江恩无法解释市场波动的原因,因此他将市场波动归因于一种无法解释的数学力量。对于波动法则的运用,江恩也都是以数学分割率来预测行情。

江恩分割比率又称江恩百分比,是指一种用来计算指数或者是个股支撑点和阻力位的工具,属于江恩理论价格工具。江恩的分割比率是以 8 为基础的,也就是江恩的分割比率是 1/8、1/4、3/8、1/2、5/8、3/4、7/8。另一方面,江恩用 8 为基础来分割行情,可能也是因为当时华尔街的最小报价是 1/8 美分。

江恩波动法则中非常强调倍数关系和分割比率的分数关系,而倍数关系和分数关系是可以相互转化的,这就要看我们所取的数值的大小。

通过倍数和分数关系,可以建立起一种市场框架,当时间和价位的单位都运行到这种倍数关系和分数关系时,市场的转折点就可能已到达。在价位方面会出现自然的支撑和阻力,在时间方面会出现时间的阻力。

在市场的重要低位开始,计算 1/2、1/4、1/8 的增长水平,以及 1 倍、2 倍、4 倍、8 倍的位置,将可能成为重要的支撑和阻力。在低位区,走势常受到 1/8 的阻力,波动小,时间长,走势反复。一旦产生有效突破,阻力减小,走势加快。在市场的重要高点,计算该位置的 1/2、1/3/、1/4、1/8,常为调整的重要支撑。将股指或股价的重要低点至高点的幅度分割为 8 份,分割的位置都是重要的支撑和阻力位。

对于时间循环,可将一个圆形的 360°看作市场的时间周期的单位,并用 1/2、1/4、1/8 的比率分割,分割为 180°、90°、45°,包括月份、星期、日期的周期单位,分割的位置常成为市场周期的重要转折点。

二、江恩时间周期理论

在江恩的理论中,时间是交易的最重要的因素。江恩 1908 年提出"时间控制因素"原理,就是指时间是决定市场趋势的最重要因素。江恩认为"历史会重现",他借用《圣经》的话说"已经发生的,还将发生,已做的,还将做,同一个太阳下,没有新鲜事"。实际上江恩的时间周期理论与道氏理论的"历史会重演"是一样的,根本原因是人性不会变化,人们会重复地进行投机,重复地犯错误,只不过投机对象不同而已。

江恩把他的理论用按一定规律展开的圆形、正方形和六角形来进行推述。这些图形包括了江恩理论中的时间法则、价格法则、几何角、回调带等概念,图形化地揭示了市场价格的运行规律。

江恩在《空中隧道》指出，自然法则的循环规律包括小型、中型和大型循环，而时间的度量是以宇宙循环为准则。长短不同的循环周期之间存在着某种数量上的联系，如倍数关系或平方关系。江恩用圆形、正方形等几何图形来显示各种循环间的关系，作为预测行情的工具。例如江恩用圆形分割来预测行情。一个圆形 360°分割，当市场运行到整数度数，例如 30°、45°、60°、90°、120°、240°、360°时都容易出现变化。

江恩认为 4 分钟这一周期比较重要。所有行情循环周期都是从 4 分钟开始。一天地球自转一周是 24 小时，1440 分钟，圆形的 1°就是 4 分钟。在 2 小时（30°）、3 小时（45°）这些整数倍时点容易出现变盘。

江恩认为 30 年循环周期有重要意义，因为 30 年共有 360 个月，这恰好是 360°圆周循环，按江恩的价格循环理论对其进行 1/8、2/8、3/8、…、7/8 等分，正好可以得到江恩短期、中期和长期循环。

十年循环周期也是江恩分析的重要基础，十年周期可以再现市场的循环。一个新的历史低点往往出现在一个历史高点的十年之后，反之，一个新的历史高点将出现在一个历史低点之后。同时，江恩指出，任何一个长期的升势或跌势都不可能不做调整地持续三年以上，其间必然有三至六个月的调整。因此，十年循环的升势过程实际上是前六年中，每三年出现一个顶部，最后四年出现最后的顶部。

运用时间周期理论时，首先要确定正确的起点，然后才能按特定的模式去分析。江恩认为一般是从极限低位开始去确认起点。例如他分析道琼斯指数时用 1932 年的 40 点（这是 20 世纪的最低位）作为起点，去计算股市的长期循环。

三、江恩角度线

江恩角度线（Gann Fan），亦被称作甘氏线，是国内投资者较常见的技术分析工具，具体形式是从一个起点出发的一组扇形射线。角度线是江恩理论的应用，具有非常直观的分析效果，投机者根据不同角度的射线分析出支撑位和阻力位。

在江恩的时代，画图工作全由手工制成，江恩曾聘任三十多名职员应付这项工作，在 4×4 的四方图上作图。江恩线在 X 轴上建立时间，在 Y 轴上建立价格，纵横两个方向各分为 8 个等份。江恩以每天上涨或下跌 1 点作为一个纵坐标单位，以 1 天作为横坐标单位。每条射线代表一系列连续的阻力或支撑，如果上涨到射线，在射线附近会有较大的阻力，一旦上穿越过射线，那么射线所处的位置就变成了支撑。射线中的 1∶1 线是重大的变动区，上涨突破 1∶1 往往预示着较大的牛市行情，而下跌突破 1∶1 线，则很可能是较大的空头行情。在 8×8 图上，1∶1 线呈现 45°，所以也有称为 45°线的。但很多人并不知道 45°的意义。

因为江恩所处时代，道琼斯指数波动幅度在数百点之间，按一年 360 天，每天平均 1 个点，所以纵坐标以 1 点为单位。实际上这个 1 是平均振动幅度，江恩理论称为波动率，相当于统计学上的标准差。如果我们现在要用江恩线分析，纵坐标应该是用所要分析的商品或指数的标准差。只有用标准差分析,那么在四方图上1∶1线才会是45°角。见图6-3。

实际上,各个时期和品种由于资金流动的不同、参与者的差异等因素,在波动幅度上都会有所不同,不同周期交易K线上的波动率也会不同,因此在运用江恩线的时候,需要调整波动率。可是目前国内常见软件的江恩线功能并没有调整波动率的选项,严重限制了江恩线的功能。

投机者在运用江恩线时,也要有一个四方图的概念,才能正确地理解江恩线的意义。

此外,运用江恩角度线要选择一个正确的开始位置,这涉及长周期、中周期和短周期的顶、底部了。如果是趋势交易,一般情况下,上升江恩线是选择本轮行情开始的,而不是近期的低点;如果是波段交易,一般是以近期的低点开始画线。下跌江恩线的起点也是同样选择。

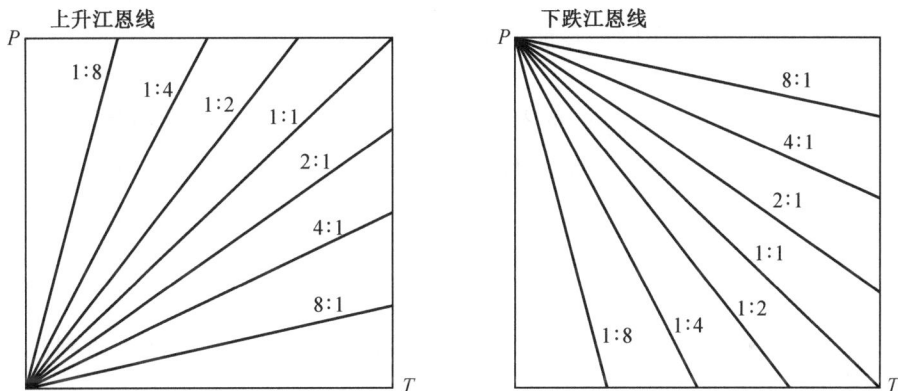

图6-3 江恩角度线

四、江恩交易系统江恩12条买卖规则

规则1:研判趋势。

研判道琼斯30种工业股平均指数,在股票群中挑选你要买卖的股票,并观察它的趋向指标是否与平均指数的一致。

规则2:在单底、双底和三重底买入。

在双底和三重底,或接近前一个底、顶或阻力位的单底买入,请记住这条规则:当市场穿过前面的头并反抽,或略为跌破时,那些本来是卖点的头或顶就成了底、支撑线或买点。在单顶、双顶或三重顶处卖出,还要记住,当以前的顶被突破若干个点后,市场再次反弹达到或接近这个位置时,就形成了一个卖点。

规则3:按百分比买卖。

在从任何高位下跌 50％的位置买入，或在从任何低位反弹 50％的位置卖出，只要这些下跌或反弹处于主要的趋势之中。正如利用平均指数的百分比那样，你可以利用个股的百分比判断阻力位和买卖点。

规则 4：按三周上涨或下跌买卖。

当主要趋势向上时，可在牛市中为期 3 周的调整或下跌后买入，因为这是大牛市的平均调整时间。在熊市中，如果你知道趋势向下，可在大约为期 3 周的反弹后卖出。

当市场上涨或下跌 30 天，甚至更长时间后，下一个需要留心头部和底部的时间周期大约是 6 至 7 周，这将是一个买卖点，当然不要忘记根据这些阻力位设置止损单，以保护投资。

规则 5：市场分段运动。

股市按三至四段，或三至四浪运动。如果市场刚向上运行了第一段，永远不要认为它已经到达了最终的头部，因为如果这是一个真正的牛市，它会在到达头部前至少运行三段，而且很可能是四段。在熊市中也是同理。

规则 6：按 5 至 7 点运动买卖。

在个股调整 5 至 7 个点时买卖。当市场呈强势时，调整将是 5 至 7 个点，但最多不会超过 9 至 10 个点。一次反弹或调整常常少于 10 个点，对于一般的买卖位置，注意 10 至 12 个点的反弹或下跌非常重要。（注：5～7 点应该是江恩所处时代股票的平均振荡幅度，今天的我们应该去计算不同品种的振荡幅度）

规则 7：成交量。

结合时间周期研究纽约证券交易所的成交量，因为成交量有助于研判趋势何时反转。

规则 8：时间周期。

在研判趋势中的变化时，时间因素和时间周期最为重要，因为时间可以使价格失去平衡，而且当时间到了时，成交量会放大并迫使价格走高或走低。

规则 9：在高低点上移时买入。

在市场的高低点依次上移时买入，因为这表明主要的趋势向上；在市场的高低点依次下移时卖出，因为这表明主要的趋势向下。时间周期永远是重要的。请注意以前的头部至头部的时间长度，和以前的底部至底部的时间长度，而且还要注意市场从最低点至最高点的运动时间，以及从最高点至最低点的运动时间。

规则 10：牛市中趋势的变化。

趋势的反转往往恰好出现在节日附近。永远仔细检查，看市场是否正好离任何极限最高价或极限最低价相距 1、2、3、4 或 5 年。回顾过去，看看市场离任何极限最底价的时间跨度是否是 15、22、34、42、48 或 49 个月，因为这些是监视趋势变化的重要时间周期。

规则 11：最安全的买卖点。

在确定的转势形成之后买股票总是最安全的。股票筑底后会有一波反弹,然后出现次级调整,并在一个更高的底部获得支撑。如果它开始上涨,而且冲破第一次反弹的头部,就形成了最安全的买点,因为市场已经给出了升势的信号。

市场经过长期上涨,创出最后一个高价,并有了第一次快速垂直下跌后,会反弹并形成第二个顶部,这是一个相对安全的卖点,因为它给出了主要趋势已经掉头向下的信号。

规则12:快速运动中的利润。

当市场十分活跃,而且上涨下跌十分迅速时,说明它已远离正常的轨道,不可能持续长久。在牛市里,这种运动会出现在短期和迅速的回调或下跌中。在熊市里,当趋势向下时,这些迅速的反弹会在一个很短的时期中调整价位。

◆第七章◆

投机心理学基础

投机交易的三个前提,其实都是以心理因素为基础的。首先价格说明一切,是因为价格是资金在群体心理的推动下形成资金运动,从而最终确定交易价格。其次行情以趋势方式演变,说明群体的心理形成一致观点的时候,不容易改变,而这种群体心理惯性,导致价格以趋势方式运行。最后历史会重演,是因为人类基因层次的心理不再通过物种选择而进化。现代社会生产力发达,自然界的威胁对人类繁衍的影响几乎可以忽略不计,无论哪种基因层次的心理都可以通过后代传承下去。虽然我们人类的心理仍然会进化,但进化的速度比起物竞天择的环境要慢得多,进化的形式也会更微妙。

对于投资者,交易的依据是可以计量的现金流,不必关注心理因素。当然投资者如果了解市场参与的群体心理,可以更好地规划投资策略,取得更高的收益。因为当市场一片衰声的时候,价格暴跌,此时交易品种的安全边际往往是最大的。但总体上心理因素并不是投资交易的决定因素。

对于投机交易而言,心理是不可或缺的因素。主要有两个方面的原因:

首先对于投机整体市场,价格形成的两个关键是大众心理预期和资金运动。资金包括投资资金、投机资金、赌博式交易资金。投资资金根据金融产品的价值决定买入或卖出,而投机与赌博式交易资金都是在参与者的心理预期下发生运动。从开仓到平仓;从股市转到期货市场或者期权市场,从股票投机转入房地产投机,都是在人们的心理预期下发生的。个体参与者预期价格的运动方向,为了追求投机收益而做出资金的流动,所有个体的资金流动构成了市场整体的资金流动。

其次,除了心理预期决定价格外,对于个人来说,确定和控制投机交易的进场、出场的依据是不同条件下市场运行方向的概率,而决定投机交易操作效果的好坏就是个体的心理管理。因此在进入投机交易前,必须了解心理学的相关知识,才能在交易中了解自己的心理状态,是因为交易系统发出了交易信号,还是因为自己的错误心理状态导致了交易决定。

心理学经历了几百年的发展,学科较为丰富,出现了较多的分支,例如社会心理学、认知心理学、进化心理学、生理心理学、精神分析、情绪心理学、实验心理学等众多的分支。

对于投机交易员来说,没必要完全掌握心理学的所有分支学科,但有些心理学知识是必须掌握的,了解了这些心理学的知识,才会理解价格的波动,理解投机分析的三个基本前提。也只有掌握必要的心理学知识,才能够懂得如何"自省",训练自己的交易心理。

无论是投资还是投机,只要是进行交易,人们都会受到心理因素的影响,影响的因素包括情绪、态度、认知和自我意识。人们充分意识到心理因素对交易的破坏性,似乎无能为力,于是设计了程序化交易系统,但是程序化交易系统并不能完全应对复杂的市场变化,因为市场终究是由人的行为构成的,即使是程序化交易也是人的行为的延伸。更何况很多人在运用程序化交易时并不彻底,常常在交易中途更改程序化系统,实际上还是人为操作。

第一节　情　绪

一、情绪理论

情绪与交易的关系很大。情绪能影响交易的行为,反过来,交易结果也会影响情绪。

遗憾的是,在中文文献中,没有见到情绪与交易相关的文献,这与我国长期忽视投机研究有关。但是无论国内还是国外都有很多关于竞技运动心理调节与测试的论文。竞技运动与投机交易有很大的类似性,都是和对手竞争,投机可能与不同的交易对手进行博弈。而且成败的结果对个人的影响也一样,在专业运动赛场上取得胜利,对于运动员来说会得到荣誉、金钱、社会地位;对于投机交易来说,交易成功就是击败另一方的对手,交易成功带来金钱的增加,从而也会提高个人自尊。

国外关于情绪与交易的关系也没见到科研专著。要研究情绪对交易个体的影响,最好的办法是进行心理实验研究。随机选取投机交易者(非投资者),在开盘前、交易中、收盘后分别测量肾上腺素、多巴胺等生化指标。在交易过程中让他们佩戴心电图、血压、脉搏等实时检测记录设备,通过皮肤电导水平测试、眼动追踪、面部情绪识别等实验来研究投机者的心理和情绪变化,从而了解心理因素对投机交易的影响。遗憾的是目前没有搜索到相关的文献。

要进行这种实验并不容易,因为要求实验设计者要有长期投机交易的经验,又对心理学的研究有兴趣。而且投机交易员最讨厌的就是交易时有人干扰,找到合格的受试者也不容易。

目前所能看到的关于交易心理的著作都局限于作者的观察、归纳,缺乏实验支持,未能形成独立的交易心理学分支,也被传统心理学忽略。例如布里特·斯蒂恩博格著的《重塑证券交易心理》《每日交易心理训练》,马克·道格拉斯著的《交易心理分析》。另外前景理论的倡导者卡尼曼和特沃斯基也有较详细的交易认知偏差的研究,在《不确定性的判断》文集中有论述。

很多交易员并不知道自己的状态。很多寻求改变交易策略的交易者往往最大的问题是情绪和心理问题,他们最需要的是交易心理的引导。因为很多人的交易受到了本能的控制,本能让我们通常会在心理舒适区里进行交易和生活,躲在心理舒适区是一种习惯,但习惯却意味着失败的模式,这种模式导致交易的不断亏损。为成功而改变的道路往往是最不舒服、陌生的,因此最缺乏安全感。

而另一些人在寻求心理控制和训练,却往往是交易系统错误或者没有交易系统。

人类的情绪是复杂的,人们将其归纳为"七情六欲",现代心理对情绪也有不同的分类,一般将情绪分为基本情绪和复合情绪。基本情绪包括四种:快乐、痛苦与悲伤、愤怒、恐惧,复合情绪包括爱与依恋、焦虑、敌意、自我意识情绪(孟昭兰,2005)。

二、情绪与生理

我们的身体与情绪相关的最底层部分是自主神经系统。自主神经系统由从脑和脊髓发出的延伸到各个器官的神经元组成,主要分布于内脏、心血管和腺体(如心、肝、胃肠、生殖器甚至动脉周围)的平滑肌。

自主神经系统是由中枢神经系统低级部位支配的一个特殊系统。它专门控制与调节有机体各器官和组织的活动。正常或应激条件下,自主神经系统在维持机体的心血管系统、胃肠道和体温稳态中起重要作用。自主神经系统对机体内稳态的维持是与意识无直接关系的自主调节。

在情绪刺激作用下,通过自主系统的活动,广泛激活有机体各器官和组织,产生明显的、超出常态生理节律的生理反应。自主神经系统的活动并非情绪产生的中枢机制,它的活动对情绪起着支持和延续的作用。自主神经系统由交感神经与副交感神经两个分支系统所构成。交感系统与副交感系统共同控制与调节内脏器官(心脏、血管、胃、肠等)、外部腺体(唾液、泪液、汗腺等)以及内分泌腺(肾上腺、甲状腺等)的活动。

交感系统与副交感系统的机能作用是对立的,二者互相起拮抗的作用。这种作用使由交感系统激活的有机体恢复平静,以限制和保存机体的能量消耗。自主神经系统的活动是不随意的,它与情绪过程有密切的联系,它们之间的关系是,当人受到情绪性刺激,所引发情绪的激动度和紧张度增长时,生理唤醒水平和器官激活的程度也提高。

交感神经系统比副交感神经系统复杂。称之为"交感"是因为构成这一系统的神经元群常常是彼此影响,同时进行活动。

当人面对种种紧急状况时,机体会发生一系列交感-肾上腺系统活动广泛加强的现象,叫应急反应(应激反应)。沃特·坎农(Walter Cannon,1915)认为面对危险激活的是一种"战或逃"的反应。个体遇到危险时需要准备对抗或准备逃跑,此时要调动大部分的身体资源,而交感神经的作用是要保证这些资源可以被调动。

这一系统运行的关键是为肌肉提供强烈运动时所需的氧气和葡萄糖。这意味着血液循环输送资源到身体各处,同时带走二氧化碳和其他废物。交感神经激活的最主要表现是心跳加速,脉搏有力,呼吸频率加快,支气管扩张,肝糖分解加速。这一过程,肾上腺也参与其中。

副交感神经系统的作用与交感神经作用相反。如果说交感神经系统的激活是将能量从消化、生育和休息中转移出来,为帮助身体应对剧烈活动做好准备,副交感神经系统的作用则完全相反,当我们处于放松、休息、消化时,副交感神经处于激活状态,所以副交感神经界定为"休息与消化"系统。

副交感神经系统可保持身体在安静状态下的生理平衡,其作用有四个方面:

1.增进胃肠的活动,消化腺的分泌,促进大小便的排出,保持身体的能量;

2.瞳孔缩小以减少刺激,促进肝糖原的生成,以储蓄能源;

3.心搏减慢,血压降低,支气管缩小,以节省不必要的消耗;

4.协助生殖活动,如使生殖血管扩张,性器官分泌液增加。

人体在正常情况下,功能相反的交感神经和副交感神经处于相互平衡制约中。在这两个神经系统中,当一方起正作用时,另一方则起负作用,很好地平衡协调和控制身体的生理活动。但是这种功能并不是一种"开关"关系,交感神经激活,副交感神经并不是停止活动。这两个系统是同时作用,互相抑制,一方兴奋程度加强,另一方的兴奋程度就会减弱。

交感神经和副交感神经的区别是:

1.低级中枢部位不同,交感神经的低级中枢位于脑干中脊髓胸腰部灰质的中间带外侧核,副交感神经的低级中枢位于脑干中一般内脏运动核和脊髓骶部的骶副交感核。

2.周围神经节的部位不同,交感神经由侧角发出的节前纤维随脊神经前根和脊神经一起出椎间孔后离开脊神经,到达交感干神经节。一部分在节内换神经元后,其节后纤维离开交感干返回脊神经,随脊神经分布到四肢和体壁的血管、汗腺和立毛肌;大部分节前纤维在交感神经干内换神经元后,其节后纤维不再加入脊神经,而在各动脉周围形成神经丛,随动脉分布到头、颈和胸腹腔的器官和腺体。而副交感神经自中枢发出的节前纤维在副交感神经节换神经元,节后纤维分布到平滑肌、心肌和腺体,副交感神经节一般都在脏器附近或脏器壁内,节后纤维短。

3.两者对同一器官的作用不同。交感神经兴奋时,腹腔内脏及末梢血管收缩,心搏加快加强,支气管平滑肌扩张,胃肠运动和胃分泌受到抑制,新陈代谢亢进,瞳孔散大等。副交感神经兴奋时,心搏减慢减弱,支气管平滑肌收缩,胃肠运动加强促进消化液的分泌,瞳孔缩小等。一般内脏器官都由交感和副交感神经双重支配,这两种神经对同一器官的作用通常是拮抗的,但在整体内两类神经的活动是对立统一、互相协调的。

交感神经的活动比较广泛,副交感神经的活动比较局限,当机体处于平静状态时,副交感神经的兴奋占优势,有利于营养物质的消化吸收和能量的补充,有利于保护机体。当剧烈运动或处于不良环境时,交感神经的活动加强,调动机体许多器官的潜力以提高适应能力来应付环境的急剧变化,维持内环境的相对稳定。

但是,各种不同情绪是否具有生理激活的特化模式的问题,尚没有得到确切的解释和明确的验证。迄今只能做到对某些情绪发生时生理变化的描述。例如,焦虑引起消化道蠕动减弱,消化液分泌被抑制;愤怒引起肾上腺激素分泌增加,心血管活动加速,血压、血糖升高,皮温升高;恐惧导致外周血管收缩,面色苍白,咽、口发干,皮温下降,出冷汗等。

行情剧烈波动时,交易员也会产生交感神经兴奋的状态。金钱的潜在损失会导致交易员面对风险,同样需要做出"战或逃"的选择,如果选择加仓,可能会有更大的猎物,但也可能损失殆尽;如果平仓,可能能保存实力,但也会错失获利的机会。而收盘后如果有了获利,副交感神经会迅速占据优势,交易员会感受到满足和放松;如果收盘后仍然持有亏损的仓位,那么交易员仍然会处于交感神经激活的状态,因为风险仍然存在,交易员要考虑明天是否"战或逃"的问题,需要更多的时间才能从紧张情绪中平复下来。

三、焦虑与恐惧

(一)焦虑

焦虑情绪是人类在与环境作斗争及生存适应的过程中发展起来的基本情绪,焦虑并不意味着都是有临床意义的病理情绪,在应激面前适度的焦虑具有积极的意义,它可以充分地调动身体各脏器的技能,适度提高大脑的反应速度和警觉性。只有具备某些病理性特征,同时对正常的社会功能造成影响时,才成为病理性焦虑。

与病理性焦虑症不同,现实性焦虑所表现的是对现实的潜在挑战或威胁的一种情绪反应,而且这种情绪反应是与现实威胁的事实相适应的,是一个人在面临其不能控制的事件或情景时的一般反应。现实性焦虑的特点是强度与现实的威胁程度相一致,并随现实威胁的消失而消失,因而具有适应性意义。它有利于个体动员身体的潜能和资源来应对现实的威胁,逐渐达到应对挑战所需要的控制感及有效解决问题的措施,直到这种现实的威胁得到控制或消除。因此,现实性焦虑是人类适应和解决问题的基本情绪反应,是人类在进化过程中形成的一种适应和应对环境的情绪和行为反应方式。

病理性焦虑症是指持续地、无具体原因地感到紧张不安,或无现实依据地预感到灾难、威胁或大祸临头感,伴有明显的自主神经功能紊乱及运动性不安,常常伴随主观痛苦感或社会功能受损。

病理性焦虑症包括以下基本特点：

1.焦虑情绪的强度并无现实的基础或与现实的威胁明显不相称。

2.焦虑导致精神痛苦和自我效能的下降，因此是一种非适应性的。

3.焦虑是相对持久的，并不随客观问题的解决而消失，常常与人格特征有关。

4.外在表现是，自主神经系统症状为特征的紧张的情绪状态，包括胸部不适、心悸、气短等。

5.预感到灾难或不幸的痛苦体验。

6.对预感到的威胁异常痛苦和害怕并感到缺乏应对的能力，甚至现实的适应因此而受影响。

导致焦虑的情境条件包括：

1.创伤刺激。例如亲人离去、个体受到侮辱、亲临车祸和天灾等。

2.潜在的恐怖情境。例如动物恐怖、广场恐怖、流血性恐怖、社会性恐怖等。

3.恐慌刺激。恐慌是用来描述强烈的恐惧感的临床术语，即使危险实际上根本不存在。人所害怕的特定情境可能会触发恐慌（例如做口头报告、站在高处、看见蛇）或是有时会莫名地产生恐慌，即使根本没有任何明显先兆。

(二)恐惧

恐惧是一种人类及生物的心理活动状态，是情绪的一种。因为周围有不可预料、不可确定的因素而导致的无所适从的心理或生理的一种强烈反应。

大多数人的恐惧伴有生理上的现象，如颤抖、眩晕、脸红、紧张、心悸、恶心、小便失禁、呼吸急促。当我们认为有某种危险时，我们的躯体就会迅速和自动地处于警觉状态。于是，心跳和呼吸加快，肌肉紧张，两手出汗，脸色通红或者苍白，血压升高，我们会感到很难受。可以说，我们动员了所有的力量进行"抗争"或"躲避"。性命攸关，我们在精神上和体力上都做好了准备。

不是所有的恐惧都会导致心率加速，有时候反而心率会降低。这取决于危险是否迫近。如果风险近在眼前，我们必须立即"逃避"，那么心率会加速，以便为肌肉提供血液；而如果风险并不立即发生，例如见到一只老蛇在远处，我们的心率反而会降低。根据 Jeffrey 和 Gray(1982)的研究。心率的降低能让我们的次级心理系统在恐惧时被激活，Gray 称为"行为抑制系统"，这套系统会通过抑制行动和心率来为注意提供能量。

对石器时代的人类来说，具有上面提到的这种身体反应能力确实是必要的。可是，我们今天在面对敌人、野兽、饥饿、干渴和孤立无援时，几乎不需要这种能力保护自己的身体，但是，我们仍然感到恐惧。

现代人的恐惧看起来完全是另一种场景。害怕与上司发生冲突，害怕考试，害怕遭人拒绝，害怕犯错误，害怕生病等。其实，这些危及生命的新场合是我们自己发明出来的。

有些恐惧感的产生并不是来自于真实的危险，而是来自于人们的想象。当人们觉得凭借自己的能力无法应对一个事件的时候,也会产生恐惧感。但是如果你去尝试,你会意识到,很多时候这种恐惧感其实是毫无依据的。特别是当你发挥自己的极限潜能时,恐惧感就会降低。那些未知的危险情境实际上没有你潜意识中认为的那样危险。

恐惧的表现形式主要分为三大部分:

第一,害怕事物和场所(恐惧症)。比如害怕动物(老鼠、蜘蛛、狗、鸟等);恐高症;害怕雷电、火、酷热、寒冷、黑暗;害怕乘电梯、过隧道、过桥、穿过大广场;害怕乘飞机、汽车,害怕封闭的空间。

第二,害怕患上恐惧症,害怕患上惊恐突发症。

第三,人际关系和社会方面的恐惧。如害怕受批评,害怕遭拒绝,害怕碰壁,害怕结果,害怕权威,害怕孤独,害怕伤害亲近的人等。

为了回避恐惧,许多人会回避使他们感到恐惧的场合。这样做,从短时期看是一种有效的解决办法,但从长时期看,这种策略经过证明是十分消极的,个人活动的空间会越来越受到限制。而且,他不可能感受到,自己完全有能力驾驭这种场合。比如有许多人害怕乘飞机,他们从不上飞机。因此,他们也不可能认识到,乘飞机并非他们想象的那样危险。而且,他们会将这种恐惧扩展到越来越多的领域,让恐惧愈演愈烈。

有些人为了消除恐惧,有意识地让自己陷入"引起恐惧"的场合。这是一种脱敏疗法的策略。但这种策略的关键是不能中途而废,如果中断,他所感到的恐惧可能将较以前更加严重。

有人会找一个人陪伴来减轻恐惧。但长时间后,便会产生依赖心理,越来越没有能力单独去做点什么。而且这种策略往往隐藏着另一种动机:借恐惧得到别人的支持和关注,不必单独承担责任。

当然,大多数人将恐惧评价为消极的现象,很多人认为恐惧是无能和懦弱的表现,因此费尽心机地在其他人面前掩饰恐惧。

四、情绪与进化

进化心理学的出发点是以基因遗传的角度来看待人类的心理特征。

在自然界中,只有那些更适宜生存的基因会通过繁殖传承下去。无论你愿意不愿意接受,人类在进化的过程中,在生产力不够发达和现代文明出现以前,仍然是赤裸裸的动物本能在决定我们的进化。

男性为了将他的基因传承下去,就要获取更多的交配机会。而给女性提供生活物质才能得到交配的机会,因此产生了更强的攻击性。攻击性的目的是为了获取猎物。当然有些男性不一定是通过攻击性获取猎物,也可能通过提供更聪明的采集、医治来获取交配机会。

攻击性更多的是针对同类。野牛吃草,面对狮子弱不禁风,但面对同性公牛争取交配时却异常凶狠,此时发出的力量足够吓跑一只狮子。

情绪是生物进化出来的自动化反应机制,我们的情绪虽然也有快乐情绪,但人类更多的是愤怒、嫉妒、恐惧、焦虑情绪。虽然今天我们看来负面情绪给人们带来很多不适,但负面情绪,在进化上具有非常积极的意义,因为它提供了快速预警和保护机制。对威胁或潜在威胁都能产生恐惧情绪的生物,生存下来的概率,远高于对风险无动于衷的同类。

对进入本族群偷猎的异族,能产生愤怒情绪的族群才能更好地生存。发情期对同类产生愤怒的雄性动物才能获得更多的交配机会。

对哇哇大哭的孩子能产生焦虑情绪的父母,其后代能获得更多奶水和照顾,后代当然更健康、存活率更高。

自动化的恐惧情绪与大脑最底层的边缘系统密切相关。边缘系统有两个神经组织,即杏仁核与海马,杏仁核主管情绪的表现,海马回与记忆有关。大约一亿五千万年前,地球上的生物已出现边缘系统。而用于分析的大脑皮质,二千万年前才出现。

危险信号首先进入大脑底层的边缘系统,边缘系统会直接做出自动化反应产生情绪,等信号传递到大脑皮质,意识到危险时,身体已经做好了逃跑的准备。这样可以为我们争取不到 1 秒的时间。在危急关头哪怕是 1 秒的时间也很重要,反应越快,逃生的概率越大。

而如果先要经过大脑皮质的分析判断,再做出反应,就会损失大量的逃生时间。特别是对智力还不发达的原始人类,分析判断的时间更长,在远古时代,自动化的恐惧反应远远优于冷静、理智的思维。

即使到了现代,负面情绪也是维持人类社会运行的有效机制。负面情绪带给人的价值,就是感受到环境压力,不断地适应环境。如果没有焦虑,生活就没有动力,学习就不努力,工作就不认真。如果没有对惩罚的恐惧,我们就不会遵守社会规则。没有对孤独的恐惧,我们就不会与他人合作。没有愤怒,我们就不懂得保护自己的权益。但人类与其他生物不同的是,我们可以认识到自身的情绪,从而控制自己的情绪。

当我们在进行投机交易的时候,如果行情不能如我们所愿发展时,即使明知是一种正常的振荡,我们仍会感到焦虑和恐惧,这是一种原始的本能。我们要通过分析去解释这种行情发展是否会带来亏损,说服自己放弃焦虑,或者我们会止损以消除焦虑。

五、情绪与认知

情绪会影响认知。例如恐惧会让人集中注意力,当你面对一条毒蛇的时候,你根本不会去想任何事情,除了想逃;当一幅恶心的图片陈列在你面前,一眼过后就想转移视线,根本不会去看上面有什么内容。

美国心理学专家坎宁安(Cunningham,1979)通过实验研究发现,在阳光灿烂的日子对比在阴天调查,人们自述主观幸福感要更强。虽然天气对人们的生活幸福水平并没有影响,但实验表明确实影响了幸福感。但是如果在实验中提醒被试注意天气时,在调查生活满意度前先问一句"今天天气如何",天气效应就消失了。研究结果说明:如果你感觉不好,而且不知道为什么,你就会报告说生活不满意,但如果被试能够对坏情绪进行归因,例如天气或房间,之后再回答长期的生活满意度时,就会排除当前情绪的影响。

弗洛伊德认为,为了避免与意识或潜意识中曾经痛苦的体验发生联系,人们会通过心理防御机制避免同类的认知加工。

认知心理学兴起后,情绪与认知的关系得到心理学家的关注,出现各种关于情绪与认知关系的理论。例如霍夫曼提出信息加工与情绪关系(Hoffman,1986)。根据信息加工理论,霍夫曼把认知调节情绪的心理过程分为三种不同水平加工:①物理刺激直接引起情绪反应;②物理刺激与表象的匹配诱导情绪反应;③刺激意义诱发情绪反应。

情绪会影响注意,例如在词语测试中,研究者发现焦虑情绪会导致注意更多次被威胁性词语所吸引(Mathews,1993)。在股市中,交易情绪高涨,交易者更容易选择性地注意到利多消息;在熊市中,人们更容易注意到利空消息。

有研究者设立情绪指数来研究情绪与行情的关系。例如,投资者智能指数(II指数,Investors Intelligence)定义为:看涨百分比数与看跌百分比数之差。Brown和Cliff(2004)用该指数作为情绪指标,通过检验指出,投资者情绪可以影响资产定价。并且构造了一个资产定价模型说明定价错误与投资者情绪正相关,而且未来1~3年的收益与情绪负相关。不过这些指数选用的是媒体公开表达的看涨或看跌,并不一定是个体的真实情绪,在实际效果上也存在争议。

第二节 态度改变

一、态度和态度改变

态度是个人对特定对象以一定方式做出反应时所持的评价性的、较稳定的内部心理倾向(章志光,2008)。一般情况下会表现在人们有面部表情、肢体变化、谈话等各种行为中。但也有些人的态度并不表现出来,藏于内心,喜怒不形色。

认知心理学研究发现,在外显的态度之外,人类存在大量的内隐态度。内隐态度是内隐认知的组成部分。Greenwald 和 Banaji (1995)将内隐认知定义为"个体内省不能觉察(或不能精确识别)的过去经验的痕迹,这一痕迹调节着个体对态度对象的评价"。这里的内隐认知包括内隐态度、内隐自我、内隐刻板印象。Greenwald 和 Banaji 认为内隐态度对于来源具有无法知觉性。"内隐态度的评价性内容可能与直接测量的态度并不一致,这种不一致,或者说内隐态度和外显态度的分离,有力地表明了内隐态度结构的价值"。

二、态度改变的影响因素

(一)态度主体因素

1.个性特征

早期的研究认为女人比男人更容易受外界的影响而改变态度。不过近些年研究发现男、女在态度改变上差异不大,实际上男、女由于在职业分配上的差异导致信息获取差异,从而女性在家庭外部事件上更容易被说服。

智力被认为是影响态度改变的因素,但这可能与受教育程度有关。智力高的群体同时也是受教育程度较高的群体,而且高教育的人群更容易接受新鲜和复杂的观点,主动改变态度;同时教育程度高也常常是对外部事件认知参与程度更强。与其说智力高的人容易被说服,不如说智力高的人更容易主动改变态度。

人格特征也会影响态度的改变。例如自尊、偏执、教条主义等。简单事件,偏执的人易于被说服;复杂事件,需要更大的信息理解,偏执的人极难被说服。

2.承诺

心理学上的承诺(commitment)与我们日常生活的承诺一词意义有差别。心理承诺通常被解释为个人从行为或语言上介入某种活动或在心理状态上对它的依赖。心理学上的承诺既包括了普通意义上的承诺言行,也包括因为投入时间或金钱到某个物品或事件上后的心理反应。心理承诺包括双重的意义,一是对外部他人的承诺,二是对自我同一性的承诺。例如你买入一只股票,那么就对这只股票产生了承诺。

承诺与很多心理现象都有关,例如登门槛效应、认知失调、斯德哥尔摩效应等,因为承诺是对自我同一性许诺的义务。违背承诺,会损害自我价值。

例如你买入的股票下跌了,但你在买入时已经对此股票产生承诺,如果止损卖出,将损害你的自我价值,意味着你将承认你选股能力不行。所以更大的可能是你将会在下跌后补仓,直到你耗尽资金为止。

承诺对态度的影响强度一般受制于四个条件:

一是已经做出了相应的行为。针对某事件做出相应的行为,态度就较难改变。买入某只股票后,你就比没买入前更看好这只股票。

二是公开化,公开表达自己的观点很难让个体改变态度。已经承诺的态度比未承诺的态度更难以受外部改变。例如某人公开宣称看跌股市,那么即使各种信号证明股市已经开始上涨,那么他也很难放弃看空。因此很多操盘手不愿与他人分享交易观点,担心市场环境变化时,自己转换多空的速度受影响。

三是直接体验。当个体亲身体验了某一事件时,他的态度就更稳定。许多商家会免费让客户体验某款产品,除非质量太差,否则多数人对该产品的态度都会得到提升,即使不喜欢,至少不讨厌。

四是自由选择。当某一态度是个体在没有压力下自由做出时,他对该态度就有更强的承诺,因为自由选择让个体无法归因于外部因素。例如一个人持有亏损的股票,然而股票一直下跌,他可以自由地选择持有或卖出,但他很难改变态度。但如果这人因为购房需要资金,那么他不得不卖出,此时态度改变就很容易了。

3.态度主体与群体关系

凯利(H.H.Kelly,1952)提出个人与群体关系对态度的影响包括三个方面:一是个人对群体的认同程度,越是认同群体,就越难以接受不利于群体的观点;二是个人在群体中的地位,个人在群体中的地位越高,越是抗拒与群体规范不一致的态度;三是个人越是依赖群体,相信群体规范的合理性与价值,越是会与群体保持一致,难以接受说服而改变态度。

4.自我防卫倾向

霍夫兰(Hovland & Jaris,1959)认为任何态度的改变都是一个人的原有态度与外部不同态度发生差异造成,这种差异会产生压力,引起内心冲突,或者称为不协调。为了减少差异和心理压力,降低不协调,人们必然采取行动:一是接受外来影响,改变态度;二是抵御外来影响,维持原有态度。抵御外来态度的方法包括:

(1)贬损信息源。当人们无法驳倒对方的论点时,常采用贬低或损坏对方的声誉来表明信息不可靠或降低劝导信息的价值。

(2)歪曲信息。有意无意地歪曲或误解对方的信息,以减少与原有态度之间的差异。

(3)掩盖拒绝。掩盖是以文饰或美化自己原有的态度以拒绝外部的影响信息。拒绝是简单地完全拒绝接收与原态度不一致的信息,既不需要理由,也不需要任何反对证据,简单的拒绝就能保持原有态度。

(二)劝导者

劝导者的差异会影响态度接受主体的接受程度,包括劝导者的地位、个人魅力、与被说服者的相似性。

劝导者如果有较高的地位,或者有令人信服的专业背景,其传递容易被接受。例如知名股评家的评论往往对交易者影响较大;在中央电视台的比在地方电视台的评论更能吸引股民;很多药品广告会让代言者假扮成老专家或知名医院"著名医生",以达到推广的目的。

劝导者的个人魅力会影响说服的效果,如针对年轻人的广告往往请明星代言。

劝导者与态度主体的相似性越高,态度主体越容易被说服。这种相似性包括社会等级、价值观、种族等。

(三)信息

信息对态度的影响主要包括以下几个方面：

1.信息的差异性

即劝导者传递的信息与原有态度依据的信息在程度上的差异。阿伦森(Elliot Aronson 1963)认为信息差异性越大，态度改变越明显。不过也有人认为信息差异过大会引起接受者怀疑信息的可靠性，从而抵制改变。

2.信息的呈现方式

信息提供两种呈现方式：一种是单向论据，就是劝导者只提供支持自己观点的论据；另一种是双向论据，指信息提供者既说明自己观点的正确性，也同时对相反观点提出辩驳。霍夫兰(Hovland,1949)认为，对于普通大众，提供单面论据效果较好；对于教育水平较高的对象，同时提供正、反两方面的论据更有说服力。

信息的说服力还与信息呈现的新颖性和重复性有关。广告要采取新颖性的呈现方式，就是为了改变消费者的态度。而重复性也会促进态度的改变，但是对重复的频率多少，不同研究存在争议。

3.信息的恐惧唤醒

信息唤醒的恐惧会影响态度的改变。但早期研究结果表明，有些恐惧唤醒会促进态度改变，有些恐惧唤醒不会影响态度改变。罗杰斯和梅博恩(Rogers & Mewborn,1976)认为恐惧唤醒能否改变态度取决于四个因素：事件的严重性、事件发生的可能性、做出改变的有效性、自我效能感。

多数国家要求香烟盒上要印上恐怖的图案，就是为了通过恐惧唤醒而降低烟民的吸烟率。许多宗教的劝导就常常利用恐惧唤醒："你如果不行善，来世会下地狱"，许多假冒的僧侣会告诉信徒"你有血光之灾，要捐钱消灾"等，都是利用恐惧唤醒来劝导态度改变。

4.信息的情感性

如果一个人的初始态度来自情感，那么他更容易被情感性论点说服；如果初始态度来自理智，则更容易被理性论点说服。

(四)情境

情境也会影响态度改变。例如人们在分心的情境下，就会降低信息的说服力；如果在愉快的情境下，就更可能被说服。詹尼斯和吉尔摩(Janis & Gilmore,1965)曾做过实验，给予同样的材料，但其中一组被试给予百事可乐和花生享用，实验结果发现，给予百事可乐的一组被试，对材料给予更加肯定的态度。

三、认知失调

认知失调是美国社会心理学家费斯廷格于1957年提出的一种社会认知论。费斯廷格认为一般情况下，个体对于事物的态度以及态度和行为间是相互协调的；当出现不一致时，就会产生认知不和谐的状态，即认知失调，认知失调会导致心理紧张。

个体为了解除紧张会使用改变认知、增加新的认知、改变认知的相对重要性、改变行为等方法力图重新恢复心理的平衡。

认知失调理论在费斯廷格的实验中得到证实。费斯廷格将60名被试分成三个小组,都做1小时枯燥无味的绕线工作,其中两组被试离开工作室时,实验者请他告诉在外面等候参加实验的"被试"(其实是实验助手)绕线工作很有趣,为此说谎的被试得到一笔酬金,奖励分别为1美元和20美元。控制组被试则不用说谎。然后实验者再请他们填写一张问卷,以了解他们对绕线工作的真实态度。实验结果有些出人意料,得到1美元报酬的被试对绕线工作评价最高。

费斯廷格的解释是,被试头脑中有了两个认知因素:(1)这项实验很无聊;(2)我对别人说这实验有趣,只是为了1美元(20美元)。

当被试对别人说绕线工作很有趣时,心口不一致,两者是相互失调的。为了消除心理上的失调感,他便要把自己的行为合理化。

得到20美元的被试会用20美元为自己的说谎行为解释:"我是为了20美元说谎";而得到1美元的被试却很难用1美元来为自己的行为开脱。由于认知失调带来的心理压力,他会再审视两个相互矛盾的认知因素。其中第二个认知因素是对自己行为的认知,事实难以改变,但第一个认知是针对自己内部态度的认知,相对来说更容易改变。所以被试便不自觉地提高了对绕线工作的态度评价。新的认知因素"我比较喜欢这项实验"与"我对别人说实验很有趣"就相互协调了。结果得报酬少的人比得报酬多的人更喜欢绕线工作。

【例7-1】交易中的认知失调

交易者买入一只股票,认为短期有庄家炒作,想投机一把,有获利就卖出,但是股价没有按预期上升,而是下跌了。说明之前的判断出错了,产生认知失调,要纠正这种失调,其方法是:

1.改变行为:承认错误,立刻止损(正确的反应)。

2.改变认知:"这只股票只是暂时下跌,很快就会上涨。"

3.改变态度:"我本来就是想做投资,这只股票有投资价值,可以长线持有",持仓不动。

避免交易中的认知不协调,可以采取以下几种措施:

1.建立个人的交易系统,严格遵守交易纪律。投机要严格执行止损,如果是投资要正确计算价值。

2.在时间充裕时,事先限定决策选择的范围和数量,可减少后悔厌恶,避免错误决策。

3.多次等额平均买入策略,减轻厌恶损失的程度。因为有时交易是受交易强迫的驱使,一旦开仓,无论规模多少都会消除这种类似强迫症的交易焦虑。面对市场诱惑,小额买入,将损失降到不影响决策的范围,不至于产生认知失调。

第三节　从　众

一、从众的概念

从众(conformity)是指个人的观念与行为受到所在群体直接或间接的引导或压力,而向多数人一致的方向变化。

生活中处处存在从众的现象。在一次会议上,如果所有人都站起来鼓掌,那么你也会站起来鼓掌,否则你一个人坐着显得很另类,这种情境会让你不舒服,你不得不跟着站起来鼓掌。

在股市交易的时候,如果你原来看空,但大多数的股评和新闻都在宣扬牛市的时候,你很难再保持独立的态度,不久后你也会跟随市场氛围看涨。当市场一片看空的时候,如果你持有一只绩优股,虽然你知道这只股票质地优良,你也会跟随市场卖出,而且你会对自己说,等价格更低点再买回。可是你卖出后,因为市场还在低迷中,即使很低的价格,你也不想买入,你还在期待更低的价格。等长时间调整过去,市场反转的时候,你会想,我曾经错过了最低的价格,等它回调我再买入,但是一直等到市场狂热了,你才会高位追价买入。

所罗门·阿希(Sloomon Asch,1951)设计了一个研究从众的实验,即将人们置于其他群体成员的意见之中。

当被试走进实验室时,已经有 6 个其他被试坐在那里了,被试排在第 6 的位置。因为其他人都是围着桌子坐的,真正被试也就挑了张桌子旁边的空位置坐下来。实验者进来告诉所有被试,这个实验是有关精确性和视知觉的。他向被试们显示了两张卡片,一张卡片上是标准线段,另一张卡片上有三根长短不同的线段。详见图 7-1。

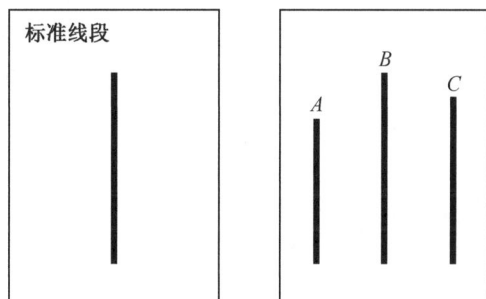

图 7-1　阿希实验所用线段

实验要求被试从三条线中找出与标准线段长度相同的线段。倒数第二个回答的人是真正的被试。如果前面六个被试都说是 B,那么结果没有疑问。

但如果第一个被试说正确的答案是 A 线。真正的被试正在怀疑第一个被试哪儿出了毛病,因为明显 B 是正确的答案。真正的被试可能正要嘲笑第一个被试时,第二个被试十分仔细地看了看线条,肯定地说"A 线是正确的"。当第三个被试还是说 A 时,真正的被试惊讶地站起来,"难道是我眼神不好?"再重新紧盯着卡片。在前面的所有被试都坚定地报告说 A 线条是正确的答案,轮到真正的被试回答,此时真正的被试面临困境:"什么才是正确的呢?是相信同伴还是相信自己的眼睛?"

实际上开头五个"被试"都是实验助手,主试早就告诉他们该如何回答。在 18 次尝试中,有 12 次他们都一致地给出错误的回答。倒数第二个被试才是真正的被试。

阿希实验发现,当要求人们单独判断线条时,人们几乎没有什么错误地就能完成任务。如果加上群体的影响,阿希发现他的被试 1/3 以上时间附和了群体不正确的观点,即使当他们知道群体是错误的,也会这样做。当面对群体一致的不正确观点时,绝大多数被试至少从众一次,只有 1/4 被试能够坚持自己正确的意见。

从众可以是表面的,也可以是深入内心的。一个人可以在公开行为表现为服从群体,但内心却仍然坚持与群体不一致的信念;也可以不仅仅表现在公开的行为中,而且在内心的信念方面也与群体的行为和信念相一致。

迈尔斯(D.G. Myers,1993)认为,同一种从众行为从心理上可以划分为"简单服从"和"内心接受"两种形式。个体保留他的个人观念而仅仅改变其公开行为,这种从众形式叫作"简单服从";个体既在公开行为中又在私下态度上与群体保持一致,这种从众形式叫作"内心接受"。"简单服从"和"内心接受"之间的区别是重要的,因为它可以使人们预测群体压力撤销之后个体的行为。"简单服从"的个体在群体压力撤销之后,仍然保留着与群体不一致的信念,人们没有把握肯定他以后会按群体的规范行动;但对于"内心接受"的个体而言,人们对其行为进行预测的把握就较大。

凯尔曼(H.C. Kelman,1958)提出了其他分类法,他重点关心的是个体选择从众的原因。他认为,为了受到群体的奖励或者为了避免惩罚,个体表现出与群体相一致的行为,这时简单服从就会产生;当个体相信群体的观点或行为是正确的时候,内心接受(或内在化)更有可能产生。凯尔曼提出了认同的概念。当个体为了维持与一个他认为是重要的他人或群体的关系,而模仿这个人或群体的行为时,便会发生认同。随着时间的推移,只要个体继续认为这种关系是有价值的,这种形式的从众便会长期继续下去。

二、从众的原因

(一)行为参照

在许多情境中,人们由于缺乏进行适当行为的知识,必须从其他途径来获得行为引导。根据社会比较理论,在情境不确定的时候,其他人的行为最具有参照价值。而从众所指向的是多数人的行为,自然就成了最可靠的参照系统。在通常情况下,人们在遇到不明确情境时,对于多数人的行为会更加信任。在不了解更多信息的情况下,我们也会更愿意到人多的商店购物，到人多的地点去旅行。在常识上，人们会自然地假定，那么多人的出现自有他们的理由，而在这些理由中，自己参照执行的合理性，要远大于人数较少的时候。不法商人雇用"托儿"来进行不正当促销所以能奏效，正是利用了人们的这种从众心理。

对偏离的恐惧也是从众的原因。个人违反群体潜在行为规则和一般共识，会面临群体的强大压力乃至严厉制裁。研究证明，任何群体都有维持群体一致性的显著倾向和执行机制。对于同群体保持一致的成员，群体的反应是喜欢、接受和优待，对于偏离者，群体则倾向于厌恶、拒绝和制裁。因此，任何人对群体的偏离都是一种风险。

(二)群体压力

群体压力理论注重群体施加于个体身上的压力，这个理论的核心概念是群体压力，即群体对其成员形成的约束力与影响力，包括信息压力和规范压力两种。代表人物是阿希和凯利等人，他们认为存在两种信息来源，当个体长大之后，可以根据这两种信息来源来体验现实及学习正确的行为。一个孩子如果手碰了烧热的炉子，知道了手因此会被灼伤，人们称这种信息为"个人的信息"，这是来自于"尝试错误"的学习。一般说来，个人信息是来自环境中直接获得的物理现实。人们的第二种信息来源不是根据物理现实或个人的体验，而是来自于社会现实，这种信息被称为"社会的信息"，因为它是由其他人或其他群体提供的。社会信息也有可能涉及有关物理现实的知识，例如，因为父母告诉了他，所以孩子知道了炉子是热的，不能碰；长大后，懂得了世界并非由绝对物理现实构成的。

费斯廷格和凯利指出，当人们依赖于他人获得社会信息时，他人就获得一种权力，来影响人们的行动或态度。这些他人对人们具有信息性压力，因为人们需要他们提供信息，所以人们才会服从他们。

每一个群体都有它的规范，群体规范指的是群体所确立的行为标准，群体的每个成员都必须遵守这些行为标准。但群体规范不是规定成员的一举一动，而是规范行为可以被接受和容忍的范围，群体规范可能是明文规定的，但大部分规范是约定俗成的、非正式的。所以，群体除了具有信息性影响力外，群体还能够利用"规范性社会压力"来说服个体从众。规范性社会压力指的是"服从其他人积极期望的一种影响力"。处在某个群体中的个人，想继续成为这个群体的一部分，都会了解如果被该群体拒绝所激起的那种焦虑，这不是没有根据的害怕，这种拒绝是令人痛苦和烦恼的。群体可以用拒绝或否定的强化来惩罚不愿从众的人。

一般说来，群体对个体施加压力使其从众有两种形式，一种是来自群体的信息性压力，就是提供有关个体应该如何行动，把事情办好的信息；另一种是来自群体规范性社会压力，就是如果个体不从众的话，群体拥有拒绝（嘲笑、打击、排斥等）该个体的可能性。绝大多数场合，两种影响的形式同时作用于个体。某些特定场合下，一种形式可能比另一种形式更强烈。并且，某些个体可能对一种形式要比对另一种形式更敏感。

三、从众的进化心理

从众心理有时也称为羊群效应。羊群是一种很散乱的组织,平时在一起也是盲目地左冲右撞,但一旦有一只头羊动起来,其他的羊也会不假思索地一哄而上,全然不顾前面可能有狼或者不远处有更好的草。

羊群效应是一种本能,是人类进化的产物。它是人类为了适应环境而产生的基因选择。在我们今天看来是一种弱点的从众心理,在古代却是一种优势,保证我们人类存活的本能。

在石器时代,人类应对自然的能力还较弱,我们没有枪炮,没有刀剑,面对大型猛兽如狮虎的时候,我们只有逃跑。当第一个人看到老虎的时候,他转身就逃,后面的人还要等看清情况再决定是否逃跑吗?当一只老虎出现在人类面前的时候,留给人的反应时间很短,也许不到一秒的时间,等你看清楚危险时,已没有时间逃跑了。只有那些看到同伴逃跑后,自动反应跟随逃跑的人才可能存活下来。

即使到了近代,人类的战争频率和惨烈都不是我们现代人所能想象的。现代战争杀死俘虏、妇女儿童都会被谴责。但是直到几百年前的战争,往往伴随着种族灭绝。成吉思汗攻破西夏后,将所有兵民一律杀光,导致西夏族从此消失。1645 年清军攻破扬州,屠城十日。在这种历史背景下,普通百姓面对敌军,看到大家逃跑而不跑的,很难存活下来。

所以,基因的筛选使得从众心理已深入人类的本能反应。可以说,没有从众心理的人种,是无法遗传后代到今天的。

现代文明的发展,我们不再需要运用从众的本能来面对复杂的生存环境,我们也较少有机会在自然界中展现人类的羊群心理,但在社会领域,从众心理却很普遍。人类的从众心理停止进化也只有几百年的时间,我们依然存有从众的本能。

认知心理学的研究也验证了羊群心理的存在。认知启发论认为,人们加工信息时是一个"认知的吝啬鬼"(Taylor,1981)。一般情况下,人们总是尽可能以最小的努力,来获得最大的认知判断的。而跟随群体,无疑是认知上最省力的途径。

四、从众的影响因素

(一)个体差异

1.生理

有研究证明女性比男性更容易产生从众行为,不同性别的从众行为在各个国家略有不同,但基本一致。这种在从众方面的性别差异被认为是由"社会化过程"引起的(Eagly,1987)。因为在社会化过程中,人们往往教育男孩要"成为一个独立思考者","凡事要依靠自己",而在培养女性时却不强调这些内容。

2.人格

克拉奇菲尔德(Richard Crutchfield,1955)研究了在行政职位上的一些商业者和军事人员的从众行为。他发现,实验中,经常从众的人一般说来智力较差,缺乏领导能力,有较高的自卑感;而那些有较多专制独裁特性的人常常不从众。克拉奇菲尔德描述从众者具有较少的自我力量,较少克制自己冲动的能力以及忍耐模糊性的能力,不愿意接受责任和委托,较少自省,缺乏创造性,而具有较多的偏见。进一步的研究发现,有偏见的个体比不具有偏见的个体更容易从众。

解释从众行为的个性理论有两个问题必须考虑:第一,上述描述从众者个性特征的理论似乎表明从众者是一个不良适应的、神经质的人,好像从众是一种消极行为,进一步研究表明事实并非如此。第二,如果个体存在从众个性的话,那么,许多情景下它必然持续地发挥作用。也就是说,具有从众个性的人在不同情景下都会表现得更容易从众。但有人研究了不同形式任务中被试对待群体观点的从众行为后发现,在不同情景下,从众倾向的相关性只具有微弱至中等强度。

3.认知

如果一个人觉得自己有能力完成任务,他就不大可能去从众。例如,罗森伯格的实验(1961)中,让一半被试得到结果反馈,这些反馈表明,他们对于判断线条的长度有较高的能力;而另一半被试听到的反馈说,他们的判断能力较差。然后,让被试处于阿希式的实验情景中,那些认为他们有能力完成任务的被试,比那些认为无能力完成任务的被试从众程度要低。虽然在罗森伯格的研究中,规范性压力可能影响被试的反应,但是信息性压力起着很大的作用。如果个体认为他在完成某个任务方面能力低下,他就倾向于从群体那里获得信息,而认为自己能力较高的被试这种倾向就比较微弱。

佩蒂和卡斯泊(Petty & Cacioppo,1986;Petty & Wegener,1999)提出态度改变的精加工模型(ELM模型)。该模型认为,根据信息接收者对信息加工的动机和认知能力不同,存在两种说服路径。一种是说服的中心路径,个体会对信息进行深入、细致的加工,在认为信息论点合理后才会被说服并发生态度改变,中心路径的接收者要有较强的认知加工能力,并且认为信息有趣、重要,与个人有关。第二种是边缘路径,通过边缘路径的信息接收者认为信息枯燥、与个人无关或者存在外界干扰,个体无法对信息进行细致的加工。

4.文化背景

个体的文化背景会影响从众行为。一些跨文化研究发现,某些民族比其他民族更易产生从众行为。例如,米尔格莱姆(S.Milgram,1961;1971)对挪威和法国被试进行的研究表明,社会化影响了从众行为。与法国被试相比,挪威被试频率很高地一致从众,这些结果指出,从众行为受到个体所处的社会、文化和历史条件的影响。

(二)群体

1.群体凝聚力

群体的凝聚力(cohesiveness)指群体对其成员的总吸引力水平。高凝聚力群体的成员,对自己所属群体有强烈的认同感。他们与群体有密切的情感联系,有对群体做出贡献和履行义务的要求。

一般情况下,群体一致性水平越高,群体的凝聚力越大,从众的压力也越大,人们的从众行为就越有可能发生(M.Hogg,1992)。相反,群体的分歧有损于群体的力量,同样有损于迫使成员从众的力量。

2.个体在群体中的处境

当个体期望将来还需要与该群体交往,与个体认为将来不会再与该群体交往相比,前者更会从众;当个人认为该群体对他具有较大的吸引力,与个体认为该群体对他没有什么吸引力相比,前者更会从众;个体在群体中所处地位相对较低,与个体在群体中处于较高地位相比,前者更会从众。另外,权威人士的行为有较大的影响力(Driskell & Mullen,1990)。并且,当个体感觉到群体对他没有完全接受时更会从众。这类个体主要是从众于群体的规范性压力,因为他们主要关心的是群体是否能接纳他们,而不是为了从群体那里得到信息。阿希(1956)的研究也发现,自尊水平较低的被试从众可能性更大。因为他们担心受到群体的拒绝和惩罚。

3.群体规模

阿希实验还对群体的规模如何影响从众进行了研究。在实验中,他改变了真正的被试所处的群体人数,用1,2,3,4,…,8和15个"助手"来进行实验。阿希发现,当群体规模增加至由4个"助手"组成时,从众程度增加了。在要求对线段进行比较的实验中,当被试只受到1个人的反对时,他的意见基本上不受影响;当面临着2个以上的反对者时,他的从众性会大大增加,并倾向于对群体的压力让步,有将近13%的次数,被试的回答是错误的;当面临3个人的多数时,实验对象的错误接近33%;在面临4个人的多数时,实验对象的错误最多达到35%,随后的从众量就持平了。所以,人数是15人组成的群体,从众的程度与3人或4人组成的群体相差无几。

这些发现用行为参照和群体规范性压力来解释就很容易理解。如果个体是对群体规范性压力做出反应的话,他们主要关心群体是如何反应的,然后模仿这种反应。当5个人的群体中其余4人都以一致的方式做出某种行为时,他就很容易了解规范是什么。对他来说,群体规模的增加并没有使辨别群体规范变得更加容易。所以,从规范性影响角度上,当群体的规模增加到4人以上时,人们不能期望从众程度也会相应增加。另一方面,如果个体主要关心的是从群体那里获得信息的话,给出肯定回答的人数越多,真正的被试对这个答案的正确性信心也越足。所以,当信息的影响发挥作用时,我们认为群体规范与从众有着线性的关系,群体规模越大,从众的程度也越大。而阿希用的是十分简单的实验任务,为了找到正确答案,个体不需要从群体处获得许多信息。因为4个左右成员的回答,就足以使他知道规范是什么了。

(三)任务的特点

为了回答被试对某些任务要比另一些任务是否更易产生从众行为这个问题,社会心理学家进行了一系列研究。研究结果表明,相对于较容易和清楚的任务,人们面对模糊的、困难的任务时表现出更多的从众行为。

当任务是困难的或者是模糊的时候,被试就把群体作为信息的来源,群体的规范性压力就起着主要作用,因为此时,被试不再需要答案是否正确的信息。任务的性质不仅决定了从众程度,而且也影响了个体应对群体压力的形式。

预测金融行情是一项困难的任务,因此投机者从众很普遍。人们往往受到市场氛围的影响而做出错误的决策。

第四节　认　知

一、潜意识与内隐认知

(一)潜意识的概念与来源

潜意识理论是弗洛伊德精神分析的核心和理论基石,潜意识包括个人的原始冲动和各种本能以及这种本能所产生的欲望,是个体之所以为人的最根本的东西。

1886年弗洛伊德自己开设精神诊所时,逐渐将自己的诊疗范围从临床神经病学转到临床精神病学,起初采用当时流行的电疗法、催眠法等,尤其热衷于催眠技术。他发现病人在催眠的状态下,常常可以回忆起清醒时不能记起的生活和情感事件。这促使他思考,很可能在人的意识之后,还有一个相当有力的思想过程尚未被人们发现,那就是潜意识。他认为潜意识里的内容是被压抑而沉入深层心理,而当医生试图将这部分心理内容引入意识时,却往往遇到患者的坚决抵抗。他发现使病人压抑和产生强烈抵抗的是另外一种心理能量或结构。

弗洛伊德将人的精神存在的基本结构划分成潜意识、前意识和意识三部分组成。他认为人的精神可以形象地比作为一座冰山,那露出海面的极小的一部分是意识;介于水面的那部分,它随着海水的起落忽隐忽现是前意识;深藏于水面之下并承载着整座冰山主体的那部分则是潜意识。潜意识、前意识和意识,三者分别处于人的心理的表层、中层和深层。这三部分处于相互影响、互相制约的状态,潜意识与前意识均属于无意识,无意识是人的心理结构中一个独立的部分,但这并不意味着无意识与意识之间有着不可逾越的鸿沟。

意识是与直接感知有关的心理部分,而无意识则有两种:一种是潜伏的,但能够变成意识的,这一种即为前意识;另一种是被压抑的,是不能变成意识的,即为潜意识。

前意识是以记忆的形式保存过去的观念与经验,因与现实关系不大或根本没有关系,而被逐出意识领域。但如果有需要,这些被暂时遗忘的记忆可以通过集中注意力或加以提醒而被召回意识层,正是因为前意识可以进入意识,当然意识亦可退回到前意识,这说明它们之间可以互相转化。

潜意识是指潜藏在精神结构深层的为人所意识不到的心理过程,它是人的各种原始本能的储藏库。大多数潜意识活动一般不能转化为有意识的心理过程。潜意识包括个人的原始冲动和各种本能以及出生后所形成的与本能有关的欲望,这些冲动和欲望是传统习俗、伦理道德和宗教法律所不能允许的,而被排斥或压抑到意识之外,是"一种只能保持自身状态,并被排斥在意识之外"的东西。被排斥在意识之外的潜意识并没有被消灭,仍在不自觉地积极活动,追求快乐与满足,并以各种衍生物来表现自己,通常以精神病、梦、过失、诙谐等形式来表现自己。潜意识是心理深层的基础和人类活动的根本内驱力,它影响并决定着人的全部有意识的生活,人的言行无不受其影响。

弗洛伊德对心理结构的这种划分在其许多著作中都有论述。但是由于弗洛伊德研究的出发点是从神经症患者开始,因此他更注重潜意识对人的行为的影响。所以在他的著作中,没有特别指明,无意识一词在大多数情况下是指潜意识。

弗洛伊德还从动态学的观点研究了潜意识、前意识和意识的关系。他认为,潜意识是心理过程的源泉,是人的精神活动的动力,前意识和意识只不过是潜意识派生出来的。也就是,在人的精神过程中,每一种心理活动都是从潜意识开始的,它是任何心理活动必然要经历的初始阶段。从精神活动的动力关系来看,弗洛伊德认为,前意识可以不费半点力气就进入意识,而潜意识则不可这样轻松容易地进入意识,若要进入意识则必须付出极为艰辛的努力。

弗洛伊德认为,潜意识是本能的、非道德的、冲动性的。一方面,潜意识是人类意识最初级的因素,是人在进化过程中通过获得性遗传获得心理存在的形式。另一方面,潜意识的产生早于前意识和意识,而前意识和意识则是由潜意识发展而来的。弗洛伊德认为,潜意识作为"被压抑物具有一种向上的强大的内驱力,具有一种努力进入意识状态的冲动"。潜意识总是企图寻找有利的时机显现为意识,因而潜意识具有极强的冲动性。这种冲动性实质上来源于它的原始性,只有潜意识才能有这种本能冲动的能量,前意识和意识则只有借助于潜意识的能量才得以实现。

弗洛伊德的潜意识理论极为丰富,但由于他的理论多出自于病例观察和分析,缺乏可重复性的实验,因此历史上存在较大争议。支持者认为潜意识理论是重大的发现,反对者认为是无稽之谈。

在认知心理学发展以前,弗洛伊德的潜意识理论首次把潜意识与人的生理本能、遗传以及后天影响联系起来,解释了人们很多道德与本能冲突的行为、非理性的行为,解释人们内心压抑和心理冲突的来源,使人们对心理意识的认识更加深入、更为全面。

弗洛伊德的最大缺陷在于他把性本能冲动设定为潜意识的内容,把性本能看作一切行为的根本源泉,看作人的活动的主要动力,把人的各种活动都看成是性本能的表现,这显然过于机械。

(二)非弗洛伊德的潜意识观

除了弗洛伊德及其精神分析学派的跟随者,早期也有不少心理学家从不同角度对潜意识活动进行研究,认为潜意识是人类为适应生存而发展起来的。提摩西·威尔森(Timothy Wilson,2002)称之为适应性潜意识(adaptive unconscious)[①]。这些早期的研究观察到人类的很多知觉、记忆行为与行为的发生并未经过意识的处理。例如汉弥尔顿提出"潜伏的心智"(William Hamilton,1865),卡彭特观察到"不自觉的思考"(Carprnter,1874),莱科克提出"大脑的反射动作"(Thomas Laycock,1860)等。他们的研究也关注到了无意识介入的低阶心智活动、分割性注意、思考的自动化、无意识的感觉和偏见、无意识的自我。这些研究者注意到,人们很多心智活动没有经过意识的思考。或者人们可以有意识地注意某件事,同时无意识地处理另一件事。这些研究与认知心理学的注意力分配、选择性注意、内隐认知等研究具有相似性。不过由于弗洛伊德的精神分析学说影响较大,这些学者的研究被湮没了。

(三)潜意识存在的证据

潜意识轻易是无法察觉的,但是,潜意识客观存在的事实,不仅在实践中被人们所公认,而且也为现代实验心理学通过对脑阈限下的各种不同潜意识信息的电反应(诱发电位)实验所证实。有许多证据表明人类存在潜意识并受其影响,而且人类的潜意识与大脑的不同部位有关。

人类的大脑可以分为三个部分:脑核(central core)、边缘系统(limbic system)、大脑皮质(cerebral cortex)。

脑核部分是掌管人类日常基本生活的处理,包括呼吸、心跳、觉醒、运动、睡眠、平衡、早期感觉系统等。

边缘系统是负责行动、情绪、记忆处理等功能,另外,它还负责体温、血压、血糖,以及其他居家活动等。边缘系统有两个神经组织,即杏仁核与海马,前者与情绪的表现有关,后者与记忆有关。近年来的研究认为,边缘系统中的海马与近期记忆有密切关系。比较大范围的双侧海马损伤则近期记忆的能力丧失,远期记忆不受影响,同时还可表现出行为的改变如嗜睡、安静、淡漠、无表情以及自发运动消失等。

大脑皮质则负责人脑较高级的认知和情绪功能,它区分为两个主要大块——左大脑和右大脑,各大块均包含四个部分——额叶脑(frontal lobe)、顶叶脑(parietal lobe)、枕叶脑(occipital lobe)、颞叶脑(temporal lobe)。

人的大脑皮质按进化过程以及生理功能的不同又有古、旧皮质与新皮质之分。古、旧皮质亦即在种系发生上最老的脑皮层区域,如嗅束、海马结构等脑干和边缘脑部分(皮质结构为三层)——也就是所谓爬行动物脑的组织结构,人类的这些皮质与

---

① 提摩西·威尔森.弗洛伊德的近视眼[M].傅声焜,译.成都:四川大学出版社,2006:7.

其他高等动物相比,显然已退化。这是由于管理高级精神活动的新皮质高度发展的必然结果。

但即使是新皮质在发生上也有先后之分。新皮质大约是在一亿五千万年以前被分化出来的。然而,只是在两千万至两千五百万年以前当人科动物出现时,新皮质才逐渐获得区别人脑和动物脑的初级结构,直到古人类出现时,新皮质才高度发展起来。新皮质基本上是按枕、顶、颞、额叶这样的顺序发展的,而额叶前区则是新皮质发展最晚的部分,在进化过程中它自动获得了特殊的结构和有利的地位,从而最终成为人类的最主要的特征和智力的机能定位区。

美国学者麦克林(Mclean,1949)据此又提出了三个脑层次的理论:第一层(最外层)是新皮质,它是尼人到智人阶段进化的产物,是智力、想象力、辨别力和计算力的发源地;第二层是新皮质下边的边缘系统,它是从哺乳动物遗传下来的部分,控制着情感;第三层是边缘系统里边的"爬行动物脑",它是从爬行动物那里继承下来的部分,控制着人的一些体能的、无意识的行为。

在进化上,旧皮质和古皮质(海马)是大脑皮质最古老的部分,综合称为边缘皮质(limbic cortex),它与其有密切关系的扁桃核、中隔核和丘脑下部合起来称为大脑边缘系统。边缘系统的进化与人类情绪反应的发展进程相一致。

显而易见,边缘系统在记忆、思维等活动中是非常重要的,同时也是意识和潜意识这一复杂的心理现象和心理活动的重要组织基础。

Grafton 等人(1995)对序列学习做了正电子发射层描(PET)研究。他们测量了有分心任务和无分心任务条件下被试局域脑血流量(rCBF)的变化。研究者将分心条件下的学习视作内隐学习,而单任务下的学习被视作外显学习。当被试进行内隐学习时,研究者在左感觉运动皮质、左辅助运动皮质、左顶叶皮质及核(基底神经节的纹状核)内双侧区域发现激活现象,而单纯的外显学习未发生这些区域的激活。这些区域的激活支持了内隐学习受对侧运动区域控制的观点。

近年来,许多心理学实验研究,例如内隐联想测验、阈下诱发电位实验等实验都表明,除了意识之外,人类的认知功能还受到非显现意识的影响。虽然人们对潜意识还没有完全认识,但很多科学的实验证据表明,人们不能否认潜意识的存在。这些实验典型的有:

1.阈下知觉。有充分的证据表明,刺激太弱虽然不会引起有意识的觉知,但确实对知觉和其他心理过程有影响(Kihlstrom,1987,1990)。支持这种现象的证据有许多,如双耳分听作业、阈下广告信息对人的行为的影响(Morse 和 Stoller,1992)。但是,这种影响的程度与条件还需要进一步证实。

2.内隐记忆。对发生的事件或学过的材料人们认为"无记忆",但记忆却受其影响的效应(Schachter,1987)。这是与显性记忆相对而言的,内隐记忆的作用可以在一些脑损伤的病人身上看到,也已经从实验中得到证实。Jacoby(1991)对内隐记忆深入研究后认为:任何一个具体记忆任务都离不开意识和无意识的共同作用,只不过它们的比例关系会随条件不同发生变化而已。Jacoby 由此发展认知加工分离程序(Process Dissociation Procedure,PDP),以鉴别出同一个记忆任务中意识贡献和无意识贡献的相对大小。

3.分离现象。这是指人的机能的主要方面在意识之外或不能与人的其他心理机能整合。分离现象被临床心理学家看成阻止极度压力和创伤事件进入意识的努力,人对某些事情或行为过程的遗忘就是分离现象的例子,而人格分裂则是一种病态的分离现象。Bernstein 和 Putnam(1986)编制出测量分离倾向差异的量表。

4.盲视。有些脑损伤的个体表现出不寻常的感觉机能缺陷,保留着一方面的感觉机能,却丧失了另一方面的机能。因此,脑损伤的病人报告不能看见桌上的笔,但能捡起笔(Weisskrantz,1986)。另外,心因性原因导致的癔症性失明可以用对光刺激的正确反馈的行为矫正的方法使病人的视力恢复,表明了盲视的心理原因(Brady 和 Lind,1961)。这也在一定程度上证明潜意识影响了人的行为。

5.催眠。在催眠条件下,被催眠者可以承受正常状态下无法忍受的痛苦体验,并遵循催眠者的指示忘掉催眠时的经历,也可能在催眠状态结束后,做出在催眠期间催眠者所暗示的行为(Kihlstrom,1987)。这充分说明在催眠状态下意识状态发生了改变。

6.自动加工。无论智力技能还是操作技能,刚开始学习,需要意识的作用,当技能得到了比较高的发展,成为一种自动化的动作方式时,其运用就不需要人的意识,潜意识的作用越来越明显。例如人们可以一边开车一边聊天,就是因为驾驶处于自动加工状态。

7.压抑。压抑是与潜意识紧密相关联的,压抑的内容最初是有意识的,但由于这些内容能使人们在社会生活中产生强烈的焦虑或受到良心的谴责(例如为社会道德、法律、法规所不能兼容,与父母的价值观相悖等),人们通常把这些内容从意识层次压抑到潜意识层次,而并非彻底地忘记它们。在以后的生活中,遇到类似的环境或诱发事件,这些被压抑的内容就在不自觉地影响人的行为。许多神经症患者其病因是与明显的压抑内容有关的。

二、内隐认知

由于内隐认知具有无意识、自动化的特征,很难通过传统方法进行直接测量,因而研究多采用投射测验、传记分析法、反应时法、情景测验法等间接方法进行测量。

随着计算机技术的不断进步,内隐联想测验(Implicit Association Test,IAT)技术被运用于内隐认知的研究中,从而使得内隐认知研究处在了一个突飞猛进的发展阶段,并日益成为认知领域的一个研究热点。在 IAT 的基础上,认知科学家们发展了反应/不反应联想测验(GNAT)和外部情感性 Simon 任务(EAST)等测量技术。使得内隐认知在测量效度和信度上得到很大的提高。

心理学和其他科学一样，很大程度上依赖于研究方法所取得的进展，早期认知心理学的研究方法中，反应式法一直在内隐社会认知研究中占有重要地位，主要使用的是直接的反应时测量、阈上语义启动、阈下语义启动、反应窗技术等方法。但这些方法都是以反应时作为测量指标，对内隐社会认知的个别差异测量缺乏良好的效度和信度，很难适用于对个体差异的测量，因而常用于实验研究。Greenwald 等人在 1998年提出了内隐联想测验法。这个方法基于现有的反应时范式，把实验设计的思想运用到测量中，是在改进和发展传统反应时法基础上形成的一种新型的间接测量方法。在生理原理上，内隐联想测验是以神经网络模型为基础。从神经网络模型来看，信息是被储存在一系列按语义关系分层组织起来的神经联结上。通过测量两个概念在此类神经联结上的距离就可以测量出两者之间的联系。反应时的长短则代表了两个概念语义在相关神经上的距离。

正是由于具备以上优点，现阶段 IAT 技术主要应用在内隐态度（implicit attitude）、内隐自尊（implicit self-esteem）与内隐刻板印象（implicit stereotype）等内隐社会认知的研究中，同时也出现了向其他研究领域扩展的趋势。

内隐态度指过去经验和已有态度积淀下的一种无意识痕迹，这种痕迹的影响在显意识水平上是无法知觉的，但潜在作用于个体对社会对象的情感取向、认识和行为。

内隐自尊是过去自我态度积累下的一种无意识痕迹，是个体在评价与自我相关的对象时，由自我态度带来的一种无意识效应。

内隐攻击性指个体在意识层面上无法识别或无法正确识别的，但却对个体的行为产生潜在影响的侵犯他人的行为倾向。

在多数研究者看来，随着内隐测量文献的不断增加和研究的进一步成熟，对于解释和预测社会行为，IAT 技术是相对于其他测量技术更为有效的手段。直到现在，研究者对内隐态度方面的研究依然表现出巨大的兴趣。但对于 IAT 自身存在问题的一些疑问，也引起了众多研究者的兴趣，其中最为关注的是 IAT 自身的信度、效度问题。例如，有研究者认为，与运用外显态度测量的大量研究相比，研究者对于内隐态度测量的可预测性还知之甚少，甚至对两者间关系的调节因素还一无所知。

三、阈下影响

阈限值（sensory threshold），又叫感觉阈限，是人体感觉器官感知范围的临界点的刺激强度，或者是人在意识和无意识之间的临界值。分为绝对感觉阈限和差别感觉阈限。绝对感觉阈限测量感觉系统的绝对感受性，指刚能引起感觉的最小刺激量；差别感觉阈限测量感觉系统的差别感受性，指刚能引起差别感觉的最小变化量。

对感觉阈限的测量属于实验心理学。费希纳（G.T.Fechner，1801－1887）于 1860年出版了《心理物理学纲要》一书，他给心理物理学下的定义是：一门研究心身之间或心物之间的函数关系的精密科学。后来 W.冯特在心理物理学的基础上发展了实验心理学。

1834 年,德国生理学家与心理学家 E.H.韦伯用拉丁文写了《触觉论》,书中描述了心理量和物理量之间关系的定律,即感觉的差别阈限随着刺激量的变化而变化,用公式来表示就是 $\Delta\Phi/\Phi=C$,其中 Φ 为初始刺激量,$\Delta\Phi$ 为此时的刺激变化量,C 为常数。韦伯利用类似圆规的仪器刺激被试的皮肤,逐渐增大圆规角度,直到被试说出他感到的刺激是两点而不是一点时为止,这就是两点阈。

1850 年费希纳在韦伯研究的基础上提出了感觉与刺激的对数关系,$S=K\log R$。这里 S 是感觉量,R 是刺激量,K 是常数。也就是说感觉量的增加落后于刺激物理量的增加,刺激物理量呈几何级数增长,而心理量呈算术级数增长。后人将此经验公式称为韦伯－费希纳定律,这一定律适合中等强度刺激的心理量。

Packard(1957)在《隐藏的说客》(*The Hidden persuade*)一书中,介绍了将阈下刺激运用于广告的始创者 Vicary,他在美国新泽西州的一家电影院里做了为期 6 周的实验。其间光顾这家影院的顾客达到 4.5 万多人,在播放电影的时候每隔 5 秒钟就会闪现 3 毫秒的广告刺激("吃爆米花"和"喝可口可乐"字样)。由于呈现的时间极为短暂.只有千分之三秒,所以没有消费者能够有意识地感知到这种刺激。然而在这 6 周内,影院爆米花的销量增长了 57%,可口可乐的销量增长了 18%。Vicary 的研究颇受非议,他本人也一直不能提供这次实验的具体细节。因而人们认为销量增长作为一个结果,可能并不是因为顾客受到了阈下广告的影响,而是因为当时天气比较闷热等其他因素。Vicary 后来在 1962 年接受《广告时代》的采访时也承认这个实验的证据是捏造的。Packard 认为由于阈下操纵的问题会造成人们不能自由地"选择他们自己想要的东西",虽然这个结论远未被证实(有些甚至是故意制造的骗局),但他的书造成了深远的影响,引起了广泛的关注。1999 年美国联邦贸易委员会通过法律禁止使用这种快照式的广告。

美国心理学会消费心理学分部的负责人贾格迪什·施莱斯曾经这样评价阈下技术的效果:"人们讨论的焦点总是集中在(阈下技术)能否改变人的态度这一点上,肯定地说,这是做不到的,你所能做的是引发人们预先的态度或进行部署。"

对心理阈限以下的刺激,个体往往无法意识到或不能深层次加工。但是阈下刺激会对认知产生影响。阈下影响的研究集中在对阈下刺激对认知启动方面。阈下启动指个体没有意识知觉到呈现的刺激,却影响到随后对相关刺激加工的现象。例如在语义认知实验中,人对一个词最近的加工经验可以在该词下次出现时促进对该词的加工。

1935 年,J.R.斯特鲁普(Stroop)为了揭示在念字和颜色命名的认知过程中产生的干扰作用而设计了一种实验。他采用各种不同颜色书写的文字作为刺激,要求被试做的反应是说出书写这些文字的颜色的名称。结果发现当字—色矛盾时(如呈现红笔书写的"黄"字),说出字的颜色受到了字的意义的干扰,命名反应时长于其他组合情况(如呈现红笔书写的"红"字),此现象被称为 Stroop 效应。

石文典、钟高峰、鲁直(2015)的实验证实,阈下知觉启动效应的实质是一种放大作用,能够降低阈限,增强对刺激的敏感性。阈下知觉由于处于阈限以下,是非常微弱的,它本身不能被知觉和意识到,但是阈下知觉能够使阈限降低,使刺激处于临界状态,当此时给予被试相应的阈上刺激时,阈上刺激与先前的阈下知觉相结合,能够迅速地被激活,从而提高了阈上加工的效果,阈下知觉的启动效应就发生了。

四、潜意识与内隐认知

潜意识是在实验心理学和生理心理学不发达,认知心理学还没有产生的时代产生的。潜意识理论主要是弗洛伊德及其追随者通过观察、归纳、心理治疗实践总结出来的,这和我们的中医理论有相似之处。虽然潜意识理论缺乏严格的实验测试证实,但它确实有效,直到今天,潜意识理论仍然广泛应用于心理治疗。

从潜意识理论描述的范围来看,潜意识的主要部分包括了内隐认知、阈下知觉,以及部分的交感神经活动和部分的副交感神经活动。在很多应用场合,我们用潜意识或者用内隐认知来解释,结果都是一样的。

认知理论中的内隐认知、注意选择理论、认知分配理论在潜意识理论都有涉及,只不过因为潜意识理论缺乏实验基础,没有深入研究。

五、生活中的潜意识活动

恐高,是存在很多人心理的本能。实际上恐高也是一种潜意识活动,只不过这种心理活动在阈限值下,我们在意识层面无法感受到它,所以不知道为什么。

假设让一个人在地面上过一个长 5 m、宽 10 cm 的平衡木,很多人很轻易地通过。但如果在离地 10 m 高的两座楼间,走过一个长 5 m、宽 50 cm 的通道,很多人根本不敢通过。如果在 20 m 高的两座高楼之间,架设一个长 5 m、宽 1 m 的通道,在没有保护的情况下,普通人多数是不敢通过的,甚至有些人一接近通道,就要双脚发软或发抖。

面对新的环境的时候,外界的信息进入我们脑中,意识和潜意识就同时启动工作,对环境作出判断,评估风险,这是我们生物进化的本能,否则人类不可能存活到今天。对风险评估后,会对风险做出相应的反应,这种反应可能是逃走、滞留或进攻。

当我们登上高处的时候,人会对环境进行评估,潜意识会想"如果从这个平衡木掉下来怎么办,会不会摔死"。有些人会展现自我的强大,担心别人笑话胆小,虽然内心非常害怕,表现也会装着若无其事。尤其在一些文化背景下,对勇敢的推崇让人更加地压抑恐惧。但也有些人确实潜意识活动不强,确实对处于高处比较麻木,不会去想如果掉下去这个问题。

随着高度的增加，人们在潜意识里的思考也会不同。如果只有 1 m 高，潜意识会想"1 m 高，即使站不稳，可以跳下来，掉下来也没有事"，表现出来就是从容地通过。如果到了 5 m 高，潜意识会想"才 5 m 高，掉下去顶多受伤，如果不走过去，别人会笑话"，表现出来仍然会走过平衡木，但内心恐惧，有些人可能走过去时会闭眼，闭眼是潜意识矛盾下的自主行为，是为了关闭外界信息的传入，降低恐惧感，因为信息进入大脑必然引起潜意识反应"高了，走过去风险大"。但不睁眼无法调整正确的方向，反而容易掉下去，只好睁开眼睛，所以就一会儿闭眼一会儿睁眼。而在生理上，肾上腺素分泌加大，心跳加速，紧张出汗。

但如果到了 20 m 高，潜意识会想"太高了，掉下去会摔死，不要为了面子死撑"。表现在行动上，完全拒绝尝试通过平衡木，双脚发软、颤抖。

当然这些都是潜意识里发生的，潜意识的运行时间很短，人们并不能清晰地感觉到自己是如何想的。但现代医学和心理学技术，已经通过脑电波、皮肤电导等手段测量出人类无意识的心理活动。

如果了解人类心理的潜意识活动规律，学习了元认知的知识，那么人们可以有意识地运用元认知对自身的潜意识进行干预，例如当登上高处的时候，我们可以不断地向自己的意识传达"不用担心，外面有围栏，不会有任何风险"。我们也可以通过脱敏训练，来降低潜意识活动的强度，例如建筑工人经过多次适应后，能够在高楼的脚手架上如履平地。

哪些心理活动是在潜意识里发生，哪些是在意识里发生？本书作者推测与心理活动持续的时间有关。

大量内隐认知研究实验表明，根据语义加工内容的复杂性不同，人类的内隐认知反应时长在几十至几百毫秒之间。而人体的一些快速反应，未经过大脑皮质加工，只经过边缘系统和自主神经系统反应，持续时间更短。神经元主要包括胞体、树突、轴突，树突较短，只有几百微米，但轴突较长。脑神经学通过枪乌贼轴突来研究反应时间。枪乌贼轴突长度可达 0.5 米，在外界刺激下，枪乌贼轴突通过钠离子通道开启，钠离子穿透细胞膜，使得膜电位变化产生动作电位。但是单个动作电位并不是肌肉动作信息的主要成分，而是通过轴突电位产生的频率表达。外界刺激引发轴突的激发，高的激发频率引起高强度的肌肉收缩。对枪乌贼轴突研究发现，膜电位在外界刺激下，1 毫秒达到高峰值，随后下降。如果轴突长度与反应时间正相关的话，人类多数肌肉的反应时间就很短。

按照进化心理学的观点，有些意识活动时间短，那是因为我们进化过程中的自然选择，例如遇到猛兽、蛇等风险，如果我们花时间去思考，往往意味着死亡，只有那些意识快速活动的祖先才能够存活下来，从而人类的基因蕴含了快速意识活动的成分。但我们又不能对所有的意识活动都有感觉，否则我们会占用大量的时间来处理这些意识活动，并对这些活动做出反应，那么我们就没有足够的时间去从事狩猎、生产，从而也无法传承这种基因。

本书作者推测，人们对意识的感觉受到意识活动持续时间的约束，如果持续 100 毫秒，人们可以感觉到自己在想什么，这属于意识；如果持续时间不到 10 毫秒，人们感觉不到，这种意识活动被归入潜意识；如果持续时间 10 毫秒以上到 100 毫秒之间，人们只要有意识地去感觉，能够感觉得到，这属于前意识。通过训练，人们可以提高对意识的感觉阈限，尤其对前意识的心理活动我们可以通过元认知训练来感受到。对于潜意识，我们可能无法感觉到，但是我们可以通过我们的外在行为和心理反应来间接觉察到，因为这种心理活动会伴随着血液、激素水平的重大变化，例如事后我们可以感到被惊吓或者厌恶。这种通过行为和心理反应来感觉，称为"内省"。

六、注意的认知理论

注意是和意识紧密联系的一个概念，是指人的心理活动对一定对象的指向与集中。注意是个体对输入的刺激信息进行有选择的加工分析，同时忽略其他信息的心理活动。注意指向某个对象时，就已有意识地加工处理某些刺激信息了。

注意有三个基本特征：一是注意的选择性，即人们只注意并选取众多刺激中一部分信息做进一步加工；二是注意的持续性，即根据人的目的与意愿，对某刺激信息在连续一段时间内保持不变，并且不受其他刺激的干扰；三是注意的可转移性，即人们根据自身意愿和需要，把对某刺激的注意转移到另一个刺激信息的关注上。注意的选择和分配机制是个体的重要心理机制，决定着人们的认知和行为重点，投机交易中的很多常见错误，例如选择性忽略、认知偏差等都与注意的选择和分配有关。

(一)注意选择的认知理论

1.过滤器模型

布罗德本特(Broadbent,1954)在彻里(Cherry,1953)的双耳分听实验基础上提出了过滤器模型理论。该理论认为，人的神经系统加工信息的容量是有限的，不可能对所有的感觉信息进行加工，这样就需要一个过滤器对信息进行选择，选择较少的信息进入高级分析阶段，其他信息被阻断在外，过滤器工作方式是"全或无"的。

2.衰减模型

特瑞斯曼(Anne Treisman,1964)提出了衰减模型理论，她承认过滤器的存在，但过滤器并不是按照"全或无"的方式工作，它既允许信息从注意的通道中通过，也允许从没有注意到的通道经过，只是后者受到衰减，强度上减弱了，并没有完全消失。不同刺激的激活阈限不同，有些刺激对人意义重大，激活阈限低。例如"鸡尾酒会效应"。在嘈杂的室内环境中，同时存在着许多不同的声源，多人同时说话的声音、餐具的碰撞声、音乐声以及这些声音经过墙壁和室内物体的反射声，到达人耳时的混合声波中已经不存在独立的与各个声源相对应的声波了。然而听者却能够在相当的程度上听懂所注意的目标语句。

3.反应选择模型

多伊奇(Deutsh,1963)在双耳分听实验中发现,左耳和右耳对靶子词的反应正确率很接近,据此提出了反应选择模型理论。该理论认为,过滤器不在于选择知觉刺激,而在于选择对刺激的反应;输入的信息在进入过滤装置或衰减装置之前已得到充分分析,然后再进入过滤或衰减装置,选择是发生在加工后期的反应阶段;选择标准是刺激对人的重要性,重要的反应,不重要的不反应。该理论也可解释Stroop效应。

4.三种理论的比较

(1)过滤器理论与衰减理论都认为高级分析水平的容量有限,必须由过滤器来加以调节;过滤器的位置处于初级分析和高级的意义分析之间,因而这种注意选择都具有知觉性质。但过滤器理论认为过滤器的工作方式遵循"全或无"原则,而衰减理论则认为非追随通道的信息只是受到衰减,在达到兴奋阈限时仍可被识别。两种理论合称为知觉选择模型。

(2)知觉选择模型认为过滤器位于觉察和识别之间,反应选择模型认为过滤器位于识别与反应之间。

(二)注意分配的认知理论

1.认知资源限制理论

卡尼曼(Kahneman)于1973年在《注意与努力》一书中提出了资源限制理论。该理论认为:(1)注意是一种有限的认知资源,注意的有限性不是过滤器作用的结果,而是受到了从事操作的有限心理资源的限制。对刺激的加工需要占用认知资源,刺激越复杂或加工越复杂,占用的认知资源越多。(2)输入刺激本身并不自动地占用认知资源,在认知系统内,有一个机制负责资源的分配。人对认知资源的分配是灵活的,人可以根据情境把认知资源分配到重要的新异刺激上。(3)完成每一项任务都需要运用认知资源,操作几项任务可以共用认知资源,只要同时进行的两项任务所需要的资源之和不超过人的认知资源的总量,那么,同时操作这两项任务就是可能的。如果一个任务没有用尽所有的资源,那么注意可以同时指向另外的任务。(4)注意的功能就是资源分配(因此该理论也称为资源分配理论)。

诺曼和博布罗(Normen & Bobrow,1968)通过对资源限制的区分进一步精确化了认知资源的概念。他们提出了"材料限制"和"资源限制"的划分。所谓材料限制是指其作业受到任务的低劣质量或不适宜的记忆信息的限制,因而即使分配到较多的资源也不能改善其作业水平。

虽然资源分配理论适用性很强,但是仍存在严重的不足:资源分配理论的可证伪性不像过滤器理论那么高。按照资源分配理论,如果两个任务无法在任务作业水平不下降的情况下被同时执行,那么它们需要同一个资源;但如果没有观察到任务作业水平下降,那么它们不需要同一个有限资源。这样一来,似乎所有注意机制都是资源分配机制,没有哪种认知结果不能用这种理论来解释。

2.双加工理论

谢夫林(Shiffrin)等人认为,人类的认知加工有两类,自动化加工和受意识控制的加工。自动化加工不受认知资源的限制,不需要注意,是自动化进行的,在习得或形成后,其加工过程比较难改变;意识控制的加工受认知资源的限制,需要注意的参与,可以随环境的变化不断进行调整。意识控制的加工在经过大量的练习后,有可能转变为自动化加工,就不需要占用认知资源,个体就可以将注意更多地集中于其他受意识控制的加工过程之上。斯皮尔克(Spelke)实验表明,练习在人的注意分配中起重要作用,通过练习可以大大提高完成双任务的时间,不过同时完成两项的任务也不可能比单独完成一件事情的成绩高。

七、认知偏差

最早明确提出认知偏差的是密歇根大学的 Zajonc 和 Burnstein(1965),二人结合前人相关研究成果并通过实验论证,阐述了认知偏差产生的根源,指出认知偏差有三个来源:其一是心理结构失衡,其二是社会性交互,其三是个体心理倾向。

特沃斯基和卡尼曼(Tversky & Kahneman)从个人认知资源的有限性出发,认为个体在认识和判断事物时,以及在进行决策时都会与事实本身产生偏差。大量研究表明启发式总是与偏差相伴而生的,启发式有可能带来成功,也有可能导致失败(Tversky & Kahneman,1974)。

(一)认知启发偏差

特沃斯基和卡尼曼在早期的著作中提出了决策理论的三大经典启发方式:代表性启发(representativeness,1972)、易得性启发(availability,1973)和锚定启发(anchoring,1974),来描述人们在估测概率、频度和一些不确定情况下人们会采取的认知策略及产生的认知偏差。在随后的研究中,人们又陆续提出了再认启发式(recognition heuristic)(Gigerenzer,1999)、情感启发式(affect heuristic)等十几种启发式偏差。

人们在有限的信息和运算能力以及物力条件的限制下,在不确定情况下往往只是凭借自己内心先验的标准来进行事物的预期。

1.代表性启发。

人们倾向于根据样本是否代表(或者说类似于)总体来判断其出现的概率。人们在不确定的情况下,会关注一个事物与另一个事物的相似性,以推断第一个事物与第二个事物发生可能的类似之处。有时,人们假定将来的模式会与过去相似(历史会重演),并寻求熟悉的模式来做判断,并不考虑这种模式产生的原因或重复的概率。

代表性启发导致最常见的两种偏差:一是忽视基线概率,二是小数法则。

利用直觉可以用很少的努力和时间就得到一个令人满意的答案,因为绝大多数情况下,一个粗略的答案就够了。但是直觉判断会导致人们忽略事件本身的先验概率,从而产生系统性的偏差。

【例7-2】Tversky和Kahneman在1982年进行的一项实验

某女,31岁,单身,坦诚、非常聪明。哲学专业毕业,在学生时代积极关心歧视问题和社会公平问题,同时参加了反核示威。请快速回答,哪一个可能性更大:

A:"该女是银行出纳员";

B:"该女是银行出纳员和女权主义者"。

实验结果多数人选择B答案。实际上B是A的子集,A的概率是B的基线概率。由于给定的条件中,某女既是哲学专业又积极参与社会活动,与女权主义的外在表现刻板印象一致,产生了代表性启发。

小数原则(Tversky & Kahneman,1971)是套用统计中的大数定律命名。在统计学中,大样本的均值会反映总体特征。小样本出现偶然性事件就会严重偏离总体特征。但是,按照人类心理的小数法则,人们确信随机变量期望值的分布也会反映在小样本的样本均值之中。这导致对短序列的独立观察值做了过度推论,认为小样本也符合总体均值。人们倾向于认为偶然性事件具有自我修正的功能,但实际上偶然性事件并没有自我修正。例如:

一个城市中,八年级的平均IQ为100,如果从中抽取50名学生进行研究,如果抽取的第一个IQ为150,那么这50人平均IQ是多少?

很多人对这个问题的答案是平均IQ为100。但正确的答案为101(IQ总分为150+49×100)。因为剩余49名学生的IQ均值仍然为100。人们倾向于剩余的49名学生中会再出现一个偶然的IQ为50的学生,平衡150高分的IQ。

2.可得性启发

人们倾向于根据一个事物在记忆中的可得性程度来评估其出现的概率,容易直觉到的或回想起来的被判定为更常出现。

例如,相对于新入市者而言,体验过"跳水"的老投机者在面临股市下跌风险时,更容易高估股票价格直线下降的可能性。

影响可获得性启发偏差的因素有:

(1)接近性:某件事越是最近发生过,越容易被经常想起,越会被判定发生的概率高,这有些类似于近因效应。例如,刚经历过股市大跌后,投资者就会变得高估股市下跌的概率,即使市场形势已经开始明朗,向上的趋势开始逐步形成,但是股市一调整,大家就会非常恐慌。随着时间推移,人们又会逐步淡忘过去的下跌,开始积极购入。

(2)新异性:越是新异的事物,人们对其关注的程度越高,越可能高估其结果。

(3)生动性:越是表现生动的事物,人们记得越是牢固。生动的信息对决策者的影响更大。

(4)情绪一致性:人们对事件的记忆往往会和该事件引起的情绪一起结合起来,

以后当该情绪再次出现时,也就容易回忆起该事件。

股票价格上涨,投资者情绪趋好,这又会促使投资者对股市做出过于乐观的预测;股市下跌,投资者遭受一定损失,情绪变坏,这会促使投资者对股市做出过度悲观的预测。

3.锚定与调整启发法

锚定与调整法则指在不确定的情况下,人们通常利用某个初始值作为锚定点(anchor),然后再通过一定的调整来得出最后的结论。不同的初始值将产生不同的结果。特沃斯基和卡尼曼描述的幸运轮实验清晰地证明了,人们会受到无意义的初始值的约束与左右。

特沃斯基和卡尼曼进行了一个锚定效应的实验,让被试转动幸运轮,得到随机的数 65 或 10,然后问被试非洲国家在联合国中占的比重。当被试转出 65 时,被试回答的平均比例是 45%,而转到数字 10 的被试回答的平均比例为 25%。

显然,第一个无意义的数字被当作了锚定点,而后来进行的调整并不足够充分。Slovic 和 Lichtenstein 指出无论初始值是问题中暗示的还是粗略计算出来的,后面的调整通常都是不足的。

行为金融学将这一法则引入金融市场,认为在金融市场上,当投资者对某种股票形成较稳定的看法后,就会在一定程度上被锚定在这种看法上,并以此为基准形成对该股票将来表现的预期判断。因而当该股票基本面信息(如每股盈利)公布后,投资者在进行下一期预测时,受制于锚定的影响而不能做出充分调整,结果发现信息(每股盈利)不是又一次高于就是又一次低于预测值。

例如,大资金会连续买入某只低价股,并在一定时间内维持在高价位,从而改变散户的心理锚定点,使大家认为这只股票是高价股,从而忽略了它的每股收益、发展前景等基本面因素。由于散户锚定点的存在,一下跌就会有人会买入,大资金可以很从容地高价卖出退场。

锚定与调整可能导致的偏差倾向于高估连续性事件的概率而低估非连续性事件的概率。连续事件和非连续事件都从属于一个总体,因此具有相同的基本概率。但如果事件连续发生时,人们就会以近期连续发生的小样本作为锚定点,从而高估总体的概率。例如股市上涨天数和下跌天数的概率相同,但如果近期连续上涨较多,人们就会认为总体的上涨天数要高于下跌天数。

(二)影响认知启发的因素

认知偏差的产生都是多种原因而非单一原因导致的,总体来说其产生原因大概有以下几种:

1.有限的理性(bounded rationality)

一般情况下,人们只能在"所知"或"已知"的范围内进行决策判断,而不能超越"无知"。人类认知能力的局限性决定了在实际的决策判断中,人们总是以近似代替精确,以有限理性而不是无限理性,来寻求满意而不是最优。因此,人们在生活中经常采用启发式、小数规则、样本推断这样的认知策略实现快速且节约认知资源的判断,但同时又不可避免地产生认知偏差。

2.框架的影响(frame)

特沃斯基和卡尼曼(Tversky & Kahneman,1981)认为框架是"决策者所拥有的有关动作、结果以及某一特定选择可能引发的有关情况的一系列概念",决策框架部分是由问题本身的形式决定的,部分是由问题所依赖的情境、社会规范等影响决定的。一方面,一个问题所采用的不同形式会对决策人的判断产生不同的影响,如初始效应、近因效应、顺序效应等;另一方面,一个刺激所产生的作用在很大程度上取决于其所处的情境,也就是说,决策者并不是孤立地去感知和记忆某个事件,而是根据他们过去的经验和事件发生时的情景去理解和解释信息。同时,由于情境的不确定性、信息的不完备性和复杂性也使得行为人的全面理性不可能实现。而且,即使是最独立的决策者也会受到他人的行为和态度等社会因素的影响,如文化习俗、社会规范、群体压力等,从而导致从众等行为和其他的错误判断。人们总是在一定的框架内解决、思考问题,因此也总是被一定的框架所局限。

3.情绪情感

个人的决策行为受自身经验、情感和立场的影响,往往带有明显的选择性特征,容易决策判断偏离客观性。人们的偏好倾向、愿望期待、价值标准,以及为了解除认知失调而进行的各种自我辩解,都会使人们在无意间产生认知上的偏差,甚至有时人们还会有意识地自问对判断目标的感觉如何。情绪情感也像各种代表性、易得性启发式一样,是一种进行评价和判断的线索。因为很难剥离出前在情绪对现时判断目标的影响,所以对同一事件的判断人们经常因不同的心情而给出不同的答案。例如Ganzach 等人(2000)的实验表明,人们对风险和利益的感知经常会因为情感的不同而发生变化,对负性情感事件人们经常会认为高风险低利益,对正性情感事件人们经常会认为是低风险高利益。

例如,一个人如果持有一只股票时间过久,尤其是在被动持仓,被套牢的情况下,对这只股票公司的任何有利消息会更敏感,对于不利的消息有时会选择性忽略。

4.想象性

越是容易被想象的事物,人们越认为该类事物发生的概率高。想象得越多,人们有时越会认为自己的想法正确,这是一个不断加强的陷阱。

(三)因果推理的偏差

1.选择性知觉

选择性知觉是指人们在接受外部信息时,受个人的需要、动机、经验、背景及其他个人特质的影响,在外界诸多刺激中仅仅注意到某些刺激或刺激的某些方面,而忽略了其他刺激。作用于人的客观事物是纷繁多样的,人不可能在瞬间全部清楚地感知到。但人们会选择性地感知那些他们所希望和愿意看到的事物。这种意愿可能来自于意识,放大某方面的信息;也可能来自潜意识,不自觉地忽略某些信息。如天上有一架飞机飞过,我们总是先看到飞机,然后才注意到周围的白云和天空。

影响选择性知觉的因素主要有两方面:一是认知性因素,如个人的预期、以往的经验,个人的信念等。认知性因素中,背景的影响较大,背景依赖偏差很难克服,改变背景一定程度上可以降低选择性。人们有时会有意识地运用背景调节来影响选择性知觉。例如在舞台上,我们一般会将光柱照射到主要演员身上,就是为了引起观众的注意。与此相反,在军事上,为了避免引起注意,就必须进行伪装,即设法将目标隐藏于背景当中。1889年,米勒(Muller)提出了视错觉现象,两根同样的线段,在不同背景下,被错误地认为不一样长。详见图7-2。

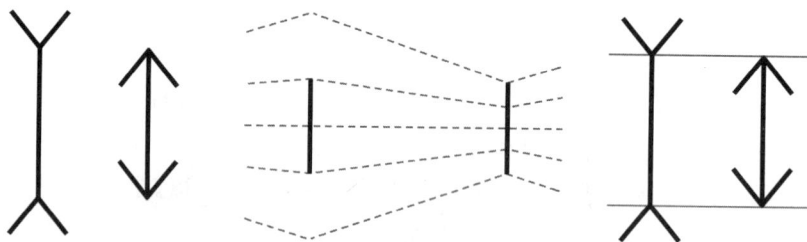

图 7-2 米勒(Muller)视错觉

另一种因素是激励因素,如个体的欲望、情绪,例如球迷总是会忽略本方球员的犯规,而且球迷真的认为自己没有看到。

投机交易中也大量存在选择性知觉,尤其是投机者的多头偏好或空头偏好。交易者如果手头持有多头仓位时,对有利多头的信息会有更高的敏感性,并且更容易接受这一类信息,对于多头不利的消息则容易忽略。例如买入某股票,对该股的利好消息记忆深刻,而对利空消息往往忽略。如果投机者曾经在某只股票上赚到大的利润,那么在未来很多年,这只股票的任何微小消息都会唤醒投机者的注意力。

多头(空头)偏好很难消除,投机者首先要养成价格说明一切的习惯,才能忽略所有价格以外的信息,如果做不到这一点,最好的办法是阶段性地清除仓位,即使损失部分利润。

2.首因效应

首因效应是指当不同的信息结合在一起的时候,最初获得的信息比后来得到的信息对个体影响更大。首因效应在社会交往表现为第一印象。阿希(S. E. Asch,1946)以大学生为研究对象做了一个试验,将大学生分为两组,让他们评定一个人的总体印象,实验表明,先给予肯定信息的一组,对被评价者的印象远远优于先接受否定信息的另一组。

陆钦斯(A.S.Luchins,1957)也验证了首因效应。首因效应产生的原因是人们在初次接受信息时,会投入更大的注意力。因为人是认知的吝啬鬼,因此后来再接受信息时,人们的注意力会下降。

3.近因效应

与首因效应相反,近因效应是指新近获得的信息比原来获得的信息有更大的影响力。相对于首因效应,近因效应的影响更加普遍和明显。

若信息是连续呈现出来的,但判断或决策是在一段时间后才做出,则此时首因效应是主要的。若信息的呈现之间有时间间隔,但判断或决策是紧接着做出的,则此时近因效应是主要的。

而且近因效应受个性特点影响较大。心理特质开放、灵活的,会产生更多的近因效应影响;个性稳定、固执、缺乏足够适应性的个体,则首因效应会占据主导。

4.晕轮效应

晕轮效应(halo effect)也叫光环效应,是指当认知者对一个人的某种特征形成好或坏的印象后,他还倾向于据此推论该人其他方面的特征。其本质上是一种以偏概全的认知偏误。

晕轮效应广泛应用于社会生活中,例如各种产品的广告都是明星代言,利用的就是明星的光环效应。

在股市中,也存在晕轮效应。一是股评市场,普通人更相信有高学历背景或海归背景的股评家,认为他们推荐的股票会有更好的走势,但实际上没有任何证据证明这一类人推荐的长期股票收益率更高。二是在股市上,主力资金往往会先用大量的资金推高行业或板块的龙头股,让人们预期这一类别的股票会有较大的涨幅。

5.归因偏差

归因理论(attribution theory)关注的是个人如何判断和解释他人或自己的行为,它是分析和推测事件因果关系的社会认知理论。

海德(Fritz Heider,1958)认为人有两种强烈的动机:一是形成对周围环境一贯性理解的需要;二是控制环境的需要。为了满足这两种需要,普通人必须对他人的行为进行归因,并且经过归因来预测他人的行为,唯有如此才有可能满足"理解环境和控制环境"的需要。因此,普通人和心理学家一样,都试图解释行为并且从中发现因果关系,只是普通人的归因并没有什么科学方法,他们更多地依靠理解和内省。

凯利(H.Kelly,1967)在吸收了海德的共变原则的基础上提出的三度归因理论,又被称为多线索分析理论,或称共变归因理论。凯利认为人们多是在不确定条件下进行归因的,人们从多种事件中积累信息,并且利用"共变原则"来解决不确定性的问题。凯利认为,人们在试图解释某人的行为时,可能用到三种形式的归因:归因于行为者,归因于客观刺激物(行为者对之做出反应的事件或他人),归因于行为者所处情境或关系。

人们在归因中最常见的错误是自我服务偏差(self serving)。人们总是将良好的行为结果归因于自身的努力,而将不良结果归因于外部环境或他人。例如,参加比赛的选手,赢了就归因于自身的实力,输了往往怪裁判偏袒或对手作弊。产生自我服务偏差的原因是个体在归因时,自我(ego)会自动地卷入,从而达到自我价值保护的作用。当我们做得不错或取得成功时,我们把自己的才智和品德看成超出常人,以提升自我价值。有研究表明,高自尊的人更容易产生自我服务偏差(Brown,1986,1988;

Schlenker & other,1990)。

自我服务偏差对投机交易的提升是无益的。当人们交易失败时,自我服务偏差会将结果归因为市场、监管者(例如认为庄家内幕炒作导致),却不从自身的交易系统和行为去客观分析交易的结果。

但是自我服务偏差对于投机的心理健康却是有益的,归因于外部因素可以保护自我价值,维护自尊感,使投机者不至于陷入自责、后悔、抑郁情绪中,因此对于投机者,可以利用自我服务偏差。但是投机者应该做好交易记录日志,并将每日的交易心理动态实时记录下来,等交易过去一段时间,对自我价值的冲击淡化后,再进行复盘,分析交易失败的原因。

八、影响决策的其他认知因素

(一)沉没成本效应

如果一项开支已经付出并且不管做出何种选择都不能收回,一个理性的人就会忽略它。这类支出称为沉没成本(sunk cost)①。

萨勒将沉没成本效应(sunk cost effects)定义为:如果人们已为某种商品或劳务支付过成本,那么便会增加该商品或劳务的使用频率(Thaler,1980),这一定义强调的是金钱及物质成本对后续决策行为的影响。

(二)心理账户

理查德·萨勒(Richard Thaler)1980 年首次提出"心理账户"理论(mental accouting)。萨勒认为:人们在消费行为中存在沉没成本效应,一个可能的解释是卡尼曼教授等提出的"前景理论",另一个可能的解释就是个体潜意识中存在的"心理账户系统(psychic accounting system)"(R. H. Thaler ,1980)。1984 年,特沃斯基和卡尼曼认为"心理账户"概念用"mental account"表达更贴切。

所谓心理账户就是人们在心里无意识地把财富划归不同的账户进行管理,不同的心理账户有不同的记账方式和心理运算规则。而这种心理记账的方式和运算规则不符合经济学原则和理性预期原则,导致个体做出非理性决策。

假设第一种情况,你昨天花 100 元买了一张今天晚上的电影票,在你马上要出发的时候,突然发现把电影票弄丢了。如果想去看电影,就必须再花 100 元钱买张票。

第二种情况,今天晚上你打算去看一部电影,票价是 100 元,在你将要出发的时候,发现丢了 100 元。你是否还会去看这场电影呢?

同样看场电影需要花 200 元,但第一种情况下电影票的心理成本变成了 200 元,第二种情况下电影票的心理成本仍是 100 元。第二种情况下,人们更愿意去看电影,以弥补丢失 100 元钱的不快。

---

① 斯蒂格利茨.经济学(第二版)[M].梁小民,黄险峰,译.北京:中国人民大学出版社,2000:40.

人们根据财富来源与支出划分成不同性质的多个分账户,每个分账户有单独的预算和支配规则,金钱并不能容易地从一个账户转移到另一个账户,两种金钱不能完全替代。萨勒称之为"非替代性"(Thaler,1999)。萨勒教授在研究中发现金钱非替代性的一些表现:

1.由不同来源的财富而设立的心理账户之间具有非替代性,例如意外之财和辛苦得来的钱不具替代性。一般来说,人们会把辛苦挣来的钱存起来不舍得花,而如果是一笔意外之财,可能很快就花掉。所以赌徒即使不亏钱,钱也会越来越少,因为输的时候是真实地把钱转移给其他赌客了,但赚的时候就会大手大脚消费。

普通人会把工资划归"勤劳致富"账户中;把年终奖视为一种额外的恩赐,放到"奖励"账户中;买彩票赢来的钱,放到"天上掉下的馅饼"账户中。对于"勤劳致富"账户里的钱,我们会精打细算;对"奖励"账户里的钱,人们会抱着更轻松的态度花费掉,比如买一些平日舍不得买的奢侈品;"天上掉下的馅饼"账户里的钱就最不经用。

2.为不同支出目的而设立的心理账户之间不具有替代性。例如某个男人平时给妻子买件1000元的衣服会舍不得,但是到了妻子生日,可能就会开心地花这1000元。同样是1000元,在心理账户不可替代,因为效用不同。

在生活中你可能去菜市场与摊贩为了一元钱而斤斤计较,但是在股市上为了避免更大亏损而割肉1000元平仓,你可能还很兴奋。

3.不同存储方式导致心理账户的非替代性。萨勒教授举了一个实例:约翰先生一家存了15000美元准备买一栋理想的别墅,他们计划在5年以后购买,这笔钱放在商业账户上的利率是10%;可最近他们刚刚贷款11000美元买了一部新车,新车贷款3年的利率是15%。那么,为什么他不用自己的15000美元存款买新车呢?

1985年,理查德·萨勒教授提出了交易效用理论(transaction utility),用以解释生活中很多人因为优惠而购物的现象。交易效用理论提出,消费者购买一件商品时,会同时获得两种效用:获得效用(acquisition utility)和交易效用(transaction utility)。其中,获得效用取决于该商品对消费者的价值以及消费者购买它所付出的价格,而交易效用则取决于消费者购买该商品所付出的价格与该商品的参考价格(reference price)之间的差别,即与参考价格相比。

因为心理账户的影响,同样的金钱收益,对同一个人的影响是不同的,简单地可以将心理账户的影响分为两类:一类是保健作用,另一类是激励作用。

保健作用的金钱,如果损失就会痛苦,但如果获益却不一定愉悦,保健作用的金钱都在预期范围内,例如工资属于保健性金钱收入。如果老板扣你工资,你会很不爽,但如果发工资,你不会觉得兴奋。

而激励性金钱,如果损失不一定很痛苦,但获益却很愉悦。这是因为激励性金钱的收益是意外获得的,而且数额往往较大。例如员工的年终奖金,如果少了,虽然有些不快,但不一定很痛苦,但如果多一点点,就会很开心,想着如何添置家庭大件资产;又如彩票,如果中奖很开心,没中奖也不会难过。

在投机交易上,对于职业操盘手和业余炒股者的心理感觉是不一样的。对职业操盘手来说,盈亏是属于保健性因素,亏钱会难过,甚至可能抑郁到想自杀。但对于多数业余炒股的上班族,炒股收益属于激励性因素,即使大幅亏损,深度套牢,也不会影响生活;但如果行情好,即使赚钱不多也很开心。

金融市场,由于每时每刻都在波动,很多时候人们会把账面上的利润当成真实利润。尤其是在投机交易过程中,如果动了平仓的念头,那就更会把想要平仓时点的账面盈利看成实在的获利。

例如,某股民 3 月以 5 元买入一只股票 10000 股,4 月涨到 10 元想卖出,但预期再涨而没有卖出,5 月跌到了 5 元。对于这位股民来说,4 月涨到 10 元账户上股票总值是 10 万元。5 月跌到 5 元,虽然从资金量上看没有亏损,但对于这位股民来说,心理账户亏损了 5 万元。

(三)禀赋效应

萨勒还同时提出了禀赋效应(Thaler,1980)。禀赋效应(endowment effect)指个体不愿意放弃已经拥有的东西,当他打算卖掉他的东西时要价高于同样物品的买价的一种现象。也就是说当人们拥有一件东西之后,人们会倾向于认为,自己拥有的物品比别人拥有的同样的物品更有价值。我们常说的敝帚自珍就是禀赋效应的表现。禀赋效应已经在各种不同方法的研究中得到证实(knetsch & Sinden,1984;kahneman et al.,1990;Johnson,Hershey,Meszaros & Kunreuther,1993)。

萨勒(Thaler,1980)所举的一个经典的禀赋效应例子中,研究者给被试呈现如下两个情境:一是假设在一周内你有 1‰ 的概率感染一种疾病,那么你最多愿意花多少钱来治愈这种疾病;二是假设某项研究需要志愿者,同样有 1‰ 的概率感染这种疾病,如果你参加这项研究,你要求研究者最少付给你多少钱。

结果发现,被试在两种情境中所给出的货币量并不一致,第一个情境中被试给出的价格是 200 美元,而第二个情境则是 1000 美元。在第二个情境中,因为被试将自己所拥有的健康看作一种禀赋,对其评价更加积极而导致被试对其估价增加,所以产生禀赋效应。

卡尼曼等人认为禀赋效应是一种相对稳定的个体偏好(Kahneman,Knetsch & Thaler,1991),广泛存在于人类行为中,儿童和成人都表现出禀赋效应,可能是人类进化的本能反应。有研究证实即使是黑猩猩也不愿意以刚刚得到的食物来交易即使它们偏好的食物(Brosnan,2007)。

行为金融学多数研究对禀赋效应的解释是损失厌恶。一个人放弃财产相当于一种损失。

另一种解释是后悔厌恶。人们不愿意与别人进行交易以换得更好的替代品,是为了避免将来可能的后悔。

对于股票交易来说,很多人对某只股票都会有一个估值,但是一旦买进股票后,他就拥有了这只股票，禀赋效应会自然而然地调高股票的估值，从而在股票超过原来的心理估值后仍然持有。并且持有者会积极地寻找有利于证实自身信念的各种证据，不再关注那些否定该设想的证据，并人为地扭曲新的信息。

(四)损失厌恶

损失厌恶(loss aversion)是指人们对财富的减少比对财富的增加或收益更为敏感，而且损失的痛苦要远远大于获得的快乐。

当所得的比预期的多时，人们会很高兴；而当失去的比预期的多时，就会非常愤怒和痛苦。这两种情绪是不对称的。改变带来的损失体验比获益要深。即一个人在损失一定数量的金钱时所体验到的恶劣心情远远大于得到相同数量金钱所带来的愉悦心情，即损失厌恶。

在前景理论中，特沃斯基和卡尼曼通过心理学研究发现，在可以计算的大多数情况下，中等或中小程度的金钱获益和损失的价值函数曲线斜率之比是 2∶1(Tversky & Kahneman,1991)。也就是说，损失带来的厌恶感大约两倍于等量收益产生的快感。见图 7-3。

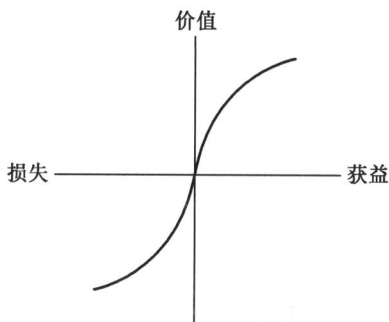

图 7-3　前景理论的价值函数

投机交易中，一买就连续上涨几乎是不可能的。由于价格波动，在持有过程中，经常遇到账面亏损。而此时损失厌恶主导人的情绪，从而在持有中途过早卖出。过后上涨时又以更高的价格买回，长期收益可能会周期性地被短期损失所打断。

(五)过度自信

过度自信，指人们对自己的能力、知识和判断等，表现出过分的乐观与自信。过度自信的后果会导致人们高估自己的判断、低估风险和夸大自己控制事情的能力。过度自信有很多种表现形式，例如自我感觉良好、对事件过分乐观、忽略风险等。最典型的事件就是二战中美国军方的过度自信，导致珍珠港被偷袭。

导致过度自信的原因有如下几个方面：

(1)问题难度。随着问题难度增加，过度自信的程度也增加。

(2)任务熟悉与参与度。对一项任务越熟悉或者参与程度越深，就越能感受到自己对任务的控制力，尤其对长期从事的行业更是如此。

(3)知识幻觉。信息量的增加会使人们认为自己预测的准确度增加。当信息的收集达到某一点时,人们预测精确度就达到了最高限度,不会再随着信息量的增加而显著增加。

(4)控制幻觉。人们经常会相信自己对某件实际上无法控制的事情有影响力。造成控制幻觉的原因包括:主动性选择会使人们认为自己有控制力(如自己选择彩票号码),过去出现的正面结果会比负面结果更能增强人们的控制幻觉。过度自信与控制幻觉相关的往往表现出过度乐观。

(六)后见之明

后见之明,即我们常说的事后诸葛亮。每当一个事件发生之后,人们总能找到若干理由,证明这一事件必然发生,觉得自己"早就知道"某一事件会出现何种结果。每个人都或多或少地存在此类心理倾向。例如看到某只股票上涨的时候,总会听到有人说"我早就看好它了"。问题是,为什么没有买它呢?

人是有选择性知觉的,当关于某件事的信息进入人的意识里时,人们会根据个人的心境、背景而选择部分信息进行强化认知,剩余的大部分信息都舍弃了,但这些舍弃的信息还是存在前意识中,只不过放在一边,也许一段时间后就会彻底遗忘。当事件出现了变化后,人们又将原来认知处理时主动丢弃的信息重新加工,赋予了逻辑链条,于是人们就认为自己事先已经处理过了。

后见之明是一种自我价值保护机制,人们并不愿承认自己是一个马虎的认知者,尤其是事件的信息是公开的、容易获取的。例如股票信息是公开的,炒股的人都可轻易获得的。一旦承认自己忽略了信息,就会伤了自尊,"我怎么这么笨,连这都没想到",为了避免这种自尊的损失,人们就会重新认知,告诉自己,我不笨,我是想过了。至于为什么没有去做,人们又会用另一套心理机制来消化,例如,"我当时没空"等。

投机交易中要减少后见之明,我们要养成追根究底的思维习惯,关注潜意识或内隐认知中的活动。投机者面对行情时,常常会感觉到异常,例如某个时段出现连续的大额交易、某个价位会有较多的成交量,但很多时候,投机者并没有去深究,以为是正常的波动,对于异常在脑海里一闪而过。但成熟的投机者要善于捕捉这种异常,关注思维中形成结果的逻辑过程,对不同的可能结果要有明确的概率计算。一闪而过,其实是潜意识里已经产生报警了,只不过多数人的认知没有进一步处理。

(七)后悔厌恶

后悔厌恶是指当人们做出错误决定后往往会后悔不已,感到自己的行为要承担引起损失的责任,会比损失厌恶更加痛苦。

如果某种决策方式可以减少决策者的后悔心理,那么对他来说,这种决策方式将优于其他决策方式。

为了避免痛苦,人们常常做出许多非理性的行为,如为了等待不必要的信息而推迟决策,从众行为,推卸责任,等等。

(八)心理定势

心理定势(mental set),又称心向,是指某人对某一对象心理活动的倾向,是接受者接受前的精神和心理准备状态,这种状态决定了后继心理活动的方向和进程[①]。

心理定势是人们在长期进化过程中,为了适应复杂的环境,而提高认知效率的一种心理特征,具有普遍性和相对稳定性。在环境不变的条件下,定势使人能够应用已掌握的方法迅速解决问题。而在情境发生变化时,它则会妨碍人采用新的方法,做出改变。

心理定势与思维定势(thinking set)相近,两者内涵几乎一致,但在哲学和社会学研究领域,人们更多地采取思维定势这一概念。

心理定势是由心理学概念"定势(set)"发展而来。定势的概念是由德国心理学家兰格(L.Lange,1880)首先提出的,用以标志经验影响反应速度的事实。穆勒(G.E.Miller)和舒曼(F.Schumann)1893年又用"定势"来说明被试如有按顺序记忆的定势便能使记忆加快。

在前人研究的基础上,乌兹纳杰对这个概念加以改造,进而发展成定势理论,并形成前苏联定势心理学派。定势学派对定势现象展开了广泛的研究,并尝试着用定势来解释一切,使得定势发展成为一门成熟的理论。1949年,乌兹纳杰出版了总结性著作《定势心理学的实验基础》一书,对于定势的概念、产生的条件及其理论的实践意义做了全面的论述,同时采用多种感觉实验反复验证。这一理论认为,定势是主体个性的一种完整的动力状态,是对某种积极性的准备状态,这种状态是由主体的需要和相应的客观环境两个因素决定的,决定或影响着同类后继心理活动趋势,也就是说人的心理活动倾向性是由预先的准备状态及定势所决定的。

乌兹纳杰在实验中发现了"定势错觉"现象,例如,人们在反复感知两个大小不等的球后,对两个大小完全相等的球也会感知为不相等。这说明过去的感知对当前事物的感知能给予定势影响,这一现象就是定势错觉。在此基础上,乌兹纳杰及其所代表的定势学派强调:这些错觉不仅可以在知觉中发现,而且处处皆有,只要那里的主体的现实定势与作用于他的刺激之间存在着冲突。因此,定势的表现也是多方面的,如运动定势、注意定势、知觉定势、问题解决定势等[②]。

运动定势,即个人从事某种运动反应的准备状态。例如,赛跑运动员位于起跑线上时就处于一种运动定势状态。不管是否在比赛,短跑运动员一听到类似发令响,第一反应就是准备飞奔而去。

注意定势,即观察者准备接受特定信息的一种状态。准备接受的信息受到精细加工,反应时也短,其他信息则可能被忽略。例如,让观察者尽快从下列一串项目中挑出数字:6BRHC7JDTG8PKSQ,观察者很容易完成这个任务,但字母的规律却被忽略。

知觉定势,即人们按照期望和背景而不是按照实际物理刺激去感知刺激。例如

---

① 中国大百科全书(心理学卷)[M].北京:中国大百科全书出版社,1988:251.

② 互动百科词条,定势,http://www.baike.com/wiki/%E5%AE%9A%E5%8A%BF.

人们在阅读手写的草字书信时,往往是按照预期和上下文去辨认,而不是按照逐个文字去辨认,对于一般人,逐个文字难以辨认清楚;又如快速给你呈现一幅缺一只脚的狗的画片,你往往会把它看成是完整的狗。

问题解决定势,指定势对思维活动的影响。当我们解决了一个问题时,就会形成一种定势,如果下一个问题是类似的,就容易受到上一次处理问题的定势干扰。问题解决定势还有可能受到功能固着的影响。功能固着是指多数物体都有特定的功能,例如小刀是用来切东西的,放大镜是用来看东西的等。在处理问题时就不会想到要用物体的其他功能,例如特殊情况下想不到用放大镜来取火。

心理定势会使投机者坚持错误的交易策略,导致定价错误的持续存在,直至非常强而有力的证据出现才能迫使其改变原有的信念。例如中国股市在大幅下跌后,政府常常会出手干预救市,例如降低印花税等,并且多数时间都能改变股市的运行节奏。但是2015年6月,在媒体一片叫好声中,沪指从5178点急跌到2638点,很多股民停留在政府救市的心理定势中,没有及时卖出。

日常投机交易中,持续的行情也会让投机者形成心理定势,尤其是较长时间的行情更是让人以为趋势不会结束。例如长时间的多头行情后,人们会认为行情会继续上涨下去,当行情掉头下跌突破关键的指标后仍然采取多头策略,并且积极地寻找有利于多头行情的各种证据,选择性忽略甚至人为地扭曲空头信息。

当定势阻碍问题解决时,应暂时停下来,休息一下,或进行一些别的工作,过一会儿,定势会自然消除。

其实当人们遇到行情反转时,账面的亏损会让人心理产生沮丧。尤其是突破反转指标时,账面亏损已不小了,此时会产生严重的挫败感,此时应该是转变策略的时候。但恰恰此时心理定势最容易阻碍人们做出正确的决策。而面对这种定势影响的最好方法,是遇到自己有疑问的行情时,就停止交易,不再开仓,或者不论盈亏,先平仓出场休息,清空心理的多空偏好后再择机入市交易。

九、内化

(一)内化

内化(internalization)是一个心理学的概念,关注内化的主要有两个领域:一是心理治疗领域,通过对患者内心意识的重新构建,持久地改变内心的心理;另一个领域是教育心理学,偏重于知识内化与道德内化,通过同化和顺化改变个体心理,将社会意识根植到个人意识中,实际上要将社会道德内化到个体的潜意识中。

哲学家尼采1887在《道德的系谱学》中第一次将内化明确为一种心理过程:所有没有向外转化的本能都转向了内部。

斯金纳(Walronf—Skinner,1986)认为,内化是个体将与外部的关系转移到他内部世界的一种过程。内化包括了合并、内射和认同机制。

教育心理学领域将内化分成了知识内化和道德内化。

知识内化就是外部新知识经过主体通过一系列智力活动重新组合，将外部知识与个体原有认知结构建立内在联系，形成新的认知结构，从而变为意识或潜意识里的内部知识。

知识内化应有如下几个方面的特征：一是稳定性。作为一种知识，一旦在心理上内化，应是相当稳固的。内化的程度越高，稳定性越强，其遗忘的曲线越接近水平曲线，在记忆的形式上表现为长时乃至终生的记忆。二是无意识化。知识内化到潜意识中，当它表现或运用的时候是就能自动快速。例如中国人学习英语，初期阅读英文时，总是先会脑中将每个词翻译成中文后再串成句子进行理解；而如果英文知识内化后，就是直接从英文句子获取全部信息，甚至用英文思考。

道德内化是将个体认同的新价值观和自己原有的观点、信念，结合在一起，构成一个统一的态度体系。这种态度是持久的，并且成为自己人格的一部分。在无外界压力的情境中也能做出与新价值观一致的动机和行为。最成熟的内化水平称为"自我同一性"，它反映了将内射和认同共同塑造到自我和他人的一致性形象中。

内化并不仅仅是一个知识或道德与价值观形成的心理过程。实际上人类的很多心理意识都是外部训练的结果。人类很多的经验形成都是内化过程，而这种内化过程是一种将意识层的知识内化到了潜意识层面。例如心理治疗上的脱敏疗法，通过多次小规模接触过敏源，达到脱敏效果。

人类最初对纸钞是没有经验的，一个婴儿对纸钞也没有金钱意识反应，最多当成一件玩具。但到了儿童时期，儿童知道纸钞能够换取食品、玩具，而且对不同面值的纸钞能够得到多少的食品和玩具有了明确的认识。

投机交易瞬息万变，留给个人的决策时间很短，尤其对止损操作和进行日内交易的人来说，几乎要达到条件反射状态才能够保证正确的决策。

交易员在开盘后常常处于精神高度紧张状态。尤其市场外干转折点时，要在短时间内做出正确的决策，而且往往正确的决策必须与人类惯常的心理习惯相反。市场氛围高涨的时候可能要做空，市场低迷时可能要反向做多。如果没有将投机思想内化到个人的潜意识中，想要在交易中快速反应根本不可能。

(二)十年定律

内化是一个长时间的过程，心理学上有一万小时定律提示了内化的困难和时间消耗。

蔡斯和西蒙(Chase & Simon,1973)发现，国际象棋大师在摆盘、复盘等实验上都显著强于一级棋手、新手。他们首次提出专业技能习得的十年定律，国际象棋大师能够在长时记忆系统中存储 5 万～10 万个棋局组块，获得这些专业知识大概需要 10 年(Willion G.Chase & Herbert Simon ,1973)。

在大量的调查研究中，科学家发现，无论是在对作曲家、篮球运动员、小说家、钢琴家还是象棋选手的研究中，都证实了十年定律。

美国科罗拉多大学的安德斯·埃里克森与德国马克斯－普朗克研究院的克朗培、泰施罗默在对柏林音乐学院和柏林 10 名国际知名的小提琴家进行了研究。1993年发表了论文《刻意练习在专业获得中的作用》(K. A. Ericsson, R. T. Krampe, C. Teschromer, 1993)。在这项研究中，埃里克森将音乐学院的学生分为三组：第一组的学生被认为"卓越"，具有成为世界级小提琴演奏家的潜力；第二组的学生只被大家认为"比较优秀"；第三组学生的小提琴演奏水平被认为永远不可能达到专业水准，他们将来的目标只是成为一名公立学校的音乐教师。

研究表明（见图 7-4），音乐学院学生平均在 7.9 岁开始接受专业的小提琴培训，都有超过 10 年的专业训练。埃里克森强调专业训练的重要性，三组学生平均每周参与音乐活动都是 50.6 小时。但对提升水平更有效的单独训练，卓越组和比较优秀组每周平均 29.8 小时，而音乐教师组每周只有 9.3 小时。除此以外，卓越组在进入音乐学院前就已接受更多时间的专业音乐训练。

到 20 岁的时候，国际知名小提琴家组和卓越组的学生已经累计练习了 10000 个小时，比较优秀组的学生累计练习了大约 8000 个小时，而那些未来的音乐教师，他们的累计练习只有 4000 个小时。

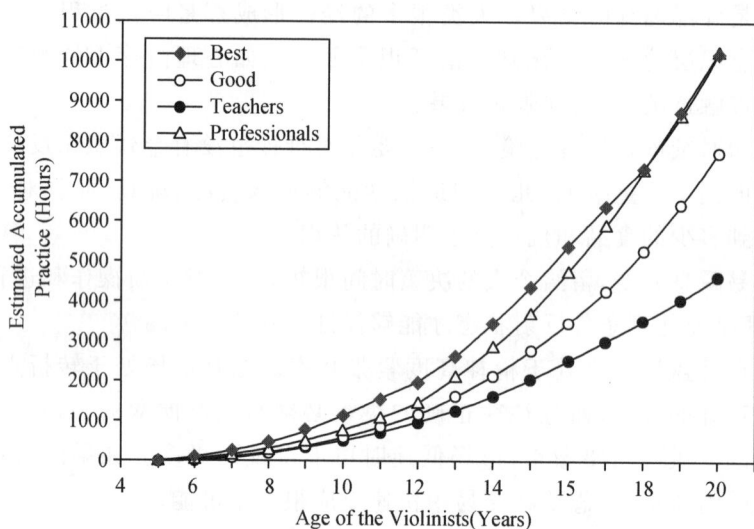

图 7-4　小提琴演奏家年龄与刻意训练时间

来源：K.A.Ericsson, R.T. Krampe, C.Teschromer. The role of deliberate practice in the acquisition of expert performance[J]. Psychological Review, 1993(1).

这项研究成果后来被畅销作家马尔科姆·格拉威尔（Malcolm Gladwell）《异数》一书引用，演绎出一万小时定律。《异数》中指出：人们眼中的天才之所以卓越非凡，并非天资超人一等，而是付出了持续不断的努力。一万小时的锤炼是任何人从平凡变成超凡的必要条件。他将此称为"一万小时定律"。

一万小时法则的关键在于，一万小时是最底线，而且没有例外之人。没有人仅用

3000 小时就能达到世界级水准,7500 小时也不行;一定要超过 10000 小时。无论你是谁,想要取得某方面的成功都要坚持 10 年平均每天 3 小时的训练。一万小时的练习,是走向成功的必经之路。一万小时定律在很多成功者身上得到验证。音乐神童莫扎特,在 6 岁生日之前,他音乐家的父亲已经指导他练习了 3500 个小时。到他 21 岁写出脍炙人口的第九号协奏曲时,专业练习远远超出 1 万小时。

但是格拉威尔显然忽略了,安德斯·埃里克森的一万小时指的是刻意练习,而且与天赋、练习方式高度相关,低水平的勤奋练习是无效的。就像家庭主妇做了十年的饭并不必然成为大厨,业余炒股十年也只会是亏钱。

有感于自己的研究被人误解,因此安德斯·埃里克森 2016 年出版了《刻意练习》,强调长时间的刻意练习对成功的重要性。

对于投机交易者来说,目前国内市场,一年交易日不到 250 天,一天日盘交易时间 4 小时,期货根据不同品种再加上夜盘 2～4 小时,算下来平均一年的交易时间为 1000 小时。如果一个人要达到对市场快速熟练的反应,仅靠在开市时间内的练习,至少需要十年的功夫。要想缩短成熟的时间,除了在盘中交易外,还要在闭市后花大量的时间进行技术指标分析、模拟未来趋势交易和应对策略,只有这样才能将交易亏损年限缩短。

(三)反内化

对于交易老手而言,最大的问题是如何去除潜意识里的技术指标与负面情绪的习得性联结。

经过数年的交易总结和分析,交易系统经过长时间拟合,多数投机者已能够找到属于自己的交易模式。但投机早期因为经验不够,交易方向错误而造成较大亏损,而这种亏损的心理折磨体验就有可能内化到潜意识中,当出现相同的情境时,潜意识里的痛苦经历会跳出来妨碍投机交易。

例如投机者以 20 日线掉头作为短期趋势的开仓标准,并且统计出这种情况下持仓 5 日交易获利的概率是 70%。但是由于以前没有配合止损等其他技术手段,这位投机者曾经以 20 日线掉头进行交易,并且在一次股灾中损失了 50% 的本金。因此即使他明知道用这一指标能够获利,并且也在合理的时机开仓了,但是由于重大亏损记忆内化到他的潜意识中,每当持仓过程中,他总是会焦虑、恐惧,最终不能坚持持仓,没等到获利就平仓了。这是老投机者常见的问题。

对于这种问题,要么就是放弃这种交易指标,启用没有伤痛记忆联结的交易系统,要么要从心理上调整,消除与这一指标关联的负面记忆,这就是反内化。

反内化有很多种情境,如不良心理的治疗,价值观的矫正等。但对投机者,最常见的就是消除记忆联结。

联结是心理学的一个重要概念。在联结主义学习理论中,联结是指某种情境唤起某种反应的倾向。当一个人面对一种特定情境时,做出特定的反应,那么这种情境就与这种特定反应构成一种联结。

联结学习理论是桑代克在对动物进行实验研究的过程中提出的一种学习理论。在桑代克设计的实验中,饿猫被关进黑箱,猫抓、咬、叫等反应,偶然触碰插栓时门会打开并获得食物奖励。多次试验后,猫的失败动作减少以至消失,可以迅速触碰插栓开门。这表明猫在试错学习后,插栓与开门间建立了联结,联结就是指实验动物对笼内情境的感觉和反应动作的冲动之间形成的联系或联想。1898年桑代克以这些实验研究成果发表了论文《动物的智慧:联想过程的实验研究》。1914年桑代克出版了《教育心理学》。桑代克认为,学习就是联结,心理是人的联结系统。他用"联结"而不用"联想",是为了与观念联想区别开,认为动物没有观念和观念的联想,而人和动物都有联结。联结有两类:一类是先天的联结或反应倾向,即本能;另一类是习得的联结或反应倾向,即习惯。

对于先天的联结,很难完全消除,但可以通过训练进行有效的抑制;而对于习得的联结或反应倾向,可以通过有意识的干预消除。

投机交易初期重大亏损、破产、长时间连续亏损造成的心理折磨,都可能内化到潜意识中,尤其是大亏叠加生活的失意,如求职无着(交易者往往难以调整心态去求职)、婚姻危机、孩子或家人的鄙视都会使大量的负面情绪强化。并且这种负面情绪会与行情振荡产生记忆联结。当面对振荡行情的时候,遇到类似的技术指标时,很容易唤醒埋藏在潜意识里的负面情绪记忆,从而快速启动心理防御机制,交易就会缩手缩脚,潜意识里会怕亏损再次重演。

反内化,就是要消除后天习得的联结。一种是类似于心理治疗的脱敏疗法。这种方法是通过多次的小金额交易来消除。如果技术指标确实有效,那么多次运用该指标交易后,总体上会获利。虽然中途也会小概率地亏损,但由于小金额对投机者的生活影响较小,不会造成较大的心理负担,相当于接触经过无害化处理的过敏源。

另一种方法是回避,通过时间来消除记忆联结。与先天的恐高、怕蛇不同,由于投机损失产生的记忆联结都是后天习得的,因此在潜意识中的固着并不强。经过长时间的记忆消退,联结会消除。但是回避方法不适于重大伤害,例如因为亏损被迫卖房、离婚,或者在重大亏损时段遇上亲人离世,这些"祸不单行"的多重联结,如果不通过刻意的脱敏训练,仅靠时间的遗忘难以消除。

第五节　恐惧与贪婪

金融投机领域常常提到交易失败的原因是"恐惧与贪婪",但实际上这两个词并不能完全描述交易时的心理状态。尤其是人们常说的"恐惧"实际上包括了交易时的恐惧和焦虑两种情绪,但这两种情绪是不同的。恐惧面对的是感知到危险时的反应,而焦虑则是面对更为广泛的预期,包括各种可能危险后的反应。在投机交易中,行情大多数时间是在小幅波动状态，人们并不会感受到重大亏损的危险，这时出现的多是焦虑情绪。只有出现成交量剧烈放大、急涨急跌的，人们才会出现恐惧情绪。因此恐惧情绪出现的比例并不大。实际上人们在谈及交易中的恐惧时，往往是一种焦虑情绪。恐惧往往导致人们不知所措，停止应对环境。而焦虑反而会促进消除焦虑的行为发生。所以很多时候，投机者为了消除焦虑，反而会频繁交易。投机交易上，恐惧只会让投机者亏一次，但焦虑却会让投机者不停地止损。

无论恐惧还是焦虑，心理学上都有较多的研究，但是对于贪婪，心理学上的研究却很少。

一、贪婪的概念

贪婪作为一种人性，在哲学、文学和社会学领域一直受到关注，《韦氏词典》将贪婪定义为"自私和超出自身需要的期望"。由于贪婪较为抽象，并且与道德紧密关联，多数人尽可能地掩饰自己的贪婪动机，人们很难客观地看待贪婪本身。因此长期以来，心理学很难对其进行精确的、可操作的定义。直到近些年，社会心理学、情绪心理学和进化心理学的发展，众多学者从多角度对贪婪进行了研究。例如 Steinel 和 De Dreu(2004)认为贪婪是"个体对高收益的期望"。Crossley(2009)将贪婪界定为一种自私的行为。Gilliland 和 Anderson (2011)基于归因理论和分配公平理论提出贪婪的操作性定义：当个体知觉到他人追求超过自身应得或必需的东西，而另一些人却因此遭受损失时，就会感知到贪婪。

王雪和吴嵩等人(2013)将贪婪界定为：个体渴望、追求、维持超过客观需要的物质财富的心理倾向和行为表现，并伴有相应的认知、情绪反应。

从上述定义可以发现，贪婪是一种期望或心理倾向，因此也属于态度的范畴，是人们对于物质财富的态度。贪婪也包括认知、情绪两个成分，它们共同影响个体的贪婪决策(Wang & Murnighan, 2011)。

既然贪婪属于态度，那么贪婪本身就无关好坏，只有它处在特定情境中，贪婪导致的动机和决策才有好坏之分。

但是贪婪与普通的态度不同，贪婪是人类进化的产物，是一种本能。这种本能来源于早期人类的贮食本能。

从进化心理学的角度来看，心理机制是在解决问题的过程中演化形成的。人类的某种特征之所以存在是因为它能够可靠地、有效地、经济地、精确地解决某种适应问题，无论是生理特征还是心理特征都是如此。而人类的生存本能，让贪婪成为人性不可分割的一部分(Robertson,2001)。

多数动物都有贮食本能，熊和松鼠都会在冬天食物匮乏前储藏食物，并且尽可能地在身体堆积脂肪。贮食是高等动物普遍的适应性生存技巧，对于帮助动物和早期人类度过食物短缺的季节，提高生存机会和减少种群灭绝的风险都起到了重要作用。

人与动物共有的自私与贪婪的贮食本性,从动物生存和进化的角度来讲,实在是难得的优秀基因。

人类结束狩猎—采集的生存方式也才几千年的时间。在这之前人类其实只是生物链中普通的一员,为了避开食物短缺的时期,人类需要贮存食物才能保证生存机会。这种贮食本能成为人类基因的组成部分延续下来。

农牧业出现以后,生产和生活规模缩小,出现了以姻亲和血缘为基础的家庭单位。这个时代人类有了多余的食物,但是贮存食物本能仍然得到进化。男性占有更多食物才能换得更多的交配机会,扩大他们的后代数量;女性对食物的追求和占有能使家庭后代有更多的生存机会。所以无论是男性还是女性,都有对食物贮存的本能需要。贮食本能具有自利性质,这种贮食本能不仅仅是对本人的自利倾向,也有相对于社会而对家庭成员的自利倾向。

随着商品经济的发展,黄金、白银等货币脱离出普通商品,成为流通和交换的一般等价物,贮食本能也从食物转换到贮存能换取食物的金钱。人们的贮食本能进化成了对金钱的贪婪。

即使到了近代社会,贮食本能的进化仍然没有停止。政治家追求更多的金钱,可以武装更多的军队,进而占有更多的税赋,更多的税赋使政治家能为更多的嫔妃提供食物,创造更多的后代。奴隶主、商人和地主追求更多的金钱财富,可以拥有三妻四妾。社会对财富追求的结果,使得人类中贪婪的基因浓度越来越高。近些年很多宗族修订的族谱,上溯的祖先源头无一例外是皇亲国戚或士大夫。这其中不排除很多宗族为了给自己脸上贴光,夸大本家族的出身。但从一个侧面说明,拥有较多财富的祖先将种族繁衍下来的概率更高。

直到现代社会,一夫一妻制度的固定和现代法律制度、道德的约束才使得贪婪心理的生物学进化停止。

二、贪婪与决策

虽然贪婪是人们对金钱的本能态度,但态度并不一定引发贪婪行为。这取决于个体所处的道德情境。只有经过贪婪决策,在自我利益与他人利益之间进行权衡,才能最终决定是否做出个人利益最大化的贪婪行为。

贪婪来自于人类的贮食本能,受到自利倾向的驱动。个体在进行贪婪决策时,会出现本能需求与社会规范之间的冲突,在自利倾向与道德之间挣扎,整个过程是情绪与认知共同作用的结果(Bazerman & Chugh,2006)。有研究证明,贪婪的动机和行为可以引发强烈的情绪反应,如兴奋、气愤、紧张、愉快(Elster,1998;Loewenstein,2000)。

Long Wang 和 Keith Murnighan(2012)提出了贪婪的决策模型。在这一模型中,自利倾向的情绪通常都要强于社会道德的情绪反应,如果这种强度差别的影响力超出道德认知的影响,人们就会做出贪婪行为。详见图 7-5。

例如一个人看见地上的钱包,贪婪的本能想据为己有,并伴随兴奋、快乐的情绪。但是长期社会教化形成的认知让这个人想要将钱包还给失主。周边是否有他人在场就属于道德情境。是否还给失主,除了道德情境外,还取决于个人情绪与认知的影响。

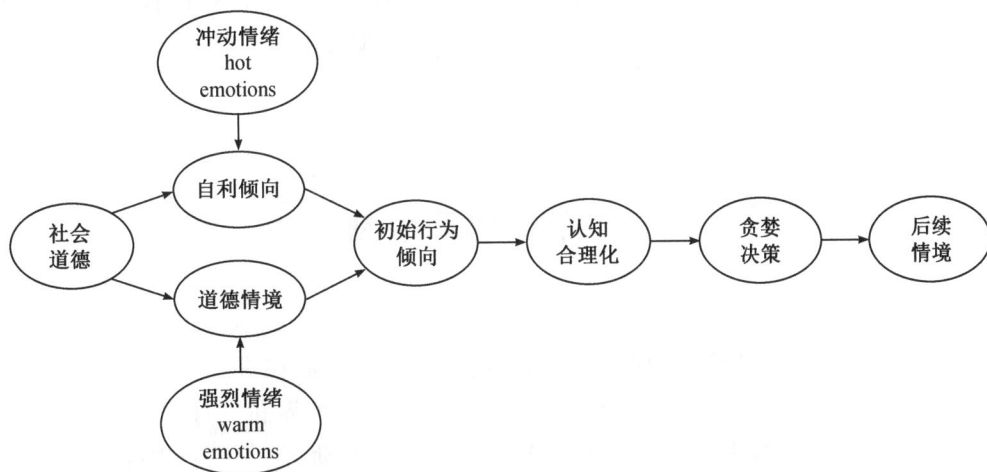

图 7-5 贪婪决策过程

来源:Long Wang,J. Keith Murnighan. On Greed[J]. The Academy of Management Annals,2012,Vol 5,No 1.

但很多情况下,贪婪会侵犯他人利益、损害社会公平,因此个体在贪婪决策时会出现本能需求与社会规范之间的冲突。这一点上与道德决策相似。

但是两者仍然存在差异,贪婪并不等同于不道德。"不道德"是一种恒定的消极评价,但是人们对贪婪的态度既可能是积极的,也可能是消极的,人们对贪婪的态度越积极,就越有可能做出自利行为(Wang & Murnighan,2012)。而且人们常常有意忽略贪婪的负面性,并对自己的贪婪行为进行合理化解释,通过认知重评低估自己行为的贪婪程度,更可能做出贪婪行为。另一方面,贪婪行为能得到直接的金钱奖赏。相比之下,违背道德,人们得到的更可能是公众的谴责和排斥等精神上的惩罚。

三、贪婪与投机交易

在金融投机市场,一方面虽然一个人的获利意味着必定有另一个人的损失,但是人们并不直接与特定的对象进行交易,而是通过交易所的撮合。人们即使获利也见不到直接损失的对方。另一方面,由于金融交易制度设计,参与者都认为这些制度总体上是公平的,愿赌服输。交易者认为,在金融市场上如果获利,是市场对自己能力和努力的奖赏,不但不是一种不道德的行为,还能够促进上市公司融资,活跃市场,加快市场资金流动,有利于资金的合理配置。所以在金融市场的贪婪行为,并不会有道德上的冲突。因此人们会比在金融市场外更容易产生贪婪行为。甚至可以说,一进入金融市场,贪婪本能没有抵消力量,人们完全处于贪婪动机的控制之下。

但是贪婪动机并不一定立即产生贪婪行为。能限制贪婪行为的是对交易亏损的恐惧和焦虑。人们因为贪婪而交易,但交易的目的是获利,如果预期不能获利,人们就会停止贪婪行为。实际上,因为恐惧而止损是为了降低损失,实际上也是一种贪婪行为。

第六节　心理控制

由于我们人类的情绪、心理和思维遗传特点,使得我们在进行交易、思考时会带有天然的缺陷,并由此导致认知的偏差,不过人类有改造世界和自身的能动性。在了解自己的特点后,虽然我们不能杜绝认知偏差和情绪波动,但通过心理控制,我们还是可以及时发现自己的认知偏差和情绪波动,并在最短的时间内调整自身的认知和情绪。在决策前发现认知偏差,我们就不会做出错误决策,在决策后发现认知偏差,可以快速纠正,将损失降到最低。

要正确监控自己的认知和心理状态,我们就要运用一些心理学的方法,这些方法包括元认知、应激情绪调节、心理防御的控制等。

一、认知控制

(一)元认知

元认知就是对认知的认知。元认知(metacognition)一词最早出现于美国儿童心理学家弗拉维尔(J.H.Flavell)1976年的《认知发展》一书中。1981年弗拉维尔将元认知定义为:反映或调节认知活动的任一方面的知识或者认知活动。

斯登伯格(Sternberg,1994)将元认知定义为关于认知的认知,认知包含对世界的知识以及运用这种知识去解决问题的策略,而元认知涉及对个人的知识和策略的监测、控制和理解。

Salvador将元认知定义为个体反思、理解和控制自己学习的能力。

国内有学者认为(梁宁建,2003),元认知是个体对自己心理过程、心理状态、目标任务、认知策略等多方面因素的认知,它是以认知过程、结果为对象,以对自身认知活动的监控和调节为外在表现的认知活动过程。

元认知作为调节认知的心理活动,因此也需要一定的技能。思维技能和学习技能都是元认知技能的组成部分。

(二)元认知的要素

对于元认知所包含的要素,弗拉维尔认为元认知有两大要素,分别是元认知知识和元认知体验。他指出元认知知识是个体所存储的既和认知主体有关又和各种任务、目标、活动及经验有关的知识片段,元认知体验是伴随并从属于智力活动的有意识的认知体验或情感体验。

布朗(Brown,1982)等人认为元认知的两大要素是关于认知的知识和认知调节。关于认知的知识是个体关于他自己的认知资源及学习者与学习情境之间相容性的知识,类似于 Flavell 的元认知知识。认知调节指一个主动的学习者在力图解决问题的过程中所使用的调节机制,它包括一系列的调节技能,如计划、检查、监测和检验等。

Salvador 和 Yianna(Salvador & Yiann,2007)认为,元认知能力一方面是指关于自身知识、所使用的策略和策略的运用的知识;另一方面是指对自己学习过程的控制,包括对认知调节和控制的各种评价。还可以分为陈述性知识、程序性知识、计划、监控等成分。

国内学者倾向于认为元认知包括三个方面内容(董奇,1989)。一是元认知知识,即个体关于自己或他人的认识活动、过程、结果以及与之有关的知识;二是元认知体验,即伴随认知活动而产生的认知体验或情感体验;三是元认知监控,即个体认知活动进行的过程中,对自己的认知活动积极进行监控,并相应地对其进行调节,以达到预定的目标。

1.元认知知识

元认知知识就是有关认知的知识,即人们对于是什么因素影响了人的认知活动的过程与结果、这些因素是如何起作用的、它们之间的相互作用等问题的认识。元认知知识主要包括以下二方面的内容:

(1)有关个人作为学习者或思维者的知识,即关于人作为认知加工者的一切特征的知识。这方面的知识可以再细分为以下三类:①关于个体内差异的认识(例如,正确地认识自己的心理倾向、思维习惯、能力及其限度,以及如何弥补自己在认知方面的不足等);②关于个体间差异的认知(例如,知道不同个体之间在认知方面以及心理、思维及其他方面存在的种种差异);③关于主体认知水平和影响认知活动的各种主体因素的认识(例如,记忆、理解有不同的水平,注意在认知活动中的重要性、人的认知能力可以训练等)。

(2)有关任务的知识,在有关认知对象方面,主体应当认识到,认知对象的性质(如图形材料与文字材料)、认知对象的结构(如短文与长篇文章)、认知对象的熟悉程度(如本专业信息与不熟悉的信息)、认知对象的呈现方式(如听觉呈现与书面呈现)、认知对象的逻辑性等因素都会影响我们的认知活动的进行和结果;在有关认知目标、任务方面,主体是否知道不同认知活动的目的和任务可能是不同的,有的认知活动可能有更多、更高、更难的要求。例如,要求回忆一篇文章的大意要比要求默写该文章的任务简单得多。

(3)有关认知策略及其使用方面的知识,这方面涉及的内容很多,例如,进行认知活动有哪些策略;各种认知策略的优点和缺点是什么;它们适用的条件和情境如何;对于不同的认知活动和不同的认知任务,最有效的策略如何选择;等等。

2.元认知体验

元认知体验是个体在认知活动过程中,伴随着认知活动的全部认知体验或情感体验。例如一个人感觉到将要在一项认知活动中失败,可能会产生无助、挫折感的体验,这种体验就是元认知体验。

元认知体验可以在认知活动前,也可以在认知活动中,也可在认知活动后。元认知体验既可以发生在意识中,也可以发生在潜意识中。一般来说,元认知体验最容易发生在能激发高度自觉思维的工作、学习中,因为在这种工作中,人们能采取的每一个主要步骤都要求有事前计划、事后评估,做出的决定和行动对个人而言都是重要又可能失败的。此时要集中认知资源保证有效的思维,同时要保证认知过程按既定的程序,这就要求人们要感觉和体验自己的思维。

3.元认知监控

元认知监控就是主体在进行认知活动的全过程中,将自己正在进行的认知活动作为意识对象,不断地对其进行积极、自觉的监视,控制和调节(董奇,1989)。它主要包括以下几个方面:

(1)制订计划,即根据将要开展的认知活动进行规划,包括认知活动的目标、认知过程、认知策略等,并预估其有效性。例如投机者要对行情进行趋势分析时,分析这一认知活动的目标是确定趋势方向,认知过程和策略是通过技术指标的拟合。元认知计划就是保证趋势分析这一认知活动符合专业性要求。

(2)实时控制,即在认知活动进行的实时过程中,及时评估、反馈认知活动中出现的各种情况,发现认知活动中存在的缺陷,并及时修正、调整认知策略。

(3)检查结果,即根据有效性标准评价各种认知行动、策略的效果,根据认知目标评价认知活动的结果,正确估计自己达到认知目标的程度、水平。

(4)采取补救措施,即根据对认知活动结果的检查,如发现问题,则采取相应的补救措施。一般来说,元认知监控与认知目标、认知课题和情景等因素密切相关。

(三)元认知和认知的区别

1.活动内容

认知活动的内容是对认知对象进行某一方面的心智操作,元认知活动的内容则是对认知活动进行调节和监控。如对一列数字求和,认知活动就是将一列数字按照有关的运算法则相加;元认知活动则是监测自己是否理解了加法运算规则,自我提问运算过程中运用加法规则有没有错误,是否需要进行验证,若发现错误则纠正等。

对于金融投机来说,我们根据技术分析指标看多行情或者看空行情都属于认知活动。元认知关心的是,我们在分析行情和交易的时候,是否存在认知偏差,分析的依据是否错误,是否完全按照交易系统进行操作,是否受情绪波动的影响,是否受认知偏差的影响。

2.对象

认知活动的对象是外在的、具体的事物,如阅读的对象是某段文字材料,回忆的对象是过去经历过的某种事情。元认知的对象是内在的、抽象的认知过程或认知结果等。

3.目的

认知活动的目的是使认知主体取得认知活动的进展,例如,个体将一列数字相加,为的是得到这列数字的和,这是认知活动的目的。元认知的目的是监测认知活动的进展(即给主体提供有关进展的信息),并间接地促进这种进展,例如,为了确认所得到的和是正确的,个体重复加了一遍,这种为确认结果而进行的自我检查就是元认知目的的体现。当然,元认知和认知活动在终极目标上是一致的,就是使认知主体完成认知任务,实现认知目标。

4.作用方式

认知活动可以直接使认知主体取得认知活动的进展;而元认知只能通过对认知活动的调控,间接地使主体的认知活动有所进展。

因此,从本质上来讲,元认知是不同于认知的另一种现象,它反映了对于自己"认知"的认知,而非"认知"本身。但在同时,我们也应看到元认知与认知活动在功能上是紧密相连的,两者的共同作用促使个体实现认知目标。

(四)元认知与投机交易

由于元认知的理论提出时间并不长,无论在国外还是国内,元认知的研究多数集中于儿童教育方面,几乎没有看到应用于金融交易方面的研究。但是由于投机交易很多行为必须克服人类贪婪和恐惧的本能,所以在投机交易中,很多认知活动需要刻意的监控。例如投机者在从众心理影响下很容易做出错误的决定,但投机者通过元认知可以监控到自己受到从众心理的影响,从而调整自己的认知或决策,避免损失。

元认知在投机交易中的作用包括以下方面:

(1)监控自我的心理状态,防止受从众心理影响。

(2)监控自我的情绪,调节自我情绪,防止潜意识里为了避免自尊损伤而发生错误决策。

(3)调节心理应激反应,防止交易中的心理崩溃。

(4)监控自我的思维过程,监控是否存在心理定势,防止错误的逻辑。

(5)监控在解读行情过程中是否按照投机技术分析理论进行分析。

投机在交易过程中,运用元认知技能,就是经常对自己提问:

(1)我的分析过程正确吗? 有没有猜行情?

(2)我的判断符合交易系统吗?

（3）我的判断有没有先入为主？是否存在多头定势或者空头定势？

（4）我的投机交易中有没有受投资意识的干扰，有没有坚持价格说明一切？

（5）我的交易行为是不是受到情绪的影响？有没有冲动交易？

（6）在市场环境发生变化时，有没有及时止损，止损过程有没有受到自尊的干扰？

（五）元认知的训练

元认知是一种调节认知过程的活动，要想真正掌握元认知能力，使元认知在认知管理上充分发挥作用，还需要经过一系列的训练活动。

元认知要发挥的最大作用，就是监控自己的潜意识。因为在金融交易过程中，由于决策时间较短，很多时候交易员的认知活动都发生在潜意识或前意识，这种情况下最容易产生认知错误。

通过元认知对交易员的思维方式进行训练，必须要经历较长的时间，在投机交易的前几年，都要有意识地训练自己去反思交易中的认知过程。金融投机的很多训练都是针对人类的贪婪和恐惧本能，我们不能完全消除这两种本能，只能通过不断的训练和自我剖析来降低本能的反应速度，提高控制本能反应的约束力和反应时间，通俗地说，就是训练自己不要冲动。

投机中的元认知训练目前还没有见到有关的研究。根据本书作者的经验，投机者在认知上最容易失控的时候是在金融市场的交易时段。如果过于专注到交易盘面，一秒钟都不想离开盘面，那么可以肯定你处于亏损模式，更需要元认知训练。除了炒单交易，如果我们处于高度紧张状态，心跳加速、血压增高，都不是从容的交易状态，做出的决策几乎都会导致亏损。而且这时候我们的元认知很难自主干预我们的思维，需要用强迫的方法启动元认知。投机者只有跳出行情的束缚，元认知监控才能起作用。

元认知监控有事前监控、实时监控和事后监控。对于投机交易，事前监控是投机者按计划让自己强制将认知脱离行情。这种方法可以用计时闹钟，计时器比用人提醒效果要好很多，不会涉及情绪的发泄和自我价值的评估等心理干扰。计时器可以是用类似烘焙的固定时间计时器不断地重复，也可以用手机智能设定提醒，每隔半个小时响铃，也可用提示语作为铃声，例如提示"放松""站起来"等分散紧张情绪。分散投机者的注意力，才能够启动元认知。

另一种方法，盘前先设定一个阈限值，例如心跳的上限值。这些年科技的发展大大方便了投机者的训练，可以用心律血压手环进行报警。先记录投机者正常状态下的心跳和血压，在手环上设定一个变化幅度，如果超过一定的限度说明投机者处于过度焦虑和紧张状态，此时手环报警，启动元认知。这属于元认知实时监控。

另外投机者交易初期，需要盘中随手记下心理状态，盘后复盘时再仔细回顾当时的心理状态和认知过程，这属于事后监控。

(六)元认知与逻辑

元认知起作用的前提是我们的思维符合逻辑性。如果我们的思维缺乏逻辑性，那么即使我们掌握了元认知的方法，也不能对我们正确认识交易起帮助作用。

大陆普通教育没有进行专门的逻辑训练，甚至在中学、大学的数学、物理教学都不强调概念以及概念的内涵等逻辑性。这是我国教育的特点，尤其是政治、历史等文科类的教学中，完全靠灌输式教育，我国的考试制度为这种教育方式提供坚实的土壤。一条结论，无论正确与否，通过学生反复强调、背诵、记忆、考试，重复千遍，在学生心中就变成了真理。久而久之，形成只唯上，只唯书。在这种教育下，思想容易僵化，无论思考、言行都显示种种逻辑错误。

例如我们常犯预设前提的逻辑错误。如果警察问小偷："你这自行车哪儿偷的?"实际上预设了一个前提："这车是偷来的"，把自行车的内涵缩小到"偷来的自行车"。逻辑上排除自行车可能是借来的、买来的、捡来的、抢来的。

交易中往往也会存在这样的问题，由于交易员自己的心理偏好，往往在方向上会看多或看空。分析行情的时候就会预设多头或空头的前提。

面对行情下跌，如果交易员一心想着"调整到××价格我就补仓"，实际上就是预设了多头行情的前提。因为他的思维已经看多，想要买入，只是等待时机而已。如果不是多头趋势中的调整而是趋势转空头呢? 那么就一定要亏损。同样如果交易员想"大盘不好了，我要卖出股票"，处于恐慌状态，实际上预设了空头趋势的前提。这两种交易思维都是预设前提，都不利于交易。

正确的思维应该是以不确定性来看待行情，"行情跌了，跌到什么价格未知，多头趋势是否结束需要技术指标确认"。只有等到下跌确认结束，再去根据技术指标判断是调整还是反转下跌。如果仍处于多头，之前的下跌属于调整，接下来的上涨将延续多头趋势行情；如果行情转空头，那么前期的下跌是主波浪，接下来的上涨属于下跌后的反弹，有多头仓位要及时平仓。实际上一切皆有可能。

二、应激状态

(一)应激的概念

应激英文为 stress，但到了国内没有翻译成心理压力，而是通行翻译成应激，也许最初的翻译者认为应激更能描述心理压力下的状态[①]。

加拿大生理学家汉斯·塞里(Hans Selye)在对晚期癌症、大出血、感染等疾病的

---

① 在 CKNI 上能找到最早介绍心理应激的文章是葛宝琳 1962 年发表在《青岛医学院学报(1962-2)》上的《应激学说简述》，将 stress 翻译成应激。该文中说明俄文将 stress 译成"紧张状态"，推测当时的翻译受苏联文献影响。英文 stress 是从拉丁语"stringere"派生来的，拉丁语 stringere 是"费力地抽取"或"紧紧地捆扎"的意思。英文 stress 最初的含义是"困苦"或"逆境"。

个体进行病因分析时发现,这些个体都出现相同的全身病态反应如食欲下降、体重下降、萎靡不振、无力、病态面容等。后经动物实验发现,动物在失血、感染、中毒等有害刺激作用下,都可出现肾上腺、胸腺、脾及淋巴结等结构上的反应性改变及胃肠道溃疡、全身性出血等生理病理现象。1936 年,他把这种机体对各种刺激因子所产生的非特异性反应,称为"应激"(stress)。他认为应激是由于动物功能活动或损伤所引起的所有非特异性变化的总和。

1946 年塞里提出了一般适应综合征(General Adaptation Syndrome,GAS)。他认为"应激是通过 GAS 表现出来的一种状态,它由生物体内的非特异地被引起的所有变化组成"。塞里的应激学说基于应激的动物研究。他强调无论外界刺激性质如何,机体的反应都是非特异性的。塞里以后,许多心理学家、生理学家对应激的定义又重新进行了界定。例如拉扎鲁斯(Lazarus)认为,应激是指环境或内部的需要超出个体或社会系统,或机体组织系统的适应能力。Beehr(1987)认为应激是某一情境使人产生特殊的生理或心理需要,由此发生的不平常的或出人意料的反应。

塞里将 GAS 分为三个阶段:第一是警觉反应期,第二是阻抗期或抵抗期,第三是衰竭期。

警觉反应期是机体为了应对有害环境刺激而唤起体内的整体防御能力,故也称动员阶段。

阻抗期:如果有害刺激持续存在,机体通过提高体内的结构和机能水平以增强对应激源的抵抗程度。

衰竭期:如果继续处于有害刺激之下或有害刺激过于严重,机体会丧失所获得的抵抗能力而转入衰竭阶段。

塞里认为这三期反应的生理基础是垂体—肾上腺皮质轴心,并提出在 GAS 中不一定三个阶段都依次出现,只有最严重的应激才会很快导致衰竭和死亡。塞里虽然指出应激源包括了精神刺激,但他的研究主要集中于生理应激方面。后来的学者不但在生理方面进行了更深入的研究,也在心理应激方面开展了研究。20 世纪五六十年代,拉扎鲁斯从个体对环境的认知、评价出发,提出了应激的心理模型,形成了认知心理应激理论。

心理应激理论是指当应激刺激物作用于个体时,个体的应激反应不仅取决于应激的数量和强度,而且取决于个体对它的认知评价。心理应激理论强调在调节和产生应激反应时心理变量的重要性。

拉扎鲁斯认为,人们对应激事件的认知比应激事件本身更重要。应激并非环境因素也非心理因素,而是个体对特定环境威胁的认知(Lazarus,1984)。例如升职对某些人来说是机遇和挑战,对另一些人来说则意味着巨大的压力。

现代应激的研究倾向于将生理和心理结合在一起,并结合社会因素进行研究。目前对应激研究有两个视角:一是生理应激说,二是心理应激说。生理应激说主要是研究个体面临应激时其体内产生的一系列生理和化学反应,如脑垂体后叶素和肾上腺素分泌增多、呼吸加快、血压升高、机体免疫功能下降等。心理应激说主要是研究应激中个体的心理和行为的变化、作用等。塞里的 GAS 本质上就是应激的生理反应。

(二)应激源

应激的来源众多,例如灾难、重大生活事件、日常生活困扰。

1.灾难事件

灾难事件是一种突破、特殊且严重的单一生活事件,该事件需要群体共同承担这一体验,由此产生大幅度的适应性调整以应对该事件(Lazarus & Lohen,1977),例如地震、火灾、水灾、恐怖袭击等。很多研究表明,经历重大灾难的人群都会出现不同程度的创伤后应激障碍(Post Traumatic Stress Disorder,PTSD)。重大灾难多数比较突然,不可控制,而且灾难虽然发生时间短,但影响时间长。尤其是处于灾难中心的人,可能终生都是受害者。

2.生活事件

对于多数人来说,生活事件远比灾难事件的影响大。生活事件是应激的主要来源,例如离婚、破产、失业、失去亲人、移居异地等。

生活事件往往比灾难事件发展慢。离婚并不是一天发生的,夫妻之前就已有矛盾,累积到一定程度才会离婚;人们形容一夜之间破产,但实际上破产前已有很多先兆,很多企业主破产前就已面对生意下降、员工流失的问题;投机交易破产,实际上经历了连续损失、爆仓被要求追加保证金等折磨。

生活事件会对人们的生活产生较大影响,要求个体做出行为和心理上的调整。例如离婚后,人们的生活习惯需要改变,要面对孩子、亲属的各种问题;破产意味着原来的生活轨迹发生了重大变化,原来当老板,破产后就可能去打工,出门要去挤公交地铁,原来社交的群体也相应发生了变化。种种问题都要求人们重新适应和调整。

3.日常困扰

日常困扰是每天发生在身边的各种烦恼事,工作压力大,收入少,上班通勤时间长,居住环境差,孩子上学成绩不好等。日常困扰一方面来源于外部现实;另一方面来自于内部心理因素,例如对现状的不满意、对周边人的嫉妒,都可能触发应激状态。

(三)应激的认知评价

认知评价是指个体对遇到的生活事件的性质、程度和可能威胁的察觉。Folkman和 Lazarus(1980)将个体对生活事件的认知评价过程分为初级评价和次级评价。初级评价是个体在事件发生时就通过认知活动判断其是否与自身有利害关系;次级评价是个体进行初级评价并且判断与自身有关后,立即对个人的能力和能否改变事件做出判断。如果个体认为自己完全有能力解决事件的困境,那么应激强度就会很低或者不存在应激体验;如果认为事件改变有困难,那么个体就会对将要采取的应对策略进行评估。详见图 7-6。

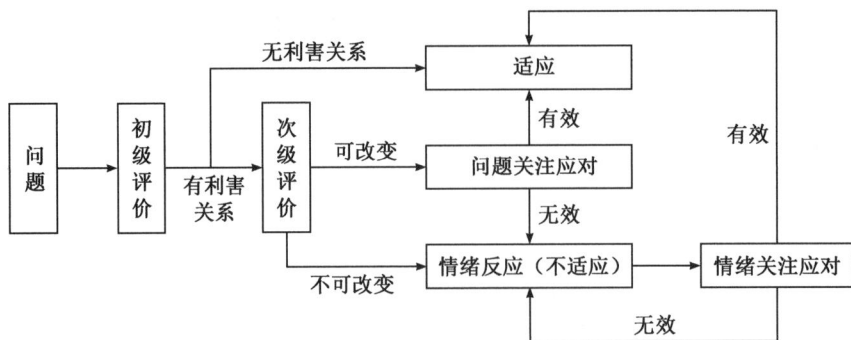

图 7-6　认知、应对与应激过程示意图

来源：姜乾金.心身医学[M].北京：人民卫生出版社，2007：38.

（四）应激的应对

应对（coping）又称应付，也称为应对策略（coping strategies），是个体对生活事件以及因生活事件而出现的自身不平稳状态所采取的认知和行为措施。

对于应激事件的应对策略，根据不同维度有不同的分类，例如消极应对与积极应对等。目前为止最有影响的分类是 Folkman 和 Lazarus（1980）将应对策略分为问题导向应对（problem-focus coping）和情绪导向应对（emotion-focus coping）。

问题导向应对关注如何改变应激源；情绪导向应对侧重于调节伴随应激源产生的情绪。例如当诊断出癌症，寻找更好的医院、更好的药物和医疗资源，就属于问题导向策略；而求神拜佛就属于情绪导向策略。

当应激事件发生时，人们会经过初级评价确定是否与自己有关，如果有关会进行次级评价，次级评价后选择不同的应对策略。

面对同样的应激，每个人的应对不同，这取决于多种因素。首先是个体拥有的资源。例如面对高考，学习能力较强的学生会制订一份学习计划，努力复习，或者参加社会补习班，偏向于问题解决策略；而学习能力弱的同学，为了减轻考试压力，与同伴相约去看电影减压就属于情绪策略。

其次是社会支持。社会支持指来自于他人的一系列物质支持和精神支持。Devries 等人（Devries，Glasper & Detilion，2003；Kiecol，Glaser & Newton，2001）提出应激缓冲假说（stress-buffering hypothesis），认为社会支持可以削弱甚至抵消应激带来的负面影响。后来的实验证实了该假说。

例如面对高考，如果家人给予理解和降低成绩关注，那么个体更能减轻高考带来的压力。如果家人有一定经济实力，学生参与各类社会补习班，也能缓解高考压力。实际上很多高考学生反映，他们临近高考时参加补习对成绩并没有帮助，但仍然参加补习，因为如果不补习他们会觉得考试更没底，心理压力更大。

大量研究证实社会支持能缓解应激。例如 Pascoe 和 Richaman（2009）研究表明，社会支持可以部分缓解应激带来的生理指标恶化。

再次是个人控制感（personal control）。个人控制感是个体对自己多大程度上能够掌控生活环境的信心。个人控制感强的个体,更容易采取问题导向策略,并且缺乏控制感的人更容易引发健康问题。

(五)应激与交易

无论是投机还是投资,只要在进行金融交易,那么就要面对剧烈变化的市场。可以说,只要交易所一开市,投机者和赌博交易者就进入应激状态。多数投资者,虽然明白投资的价值与市场的价格波动无关,但是极少有投资者能够完全坚定地以投资价值来决定交易,因此多数交易者开市后实际上都会进入应激状态。

交易者在开市期间进入一种交易状态。处于交易状态的交易者,随时准备进行开仓、平仓、加仓。而即时分析、指术指标的比对被降到次要的地位,技术分析被当成交易的附属手段,实际上是找机会交易,违反了等机会交易的专业原则。专业的交易应该是水到渠成,适合交易系统就交易,除了炒单,投机并不需要长时间进入交易状态。

交易状态是一种应激状态。如果长时间处于交易状态,容易失控。就像我们进行战备,如果过长时间地战备,很容易擦枪走火,结果是白白损失弹药,还可能造成较大损失。

要降低交易中的应激状态持续时间,我们可以通过对价格波动的认知来改善。例如,投机以价格说明一切,不要去关注消息面和经营信息;隔日交易就要以收盘定多空,甚至可以在开盘后半小时、收盘前半小时关注一下行情就可以了,其余开市时间可以去做自己喜欢的事情,等收市后不会影响交易了,再进行复盘分析。

三、心理防御

针对应激状态下的应对策略研究,最早可追溯到弗洛伊德对焦虑状态适应过程的研究。弗洛伊德(S.Freud,1984)在《防御性神经精神病》中第一次提出心理防御机制的概念,指出心理防御机制是"个体在潜意识中,为减弱、回避或克服本我和自我的冲突带来的挫折、焦虑、紧张等而采取的一种防御手段,借以保护自己"。1926年,弗洛伊德在《抑制、症状与焦虑》一书中进一步提出自我保护功能假说,强调"每一个人,无论是正常人还是神经症患者,他们的行为或言语都在不同程度上使用全部心理防御机制中的一个或几个特征性的组成部分"。将原来针对病态的特殊防御机制推广到全部人群,到20世纪50年代随着认知心理的进步,有关防御机制及其核心概念"潜意识"的研究逐渐淡化,心理学家开始转向客观的认知心理研究。以Lazarus为代表的一批心理学家引进认知评估理论,将个体为缓解心理应激所做出的认知和行为上的努力称为"应对"。

弗洛伊德的焦虑状态与现代心理学的应激状态大体一致,因此心理防御机制也是一种应激的应对策略。

1936年,弗洛伊德的女儿安妮·弗洛伊德(A.Freud)在系统研究的基础上扩展了心理防御机制的概念,认为自我的防御机制是摆脱不快和焦虑,控制过度的冲动、行为、情感和本能欲望,以调节压抑与外界现实之间关系的一种方式或手段,其目的是减轻痛苦、维持内心平衡,同时又使外在表现符合外界现实的要求。她把"心理防御机制"这一术语用来指代不同的防御过程和策略。

(一)心理防御机制的分类

安妮·弗洛伊德在 1936 年出版的《自我与防御机制》一书中,把散见于其父亲著作中的心理防御机制归纳为下述 10 种:压抑、投射、内向投射、反向形成、升华、认同、合理化、解脱、固着、退行。弗洛伊德研究了防御的某些模式与不同形式的神经症之间的关系、防御与发展之间的相互影响,又添加另外的五种防御机制:禁欲作用、自我约束、对攻击者的认同、隔离作用、抵消作用。

在弗洛伊德和安妮·弗洛伊德提出的防御机制之外,后人在弗洛伊德父女研究的基础上,对心理防御机制做了许多有价值的研究。例如 Valliant 和 Bond 等人(1986)提出了三级防御:①成熟的防御机制,包括升华、压抑、幽默、期望和利他;②中间型或神经症性防御机制,包括转移、潜抑、隔离、反向形成;③不成熟的防御机制,包括投射、分裂性幻想、被动攻击、潜意显现、疑病和分离。

虽然不同学者针对不同的角度提出不同的分类,但主要心理防御机制都包括以下几种:

(1)否认,是指对某种痛苦的现实有意识或者是无意识地加以否定,来缓解自己的焦虑和痛苦。由于不承认似乎就不会痛苦(如拒绝亲人的亡故,仍坚持其未死)。这是一种保护性质的、正常的防御。只有在干扰了正常行为时才能算是病态的。

(2)压抑,是指把意识所不能接受的观念、情感或冲动压抑到无意识中去,使人不能意识到存在。这种被压抑的冲动和欲望并没有消失,一直在无意识中积极活跃,并通过其他心理机制的作用以伪装的形式出现。如对痛苦体验或创伤性事件的选择性遗忘就是压抑的表现。

(3)合理化,又称文饰作用,指无意识地用一种通过似乎有理的解释或实际上站不住脚的理由来为其难以接受的情感、行为或动机辩护以使其可以接受。合理化有两种表现:一是酸葡萄心理,即把得不到的东西说成是不好的;二是甜柠檬心理,即当得不到葡萄而只有柠檬时,就说柠檬是甜的。两者均是掩盖其错误或失败,以保持内心的安宁。

(4)置换,是无意识地将指向某一对象的情绪、意图或幻想转移到另一个对象或替代的象征物上,以减轻精神负担取得心理安宁。如一个孩子被妈妈打后,满腔愤怒,难以回敬,转而踢倒身边板凳,把对妈妈的怒气转移到身边的物体上("替罪羊")。这时虽然客体变了,但其冲动的性质及其目的仍然未改变。在心理治疗中,情感的无意识置换既是移情的基础,也是反移情的基础。

(5)投射,是指自我将不能接受的冲动、欲望或观念归因(投射)于客观或别人。例如"仁者见仁,智者见智""以小人之心度君子之腹"都是一种心理投射。

（6）反向形成，是指对内心的一种难以接受的观念或情感以相反的态度与行为表现出来。如一个有强烈的性冲动压抑的人可能积极参与检查淫秽读物或影片的活动。

（7）过度代偿，又称过度补偿，是指一个有生理或者心理上的缺陷或者不足时，会设法发展另一个方面的长处，从而证明自己的能力和存在价值，这是一个意识的或无意识的过程。如有些残疾人可通过惊人的努力而变成世界著名的运动员；有些口吃者可成功地变成一位说话流利的演说家。

（8）抵消，是指对一个不能接受的行为象征性地而且反复地用相反的行为加以显示，试图消除焦虑。如说了不吉利的话就吐口水或用说句吉利话来抵消晦气或不吉祥的感觉。

（9）幽默，是指一个人受到挫折或者身处逆境时，用幽默来缓解紧张气氛、放松情绪以维持心理平衡。它没有个人的不适及没有不快地影响别人情感的公开显露，是一种积极的防御机制。

（10）认同，是指无意识中取他人（一般是自己敬爱和尊崇的人）之长归为己有，作为自己行为的一部分去表达，借以排解焦虑与适应的一种防御手段。如富贵人家的子女常以父辈之尊为己尊，遇到挫折则自抬身价，做出坦然自若的神态，以免除在人们面前的尴尬局面。有些人在社交场合也会自称与某某官员是老乡、同桌吃饭等来自显身价，也是一种认同心理。

（11）退行，当个体遇到挫折与应激时，心理活动退回到较早年龄阶段的水平，以原始、幼稚的方法应付当前的情景。如暴露狂就可以用这个机制来解释。

（12）升华。是指一种最积极的富有建设性的防御机制。因为它可以把社会所不能接受的性欲或攻击性冲动所伴有的力比多能量转向更高级的、社会所能接受的目标或渠道，进行各种创造性的活动。

（二）心理防御机制的功能与特点

在过去的几十年中，人们越来越多地意识到防御具有适应意义的方面。在经典分析理论中，威胁性的冲动（通常会导致焦虑和负性情感）可以通过自我防御机制从意识中消除。心理防御的适应性在于它能保护儿童免于遭受他们所不能处理的负性情感。即使是在成年期，在有压力的情况下，自我使用的防御机制也有助于个体恢复正常心理功能。

心理防御有以下特点：

（1）心理防御机制不是刻意使用的，它们是无意识的或至少是部分无意识的。心理防御机制主要由自我来实施，而自我的工作通常都是在潜意识中进行的。所以，精神分析强调心理防御机制都是潜意识的，是在个人不自觉情况下的应用。

（2）心理防御机制是借助于支持自尊或通过自我美化（自我价值提高）来保护自己免于受心理伤害。从它的作用和性质来看，可分为积极的心理防御机制和消极的心理防御机制两种。

（3）心理防御机制似有自我欺骗的性质，即以掩饰或伪装我们真正的动机，或否认对我们可能引起焦虑的冲动、动作或记忆的存在而起作用。实际上，也是一种潜意识层心理的自我保护。不至于由焦虑而导致疾病的产生，在防治心理疾病中有积极的作用，但没有道德上的欺骗含义。

（4）心理防御机制本身不是病理的，相反，它们在维持正常心理健康状态上起着重要的作用。防御机制在分析过程中是原始、未加掩饰的，它在理解我们日常生活中的应对上有重要意义，不再仅仅与精神病理相连。但正常防御功能作用改变的结果可引起心理病理状态。

（5）心理防御机制可以单一地表达，也可以重叠地表达。

（三）心理防御与交易

投机交易中最常遇到的心理防御，各种表现都会发生，但主要有三种较常见。

（1）合理化。投机者常会遇到交易错误，或者没有错误，只不过市场与交易系统的大概率不一致。这种情况下，只要超过一定幅度都是要止损的。因为损失厌恶，多数投机者仍然会保持仓位。但是账面又一直在亏损，投机者只好对自己的持仓行为找出合理化的理由。例如持多者会说，按技术指标过两天就上涨了，现在的下跌只是调整。如果投机者错失了一只涨势良好的股票，那么他会说，这只股票业绩不好，买入风险大，而无视它趋势上涨的事实。

（2）否认。如果是投机，遇到下跌趋势，就要平仓股票，然后需要长时间的等待，等趋势变化后再交易。但是很多投机者遇到了熊市，仍然对手头上的仓位不做处理，任由股票价格下跌，账面亏损扩大，甚至干脆不再关心行情，这些都是在潜意识里否认行情下跌。虽然在意识层面无法否认下跌，但是如果没有潜意识里否认行情，那么就会平仓止损了。

（3）退行。投机者连续交易失败后，应该退出交易，休息一段时间，调整好心态再来交易。但很多投机者却是屡败屡战，越是亏越要交易，而且全然不顾风险，退行到初入市时没有技术指标交易状态。

四、情绪调节

情绪调节是我们对自己产生何种情绪、何时产生、体验到情绪的强烈程度、如何表达情绪以及进行控制的策略组成（Gross，2002）。情绪调节涉及对情绪的潜伏期、发生时间、持续时间、行为表达、心理体验、生理反应的改变，是一个动态过程。孟昭兰等人（2005）认为情绪调节是对情绪内在过程和外部行为所采取的监控、调节，以及适应外界环境和人际关系需要的动力过程。

Gross（2011）认为情绪调节过程可以是有意识的，也可以是无意识的。情绪调节既可以对情绪的发生过程产生单一影响，也可以产生多个方面的综合性影响。Gross提出了自动情绪调节（automatic emotion regulation，AER）概念。之后的一些研究证实,情绪调节过程确实可以在无意识的情况下自动进行(例如 Davidson,Jackson & Kalin,2000;Gross,2007;Bargh & Williams,2007)。

根据是否有意识的参与,可以将情绪调节分为内隐情绪调节(implicit emotion regulation)和外显情绪调节(explicit emotion regulation)。

内隐情绪调节(implicit emotion regulation)是不需要意识和外显意图(explicit intentions)参与来调整情绪反应质量、强度以及持续时间的过程。即人们没有觉察到他们在进行情绪调节,以及他们没有主动意识地去调节情绪。

情绪调节与应激的应对相近,但两者仍然存在区别。首先,情绪调节注重于情绪本身;应对的目的是调节应激造成的心理不适应,这种调节可能针对应激本身,也可能针对应激引起的负性情绪。其次,情绪调节更多的是主动调节;而应对是应激产生后才被动地应对。再次,情绪调节除了减弱负性情绪外,还可能增强正性情绪,例如营销员在进行推销演讲时,为了达到更好的现场效果,会不断增强自己的情绪,进入兴奋状态,使得演讲具有感染力和鼓动力。而应对只是单一地减弱负性情绪。

(一)情绪调节的必要

1.情绪会影响认知

情绪会影响人类的认知,影响着人们的注意和记忆,以及如何归因。情绪会导致选择性注意和选择性记忆。例如 2001 年"9·11"事件后三个月里,美国人认为汽车出行会比飞机安全,结果三个月里美国汽车交通事故死亡增加人数超过"911"事件的死亡人数(Gigerenzer,2004)。弗洛伊德的自我防御理论认为,在认知过程中如果与意识中的痛苦体验发生关联时,会启动防御机制,阻断同类的认知加工。

许多认知实验证实情绪会影响认知加工。例如在进行认知任务时,给予干扰性的负性词汇如杀死等,任务完成的时间显著增加(Harris & Pashler,2004)。在婴幼儿认知操作实验中,愉快比痛苦有更好的效果(孟昭兰,1994)。

2.情绪影响决策

有证据表明,悲伤的人倾向于更仔细地考察证据;而高兴的人会不愿仔细思考,会更冲动地回答问题,并且依照第一印象和刻板印象,容易导致忘乎所以。但也有研究表明,积极情绪的人比悲伤的人在认知测验中表现更好(Phillips,Bull,Adams,2002)。按大多数人的生活经验,过度的悲伤和过度的高兴都容易导致决策偏差。

悲伤的人有减少悲伤的动机,让自己振作起来(Rahunathan & Pham,1999)。为了防止进一步伤了自己,我们会比平时更注意细节(Gasper & Clore,2002)。

但 Larissa Tiedens 和 Susan Linton(2001)认为并不是悲伤和高兴决策思考的程度,而是不确定性。伤心的人会把悲伤解读为一种危险情境,这种情境是不确定性的,而高兴的人则对自己最初的判断感到确定,从而影响了决策前的思考。

3.情绪影响创造力

大量的研究表明,在竞争性的活动中,例如体育比赛、军事活动等,轻度的焦虑和轻度的兴奋会创造出较好的成绩。轻度焦虑使选手更专注,轻度兴奋加强选手的唤醒水平。

在竞争激烈的活动中,愤怒情绪会产生更强的攻击力,产生战胜对手的欲望,轻度的愤怒会激发更高的竞技水平,但过度的愤怒则容易导致失控,产生不当的攻击行为,例如攻击裁判或对手。

4.情绪影响心理健康

情绪是人体适应环境变化的一种必要反应。当出现负性情绪反应时,人体就要调整行为或环境。如果不能通过行为或环境的调整,负性情绪过分强烈或持久,就会导致人体生理机能失调,引起心血管、呼吸、神经、内分泌、免疫功能紊乱,甚至内脏器官病变。

恐惧情绪除了心跳加快、血压升高和呼吸急促外,还会导致肾上腺素和多巴胺分泌增加,排汗增加,机体唤醒水平提高。愤怒或焦虑情绪可使得交感神经兴奋,儿茶酚胺分泌增加,外在表现为心跳和呼吸加快,血压升高,消化道则会出现胃酸分泌量增加,胃液酸度增强,胃蛋白酶的含量增高,胃黏膜充血。长期紧张和焦虑会导致心、脑血管疾病和胃溃疡。

(二)情绪调节的策略

James Gross(1991)提出情绪调节的过程模型。这一模型假设我们的情绪发生的每一阶段都会产生情绪调节。Gross 将情绪调节分为五个阶段,即情境选择、情境修正、注意分配、认知重评和反应调整。

情境选择是个体对自己将要遇到的人和事件做出回避或接近的选择,从而对可能产生的情绪做出一定的控制。情境选择可能是有意识的,也可能是无意识的。

情境修正是通过改变和修正诱发情绪的环境,从而使情绪发生改变的努力和策略。情境的选择和修正都是需要个体去改变影响情绪的环境。

注意分配是通过转移注意或有选择地注意,对情境的不同方面采取加强、减弱或转移注意,从而忽视不利的情境影响。

认知改变是个体对知觉到的情境赋予新的意义,从而改变情绪的产生过程,消除情绪的不适。

反应调整是指情绪已激发后,对情绪反应趋势如心理体验、行为表达、生理反应等施加影响,表现为降低或增强情绪反应的行为表达。多数情况下反应调整都是降低情绪反应,采取表达抑制的方法。

例如,周末早上你在家睡个懒觉,而楼下一群老年人在放着音乐跳着广场舞,影响了你的休息。如果你知道每个周末都会有人在跳广场舞,你选择放弃睡眠,周末上午去爬山,这就属于情境选择。如果你选择在家,但又觉得音乐声太大,你要求老人们音乐声关小一些,或者你决定不再睡觉,起床看电视这都属于情境修正。如果你将注意力集中在电视上,窗外的音乐声对你不再影响,这就是注意分配。当然你可能仍然睡觉,但是你可以改变你的想法,广场舞对老年人健康有好处,老家的父母也常跳广场舞,从心理上理解外面的这群老年人,这属于认知改变。如果你已被音乐声吵得很愤怒了,但是以往的经验你去抗议也没有效果,这时你只好压抑自己的愤怒情绪,这属于反应调整。

Gross 的情绪调节过程中应用了五种情绪调整方法,按照情绪调节的对象可以分为情境关注策略、认知关注策略和反应关注策略。

情境选择和情境修正都属于情境关注策略。情境选择中我们只需要决定是否进入可能诱发特定情绪的场景,情境修正中我们已经进入了这个特定的场景,只是要采取措施来修正它。

认知关注策略包括注意分配和认知改变。认知关注策略往往针对的是我们无力控制,但又不得不面对的情境。

认知重评是一种先行关注策略,发生在情绪形成的前期,主要经由改变对情绪事项的理解,改变对情绪事项个人意义的认知来降低情绪反应。认知重评策略可以合理地对情绪反应进行适当的调节。重评不是假装这种情境没有发生,而是关注情境中的积极性因素对情境的解释。

认知重评可以采取不同的形式,最简单的一种就是个体只关注情境中客观性的方面如物理属性或人们的穿着等,而忽略情境中的情绪层面。原谅他人也是一种认知重评,为他人的伤害性行为找出合理性的解释。

反应关注策略的主要方法是表达抑制。表达抑制是一种反应关注策略,发生在情绪产生的后期,主要是通过抑制正要发生或正在发生的情绪表达行为,从而降低主观情绪体验。表达抑制策略也能够合理地对情绪反应进行调节。

(三)躯体标记假设

Damasio 的躯体标记假设认为,当我们必须做决策时,头脑会迅速评估可能的选项及可能的结果,并对这些结果产生情绪性反应,利用情绪反应指导决策(Damasio,1996)。情绪反应包括预期实际结果环境中会感受到的各种生理变化的神经活动表征,称之为"躯体标记"。

例如当你加了杠杆满仓买入一只股票,而这只股票大跌,此时你的头脑会快速闪过一系列的后果:一是股票只是调整,马上会反弹;二是股票会连续跌停,被强制平仓,遭受重大损失,甚至房贷都要还不起。按躯体标记假设,你在设想结果的时候就会感受到强烈的情绪反应,它会引导你的决策。当你在设想付不起房贷的一系列后果时,会感受到强烈的情绪,从而激发你强烈的反应,很可能你就止损平仓。这个过程中你会忽略了大盘的整体环境,忽略连续大跌的概率,被强烈的情绪左右。

Damasio 的假设认为,不同的人对躯体标记的强烈程度不同,这意味着不同的人,即使得到相同的信息,由于对预期情绪的感受不同,也会做不同的决策。前额叶是认知控制的功能区,前额叶皮质区域功能较弱的人(大脑受损者、青少年)预期情绪较弱,即使实际情境可能很强烈,他们在想象时可能感受较弱的情绪反应。

第七节　心理健康

1932年，沃尔特·坎农（Walter Cannon）发现生理变化与情绪变化有关，情绪变化引发的生理变化足以致病。

Deutsch于1922年提出心身医学（psychosomatic medicine）的概念，Halliday提出心身疾病（psychosomatic diseases）的概念，1944年成立了美国心身医学会。

海伦·邓巴（Helen Flanders Dunbar，1943）提出人格类型与疾病关系假说，认为习惯性反应作为人格物质的一部分，与特定的疾病有关。大量的研究证实心理与生理疾病密切相关，因此1977年在耶鲁大学的一次会议上正式形成了行为医学。1978年美国心理学会正式成立了健康心理学分会。健康心理学和行为医学都强调心理与生理的关系，并将行为科学和心理学引入生理治疗和康复中。

我国的心理健康的研究对象主要集中于学生、运动员和重大生理疾病患者三类人群，没有看到对交易员心理健康的研究。

投机交易也是一种社会活动，因此各种与个体活动的相关心理机制适用于投机交易。但投机交易相对于其他社会活动有两个比较特殊的方面：一是在金融市场交易时段，投机者处于较强的应激状态；二是每一笔投机交易都直接涉及成败与财富盈亏的实时结果，对个人的成就感和控制感的影响比起在其他个体活动要强烈得多。实际上在投机交易群体中，得抑郁症的比例要高于普通人。

成败和财富变化都涉及自尊和自我价值的认同。因此，投机者正确认识自己的心理状态，保护自己的自我意识对于个体的健康就显得比较重要。

一、交易中的生理反应

投机交易是注意力高度集中的工作，尤其是炒单、短周期交易和初入投机的交易者更是如此。在投机中，交易者进入应激状态，长时间处于紧张和焦虑状态。

大量试验和观察已证明，当人处于应激状态时，会引起一系列的神经系统、神经生化、神经内分泌及免疫系统的变化，影响机体的内环境平衡，出现器官的功能障碍，进而产生结构上的改变。

情绪与大脑的边缘系统密切相关，前额叶是与情绪相关的新皮质。当处于应激状态时，产生的情绪变化会通过神经系统影响机体各器官的功能状态。紧张可以导致神经功能失调，交感神经系统功能亢奋，致使心跳加快，血压升高，肝糖原转换为葡萄糖而使血糖升高，胃功能紊乱，有些人出现头痛、腰背疼、唾液分泌减少、呼吸加快、尿频等现象。

当处于应激状态时内分泌系统也会发生变化,丘脑下部促肾上腺素皮质激素释放因子的分泌增加,随之垂体前叶的肾上腺皮质激素分泌增多,进而造成肾上腺皮质醇分泌亢进。

此外,当处于恐惧、焦虑时,中枢神经介质,包括乙酰胆碱、5-羟色胺、去甲肾上腺素、多巴胺等浓度水平都会发生变化。

研究证实,长期应激状态下,会影响人体的免疫系统。人体的免疫功能分为非特异性免疫和特异性免疫两类,非特异性免疫是先天性的免疫,受遗传基因控制,具有相对稳定性。而特异性免疫又分为体液免疫和细胞介质免疫。这两类免疫功能在不良应激下都会下降,动物实验表明低电压重复刺激会检测出抗体反应增强(Stein M.,1991)。

在投机交易中,由于存在大量不确定性,投机者很容易产生焦虑。如果行情波动较大,或者投机者杠杆较高时,就常出现头晕、胸闷、心悸、呼吸急促、口干、尿频、出汗、震颤等植物性神经症状和运动性紧张。弗洛伊德认为这种焦虑状态是对不确定的危险的一种反应。即使危险并不是真实存在的,而是出于投机者的担心,也会产生焦虑。

医学的研究表明,情绪会严重影响到呼吸系统功能和消化道系统功能。人们在叹息、气愤时均会伴有相应的呼吸改变。Willimas(1958)调查发现,70%的哮喘患者发病因素之一都涉及心理因素。胃肠道被认为是最能表现情绪的器官之一,癔症、焦虑症都首先表现在胃肠道上。情绪可以引起黏膜疝胃壁运动、血管充盈和黏膜分泌的变化(Wolff,1941),尤其是十二指肠更敏感。华尔街的交易者消化性溃疡的比例高于普通人群。

如果交易连续亏损,有些投机者会陷入抑郁情绪中处于抑郁状态下,心理沮丧而又无法排遣,对日常活动失去兴趣,遇到亲友聚会或热闹场合,尽可能回避,常常出现食欲不振、睡眠障碍,自我评价过低。

二、自尊与自我意识

(一)自我意识

1.詹姆斯的"经验自我"和"纯粹自我"

詹姆斯(William James,1842—1910)是自我概念的创始人,在其著作《心理学原理》《彻底的经验主义》中,对"自我"概念进行了详尽的阐述。詹姆斯把自我分为经验自我和纯粹自我,认为"自我是个体所拥有的身体、特质、能力、抱负、家庭、工作、财产、朋友等的总和"。

经验自我(empirical self)指人们可能经验到的一种对象,即与世界的其他对象共存的存在物。詹姆斯认为:"每个人的经验自我,就是他试图用'我(me)'来称呼的一切。"詹姆斯认为"我"与"我的"很难区分。他反对将"从属于我的"东西与"真正的我"区别开,自我与世界之间没有明显的界线,我的身体、服饰、妻子儿女及财产都是自我本身的各种关系,参与了自我的构成。经验自我又分为物质自我(material self)、社会自我(social self)和精神自我(spiritual self)三种成分。社会自我高于物质自我,精神自我又高于社会自我。詹姆斯认为物质自我的核心部分是身体,因为人一生中总是通过身体与周围的事物发生关系,并依据身体提出各种需求。社会自我指一个人"从同伴那得到的承认",即他在别人心目中的形象,最特殊的社会自我是他的恋人的态度。精神自我就它属于"经验的自我"而言,意味着一个人内心的或主观的存在。具体地说,指他的心理能力或性情。

纯粹自我指一个人知晓一切东西,包括自我的那些东西,所以又称为能动自我或主动自我。詹姆斯在论述纯粹自我时,是以个人同一性(personal identity)理论为依据的。个人同一性就是"现在的自我与它想起的那些过去的自我相同"。纯粹自我是由不断更迭和传递其内容的当下思想所构成。詹姆斯把作为对象的个人称为经验自我(me),把现时思想看成是纯粹自我(I)。他认为纯粹自我接受不同的感觉并影响感觉所唤起的动作;它是兴奋的中心,接受不同情绪的振荡;它是努力和意志的来源,意志似乎从此发出命令。

2.弗洛伊德的"本我""自我"和"超我"

弗洛伊德认为,人格由本我(id)、自我(ego)、超我(super-ego)组成。遵从快乐原则的"本我"和遵从现实原则的"自我"都是非道德的,而遵从至善原则的"超我"则是社会价值经由父母、教师和社会教育渠道内化的结果。

"本我"来自于人的本能,在社会生活中表现出追求各种个人欲望的满足和追求个人利益实现的特征;本我是人的生物性本能,只知快乐,活动盲目。"超我"来自社会文化,是个体在成长经历中已经内化为自身价值观念的种种文化信念,其中以道德、信仰为主要内容;超我是人内化了的社会道德原则。这些社会文化与道德信念对个体的要求,往往以牺牲个人服从整体为主,甚至要求个体行为完全道德化,因而与本我相对立。"自我"是人的理性部分,往往处于社会生活的现实要求、超我的道德追求与本我的利益追求之间,按照现实原则协调矛盾,尽可能地寻找权宜之计,是个体最终行为表现的决策者,时而管理本我,时而服从超我。只有自我知道活动的目的和方向。

3.米德的"客我"和"主我"

米德(G.H.Mend)把自己的心理学体系称为"社会行为主义"。他指出:自我是一种社会实体,自我本质上是一种社会存在,个体的自我只有通过社会及其中不断进行的互动过程才能产生和存在。他把自我分为"客我"(me)和"主我"(I),这两者共同构成整体的自我。这种整体统一的共同归属是社会,因为从实质上说,自我就是一个社会过程,它借助于这两个可以区分的方面而不断进行下去。

作为客体的自我,是客我。客我是"一个人自己采取一组有组织的其他人的态度"。客我是内化了的共同体的态度,是"概化了的他人"和团体规范的总和,是从他人的立场上评价和预测自我的反思方面。客我是作为自己审视和评价对象的自我,是组织化的他人的态度,是社会价值观的影射,因而是确定化的和制度化的。

与客我相对的是主我,它是个体对其他人的态度做出的反应,它以主体姿态出现。主我是个体在社会情境中对照自己的行为举止所做出的行动,它只有在个体完成了某种活动之后,才进入它的经验,因而,主我是不确定的。主我具有主动性和创造性,它不断地对他人、对群体、对自然环境做出反应,调整自己。

4.自我意识的功能

个体的自我意识与个体的成长发展息息相关。自我意识在个体成长和发展中具有导向、激励、自我控制、内省调节等功能。

(1)导向激励功能。目标是人才发展的导航机制。一个人要想成就一番事业,就必须从自身的实际出发,制定明确的目标,只有如此才会调动自身的潜能,激发强大的动力。人通过正确的自我认识,确立较为合理的"理想自我",就为个人将来的发展确定了目标,对个人的认知、情感、意志、行动会产生很大影响,是个体活动的动力。自我意识健全的个体,在从事一项活动之前,活动的目的和结果就以观念的形式存在于头脑之中了,并依此做出计划,指导自己的活动,从而激发起强大的动力,最终达到预期的目标。

(2)自我控制功能。一个人如果有了发展目标而不付之于行动,其结果仍然是一无所获。个体要想将来有所建树,首先要有努力的目标,同时还要有自立、自主、自信、自制的意识,并对自己偏离目标的情感和行动,加以调节和控制。在通往成功的大道上,很多人与成功失之交臂,并不是因为缺乏机会和才华,而是因为缺乏自我控制的意识和能力。自我控制是自我意识发挥能动作用的一个重要表现,它保护自我实现目标,是自我意识的一项重要功能。缺乏自我控制的意识和能力的人,容易冲动、情绪化,缺乏恒心与毅力,终将一事无成。

(3)内省调节功能。自我意识健全的个体,不仅能够确立符合个体的"理想自我",而且能够通过自我控制来实现预期目标。而由于主客观条件的制约,"理想自我"的实现常常会遇到各种障碍,致使个体产生不同程度的挫折感。这时,自我意识就会对自己的认识、情感、意志、行为等进行反省,找到受挫折的主客观原因,并重新调整认识,形成新的"理想自我",使其与"现实自我"趋于统一。内省和调节就是个体成长中所进行的自我监督和自我教育,每个人要想使自己成为自我实现的人,就需要有积极的自我意识,随时对自我的认识、情感、意志和行为加以反省和调节。

(二)自我效能感

自我效能感是指个体对自己是否有能力完成某一行为所进行的推测与判断。这一概念是美国著名心理学家班杜拉(Bandura)于20世纪70年代在其著作《思想和行为的社会基础》中提出的。从20世纪80年代中期开始,自我效能感理论得到了丰富和发展,也得到了大量实证研究的支持。但至今关于自我效能的概念界定仍然不够明确,特别是在与其他相关概念的区分上,因此也给自我效能的测量及其应用研究带来了困惑。

班杜拉对自我效能感的定义是"人们对自身能否利用所拥有的技能去完成某项工作行为的自信程度"。该概念被提出以后,心理学、社会学和组织行为学领域开始对此进行大量的研究。班杜拉认为,由于不同活动领域之间的差异性,所需要的能力、技能也千差万别。一个人在不同的领域中,其自我效能感是不同的。因此并不存在一般的自我效能感。任何时候讨论自我效能感,都是指与特定领域相联系的自我效能感。

(三)习得性无助

习得性无助是美国心理学家塞利格曼 1967 年在研究动物时提出的,他用狗做了一项经典实验,起初把狗关在笼子里,只要蜂音器一响,就给以电击,狗关在笼子里逃避不了电击,多次实验后,蜂音器一响,在给电击前,先把笼门打开,此时狗不但不逃而是不等电击出现就先倒在地开始呻吟和颤抖,本来可以主动地逃避却绝望地等待痛苦的来临,这就是习得性无助。

塞利格曼认为无助感产生过程可分为四个阶段:

(1)在努力进行反应却没有结果的"不可控状态"中体验各种失败与挫折。

(2)在体验的基础上进行认知。这时人会感到自己的反应和结果没有关系,产生"自己无法控制行为结果和外部事件"的认知。

(3)形成"将来结果也不可控"的预期,"结果不可控"的认知使人觉得自己对外部事件无能为力或感到无所适从,自己的反应无效,前景无望,即使努力也不可能取得成果,简而言之,"结果不可控"认知和期待使人产生无助感。

(4)表现出动机、认知和情绪上的损害,严重影响后来的学习。

习得性无助与几个因素有关:

(1)低成就动机。成就动机指个体希望从事有意义的活动并在活动中获得满意结果的内在心理动力。成就动机高的个体在活动中能够完全地投入并精益求精;在逆境中具有战胜困难的勇气和决心。"习得性无助"个体成就动机低,他们往往不能给自己确立恰当的目标,做事时漫不经心。他们对于失败的恐惧远远大于成功的希望,因而不再指望自己成功。

(3)低自我价值。自我价值指个体对于自己的生理、心理及社会适应性等方面的特征的自我知觉和自我评价。它能够为个体提供自我认同感和连续感,帮助调节和维持自己的行为,对于个体的存在和发展具有重要意义。"习得性无助"个体在生理特征等各个维度上的自我价值均低于一般个体,他们对待生活和事业态度消极,与同伴相处大多自卑多疑,认为自己不受欢迎,因而与同伴的关系日渐疏远。

(3)消极定势。"习得性无助"的人,生活经验往往是失败的,又受到他人的消极评价,从而逐渐形成了刻板的思维模式和认知态度。他们认定自己永远是一个失败者,无论怎样努力也无济于事。他们还往往固执己见,不能吸收别人的意见和建议,并以消极的方式重复不变地对待问题。

(4)低自我效能感。"习得性无助"的个体自我效能感低,对自己完成任务的能力持怀疑和不确定的态度,因而倾向于制定较低的目标以避免获得失败的体验。他们比一般人更担心活动的失败。遇到挫折时,首先怀疑自己的能力,缺乏自信心,不加努力便会放弃。

习得性无助者在面对问题时,经常体验到强烈的焦虑和挫败感,长时间面对习得性无助的情境,个体身心健康很容易受到损害。

(四)自尊与自我价值

自尊(self-esteem),即自我尊重,是个体对其社会角色进行自我评价的结果。自尊是通过社会比较形成的,是个体对其社会角色进行自我评价的结果。自尊首先表现为自我尊重和自我爱护。自尊还包含要求他人、集体和社会对自己尊重的期望。

詹姆斯在《心理学原理》(1890)一书中提出了一个自尊的公式:自尊=成功÷抱负。说明自尊除了取决于成功,还取决于获得的成功对个体的意义,增大成功和减小抱负都可以获得高的自尊。成功有许多制约因素,不是很容易就做到的,但我们可以降低对工作和生活的期望值,这样,一个小的成功,就可能使我们欣喜不已。

自我价值(self-worth)与自尊(self-esteem)的含义相近,二者有相同的心理过程,因此国外的许多研究并不严格区分它们。国内多数研究者也没有将自尊和自我价值做严格的区分,例如黄希庭将自我价值感(feeling of self-worth)定义为个体在社会生活中,认知和评价作为客体的自我对社会主体包括群体和他人以及对作为主体的自我的正向的自我情感体验。持久的自我价值感是一种较稳定的人格倾向,它是一个多维度(社会取向和个人取向)、多层次(总体、一般和特殊)的系统,包括总体自我价值感、一般自我价值感和特殊自我价值感[①]。

罗森堡(Rosenberg,1965)把自我价值定义为"对自我的积极的或消极的态度"。库珀史密斯(Coopersmith,1967)认为自我价值是个人所做的和习惯于保持的对自己的评价,它表达了赞成或不赞成的态度,标明个体相信自己能干、重要、成功及有价值的程度。简而言之,自我价值是表达个体对自己的态度里的个人价值判断。

美国教育心理学家 Covington 在 1984 年提出了自我价值理论。该理论认为,自我接受、自我尊重是人的第一需要,而只有当人感到自己有能力时才会感到自己有价值。因此,某些情境下,个体会尽一切努力去避免失败或改变失败的意义。

金盛华 1994 年提出自我价值依托-丧失-强自杀意向模型,认为人的自我意识是动态的,人想要维护自己的已经建立的自我意识和自我价值感,就要不断获得自我

---

① 黄希庭、杨雄.青年学生自我价值感量表的编制[J].心理科学,1998(4).

支持性的信息。即人的自我价值需要依托,否则难以维持,产生较强的自杀意向。

(五)自尊与交易

很多人在谈及投机过程中的心理问题时,首先都会想到从众、恐惧和贪婪。但实际上,对投机交易伤害最大的心理因素是自尊。很多认知偏差和错误的心理现象都与自尊有关,例如后悔心态、归因偏差等。自尊对交易的伤害体现在两个方面:一是影响纠正交易错误,二是损害投机者的心理健康。

1.自尊影响止损

恐惧和贪婪在交易上,只会让投机者犯错误。但是造成投机损失的最大因素,并不是错误的交易,因为行情存在不确定性,即使是正确的交易也会亏损。造成投机失败的最大原因是发生错误后不能够及时止损,导致亏损越来越大,无法实现亏少赚多的总体收益。而造成投机者不能及时纠正错误的直接原因就是自尊。谁会心甘情愿地承认失败,又有谁会乐意公开承认失败。自尊对投机造成的伤害远远超过恐惧、贪婪和从众。

2.赢也不能和别人说,输也不能和别人说

很多投机者不愿与人交流交易细节,赢也不能和别人说,输也不能和别人说。

投机者如果告诉别人交易细节,例如告诉别人他买进一只股票,实际上他公开了持仓,心理上会对这只股票产生承诺,就会不愿卖出这只股票,在今后的交易中就会受到阻碍。

投机者如果告诉别人他获利了,虽然一时会产生成就感,但随之而来的是更大的焦虑感,因为对于投机来说,今天获利,明天大亏都很正常。告诉别人获利,是对成功的承诺,如果下一次不成功,自尊会让他不愿面对别人。

投机者如果告诉别人亏钱有什么意义呢?让人觉得自己无能?所以投机者更不会告诉别人亏钱。

3.自尊伤害心理健康

对投机者心理健康影响最大的是自我意识情绪。当自我意识遭到破坏,自尊被完全击垮时,个人会觉得再活着没有意义,此时自杀便是一种选择。

对于很多交易员,即使很小的账面亏损,也会带来极大的痛苦。这些小的亏损对生活和资金完全没有影响,交易员也明知,但还是会难受。说明账面亏损并不仅仅是金钱的损失,还有心理上自尊的伤害。

当交易失败后,自我、自尊、自我效能感遭受重大损失。此时投机者可以调动心理防御机制进行心理排解。但是投机交易频度高、对金钱的影响直接。如果连续的失败,心理防御机制来不及进行反应,或者交易失败带来的压力超出了心理防御机制能够排解的阈限值,那么会导致自我意识或自尊的崩塌。这种情况下,很可能导致交易员的自杀。

交易员自杀并不是因为金钱,因为很多时候交易员自杀的时候,资金仍然是正数,而且他们的个人信用仍然能够使他们东山再起,只不过短时间的压力突破了自我意识的心理极限。1940 年利莫弗尔吞枪自杀的时候,资产仍然是正数,有人说有 500 万美元,有人说只有 1 万美元,但资金上足够他东山再起。

遇到重大亏损,处于心理崩溃边缘的投机者,往往意味着压力和死神赛跑,就看抗压能力好不好。有些时候生死就在一念之间。有人因为想到家人,有人因为不甘心轻易地死去,有人因为怕死,最后下定决心重新开始。

实际上投机者会通过交易的成败进行自我意识的评估,因此个人自尊和个人的自我价值波动变化比任何行业都更频繁,波动的幅度远远高出普通人。

面对亏损时,潜意识里会产生这样的想法:"我怎么这么笨? 没有看到风险","怎么会亏损? 我人生太失败了"。问题是这些想法在潜意识或在意识的底层,不去细心感受,不明白自己的想法,所以也不会去自我心理排解。另一方面,这些心理活动都是在交易时间发生的,一旦离开交易现场或收盘后,又会恢复平静和理智。电视剧《致命毒师》里的警官连襟,为了让毒师暴露,设计了一个计划让毒师赶到藏钱的地点,一路上不让毒师思考,不让其挂断电话,以最快的速度开车,并且不停地语言骚扰,使毒师无法平静地思考,否则一脱离紧张的场景,哪怕只有半分钟,毒师就会识破警官的计谋。

尤其对经过长时间亏损,并且经历过破产的人来说,账面亏损尤其难受。心理账户自动与自尊联结起来。就好像出过严重车祸的人一坐上汽车就会紧张,需要进行脱敏训练,甚至需要借助服用药物来调节情绪。早期华尔街通过红马甲在交易池里交易时,有些操盘手服用氯丙嗪来平缓焦虑心理。不过这些年再没有看到这方面的报道,一是电子交易的普及,使得投机者能够躲在自己房间平缓情绪;二是科技的发达,投机者可以用电子游戏、视频、网络来转移对行情的注意力,从而缓解心理压力。

(六)抑郁

1917 年弗洛伊德在《哀伤和忧郁症》中,提出抑郁有两种形式:一种是哀伤形式,另一种是忧郁症的形式。哀伤是情绪性的形式,表现极度悲伤和绝望,但不涉及内疚、羞耻或自责。而忧郁症的形式则有更多的心理活动,不但情绪上极度悲伤,还有心理上自责和自我贬低。

许多研究并没有区分短期的抑郁反应和长期的持续抑郁。短期的抑郁(depress)是一种情绪反应。这种情绪反应来自于痛苦、沮丧、悲伤的情绪体验,诱因来自于失败、亲人的离失等。但长时间的持续抑郁则是一种临床心理学上的心理疾病,或称之为抑郁症(depressive disorder)。除了临床心理学,多数心理学分支对抑郁的研究更偏向于情绪反应,本书也将抑郁限于短期的情绪反应。

抑郁反应和抑郁症的诱因多数都是相同的,因此两者具有相关性。长时间的抑郁或重大的外界诱因例如破产往往导致抑郁症。

在专业投机交易群体中,很多人经常体验到抑郁反应,得抑郁症的比例也高于常人,自杀率也高于社会平均水平。尤其是在民间私募的操盘手中,由于没有公募基金的资金和信息优势,本身交易上就处于劣势,而且收入完全取决于个人的业绩。公募基金即使亏损,投资人也只能自认倒霉。对于私募,无论是阳光私募基金还是初级的代客理财,委托投资人会有更多条款限制。如果业绩不好,不但完全没有收入,还要直接面对投资人的问责,心理压力远远超过一般人。

1.抑郁的素质应激模型(无助与无价值)

素质-应激模型(diathesis-stress model)(Monroe & Simons,1991)(见图7-7)指出,影响抑郁产生的两个一般性因素:一个因素是应激源;另一个因素是素质(diathesis),指一个人的易感因素(vulnerability fator)。同样一个消极生活事件,易感性强的个体可能会抑郁,但易感性弱的个体却不一定产生抑郁。

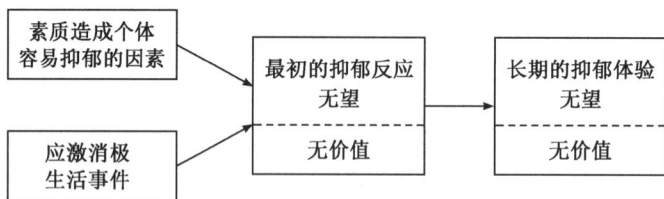

图 7-7　抑郁的素质-应激模型

来源:乔纳·布朗.自我[M].陈浩莺,译.人民邮电出版社,2004:203.

2.抑郁的习得性无助

塞利格曼在研究习得性无助时,发现人们在重大生活事件上感到无法控制时,就会抑郁。艾布朗森等人(Albramson, Seligman & Teasdale,1978)提出抑郁的习得性无助模型,当人们感到无法控制重要的生活事件,并且将这些事件归因为自身内部的、稳定长久的、影响涵盖生活各个方面的原因时,就会产生抑郁。归因于自身,就会产生无价值感。将事件归因于稳定的、涵盖生活一切的,就是一种无助感和绝望感。

3.抑郁与自尊

有研究证实,低自尊的人更容易抑郁(Brown & Dutton,1995),个人低自尊是抑郁的易感因素。也有研究认为,低自尊并不是焦虑的易感因素,面对消极生活事件,易变自尊的人比稳定自尊的人更容易焦虑(Bulter et al.,1994)。自尊的易变性是指对日常事件做出反应时,间隔一天后自尊的变化是多少。贝克·布朗认为易变自尊是低自尊的一种形式(Brown,1998)。

抑郁还与自我价值有关。比布林(Bibring,1953)指出,一些过高理想的人,一旦认为现在和将来都无法达到理想的标准时,就会突然失去自尊,产生无望感和无价值感,也就是将自我价值贬低,从而产生抑郁。

4.抑郁的认知理论

阿伦·贝克提出抑郁的认知理论(Berk,1967,1976),他认为抑郁是一种认知问题。这种问题包括三方面与自我有关的消极认知,一是对自我的消极看法,人们在抑郁时认为自己是有缺陷的、不足的、无价值的;二是对世界的消极看法,抑郁时对当前的生活状况不满;三是对未来的看法,悲观地看待自己取得成就的能力。这三方面的消极认知都包含着无望和无价值感。这三方面的消极认知是抑郁的主要特征,而且其他抑郁障碍如身体紊乱(如睡眠困难)、动机障碍(被动和退缩)和情感失调(如极度悲伤)都是对消极认知的反应。而且这些消极认知会与抑郁形成反馈:抑郁会加强消极认知,消极认知会加重抑郁。许多研究支持了贝克的理论。有研究证实,抑郁状态的人更倾向于从消极的方面看待自我(Ruehlman et al.,1985)。但是消极认知仅限于看待自我,对于其他方面,抑郁者并不会比常人更消极。

三、心理免疫系统

在弗洛伊德时代,心理学家注意到,人有自觉不自觉地解脱烦恼、减轻不安、恢复心理平衡与稳定的适应性倾向。弗洛伊德把它叫作"心理防御机制"。弗洛伊德更多地看到了心理防御机制的消极面。他认为,对情感和想法的压抑、否定、合理化,扭曲了我们对现实的认识,这是心理问题的根源。最简单的例子,当你还是孩童时,如果你受到了父母的不公平对待,而他们又不在乎你的感受,你只能压抑对他们的愤怒和不满,这会造成抑郁。

现代心理学更强调心理防御的积极面。多数心理学家认为弗洛伊德以泛性驱力和本能论来解释人生,以压抑来描述面对生活的反应过于冷酷。许多研究都表明,人有积极应对生活的动力和本能。心理防御机制是逆境和挫折中的人所自动激发的积极应对。心理防御不仅不是问题,正是人适应性心理的体现。

实际上人类形成过程中,除了在生理上进化出一套免疫系统外,在心理上也进化出一套心理自我保护系统,这套心理防护系统将负面事件合理化,重新解释或曲解以减低负面冲击,有效地保护我们免受心理创伤。

丹尼尔·吉尔伯特等人(Gilbert,Pinel,Wilson,1998)认为心理免疫系统是由一系列认知防御机制组成的心理保护系统,诸如自我防御、合理化、减少失调、动机性推理、积极错觉、自利归因、自我欺骗、自我提升、自我肯定、自我调节等。

心理免疫系统与心理防御机制在很大程度上重叠,但两者仍然有所不同。根据吉尔伯特的观点,那些有利于个人远离不健康、不平衡的心理状态的认知策略、有利于人们心理适应的自我调节机制都是心理免疫系统的组成部分。可以说,心理防御机制是心理免疫系统的一个组成部分。

心理防御是弗洛伊德对神经症患者的观察治疗过程总结后推广到所有人群。心理免疫系统是建立在现代心理学的研究基础上,得到认知心理学、人格心理学和情绪心理学的众多实验支持。例如研究发现青少年极端高涨或低落的情绪平均只持续 45分钟,之后就恢复常态(Reed Larson,Mihaly Csikszentmihalyi,Ronald Graef,1980)。

人类的心理并不是为追求幸福设计的,所以快乐很难持久,但我们对承担苦难倒是很在行。当我们看到,那些加诸他人的失败、损失、疾病、甚至死亡,哪一样都能把人击垮,但身处旋涡中的人,却并没有那么痛苦。一项研究发现,事故受害者日常生活中的快乐程度在一个积极的范围内。在事故发生八周后，受害者就不会表现出特别的消极情绪。另一项研究表明，残疾人的快乐程度也在积极的范围内。我们对苦难中的人说自己幸福感到惊异不已，除非我们自己也处于同样的旋涡，才会明白：苦难会让我们改变想法，而想法会帮助我们适应现实。我们对苦难，有比我们预想的更强的适应能力。人们会高估情绪反应的持久时间。这就是"持久性估计偏差"（durability bias）。

人类情绪的目的，是让人们避开危险，并不是为了惩罚人类，所以我们会恐惧、焦虑。但是当我们明白了危险源后，很多负面情绪就会消失，所以挫败引起的情绪持续时间不会长久，人们要将情绪恢复到正常状态后才能正常地接受新的危险信号。如果我们沉浸于过去事件产生的负面情绪中，那么我们可能丧失接受新的危险信号的能力。同样的，我们在快乐时，人体处于放松状态，也会降低对危险信号的接收速度，所以我们也不能长时间地快乐。快乐和痛苦的情绪都是短暂的，否则人类很难存活到今天。心理免疫系统的作用，就是自动地为人类调节情绪和认知，即使出现偏差也是积极意义的。心理免疫系统帮助人们记住自己的成功，忘记过去的失误，为自己的成功而自豪，为失败找到合理的借口。这样可以使人保持相对的健康幸福，避免过度的忧伤或病态心理。

四、自我疗伤与自省

由于金钱已内化到我们的潜意识中，因此对于投机者而言，每天的账面亏损都是自我价值损伤，也使得投机者长期处于负面情绪的冲击。而这种负面情绪的影响如果不及时消除，那么将可能造成心理抑郁等一系列后果，影响心理健康和生理健康。

但是投机交易并不被社会倡导，多数人并不将投机看成一种职业，投机甚至被认为等同于赌博。投机者没有机会得到社会和家庭的心理安慰。即使是证券公司或基金雇用的操盘手，虽然他们的投机是一种职业，但是他们面临心理问题时，同样无法得到有效的排解。虽然投机者可以通过运动、社会活动降低投机交易带来的压力，但只是选择性忽略了负面情绪，并没有真正地解决心理问题。

投机者必须要学习自我心理治疗，才能消除投机带来的心理损伤。而要自我疗伤，必须学会自我内省，观察自己的心理意识，才能有效针对性地进行心理调整。

（一）内省

内省（introspection）又称自我观察，它是早期传统心理学常用的方法，它是让报告者用个人的经验去体察自己的意识、回忆和心理反应。就是说被研究者自己观察自己，自己研究自己。

在实验心理学建立以前，心理学与哲学还常常混在一起研究，多数是运用思辨方法讨论。心理学问题都是以研究者自己的经验为依据，这种内省常被称为经验内省。在进行心理治疗时，让心理患者所做的自由联想，患者向医生陈述的他患病以来的感受和体会等都可以归入经验内省的范畴。①

与实验结合,在控制的条件下进行的内省称为实验内省。进行内省实验的被试,在实验前要进行训练,直到具备相当的内省技巧之后,才能进行实验。并且为了使得所要观察的心理活动具有某种稳定性,这样既便于被试自己进行观察和报告,又便于重复和验证,需要严格控制内省的条件。实验内省中又包括古典内省、系统实验内省、反应式内省和及时的内省。②

不过认知心理学兴起及现代心理实验技术的进步,内省法由于主观性过强,个人的心理报告较难验证,实际上在心理学研究中较少使用。但内省法中用到的一些方法,例如反应报告、刺激—反应等仍然延续下来,只不过不再称为内省法。

目前心理学中的内省,更多的是应用于心理治疗领域。例如领悟疗法(insight therapy)、精神分析疗法等都要用到内省。

潜意识的内容是被压抑了的,但是当我们行为处事的时候,潜意识的内容会自动地浮现出来,影响我们的意识。即使是潜意识的内容,只要在我们行为处事中有意去体会、内省,潜意识的偏好、人格物质、感觉等,也能被发现。我们多多少少都能洞察内心深处的真实意图。

有很多观念和感觉虽然没有被压抑到潜意识中,只不过因为情境的因素,我们没有时间或精力去注意到这些内容。按照弗洛伊德的分类,这些观念和感觉属于前意识的内容。

潜意识里的内容是模糊的,不容易控制。通过内省将潜意识挖掘出来,变成意识的内容,更容易进行调整与干预。

我们不能像心理咨询那样完全发现我们潜意识的内容。首先,潜意识的内容太丰富,意识不过是水面上的一小块冰山,而潜意识占据人们思维的绝大部分,而且潜意识的很多内容要追溯到幼儿期,没有借助心理咨询师的催眠等手段,通常情况下无法唤醒。其次,有些心理力量会产会阻抗,防止我们去观察潜意识的内容。

不过我们仍然可以通过内省挖掘出许多关于自己的潜意识片断,提摩西·威尔森(Timothy Wilson,2002)称之为个人叙事(personal narrative)。通过内省,我们把观察到的内容片断(意识里的想法、感觉、记忆、自我行为、他人对我们的反应),构建出一个故事。通过这个故事,来了解真实的自我。

要解决我们生活各方面的问题,仅靠自省远远不够,但对于投机交易来说,自省一方面能够使我们了解引起焦虑、恐惧等不良情绪的真实来源,从而避开能导致不良情绪的交易,改善我们心理健康。实际上很多导致不舒服的交易也往往是错误地交易。另一方面,在盘中操作时,由于反应时间过短,我们可能会错误地运用交易系统,通过自省,我们能够发现错误的心理模式,例如心理定势、认知偏差等,从而改善我们

① 陈舒永.和内省有关的几个问题[J].心理学报,1988(2)
② 杜·舒尔茨.现代心理学史[M].杨立能,译.北京:人民教育出版社,1981:64.

的交易。

(二)自我心理治疗

心理治疗(psychotherapy)是指在良好的治疗关系基础上,由经过专业训练的心理师运用临床心理学的有关理论和技术,对心理障碍患者进行帮助的过程,以消除或缓解患者的心理障碍或问题,促进其人格向健康、协调的方向发展①。

心理治疗最初是从精神病治疗中分离出来的。1900 年弗洛伊德在其临床实践基础上,通过经验总结和研究,提出了意识分层和人格结构理论,发表了《梦的解析》一书,成为精神分析学说创立的标志,同时也成为心理治疗的起始。

随着心理学的进步,一百多年来心理治疗得到很大的发展。出现各种各样的心理疗法,有人统计超过 400 种。但这些心理疗法大致可以分为几个主要的流派,各个流派都有主要依据的心理学。

1.精神分析学派

精神分析学派包括经典的精神分析学派和新精神分析学派等如客体关系心理学、荣格心理学派等。这一学派强调潜意识的决定作用,重视早期经历对心理的影响。心理动力学疗法也属于这个学派衍生出来的。

2.行为主义学派

20 世纪初以华生(J. Watson)和斯金纳(B. Skinner)为代表的行为主义心理学认为环境决定心理,这个学派以巴甫洛夫的经典条件反射学说、斯金纳的操作性条件反射学说和社会学习理论为依据。经典条件反射原理是指条件刺激与无条件刺激反复结合后,原本为中性的条件刺激单独呈现也会引发条件反射;操作性条件作用原理是指有机体对特定刺激做出反应后的强化可改变此前有机体特定反应的频率;社会学习理论认为,人的行为不一定要通过强化才能习得,通过社会学习——模仿即可获得。

行为治疗认为,行为的异常是通过环境或学习得到的;治疗就是要通过学习新的适宜的反应,矫正非适应性的行为反应。

传统的行为疗法原型是 Wolpe 的交互抑制疗法,即系统脱敏法。后来产生了 Badnura 的示范疗法,Stampfl 的冲击疗法,Thorne 的指导疗法,Salter 的条件反射疗法,Kelly 的个人行为疗法,Drakfeord 的整合疗法,Kantorovich 的厌恶疗法等。

3.存在主义学派

存在主义学派以存在主义心理学为理论基础,强调个人作为一个完整的人的重要性。强调应以多种不同的方法去理解人的内心主观世界。包括存在主义疗法、完形主义疗法等。

---

① 中国心理学会.中国心理学会临床与咨询心理学专业机构和专业人员注册标准(第一版)[J].心理学报,2007,39(5):942-946.

4.人本主义学派

人本主义学派以人本主义心理学为理论基础,如罗杰斯的以人为中心疗法(来访者中心疗法),认为个体具有指向健康和个人成长的潜能,而且具有实现这些潜能的倾向。心理失常的产生,是因为其环境出了问题,使个人自我实现的倾向受到阻碍。罗杰斯强调治疗关系,认为治疗师与来访者建立起真实的关系,提供良好的成长环境,会促使其朝向个人自我实现和对社会具有建设性的方向发展。

5.认知行为疗法

认知治疗学派包括各种认知疗法(cognitive therapies)以及行为治疗(behavior therapy)。认知疗法认为,人的情绪和行为的中介是其本人的认知,而人的歪曲的认知及核心信念是引发个体情绪困扰及行为问题的原因。认知疗法通过寻找替代性认知、对认知进行验证等认知重构的方法改变认知的歪曲,以减轻心理障碍的影响,消除情绪困扰。目前行为治疗越来越重视认知因素的影响,而认知疗法也重视行动在改变中的作用,二者结合日益紧密,被统称为认知行为治疗。

认知治疗中影响最大的是贝克的认知疗法(cognitive therapy)和埃利斯的理性情绪疗法(rational emotive therapy)。

6.集体治疗

严格地说,集体治疗并不是一种心理治疗流派,没有完整的理论基础,而是心理治疗的辅助方式。集体治疗包括团体治疗、家庭治疗。

团体治疗多用于相同问题的成员共同治疗,在治疗期间,团体成员就大家所共同关心的问题进行讨论,观察和分析有关自己和他人的心理与行为反应、情感体验和人际关系,从而使自己的行为得以改善。团体心理治疗的主要特色在于随着时间的进展,团体成员自然形成一种亲近、合作、相互帮助、相互支持的团体关系和气氛。这种关系为每一位患者都提供了一种与团体其他成员相互作用的机会,使他们尝试以另一种角度来面对生活,通过观察分析别人的问题而对自己的问题有更深刻的认识,并在别人的帮助下解决自己的问题。

家庭治疗的共同之处是将家庭看作一个系统,家庭成员是相互关联的,个体的问题是家庭问题的反映。因此,治疗关注的是整个家庭,从整个家庭入手进行干预。通过治疗打破家庭原有的维持症状的动态平衡,改善家庭成员间的相互交流,提高家庭解决问题的能力,帮助家庭寻求和建立新的平衡。

随着心理学的发展,各个流派的治疗出现融合的趋势。而越来越多的人认识到,用单一理论进行治疗存在局限性,需要各种理论相互验证和补充。而心理学理论的发展也为多理论运用于心理治疗提供了可能,例如认知心理学的研究证实了精神分析流派潜意识的存在。其次各种心理治疗方法在疗效上并没有很大的差距,效果往往取决于治疗师个人的经验和职业素养,使得各流派治疗方法不排斥其他方法。

心理咨询与心理治疗的方法、原理都相同,甚至开展业务的资质要求也是一样的,因此有些国家并不区分心理咨询与心理治疗。但心理咨询与心理治疗二者在操作和形式上还是存在差别,例如心理咨询在解释、提供支持信息、劝告和指导上花费的时间和精力要高于心理治疗。心理治疗有时会借助药物的帮助,但心理咨询几乎不涉及药物。

交易操盘手都会面临较其他行业更大的精神压力,虽然操盘手的心理问题多数并没有达到病症的程度,但都会存在一些心理问题需要排解,其实很需要心理咨询的帮助。

不过心理咨询在我国并没有普及,直到近几年,抑郁症才被大众接受。至于投机交易者的心理压力,多数人的看法首先是活该。其次是投机交易的心理治疗需要治疗师也要有一定的投机经验,才能有针对性地提问、诱导。例如团体心理治疗对于交易者可能是很好的方法,遇到相同心理问题的交易员在一起就心理经历进行交流,从中发现有效的针对性应对措施。但在目前的条件下很难找到这样的治疗师。

对交易操盘手来说,只有了解一些心理治疗的方法,通过自省,对潜意识运动进行自我解释,对自己面临的心理问题有针对性地进行排解、自我劝导来降低压力。

(三)暴露型和支持型疗法

按照对患者行为背后的潜意识中的决定因素的关注程度不同,心理治疗可以分暴露型和支持型两种心理疗法。

暴露型心理疗法,也可以称为"洞察性""表达性"或"探索性"疗法,目的在于帮助患者认识并说出自己潜意识中的冲突和忧虑,从而实现对他们人格的某些部分的重组或重构。支持型或称"抑制性"心理疗法的目的在于帮助患者有效地解决现实生活中的问题,并不需要深入研究他们潜意识中的冲突和忧虑①。

暴露型心理疗法试图将许多以前潜意识思想和情感带回到患者的意识中来。支持型心理疗法是增加患者对那些已经模糊意识到的思想和情感的理解和控制。两种疗法并不是对立的,而是一个连续体的两端。

例如,一个投机者在近期橡胶交易中总是会追价开多,遇到回调后又立即止损。这种状态可以在一天内反复出现多次。虽然盘后投机者会感到后悔,但开盘后这种行为无法控制,有些类似于强迫症的特征。

如果投机者要借鉴暴露型疗法进行自我治疗,投机者要从追价交易时开始追溯潜意识和情感,将潜意识活动暴露给自己。

为什么容易追价开仓?因为潜意识里有暴富的愿望,而暴富来自于前期较大的亏损,属于赌徒心理。为什么总是橡胶多头开仓?因为橡胶从3万元跌到1万元,潜意识里认为橡胶已是历史底部,不会再跌了。为什么不敢持仓,遇到回调就马上止损?因为前期亏损较大,担心再亏损。

针对暴露的潜意识冲突,可以采取回避的方法,暂时停止交易,充分休息一段时间再回到期货市场。

---

① 欧文·B.韦纳.心理治疗的法则[M].周博林,等译.成都:四川人民出版社,2007:48.

如果投机者要借鉴支持型疗法,那么首先要确认橡胶是处于多头行情中,然后要制定一套策略,在潜意识对橡胶多头偏好的情境下,有效地应对行情。例如降低交易规模,将资金转移出期货市场,避免潜在亏损引起的焦虑。同时针对行情振荡,可以扩大止损幅度。

(四)系统脱敏疗法

系统脱敏疗法是心理治疗上常用的一种方法,又称交互抑制法,主要是诱导患者缓慢地暴露出导致神经焦虑的情境,并通过心理的放松状态来对抗这种焦虑情绪,从而达到消除神经症焦虑习惯的目的。系统脱敏疗法认为,人和动物的肌肉放松与焦虑情绪状态,是一种对抗过程,一种状态的出现必然会对另一种状态起抑制作用。例如,在全身肌肉放松状态下的机体,各种生理生化反应指标,如呼吸、心率、血压、肌电、皮电等生化反应指标,都会表现出同焦虑状态下完全相反的变化。这就是交互抑制作用。而且,能够与焦虑状态有交互抑制作用的反应不仅是肌肉放松,即使进食活动也能抑制焦虑反应。

脱敏治疗时,从能引起个体较低程度的焦虑或恐怖反应的刺激物开始,一旦某个刺激不会再引起患者焦虑和恐怖反应时,心理咨询师便向处于放松状态下的患者呈现他能忍受范围之内的更强刺激,经过多次反复的呈现,患者便不会再对该刺激感到焦虑和恐怖,治疗目标也就达到了。

脱敏疗法一般由几个步骤组成:

第一步是学习掌握放松技巧。这步有点类似心理学的催眠技术。求助者靠在沙发或半躺着,用最舒服的姿势,求助者想象让自己放松的情境、画面,越具体越好,比如面朝大海、春暖花开,使求助者达到内心平静舒服的状态。咨询师用温柔的声音在旁进行催眠引导,如从头到脚放松,感受肌肉的放松。

第二步是建构焦虑的等级。这步需要心理咨询师和求助者共同完成。焦虑等级一般分为五级,0 表示无焦虑,5 表示最大焦虑。然后 1、2、3、4、5 分别设置不同焦虑的情境,逐步脱敏。

第三步是进行系统脱敏。当求助者掌握放松技巧后,就可以开始脱敏训练了,根据焦虑等级从 1 到 5,依次完成每级的脱敏训练,直到对最高等级的刺激也能适应才算成功。

第四步是在实景中重复练习。系统脱敏最终还是要发挥它的作用,所以要求助者暴露在实际环境中,面对造成焦虑的情境,彻底脱敏。

需要注意的是,只有完成低级刺激才能向上一级递进。

对于投机交易的训练来说,可以参照脱敏疗法,进行交易恐惧脱敏训练。尤其是对有多年交易经验,明知交易系统有效,但是因为重大亏损经历而不敢交易的投机者更有效。

交易脱敏的第一步,是找一位辅助者,能够在交易脱敏训练过程中,给予辅助放松,帮助完成脱敏训练任务。辅助者最好选一位有投机经验的成功者,不过一般情况下,投机者并不愿将自己的缺点暴露在他人面前,尤其是面对一位成功者。其次,成功的投机者也没有精力去为别人提供辅助训练。替代的办法是亲人、朋友做辅助者,前提是要了解投机交易。或者找一位交易年限接近,也是用技术指标进行交易的投机者,难兄难弟互相帮助。

第二步,将交易中可能遇到焦虑的情境做出明确的归纳,制定出不同的焦虑等级。假设一名交易员用布林通道进行交易,但不敢按标准进行持仓,进行脱敏训练。设立交易标准为(以做多为例):

(1)布林中轨掉头向上确认方向。布林参数选择为(10,2)。

(2)在布林中轨掉头前十日内有过击穿布林通道的行情发生。

(3)在中轨掉头后开多。

(4)触及上轨后,并且中轨走平或掉头向下时平仓。

根据投机者自身的资金情况,确定五个级别的资金进行交易,分别为1万、2万、5万、10万、15万。并将交易标准和交易计划告知辅助者。

第三步,在辅助者在场时进行交易,为了防止投机者脱离训练,可以由辅助者掌握交易密码,需要开仓或平仓时,再将交易密码告诉训练者。第一次交易规模为1万元,可以选择豆粕、螺纹钢等品种进行半仓交易,但尽可能控制仓位以避免爆仓。

在交易中会遇到振荡和其他各种问题,例如按标准开仓,但行情却突然反转了;行情突破了上轨后回调,但是中轨依然向上,按标准要继续持仓,但训练者很想兑现利润。当训练者告诉辅助者想要平仓时,两人先对照标准,看是否符合平仓标准,如果符合平仓标准,辅助者将密码告知训练者平仓,否则辅助者要和训练者聊天、鼓励训练者,帮助其放松,直到收市。在整个训练的过程中,训练者要一直盯市,并且计算账面盈亏,要暴露在焦虑情境下,直到交易结束。

第一级的交易按交易标准正确完成后,无论是否获利,只要训练者能够按标准操作,并且中途不再因为振荡而向辅助者提出平仓,那么就可以进入下一级的训练,交易资金扩大到2万元,品种也可选择更活跃的焦炭、橡胶。只要训练者没有违反交易标准,那么可以进入下一级的训练,直到15万元级别完成。

五、投机交易心理训练

因进化而产生的心理可以改造吗?斯金纳认为每个人的心理都可以按模子训练。但实际上先天的本能很难改变,心理训练只能抑制,而不能消除本能的影响。

首先,目前还没有看到有效的针对投机交易的心理训练系统。

其次,斯金纳的时代,基因科学不发达,进化心理学和认知心理学也是处于起步阶段,因此对于复杂心理训练的认识还比较初级。

但是我们看到,心理训练在很大程度上能够减缓甚至消除一些我们的本能心理。例如很多人天生怕蛇,但是绝大多数人能够通过脱敏疗法消除;很多恐高的人,不得不从事建筑、飞行等职业后，即使没有经过心理治疗，也能慢慢摆脱恐高。投机者对本能一定程度地抑制，也能让投机者在交易决策上得到很大的改善。投机者需要对心理进行一定程度的自我训练。

1.松弛练习

当我们认为某件事物有危险时，我们的呼吸就会自动加快，其结果是我们的血液里氧气增多，我们变得烦躁不安。当我们有意识地做松弛练习时，我们能够减少恐惧和焦虑。交易盘中时间，投机者可以通过有意识地调整呼吸，放松身体。当然由于交易时间过于紧张，因此交易者可以通过闹钟，定时强制提醒投机者进行心理松弛训练。

2.想象练习

想象自己身临其境于使你感到恐惧的场合，生动地设想每一个细节。例如想象行情最差的情况，连续跌停导致破产。如果在想象练习中产生了恐惧，重复采取松弛技巧。

3.应用奖励和处罚

如果你连续一个月操作符合交易系统，可以奖励自己度一次假。如果当天违反了交易系统进行操作，那么就禁止你看电视或做你喜欢的事。这样在交易纪律与奖惩建立起关联。这样在潜意识里可以降低心理本能的影响。

4.经验无可替代

投机者要每日做好交易日志，记录交易中的心理活动，并对交易中的心理活动进行分析，以便后来采取有效的干预。

◆ **第八章** ◆

趋势、优势、心定(天时、地利、人和)

很多交易书籍都强调趋势的重要性,投机领域有句名言,趋势第一。但是仅有趋势是不够的,很多投机者按照趋势指标进行交易,仍然大多数亏损。

孟子曰:天时不如地利,地利不如人和。应用到投机交易,本书将三者的关系定位于趋势、优势、心理。

如果农业歉收,农产品就会上涨,这是天时;全球经济兴旺,原材料价格会上涨,这也是天时。但从投机市场看,价格说明一切,市场中的多数人心理预期一致并且有着相应的资金运动的时候,就形成趋势。我们不必去关心价格背后的原因,只要形成了趋势,就是天时。

趋势第一,要求我们按照趋势的方向去交易。但是仅仅按趋势方向去交易,并不必然带来获利。

首先趋势是有不同周期的。商品价格波动并不是直线运行的,而是以波浪的形式运动。我们可以将趋势分成长期、中期和短期。长期多头趋势中有中期空头趋势,中期空头趋势中又套着短期多头趋势。很多人跟随趋势交易却亏损,就是因为没有正确区分趋势的分期,交易策略与趋势分期不相符。

其次,趋势交易需要优势的支持。趋势第一,但是趋势收益要在有优势的情况下才能实现。投机者即使按照趋势的方向操作,但如果每一次都是在波峰高点买多,没有优势,那么他就会面对大幅振荡和账面亏损,很难持仓到收益的时候,甚至在行情已经掉头向下时买入,没有优势交易,多数情况下都是亏损的。

再次,平和的心态下分析行情才可能客观,只有心定,交易才可能符合趋势和优势。

很多人交易的时候,机械地执行趋势第一,开仓时没有优势,更不会注意心理因素。几千年前古人已经告诉我们了,趋势不如优势,优势不如心理重要。

第一节 趋 势

趋势是行情发展的倾向性,是大概率下的方向性。趋势交易就是按趋势确定的方向顺势而为。要顺势而为,首先要正确认识趋势,其次要把握趋势交易原则。

一、正确认识趋势

趋势可以划分成长期趋势、短期趋势和波段,每个投机者根据自己交易的需要选择一个周期的趋势进行交易。不同市场和市场的趋势周期差异较大。在股票市场,长期趋势也称为主要趋势,通常持续一年以上,有时可以维持好几年。短期趋势也称为次级趋势,通常持续数月到一年,从属于长期趋势的子趋势。波段行情持续数周至数月。

图 8-1 中,我们将上行通道决定的上涨看成短期趋势,那么更短周期的 A—B、B—C 波浪可以看成超短期趋势。不过多数人将这种超短期趋势定义为波段。波段投机者也正是针对类似 B—C 或 C—D 这样的波段行情进行交易。

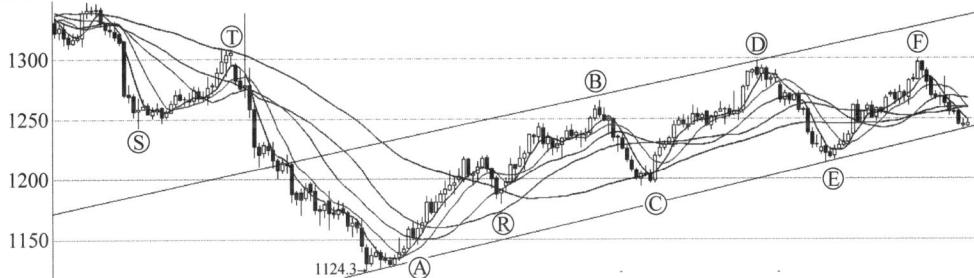

图 8-1 趋势通道与波浪

大多数常用技术指标,都是在研究趋势行情的基础上总结出来的。例如趋势通道,就是针对趋势的描述。

在 K 线图上,趋势形成有两个明显的特征。一是形成价格通道。交易对象的价格在通道的范围内运行,一旦反向突破通道,则可能趋势结束,而正向突破通道,如果短时间不回调的话,可能进入一个更快速的通道,需要后续验证。另一个典型的特征是,波浪次级推进。任何金融市场行情都是波浪式上升或下跌。如果接连着波浪的波峰和波谷高过前一波浪的波峰和波谷,那么就形成了多头趋势;如果波峰和波谷低于前一波浪的波峰和波谷,那么就形成了空头趋势。在实际运用中,人们多用趋势线、均线系统等技术指标来判断。

即使趋势有明确的判断标准,但仍然存在很大的不确定性,否则就不会有市场波动。所有技术指标都是滞后性的。

趋势的运行并不是简单的单边趋势运动。在趋势运行途中既有单边的拉升或下跌,也要中途长时间的横盘振荡期,甚至还有逆向的大幅调整。如图 8-1 中 S-T 会给人以错觉,以为下跌趋势结束了。实际上 K 线没有有效突破 60 日线,仍然在趋势下跌通道内。正确认识当前的行情特点,是成功交易的基础。

振荡期有很典型的技术指标,就是均线粘连。如果对趋势不够坚持,把握不准,遇到均线粘连,那就先退出,等均线重新发散时立即重新入场。

划分振荡市与单边市的标准与周期有关,对于趋势长期来看,由于纸币都是贬值的,商品名义价格最终都会上涨。尤其生产技术稳定的品种例如黄金、股指。但对于交易者常用的周期来说,周期就会影响到振荡市与单边市的划分。

例如上证综指 20170410-20170524 经历了 6 周的下跌,对于短期趋势交易员来说,是空头趋势急跌期(图 8-2),但对于以周线为标准的长期趋势交易来说,并未有效跌破 60 周线,仍属于多头趋势的调整(图 8-3)。

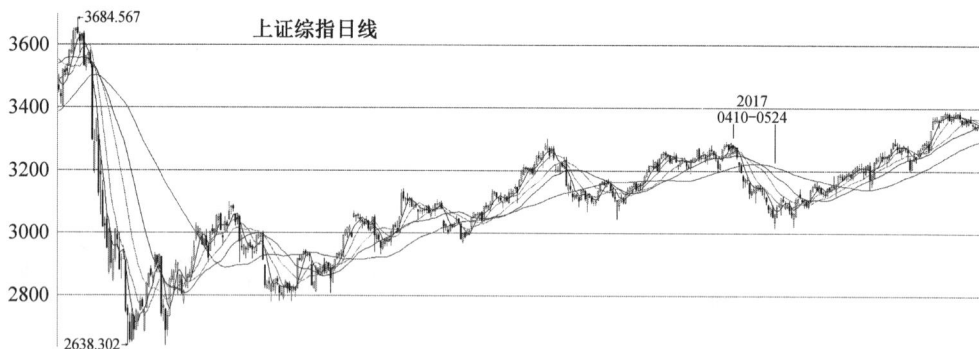

图 8-2 上证综指日线(20180529)

图 8-3 上证综指周线(20180529)

二、趋势交易原则

趋势交易就是按照趋势方向开仓,顺势交易要掌握以下原则:

1.不可以违背趋势方向

如果单边上涨,很多人认为涨得很高了,选个比较高的价位做空,因此而亏损的大有人在。价格的高低不是你猜测的,也不是你认为的,而是由市场决定的。多头趋势不言顶,空头趋势不言底。

如果你确实看到一个极其有效的历史阻力位,并且这一轮的行情已经上涨很大幅度了,试试做空也不是一点道理也没有,但应设好止损。投机交易必须坚决地止损,严明的纪律才是绝对必要的。绝大多数人还是因为不能克服本能,一试就错了,而且错了还很难纠正。

2.趋势交易要坚定持仓

多数业余投机者持仓时间过短。很多投机者会受到获利平仓的诱惑,趋势没有结束就早早平仓,而后趋势途中以更高的价格买入,切香肠式地进行趋势交易,只能取其中的一两段利润。投机者自己放弃了大部分的利润空间,但是亏损却是由市场决定的,最终赚少亏多。趋势不会很快结束,专业的趋势交易,应该是从趋势确认就开始开仓,没有触发平仓标准就不平仓。

3.涨停板附近不开空,跌停板附近不做多

如果当天的价位已接近涨停板,说明当天的多头强劲,做空单属于逆势而动,即使从长趋势看跌,也不宜短趋势做空,如果长趋势亦看跌,那你就是双倍地逆势。反之,跌停板附近是一样道理。

即使趋势的指标提示看跌,涨停板附近也不可以开空,因为行情都存在不确定性,可以等第二天涨停板的力度减缓后再开空,以降低不确定性,否则你可能被连续涨停逼仓。很多市场操纵者就喜欢先连续涨停后再缓慢退出多头仓位。

同样趋势指标提示做多,也不可以在跌停板开多。

涨停板就像商家当天的所有卖货被抢购一空,而门外还排着购物长队等着,他们只好等到明天在更高的价位做一下尝试了。而这时你把家里仅有的存货拿出来以当天的没人肯卖的价格卖掉。

而跌停板意味着当天在市场允许交易的最低价已没人乐意买入,而人山人海的抛售者们想以更低的价格卖出,按规定只有等到明天了。人们在这个价位像扔垃圾一样却扔不掉的商品,你却偏偏要买入。

4.不可逆势加仓

如果已经开仓了,并且每天仓位都在亏损,这说明极可能是逆趋势交易,这种情况下,就要考虑止损了,可是很多投机者为了摊低成本,逆势加仓。这就好像你开了一家店,长时间不赚钱,最近开始大把赔钱(遇上逆向趋势单边行情),这时候你是嫌钱赔得少,再开一家店以双倍速度赔钱,还是把店关了的好。

5.顺势加仓

如果开仓方向与趋势一致,并且账面利润不停地增长,这时候就可以适当加仓。这就好像你开了一家店,如果利润可观,那么就可以考虑再开一家分店。

不过很多人顺势加仓却不能扩大利润,反而导致亏损,这其中的关键在于仓位的管理。加仓也是一次交易,因此加仓要像新交易一样,根据现有资金总量和交易系统标准确定仓位。正常情况下,加仓的规模不可以大于原始仓位,就是所谓金字塔形加仓,目的是防止小仓位获利,大仓位亏损。其次,加仓后所有的仓位都要重新设置止损标准。其实即使不加仓,原来仓位有获利后,也要重新设置止损标准。价格变了,技术指标也会变,止损标准也要变,才能保证利润不被市场拿回去。

6.区分单边市和振荡市

非常多的人在趋势的单边行情赚到不少的钱,但是到了横盘振荡期无所适从。很多人在总结交易系统的时候,开始的时候很有效,但过了一阵,就发现交易系统失效了。因为遇到振荡行情,行情上下反复,在指标确认后入场,行情又掉头了,只好止损。横盘期有时持续很长时间,如果此时按趋势标准交易,往往反复止损,最终亏损不能弥补单边期的利润。

横盘振荡期连续亏损的一个很大原因,是很多投机者对于趋势的复杂性没有充分的认识。趋势可以持续很长时间,长期趋势农产品上涨周期平均三年,工业品五年。短期趋势农产品半年,工业品一年。下跌趋势周期平均为上涨周期的一半。在这么长的时间内,中间有一半时间在振荡都不奇怪,如果一直上涨,那岂不是都要到天价上去? 正确认识单边行情及振荡行情,还涉及止损的执行。

因为很多人交易过于急躁,对待中途的振荡也缺乏耐心,所以止损设定的范围太小。可是有些人担心止损标准过宽,一旦止损就会遭遇重大损失,其实是因为他们的仓位太大了。股票的趋势仓位有 50% 就很高了。如果是期货交易加上杠杆,高于20% 的仓位都会影响交易。

每一个投机者都要针对振荡期制定相应的交易策略,这种策略可以改由更短周期的趋势交易,也可以停止交易,停止交易其实是一个很好的策略。投机市场有所为有所不为,才不会导致过度交易,产生不必要的亏损。如果一个交易系统没有针对振荡行情和趋势行情制定不同的交易策略,那么必然亏损。

第二节　优　势

一、优势定义

不同情境下,优势有不同的解释,我们这里讨论的是投机学上的优势。投机学上的优势有两种：一种是价格优势，另一种是时间优势。

价格优势是指开仓时的价格，相对于的市场波动峰或谷的价格差。多头价格优势是相对于波动高点的价格差，空头价格优势是相对于波动低点的价格差。

时间优势是指在符合市场主趋势的前提下，等待逆主趋势方向的次级趋势结束，在与主趋势同向的次级趋势开始时开仓。由于趋势的运行需要一定的时间，在趋势途中，可能符合趋势方向的行情，但也存在大量与趋势不符合的调整行情。在波浪理论中，这些与趋势不一致的波浪称为调整浪。如果在调整浪结束时开仓就有时间优势，如果调整浪中开始时就缺乏时间优势。

实际上时间优势对于交易的结果影响巨大。时间优势首先会影响到心理坚定。如果没有时间优势，长时间的账面亏损会消耗投机者的持仓信心，甚至会导致交易的崩溃。

不过投机交易，价格说明一切，我们只要关注价格优势就可以了，因为价格优势与时间优势是正相关的，没有时间优势，总是在错误的时间操作，也根本不可能取得价格优势。本书不加特别说明，投机优势均指价格优势。

例如图 8-1，是较典型的上升趋势，如果在 B 和 D 两点开多，那么由于前期上涨的时间较长，而且接近了上涨通道的上轨，就可能遇到调整波段。接近通道上轨，较波段起涨有较大涨幅，没有价格优势。遇到调整波段，那么就要被动持多较长时间，亏损状态会让人痛苦，实际上，很多人正是经受不住长时间的调整，从而对趋势产生怀疑，最终在 B 点买多，在 C 点平多。

无论是趋势理论还是波浪理论都说明，市场运行是有波动性的，大趋势中有小波浪。而优势来自于对波动的利用。交易的时候，如果在趋势启动初期开仓，就能以更低的成本获得仓位；如果是在趋势启动初期开仓，那么开仓后不用等待太多的时间就可迎来趋势利润。反之，如果你在下跌途中开多，那么就丧失了优势，包括价格优势和时间优势，因为你并不是在市场底部买入，本来可以用更低的价格买入，而且不用长时间的逆势持仓等待。你可能认为下跌途中开多可以抄底，但真正能够买在底部需要运气，我们可以发现底部的成交量通常都很低，幸运者并不多。同样在上升途中做空也无法取得优势。

我们交易时要在顺趋势的波段中开仓，这样才能让自己在开仓成本和心理上强于其他交易者。

二、分析与确认

优势的技术确认，目前市场通用的技术指标中有三类：

一是趋势通道，如图 8-1 两根平行的斜连接线。通道的上轨开空是优势，下轨开多是优势，但是优势还要结合交易周期策略。例如对于波段交易，B、D 是开空的优势点，A、C、E 是开多的优势点。但如果是趋势交易，A、C、E 是多头优势点，但 B、D 就不是优势点了，因为对于趋势交易，就不应该开空。

二是布林通道,布林通道与趋势通道功能类似,两者最大的不同,趋势通道是两个以上峰谷分别连接成的直线;布林通道不是直线的,而且有开口放大和收口的变动,更接近于实际趋势的发展。布林通道的运用和趋势通道是一样的,上轨是空头优势,下轨是多头优势,也要结合交易的周期策略来使用。

三是均线的穿越与偏离。每个人使用的均线组合和均线系统都会有差异。如果以均线穿越或均线掉头作为趋势确认的标准,那么一旦确认就是开仓的优势点,例如图 8-1 中,如果是以 5 日线和 K 线同时上穿 60 日线作为趋势开仓的标准,那么 R 和 C 后就是开多的优势区域。

而我们看到下跌趋势中,S 点就不是空头趋势的优势,因为 S 偏离 60 日线、20 日线都较远,容易引起回归均线的倾向。

三、超买超卖

很多股评或技术分析指标会用到"超买""超卖"概念。多数人很少去深究这两个概念的含义,超买通行的描述是指:一种证券的价格大幅上涨后,市场过度买入,很可能下跌。相应地,超卖指证券大幅下跌后,市场过度卖出,很可能会反弹。

那么如何确定买入或卖出什么情况下属于"过度"? 一只股票从 10 元涨到 100 元是否属于超买? 如果说它超买,它再涨到 200 元也是可能的,那么涨到 100 元时就不属于超买了。

实际上,优势不是超买超卖本身,而是对超买超卖的修正。跌多了不等于超卖,因为跌了还会再跌,所谓"地板价"并不是最低价,地板下还有地下室,地下室下还有十八层地狱。"天价"上还有太空价。从投机的角度猜测什么时候是底没有意义。优势是一种动态的认识,当行情由跌转升才能说明之前超卖了,由涨转跌说明超买了。

价格或成交量并不能说明超买或超卖,根据价格某种指标来评价超买超卖,属于猜行情。以超买超卖来交易的话,属于赌博式交易。超买超卖是无法预测的,只有行情由跌转升才能说明超卖发生了,说明所有立场不坚定的投机客都已卖出了,剩下的都是不想卖了。行情由升转跌才说明超买发生。投机必须跟随价格,而不是猜价格。

四、优势与趋势的关系

优势与趋势其实是相对的,我们可以将短周期的趋势看成是长周期趋势的优势。例如在图 8-1 中,我们可以将 B—C、D—E 这个短期波段看成是以通道决定的趋势 A—F 的优势变化。同样 S—T 的反弹波段,我们可以看成开空的优势变化,反弹越大,开空的优势越大,前提是趋势不反转。

趋势是持续的,是一个时期的概念。而优势是某个价格空间,是一个时点的概念。

五、优势交易

天时不如地利。金融市场由于存在波动性,因此投机交易仅有趋势支持是不够的。如果只有趋势而没有优势的支持,那么很容易出现长时间的账面亏损,而且有可能触止损平仓线。即使没有触发平仓线,但是由于账面亏损带来的巨大的心理压力,导致投机者等不到获得就平仓了。

例如图 8-1 中如果在 B 点开多,那么开仓后有 31 个交易日是账面亏损的,也就是一个半月是亏损的,多数情况下,投机者中途就止损了。

不同周期的交易系统有不同的趋势和优势标准。同向短期趋势是长期趋势的优势。图 8-1 中,B 点开多对于波段交易完全没有优势。但对于中期趋势,由于行情启动不久,我们仍然可以看成有多头趋势。当然,如果在 C 点开多,既有短期优势又有中期优势,风险更小。在 A 点之前,中期趋势是下跌的,因此在 A 点开多时,只有短期优势,但随着行情的演变,突破了各均线压力,中期趋势转多,A 点成了有中期趋势开多的优势点。

很多时候,优势与趋势提示的方向并不一致,交易者这时是最难选择的。但如果从战术的角度,最好的选择就是不交易。如果在已有仓位的情况下,也要平仓退出。否则优势与趋势相对抗时,很容易亏损。我们可以将这种行情理解为,长期多头和短期空头正在鏖战,所谓神仙打架,百姓遭殃,散户最好是避开。

如果非要交易,因为短期趋势是中期趋势的优势,如果短期趋势与中期优势不一致,从天时不如地利来看,那么可以改成短期趋势交易。如图 8-1 中 B 点接近通道上轨,中期趋势开多无优势,但如果进行短期空头波段交易,那么 B 点的优势还是明显的。

优势交易要求投机者要等机会交易,而不是找机会交易,在趋势确定的前提下,等待优势机会的出现才能入场交易。

第三节　心　定

一、心定

心定是一种心理状态,在情感上,不会因为各种诱惑而做出错误的决策;在认知上,有独立的见解,不会从众;在意志方面,有明确的目标和追求目标的意志力。

心定最初源自《大学》,"知止而后有定,定而后能静,静而后能安,安而后能虑,虑而后能得"。后人将这句话简化为"知止方能心定,心定方能静安"。

天时地利不如人和。一个国家如果人心不齐,就无法形成合力抵御外敌。一个将军如果没有沉稳的内心,就无法指挥好他的军队。一个投机者如果没有足够的心理强度,就不能运用好他的交易资金,无法在趋势有利时得到正常的利润。没有形成专业的投机心理,就无法靠专业投机获利。

趋势、优势、心定这三个方面是相关的。没有心定,很难保证正确的交易,也不会有优势;没有按照趋势方向交易,时间一长,任何开仓时的优势也都会亏损;没有优势,振荡造成的账面亏损足以将投机者扫出市场。没有趋势与优势的支持,就会长时间账面亏损,增加心理压力,最终无法坚持交易。

为什么投机者交易时会狐疑,会从众,因为心理不坚定。

心理坚定来自潜意识与意识的统一。当你的潜意识里感受到市场的风险,可是你的意识是通过理性分析后得出风险小的结论。当潜意识与意识冲突时,如果是短时决策的背景下,我们一般都会接受潜意识的控制。

问题在于,对于投机决策,多数情况下潜意识都是错的。我们的潜意识活动不受理性的控制,各种认知偏差导致错误地解读行情;各种寻求安定的天生倾向都会导致为了规避不确定性的行情而做出错误的决定。

很多交易者都有这样的体验,明明一只股票入市前打定主意 10 元以下才买入,可是 9.5 元的时候不买,但 10.5 元的时候却买入了。明明想要持仓不动,可是到了盘中就卖出了。交易者常常觉得在开盘时间内,行为不受控制,手欠。有时一紧张,本来买多的,却错误地发出卖出指令。

其实我们的行为都是受到心理控制的,只不过有的时候不是意识控制,而是潜意识控制,或者说我们的行为除了受显性的思维影响外,还存在着大量的内隐认知活动。

显性意识的活动需要较长的心理资源,我们要去思考、计算、比较,都需要较长的时间。对于日常生活,我们主要由意识控制,因为日常生活有足够的时间等待意识完成决策。但在交易时段,处于应激状态,精神高度紧张,需要我们在短时间做出重大决策的时候,我们的意识就不够用了,内隐认知主导了我们的决策。我们在盘中一些错误的行为和决策,如果从内隐认知去分析它,就会发现我们存在各种认知偏差、归因偏差,这些心理活动决定了我们的错误行为。

投机交易取得成功的最大障碍就是心理因素。由于我们与生俱来的,基因层面的心理特点,有些特点适应了原始社会的狩猎生活,但并不适合投机交易。

对于投机者,需要对我们自身的潜意识活动有一些认识,监控我们的内隐认知,才能纠正交易错误,成为专业的投机者。

二、常见投机心理问题

心定对交易最大的影响就体现在信任上,不信任投机理论,不信任技术指标,不信任自己的交易系统,都可能导致投机失败。

我们看一个投机者在趋势交易下由盈转亏的典型心理运动。

(1)盘前通过技术指标分析认为趋势存在,形成心理定势。

(2)开盘后先观望,准备买入,但担心趋势会反复,想通过价格优势来降低风险,差一个或几个价位而没能成交。价格上涨后,多次调高价格挂单买入,但都不能成交。

(3)在市场变得狂热后,受到市场热烈氛围影响,担心错过这一轮获利机会,追价买入,优势缩小。

(4)买入后有获利机会没有平仓,在多头氛围下继续看涨,想要更大获利才卖出。如果行情继续上涨,在账面获利后加仓;如果行情没有上涨,则持仓不动。

(5)因为没有卖出,行情掉头,但小亏不愿止损,坚持持有,直到重大亏损,被迫止损。

从这个典型的心理活动上,我们可以看到投机者有六种主要的心理问题:

(1)心理定势。投机者通过技术分析,认为趋势存在,形成了一个心理定势,到了交易时间,一心想着要买入。

(2)狐疑。虽然形成心理定势,但对趋势不够信任,总担心趋势会结束。为了消除这种担心,想通过价格优势来降低风险。

(3)暴富心理。买入后不是根据技术指标来决定卖出时机,而是根据自己的期望来卖出,但人的期望是无限的。投机者往往最初想着有 10% 的获利时就卖出。但有 10% 的账面利润后就想着 20% 的利润,所以一直没有平仓,直到行情反转。都是因为暴富心理,想在一次交易中获大利。暴富思想是业余交易的源头,往往表现为过度交易和缺乏耐心。

(4)从众心理。投机者虽然看好行情,但如果市场氛围不好,也不敢买入。直到市场氛围火热后,投机者才会决定买入。但是由于市场狂热,原来计划价格无法成交,投机者只好追价买入。追价本质上是由从众心理的本能引起的。

(5)侥幸心理。行情反转后,形成下跌趋势,投机者应该及时平仓。由于追价买入,价格优势不大,投机者觉得利润不够大,期望是调整行情,调整过后会继续趋势上涨,抱着侥幸持仓不动。但行情确实反转了,导致投机者亏损。

(6)心理账户。行情反转后又受心理账户的影响,曾经的账面利润当成真实的损失,舍不得止损,直到大亏后才平仓。

三、心定的获取

投机交易需要心定。要取得心定,就要符合投机交易的规律,首先是对投机原理的充分信任,相信价格说明一切,相信行情以趋势方式演变,这样才不会受到各种信息的干扰。当技术指标符合交易标准时,才可能果断下单。

其次,是对投机交易系统的充分信任。投机者进入交易前,要应用投机原理和概率计算,设计一套自己的交易系统,并经过模拟交易和试错检验。一旦进入交易,就不要怀疑交易系统,严格按交易系统操作。如果确认没有违反交易系统,一段时间后交易效果仍然不好,再重新评估和设计交易系统。如果交易系统存在问题,只会错一次,但如果不遵守交易系统,则会反复亏损。

要取得心定,在心理管理上要注意几个方面:

(1)最重要的是不能狐疑。《六韬·军势》:"用兵之害,犹豫最大;三军之灾,莫过狐疑。善战者,见利不失,遇时不疑;失利后时,反受其殃。"

心理坚定除了交易不狐疑外,遇到符合交易系统的机会,要坚决开仓,不要在乎一两个价位的价格波动,这就是"见利不失"。

投机者每次开仓前都应该耐心等待,冷静观察。在场外旁观者清,投机者更容易做出准确的判断,大大提高交易的胜率。资金入市就是军队开到前线,聪明的将军不会匆忙投入战斗,而是选一个最佳时机出击。

但交易最大的困难不是耐心等待,而是等到机会后没有把握住时,后悔心态导致追势、追价交易。"失利后时",指的是失去有利机会,在落后的时间点仍然去交易,这是受心理定势影响的交易,"反受其殃",多数是亏损的。所以投机者如果错过交易机会,就不要追势,而是耐心等待下一次机会。

(2)遇到交易心理困难,往往是方向错了。应该要重新评估交易。不要高估自己的心理承受能力,也不能一味忍受压力。因为交易方向错了,在行情波动下,账面利润会出现小赚大亏的变化,投机者会因此感到心理困难。如果交易方向没有错,那么就可能是因为仓位过重,账面利润的波动超出了投机者的承受能力。

(3)要养成追究到底的思维习惯,市场变化时,立即用技术指标比对行情,不随意下判断,尤其是凭着感觉的瞬时判断。

下 篇

实务篇

◆第九章◆
常用技术分析指标

根据技术指标的形成方式,习惯上将技术指标分为以下几类:

1.K线类。K线类是根据若干天的K线组合情况,推测金融市场中多空双方力量的对比,进而判断证券市场行情的方法。

2.形态类。形态类是根据价格图表中过去一段时间的轨迹形态来预测价格未来趋势的方法。主要的形态有M头、W底、头肩顶、头肩底等十几种。波浪理论的各种浪也属于形态类。

3.切线类。切线类是按特定方法和原则,在根据价格数据所描绘的图表中画出一些直线,然后根据这些直线的情况推测价格的未来趋势,这些直线就叫切线。常见的切线有趋势线、轨道线、黄金分割线、角度线等。

4.数学指标类。指标类是根据价、量的历史资料,通过建立一个数学模型,给出数学上的计算公式,得到一个体现金融市场的某个方面变动的指标值。常见的指标有相对强弱指标(RSI)、随机指标(KDJ)、趋向指标(DMI)、平滑异同移动平均线(MACD)、能量潮(OBV)、心理线(PSY)、布林线(BOLL)等。

第一节　K线形态与组合

K线指标的基础是K线,单只K线包括阴阳(用红、绿或实心、空心表示)、收盘价、开盘价、最高价、最低价、K线实体长度、上影线、下影线共八个要素。

一、单 K 线

单 K 线图形及含义见表 9-1。

表 9-1　单 K 线

名称	图形	意　　义
长阳		说明多头力量远高于空头,取得市场主导权。
长阴		说明空头力量远高于多头。
长上影		多头上攻,遇空头强力阻击。长时间上涨后出现预示多头遇较大阻力,趋势要休息或反转。长时间下跌后出现说明有多头试探上攻。实体可以是阴线也可以是阳线。
长下影		空头下攻,遇多头强力阻击。长时间上涨后出现预示多头遇较大阻力,趋势要休息或反转。长时间下跌后出现说明有多头试探上攻。实体可以是阴线也可以是阳线。
十字星		十字线代表多空双方力量均衡,趋势中途休息,也可能趋势力量对比将要发生重大变化,可能出现反转。
锤头		短小的实体(实体可以没有)加长下影线,上影线极其短小或没有,出现在下跌趋势的末期称为锤头,预示价格向上反转。
射击之星		短小的实体(实体可以没有)加长上影线,下影线极其短小或没有,出现在上升趋势的顶部称为射击之星,显示价格可能向下反转。可以演变为倒 T 线,也称墓碑线。
墓碑		射击之星的极端情况。

二、双 K 线

双 K 线的图形及含义见表 9-2。

表 9-2　双 K 线

名称	图形	意　义
跳空	缺口	普通跳空：由于成交量很低或者价格受其他市场的影响而形成，这种跳空预测价值很低，通常在短期内能回补。 突破性跳空：最重要跳空形式，通常发生在一个重要的价格运动完成之后，或者在新的价格运动开始之初，且伴随着重要价格形态或趋势线的突破，所形成的缺口短期内无法完全被回补。 跳空反映了休市后，资金和人们的心理仍在运动。
破脚吞没		经过一段上升之后出现阴线实体完全吞掉前面的阳线实体，代表了强烈的反转。第二根 K 线取代前者占据市场主导地位。箭头代表行情发展方向。
穿头吞没		经过一段下跌之后阳线吞掉阴线，代表了强烈的反转。第二根 K 线取代前者占据市场主导地位。 箭头代表行情发展方向。
乌云盖顶		在向上的趋势中，阴线开盘高于前一阳线的上影，并且向下吞掉阳线的 2/3，预示向下反转。 箭头代表行情发展方向。
曙光初现		在向下的趋势中，阳线开盘低于前一阴线的下影，并且向上吞掉阳线的 2/3，预示向上反转。 箭头代表行情发展方向。

三、多 K 线组合

多 K 线的图形及含义见表 9-3。

表 9-3 多 K 线组合

名称	图形	意　义
三日新高		经过一段上升之后出现阴线实体完全吞掉前面的阳线实体,代表了强烈的反转。第二根 K 线取代前者占据市场主导地位。 箭头代表行情发展方向。
三日新低		在上升趋势中,某一日收盘价低于前三个交易日的最低价,提示向下反转。
黄昏之星		上升趋势中,第二根 K 线实体较小,在向上的趋势中,阴线开盘高于前一阳线的上影,并且向下吞掉阳线的 2/3,预示向下反转。
早晨之星	跳空	第二根 K 线实体较小,或经过一段下跌之后阳线吞掉阴线,代表了强烈的反转。第三根 K 线取代前者占据市场主导地位。

四、K 线形态

K 线形态本质上也是 K 线组合,但是观察的时间更长,而且要结合波峰、波谷(最高价、最低价)进行综合考察。详见表 9-4。K 线形态的考察可能持续几个月的时间,单只 K 线的阴阳、实体或影线在其中不太重要。

表 9-4　K 线形态

名称	图　形	意　义
支撑		价格波动中的峰和谷就分别代表了阻挡与支撑。 在上升趋势中阻挡水平意味着上升势头在此稍作休息，但此后价格将形成向上穿越。 在下降趋势中支撑水平也不足以长久抗拒价格的下滑。
阻挡		在上升趋势中价格无法向上穿越阻挡水平则形成趋势改变的警告信号，下跌趋势类似。
头肩顶		在上升趋势中，顶部横盘一段时间后，向下突破趋势线提示，右肩跌破水平线后确认趋势反转。反转后至少有幅度 h 的行情。
头肩底		在下跌趋势中，底部横盘一段时间后，向上突破趋势线提示，右肩突破水平线后确认趋势反转。反转后至少有幅度 h 的行情。
双顶		第二波无法越过第一波上涨高点，说明多头力竭，开始反向突破颈线 A 点后，大概率会有一倍 h 跌幅到 B 点。
双底		两次探底，形成趋势反转的警告。突破颈线是形态完成的关键。突破后的运行幅度至少等于颈线到顶或底的距离 h。

名称	图　　形	意　　义
V 形反转		趋势的强烈改变,往往伴随着关键反转 K 线,有可能成为大型头肩形的头部。
圆弧形	 圆弧顶　　　　圆弧底　　平台	圆弧形没有明确的颈线,某些情况下会出现较长时间的平台整理,也可能没有平台整理直接上涨。 圆弧形代表趋势发生缓慢的变化,较少见。
上斜三角	 上斜三角形构成向下反转	虽然高点和低点不断升高,但振荡幅度越来越小,多头主力已有退场迹象。如果成交量缩小,反转可靠性更高。 如果向下突破三角底边,趋势反转。少数情况下也会向上突破,说明新的力量接替了原有多头主力。
下斜三角	 下斜三角形构成向上反转	高点和低点不断降低,振荡幅度越来越小,空头主力乏力。如果成交量放大,反转可靠性更高。 如果向上突破三角底边,趋势反转。少数情况下也会向下突破,说明新的力量接替了原来的空头主力。
对称三角		多数发生在趋势行情的中途。说明多空双方暂时平衡,一旦突破无论哪一个方向都有新一轮行情。 对称三角既可以向上突破,也可以向下突破。如果突破方向与持仓方向不一致,要坚决止损。如果没有仓位,最好观望,等突破后再入场。
上升三角		突破空头阻力水平线,就会形成新一轮上涨。

续表

名称	图形	意义
下降三角		突破多头水平支撑线,会有新一轮下跌行情。
扩散三角		说明市场进入疯狂状态。市场振荡加大,可能向上也可能向下。 一旦突破,行情会较大,不利仓位要及时止损。
上升旗形		容易被不断下移的低点迷惑。属于多头诱空。 多数都能向上突破,一旦向下突破说明多头行情结束,要及时止损。
下降旗形		容易被不断上移的低点迷惑。属于空头诱多。 多数都能向下突破,一旦向上突破说明空头行情结束,要及时止损。
矩形		又称箱体或成交密集区。 无论朝哪一个方向有效突破都是一轮趋势行情。 矩形持续时间可能很长,要避免反复止损的发生。

第二节　均线组合

均线是移动平均线的简称,一般以收盘价计算。将一段时期的收盘价相加除以周期长度就构成了当天的平均值,按时间先后将这些平均值依次连接起来,就构成了移动平均线。平均值可以是 5 天、10 天或其他天数。也可以是分钟、小时、周、月等任意周期。例如 5 天的收盘价相加除以 5 就是移动平均线当天的值,将这些值顺序连接起来就构成了 5 日均线。不同周期的均线组合起来就构成了均线系统。通常情况下,我们将 5 单位均线如 5 天均线标注为 MA5,10 日均线简写成 MA10。

移动平均线很早就在经济、气象、物理等各领域广泛运用。但在投机交易领域,最早是由美国的格兰维尔(Joseph E.Granville)于 20 世纪中期应用于分析。移动平均线将道氏理论中的"三级运动"数字化。目前在投机领域,均线与 K 线共同构成了最常用的投机技术指标。

在很多技术分析中,都把均线当成一种平滑工具,用于追踪趋势。只用均线解释趋势的变化以及压力和支撑,但没有从交易本身角度去解读。往往觉得移动平均的变化滞后于市场变化。

目前所有的交易软件都是用收盘价计算均线。但本书认为,均线最大的作用应该是反映市场的平均成本。只有这样,才能用均线去解释趋势。所以本书认为股市以当天的平均价(期货交易用结算价)来编制日均线更能用于投机分析,同样地用小时平均价、分钟平均价计算小时均线、分钟均线。不过由于存在收盘价向均价回归的倾向,而且收盘价与平均价偏离正负大部分可以相互抵消,我们可以近似地将收盘价计算出来的均线看成市场开仓的平均成本。

趋势存在的原因,一是资金推动,二是大众心理预期一致朝趋势方向运动。而资金运动除了受宏观金融环境影响外,也受大众心理的影响。

人们有损失厌恶的本能,因此在市场上涨时,价格低于买入成本,人们是不愿卖出的,以均线表示的价格构成了支撑。在下跌趋势中,恐惧的本能让人们宁可以小亏平仓来换取心理的释放,因此均线构成了压力线。

如果我们以战争理论的角度来解读,那么更容易理解均线的指示作用。

一、均线组合方式

(一)均线方向与拐点

行情不变的情况下,均线趋向的方向代表了市场的发展方向,当天的均线高于前一日价格,那么均线就是向上的。如果均线当天值低于前一天,那么均线是向下的。

(二)穿越

趋势典型的时候,不同周期的均线朝一个方向推进,发散程度越来越大。但行情总有结束的时候,无论横盘结束还是趋势结束,都是短周期的均线方向率先掉头,与长周期的均线产生交叉,均线图上显示均线由发散到粘连或由粘连到发散。

在均线产生交叉的瞬间,称之为均线穿越,均线穿越往往有很强的指示信号。由于长周期均线的移动速度较慢,而 MA5 较快反映市场价格,行情一变化,MA5 会掉头穿越 MA10、MA20。

均线穿越有同向穿越和反向穿越,同向穿越一般发生在多头趋势初期;空头趋势初期往往是反向穿越后快速发散。

如图 9-1 中 C 点,是 MA5 由上向下反向穿越 MA60,确认下跌趋势的形成。注意,下跌趋势在 B 点已经开始,但我们并不知道,只有到 C 点我们才能确认。所以在 C 点这一天前,我们是不能做空的,但是我们可以平多。在 D 点这一天 MA20 同向下穿 MA60,进一步确认下跌趋势。

有些投机者会依赖均线穿越来做交易决策。但很多时候行情会出现均线反复穿越的情形,结果反复止损。这种情况多数出现在横盘市的时候。许多交易员都会遇到这种情况,人们想到用"过滤器"来消除噪声交易信号。这个过滤器并没有绝对的概念,可以结合 K 线组合或形态,加上一个横盘区间,突破区间才入市交易。也有人用固定或相对的时间。

多数人借助于 K 线组合是比较好的策略,如图 9-1 中 20170302,MA5 下穿 MA10,提示空头占优,但从 A 点横盘到 C 点(20170419),K 线下穿了喇叭形三角,并且 MA5 下穿 MA60。合理的交易是 C 点做空。这里用到了多个过滤器,一是 K 线的三角突破,二是 MA5 下穿 MA60 以下所有均线,三是 MA20、MA30 均掉头向下。并且三日内 MA10 下穿 MA60。

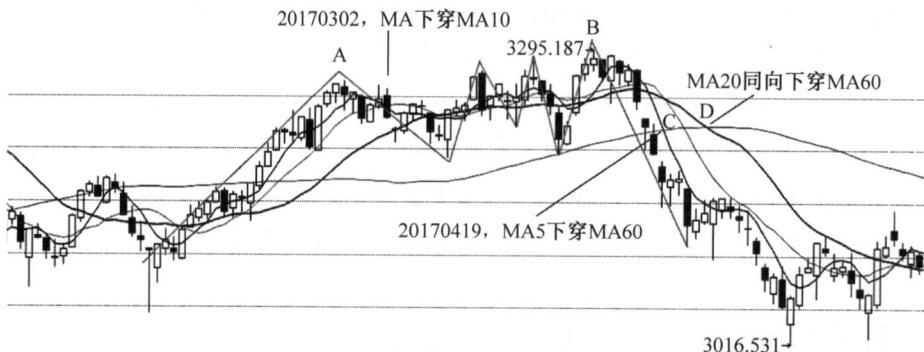

图 9-1　均线穿越与 K 线组合

(三)排列

不同周期的均线在空间上的显现状态就是均线的排列。在技术分析中,常用的有多头排列和空头排列。

如果短周期的均线高于长周期的均线,例如 MA5>MA10,我们称这两条均线构成了多头排列;如果短周期的均线低于长周期的均线,则构成了空头排列。一定周期内常用的多根均线两两排列方式一致,我们称为均线系统构成了趋势排列。

如果 MA5>MA10>MA20>MA30(或 MA40)>MA60,均线系统构成多头趋势排列。反之将 MA5<MA10<MA20<MA30(或 MA40)<MA60 称为空头趋势排列。实用中为了简便,都将多头趋势排列简称为"多头排列",空头趋势排列简称为"空头排列"。

当然,由于不同品种的均线拟合性不同,不同交易员的交易风格和交易系统设置不同,均线的周期也会相应变化。有些短期投机交易员只关注 MA5、MA10、MA20三根均线,当三根均线排列方向一致时,就看成趋势排列。详见图 9-2。

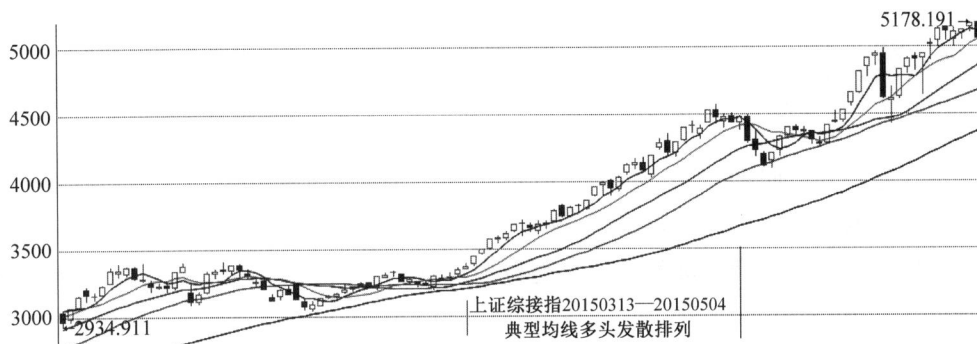

图 9-2 均线的多头发散排列

(四)均线基本组合状态

均线在空间上有两种状态:一种是发散状态,另一种粘连状态。发散状态又分为趋势发散和非趋势发散。非趋势发散持续时间不会很长,很快均线又会重新粘连。趋势发散要求各均线的方向一致,各均线趋势排列,且邻近周期均线之间有较大差距。见图 9-3。

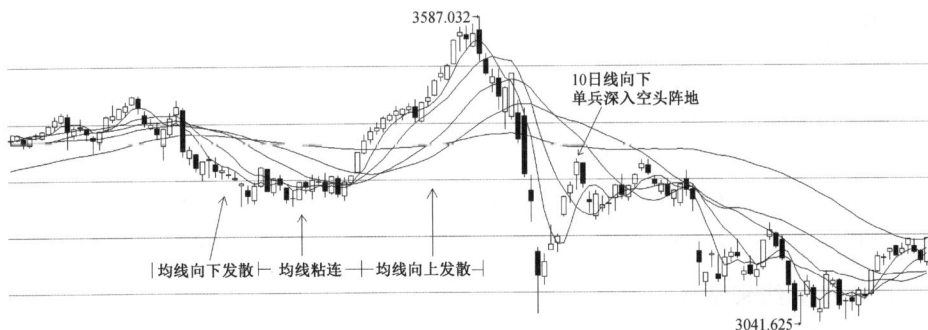

图 9-3 均线的基本状态

（五）均线的斜率

均线的斜率表明均线的变化率。但由于均线的画法在不同分析系统的方式不同，坐标值区分也不同，因此我们不能像数学的直线或曲线斜率一样计算均线的变化率。因此本书将均线的斜率定义为：

$$均线斜率 = \frac{|均线现值 - 均线前值|}{均线前值} \times 100\%$$

（六）均线走平

均线走平的意义在于多空双方无力推动均线往一方运动。不同市场对于均线走平的意义不同。国内期货和股票上的经验是，如果均线斜率小于1％，我们可以认为均线走平。

二、均线成本论

均线是随着时间推移的，它代表了某个时期内买卖双方的平均成本。这种平均成本是社会的平均成本，是多空的平衡点。

市场上存在着大量的机构和大户交易者，他们的行为并不总是一致，有人做多的同时也有人做空，他们的交易行为对市场的运行方向和特征会产生较大的影响，我们在分析时，可以将他们看成两个整体的交易员，称之为"主力多头"和"主力空头"。

虽然我们都在猜测主力的建仓成本是多少，但是首先谁是主力本身就很难界定。我们无法确定多大的资金才会对市场产生根本的影响。而且主力并不是一个人，而是一个群体。主力其实是我们为了分析和讨论方便，虚构出来的一个机构。就像格雷厄姆说的"市场先生"一样。其次主力也会变化，现在做多，下一分钟就做空。再次，按照道氏理论，没有人可以真正操纵长期趋势，也就是从长期来看没有刻意的主力，只有经市场检验自然形成的主导力量。因此，主力也是整体市场的一部分。所以在分析的时候，我们自然可以将市场的平均成本看成主力的平均成本，这种平均成本近似地用均线值来表示。

再进一步，我们可以细分主力，根据均线周期将主力分为5天交易主力、10天交易主力。假设有一部分主力机构，他们的交易风格是只进行短期交易，快进快出，平均持仓时间是5天，那么MA5就是5天主力的平均成本。同样的10天主力机构的平均成本是MA10。MA60代表60日交易主力的平均成本。如果炒单主力的平均成本就可以用小时线来估计。

以60天为交易周期的主力，交易系统与5日主力的不同。因此从建仓、加仓到最后平仓要求的标准不同，要求的资金量和时间也不同。一般情况下60日主力都是大资金，无论开仓还是平仓都会对价格产生影响。

如果散户平仓,可能也就 10 手的水平,但如果一个 10 亿元的基金,要在股票市场建仓,即使是通过大宗交易买入,那么至少也要 20 日以上的交易日才能完成,这还不考虑个人持仓突破 2%,机构持仓突破 5%需要公告的情况,而要卖出更复杂。因此在市场上很多基金实际上交易周期都在一年以上,一年大约 250 个交易日,那么分析的时候就要考虑到 250 日均线。当然很多机构是进行投资性的交易。

主力机构虽然资金上的体量较大,但操作上也是由人操作的,因此,我们也可以假定,主力也是交易员,也有人类共同的本能,在一定条件下不愿亏损,贪婪主导了情绪。但在另一种条件下,恐惧主导了情绪,担心更大的亏损而急于停止眼前的损失。

从成本的角度来看待均线,那么我们就不难理解均线与市场行情的关系了。因为价格是由资金和大众心理推动的。而资金流动又受到心理的影响。成本会严重影响人们的交易行为,所以均线也会制约着人们的交易行为,并影响价格的波动。

上涨时,均线对行情会有支撑作用,回调到重要均线例如 MA20 或 MA60 时,容易引发买入。下跌时,如果反弹到均线附近,接近主力资金的成本,为了降低损失,会导致大量的平仓行为,形成阻力。

市场多头趋势的形成,需要各周期的资金一致看多。所以投机者在确定趋势的时候,就要考察更长周期的 MA60、MA20,如果都掉头向上,提示交易主力的开仓成本是不断增加的,说明有不断的买入行为。均线代表的成本阻止了下跌,市场会形成向上的合力。反之,如果 MA60 和 MA20 掉头向下,提示主力资金有卖出行为,说明市场开始看空。

三、均线战争论

投机市场,是人与人在运用资金进行的战争。所以战争的理论在投机市场也是有效的。为了便于分析,我们假设市场上存在多空双方部队。以时间为界,部队由 60 日军、30 日师、20 日团、10 日营、5 日连和单兵组成,简称 60 军、30 师、20 团、10 营、5 连、单兵。

以下的讨论我们以隔日交易多头为主,使用日 K 线,空头的情形类似。

(一)K 线与防线

交战双方都不愿承认失败,因此不会轻易让对方侵入自己的防线。均线代表主力的成本,如果在多头占优的形势下,多头不会轻易让空头将价格打压到均线下方,因此均线就是部队的防线。各级部队都有自己的防线,一般情况下,MA60 就是 60 军的防线,MA30 是 30 师的防线,MA5 是 5 连的防线,其他周期均线都可类似看待。另外特殊的是,我们把 K 线看成是一天的均线,收盘价用 MA1 表示。K 线是部队的组成部分,简称为单兵。阳线代表多头单兵,阴线代表空头单兵,收盘价是单兵的驻营地,也是两军的前线。

考察均线的攻防情况的时候,均线的方向很重要。均线向上,代表多头的防线;均线向下,代表空头的防线。而一旦均线被有效击穿,那么无论均线朝哪个方向,都变成了击穿者的阵地,防线就没有意义了。一般情况下,MA5 收盘被击穿就可以看成有效,MA60 连续三日收盘价击穿为有效。如果均线方向掉头,就变成另一方的防线。

如果均线向上,但被空头 K 线击穿,称为反向击穿。由于均线的移动平均特性,均线还会向上移动,说明多头防线虽然被击破,但仍然有后续部队增援。从交易角度看,随着 K 线实时下跌,越来越多的人亏损,在亏损初期,很多人不愿意止损,还会补仓,这些人有力地支持多头。均线被击穿,不代表多头就会失败,只要多头组织起足够的力量,可以将深入多头防线的空头单兵消灭,行情仍然会延续多头。

交易的多头并不只包括做多的人,空头如果平仓,那么他的行为有利于多头行情,也属于多头阵营。所以多头包括买入者和平空者。同样空头也包括开空者和平多者。见图 9-4。

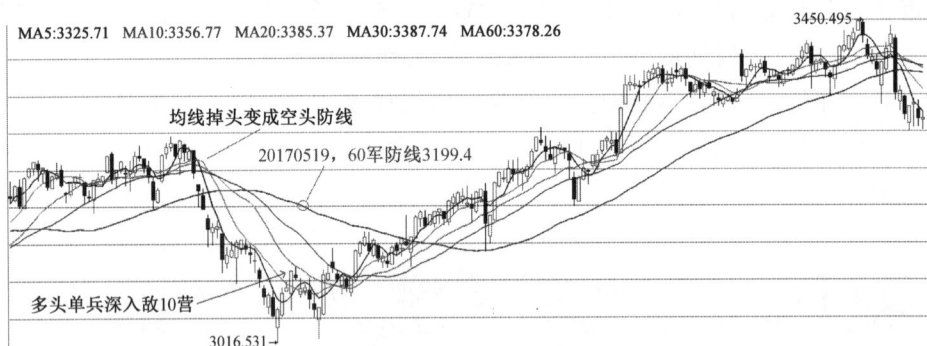

MA5:3325.71 MA10:3356.77 MA20:3385.37 MA30:3387.74 MA60:3378.26

均线掉头变成空头防线

20170519,60军防线3199.4

多头单兵深入敌10营

3016.531

3450.495

图 9-4 均线与防线

(二)K 线与战役

对于交易来说,收盘后并不意味着行情的结束。收盘后多空双方会重新评估各种环境,调集资金,准备第二天一开市就投入战斗。夜间是多空双方兵力部署的时期。也可能在前一日的阵地继续战斗,也可能一方夜间深入敌方,开辟新的战场。

多头的敌兵,可能是多头中部分人获利回吐,多头平仓变成空头,也可能已经有空头仓位者继续加空。日内多空争斗,持续到收盘。上涨说明多头的阵地推进,下跌说明空头当天取胜。

如果 K 跳空高开说明多头深入空方的阵地背后,跳空由于后方仍有敌兵,往往遇到较强阻击,所以常常会回撤,行情上表现为以回补缺口。

如果上长影,说明多头试图进攻不成功,而后溃退,也说明空头较强。一天的战斗不会影响战局,但长上影意味着多头的先头部队被消灭,这种消耗需要夜间补充兵力,否则第二天多头会继续后退。但多数情况下多头并不会继续补充兵力,而是收缩避其锋芒,一般撤退到均线附近。

K线是一天均线,K线对均线的偏离,反映了单兵远离大部队的状态。我们经常看到有时一根跳空长阳后,后续的两三天内会有小幅回调,等待 MA5 向上移动。如果均线方向是向下的,而 K 线收盘高于均线,说明单兵深入空头防线中,如果在趋势下跌途中,称为"诱多",这种行情很难持续。

(三)两档防线

由于存在冲击惯性,以均线作为防线,需要两档防线才有效。正所谓"一鼓作气,二而衰,三而竭"。我们观察发现,K 线如果回调(多头 MA1 被突破)突破 5 日线后,多数情况下会回调到 MA10 防线后才会重新上涨,也就是说,收盘价跌破 MA5 是一道防线,MA10 是第二道防线(K 线 MA1 本身也是一道防线)。如果 K 线的回调导致 MA5 掉头,MA5 掉头变成空头的攻击线,那么多数情况下会跌到 MA20 附近。无论是单兵、5 连、10 营以至于 60 师,如果遇到空头部队反击,多数情况下会越过两档防线才停止。交易上如果是遇到回调波段,要以两档防线做保护,不要急于加仓或中途开多。观察 K 线和均线的方向。如果收盘跌破 MA5,就要等 MA10 再开多。如果在跌到 MA10 前,MA5 也掉头了,那么要等到 MA20 附近才能开多,这中途要观察 MA10,如果 MA10 也掉头,就要再撤到 MA30 才能开多。

(四)均线的状态

1.均线发散

一旦均线快速向上发散,说明空头顶不住多头的进攻,军心涣散。而多头进攻顺畅,先是单兵 K 线快速推进,甚至常常脱离 MA5,接着 5 连也跟上,随着 5 连进攻顺利,10 营、20 团、30 师、60 军都被动员起来。由于小部队的防线向前推进速度快于大部队,在 K 线上显示一致向上发散的状态。虽然空头无心恋战,但有时被追得紧了,也会反手反击一下。所以我们看到有时 K 线如果脱离均线太远,会突然出现一根中阴线,短时刺穿均线,但不影响整体趋势。如果交易者追价买入,不能坚定趋势信心,就可能在这根阴线中止损。

发散程度越大,说明多头的先头部队离大军越远,另一方面说明空头越弱。如果太远说明孤军深入,缺乏大部队支援的情况下,容易被空头反击。行情上表现为波段调整。

正常情况下多头会连续进攻,但如果突然发生重大的环境变化,导致空头得到追加资金的支持,多头就可能有较大风险。尤其在长时间的均线发散后,无论是 60 军还是师团营,各路多头主力都赚到较多的钱,有可能中途退出。最先退出的往往是 5 连,因为 5 连没有立场,也没有辎重,有一点获利就退出了。

2.均线粘连

多空双方在某个边界实力相当,谁也无法推进,但谁也不愿意认输撤退。另一方面也说明双方都心有不甘,而且都抱着预期,认为将来局势会朝着对自己有利的方向发展。所以都在等待机会。

有时均线粘连会持续很长时间,甚至维持几个月,双方进行持久战。

在 K 线图上,均线粘连往往伴随着布林通道收窄,一旦突破就有一方溃败。

3.均线斜率

均线斜率与攻击速度相关。如果均线向上斜率越高,说明多头的前进速度越快。这中间,短期均线的斜率增长快于长期均线,一段时间后 K 线图上看到 MA5 会离 MA60 很远。同一个时期内,不同周期的均线斜率是不同的,一般情况下,MA5 的斜率会高于 MA10 的斜率,也就是说连的进攻速度要高于营,营的进攻速度快于 30 师、60 军。

从数学上,相对于前一天的涨幅,在 MA5 上移动只要除以 5 就可以了。但在 MA60 上要用当天涨幅除以 60,因此斜率多数情况下小于 MA5。

(五)典型多头趋势战役

经历长时间的下跌后,会有一段长时间的底部横盘,各均线粘连。多空双方都在等待机会。

当出现有利于多头的环境变化时,例如公布报表财经数据、公司报表等,有时也没有任何消息,仅仅是因为跌无可跌,多头开始发力。K 线单兵首先进攻,一根中阳或连续几只小阳线摆脱了均线粘连区。随后 5 连也开始进攻,MA5 也开始脱离均线粘连区。随着越来越多的资金加入多头,多头营团师都开始攻击,MA10、MA20、MA30 均线都开始掉头向上,并且逐步发散,进入了趋势发展期。

在多头进攻下,空头开始溃败,均线的发散程度扩大,直到单兵偏离 20 团、30 师很远。K 线偏离 MA20 太远,孤军深入,容易被空头反击。在某一天,K 线会反向穿越 MA5,说明空头部队已攻破了 5 连的防线,下一步就会逼向 10 营防线。如果 5 连顶不住,那么多数情况下,会攻击到 MA20。

如果空头攻到 MA20,那就是中级调整。如果多头 MA20 也被攻破,空头有可能深入 MA30,这种行情下最考验投机者,MA20 是很重要的防线,空头主力也会重点攻击 MA20 防线。很多时候会出现 MA20 走平的状态,说明多空在 MA20 拉锯。对于谨慎的投机者会先平仓。但是多数情况下,如果经济形势不会太差,上涨的幅度不太大,那么在 MA20 拉锯后,多头还会继续上攻,再次上攻的幅度超过前期的上涨幅度,因为这一次上涨是在消灭空头有生力量的基础上的。

当多头行情运行的时间和空间都足够充分后,在某一天,K 线会反向穿越 MA5,随后 MA5 也跟随掉头反向跌破 MA10。MA5 跌破 MA10 是重要的信号,说明 5 连顶不住了,空头攻击到营的防线了。由于 5 连直接在前线与敌军短兵相接,比营、团更了解空头的力量。空头攻击太强,5 连顶不住。而且 5 连的溃退会踩踏 10 营。这种情况下,要看 10 营的战斗力,以及接下来的 20 团的战斗力。如果 MA20 和 MA30

都顶不住,那么就会出现空头 MA5 继续向前攻击,直到空头 MA5 跌破多头 MA60。

MA5 跌破 MA60,多数情况下是在 MA5 掉头反向的情况下。MA5 掉头,那么 5 连就不是多头部队的 5 连了,而是空头部队的 5 连,多头 5 连的单兵投降加入空头 5 连。空头 5 连深入突破了多头 60 军的防线,说明多头防线形同虚设,除非诱敌深入,否则就意味空头将快速进击,多头溃败。

在多头行情中,5 日掉头反向穿越 MA60,基本上可以确定多头趋势结束了。而且由于慢多快空的行情特性,极有可能出现大幅下跌,多杀多的情形。

四、均线组合的应用

投机市场多数人交易出发点还是隔日交易,当然实际期货交易时会一天几个来回地开仓、平仓。股票交易由于实行 T+1,不可能当天平仓。但也有人会运用两种策略:一种是手上专注交易某只股票,通常会持有这只股票,当天在合适的价格买入,有了价差后再卖出手上的持股;另一种方法是在下午收市前半小时内才会买入,第二天如果不符合预期,开盘就卖出,实现了 T+0 交易。

为了简便,我们以日均线来说明均线组合的应用,对一些交易周期更短的投机者和炒单者可以类似地应用于小时线、分钟线上。

在运用均线组合前,我们要先了解典型趋势行情下的均线与 K 线组合。在此基础上,将行情与典型趋势组合进行对照,并对均线组合的运用进行调整。

(一)趋势运行的典型组合

趋势启动前都有一个较长时期的均线粘连状态。以多头为例,随着趋势启动,先是几个连续上涨的 K 线,使得 MA5 脱离了均线粘连区。如果上涨天数增加,MA10 也会跟进向上推进。此时市场氛围越来越有利于多头,如果空头没有还手之力,那么 K 线会长时期脱离前期横盘区,价格不断提高,带动各均线不断上涨。

当趋势运行一段时间后,有了较大的涨幅,原先的多头阵营开始松动,部分人有获利出局的要求,形成了趋势中途调整。中途调整时,均线重新粘连,这个粘连期会短于趋势启动前的横盘期。中途调整一段时间后,由于新的多头和资金进入,以及原来获利出局的多头看到行情没有下跌,又重新买入,于是新的趋势上涨开始,而且这一次上涨的时间和幅度通常情况下会高于上一次。行情开始火爆,均线重新发散,直到某个高点,受到外界消息影响,某一天大家会突然觉得价格太高,泡沫太大了,行情急转直下。短期均线快速掉头,向下跌破了长期均线,空头趋势开始。见图 9-5。

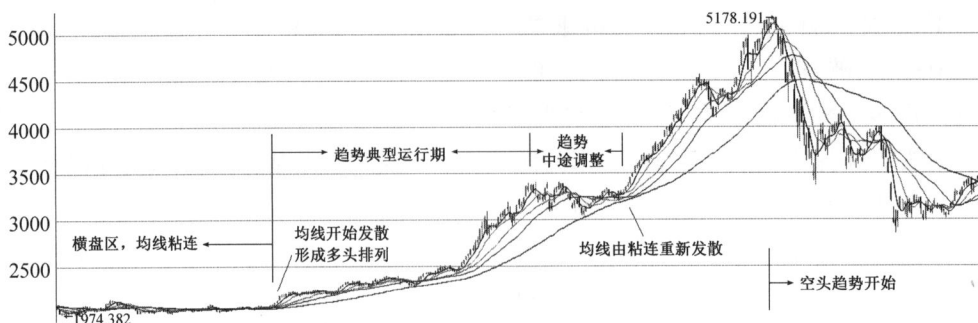

图 9-5　趋势运行与均线状态

(二)均线粘连的规避

均线处于粘连状态,说明多空双方达到平衡,无论是资金还是心理,多空都无一方能够占有优势地位。这种粘连状态可能持续很久。对于炒单或超短期交易的人来说,这个阶段高抛低吸,是一个较好获利阶段。但可怕的是这个阶段的结束有可能很突然,行情会大幅急速拉升,如果止损不够狠,不够快,往往导致巨大的亏损。应对方法是结合小时线或分钟线来规避。

对于趋势交易者来说,均线粘连是一个泥潭,往往在单边趋势阶段的获利都在这个阶段消耗掉。最佳选择是遇到均线粘连就清除仓位、停止交易。对于趋势交易者来说,可以三月不开张,开张吃半年。但即使投机老手,很多人也不会休息,在均线粘连阶段不停地开仓,常常每次开仓都会触发止损标准。

于是有些人将止损标准放宽,但这样的结果是,一放宽标准又遇到逆向的趋势行情,结果遭遇较大的损失。实际上在这种情况说明交易系统存在缺陷,说明应用均线指标时过滤器不够,没有过滤掉噪声交易信号。

(三)确认趋势

通过均线系统确认趋势要注意三点。一是要均线前期处于粘连状态并持续时间较久。二是均线由粘连到发散。均线粘连一方面说明各路炒家,各类资金的平均成本都接近,启动趋势行情不会带来其他炒家的砸盘,另一方面也说明市场已探明了投资者的底线,如果是下跌很久后均线粘连,说明当前价格得到投资者的认可,再下跌投资者就会买入。同样在顶部横盘,说明超过了投资者的安全边际,再涨投资者就会卖出了。三是短期均线有效穿越长期均线,例如 MA5 有效穿越 MA60。

(四)趋势平仓标准

理论上趋势交易平仓可以按照反向趋势确认标准来进行。达到趋势空头确认标准,多头必定处于不利地位。但是从风险和赚多赔少(扩大赔率)的角度,平仓标准要比开仓标准更敏感。例如 MA5 下穿 MA60 时,我们再平仓多头,往往已经失去了较大的利润。所以趋势交易中,MA5 反穿 MA60,MA20 走平,只要其中之一满足,就先平仓。

(五)均线在优势中的运用

均线组合除了反映趋势外,还可以通过 K 线与均线的位置来评估优势。如果均线发散,但各均线绝对距离不远,那么说明行情开始不久,开仓还有价格优势。

均线发散的前提下,如果 K 线距各均线不远,从战争角度,说明单兵仍然没有脱离大部队太远,不会轻易被击败。均线粘连下的上涨,说明多头还没有取得优势,60日线自顾不暇,随时被 K 线击穿,不可能为 5 日线和 K 线提供支持。

第三节　常用技术指标——布林通道

一、技术指标构成

BOLL 指标是美国股市分析家约翰·布林根据统计学中的标准差原理设计出来的一种非常简单实用的技术分析指标。一般而言,股价的运动总是围绕某一价值中枢(如均线、成本线等)在一定的范围内变动,布林线指标正是在上述条件的基础上,引进了"股价通道"的概念,其认为股价通道的宽窄随着股价波动幅度的大小而变化,而且股价通道又具有变异性,它会随着股价的变化而自动调整。正是由于它具有灵活性、直观性和趋势性的特点,BOLL 指标渐渐成为投资者广为应用的市场上热门指标。

在众多技术分析指标中,BOLL 指标属于比较特殊的一类指标。绝大多数技术分析指标都是通过数量的方法构造出来的,它们本身不依赖趋势分析和形态分析,而BOLL 指标却与股价的形态和趋势有着密不可分的联系。BOLL 指标中的"股价通道"概念正是股价趋势理论的直观表现形式。BOLL 是利用"股价通道"来显示股价的各种价位,当股价波动很小,处于盘整时,股价通道就会变窄,这可能预示着股价的波动处于暂时的平静期;当股价波动超出狭窄的股价通道的上轨时,预示着股价的异常激烈的向上波动即将开始;当股价波动超出狭窄的股价通道的下轨时,同样也预示着股价的异常激烈的向下波动即将开始。

BOLL 指标的计算引进了统计学中的标准差概念,涉及中轨线(MB)、上轨线(UP)和下轨线(DN)的计算。

和其他指标的计算一样,由于选用的计算周期的不同,BOLL 指标也包括日 BOLL指标、周 BOLL 指标、月 BOLL 指标、年 BOLL 指标以及分钟 BOLL 指标等各种类型。经常被用于股市研判的是日 BOLL 指标和周 BOLL 指标。虽然它们计算时的取值有所不同,但基本的计算方法一样。以日 BOLL 指标计算为例,其计算方法如下:

假设布林线的参数为 (N,P),收盘价为 C,N 为移动的天数,P 为标准差倍数,则:

$$中轨线\ MB = MA(N) = \frac{\sum C}{N\ 日的移动平均线}$$

$$\text{标准差} \quad STD = \sqrt{\frac{\sum(C-MA)^2}{N}}$$

$$UP = MB + STD \times P$$

$$DN = MB - STD \times P$$

$$\text{带宽} = STD \times P \times 2$$

在股市分析软件中,BOLL 指标一共由三条线组成,即上轨线 UP、中轨线 MB、下轨线 DN。

中轨线 MB 由移动平均线表示,代表市场主要运行趋势。在计算均值时,随时间的不断推移而不断将最新的数据包括其中。只要参数合理,多数情况下,价格会在上、下轨道组成的带状区间运行。

带宽,也称带间距,根据波动率来计算,即由移动均方差决定。带宽可以看出价格的变动幅度,越宽表示价格的变动越大。

二、趋势与优势分析

布林指标要以通道的角度来应用。通过拟合,我们可以确定一个有效的、概率较高的参数及通道。

通道是有方向的,如果向上延伸,说明处于多头趋势,如果向下延伸,说明处于空头趋势。如果布林通道处于水平状态说明趋势不强。而且这时候往往是均线粘连,多数均线走平。

布林通道以中轨为界,如果在中轨的上方,属于多头控制区域,在中轨的下方,属于空头的区域。接近上轨,说明价格接近振荡的边界,此时对于买入者来说,价格与市场平均价格相比没有优势。如果继续买入,会引发获利盘平仓,或空头打压。

如果接近下轨,对于空头来说已没有优势,因为如果再下跌会引起观望者入市抄底。

市场强势的时候,如在多头趋势中,往往只回调到布林中轨就继续上升。

如果已经有较大涨幅了,市场普遍觉得没有像样的调整,就有可能调整到下轨处才会继续反弹。

三、技术指标的心理与资金运动

布林通道的中轨就是移动平均价格,是市场主力资金的平均成本。布林通道的上下轨代表市场多数人的心理极限,上下轨是移动的,因此每天人们的心理承受极限也是变化的。

当收盘价跌破中轨时,说明市场人气不高,没有人想买入,一直持续到布林下轨。但到了下轨附近,代表了大多数人的心理极限,不愿止损,虱多了不痒,反正已亏多了,再亏一点儿有什么关系,继续等反弹吧。跌到下轨时,对于投资来说,安全边际大,反而部分投资者会进场买入。也有一些试错的投机者会主动买入,如果有效跌破下轨就止损,损失不会太大。而且想买入的人无法以更低的价格买入,因此在下轨有新增资金买入就会引起价格的上升,一直持续到布林中轨,过了中轨,原来打算卖出的见到市场好转,反而不想卖出了,会一直涨到上轨。

在布林上轨,已远离了短期炒家的平均成本,短期炒家有兑现利润的要求,就会逐步平仓。部分投资者认为安全边际不够大,就会选择卖出。一旦卖出的人多了,市场就开始下跌。

长周期布林通道的上下轨往往不是由投机决定的,而是投资者决定的。在股市,投资者进行股权投资,以价值和安全边际确定买入点;在期货市场,如果期货价格低于市场价格较多,产生套利空间,那么就会有投资者买入进行套利。有些保值者在生产经营有了合理的利润后也会在布林上下轨附近锁定利润。当然投资者和保值者并不是参考布林通道来买入或卖出的,只不过他们的行为对布林通道上下轨的价格空间有较大的影响。

四、布林指标的应用

(一)拟合

应用布林线的时候,不能机械地运用股票交易或期货交易软件的设置参数,要根据不同的品种用不同的参数进行拟合。例如上证综指布林通道用默认的(26,2.0),那么拟合交易就不好,经常连续多日突破轨道而没有反转。如果用(10,2.5),一击穿布林通道就引起反向行情。说明多数的短线主力机构的交易周期是10天,超过波动标准差的2.5倍就容易引起获利盘平仓。见图9-6、图9-7。

图 9-6　布林通道拟合有效(参数 10,2.5)

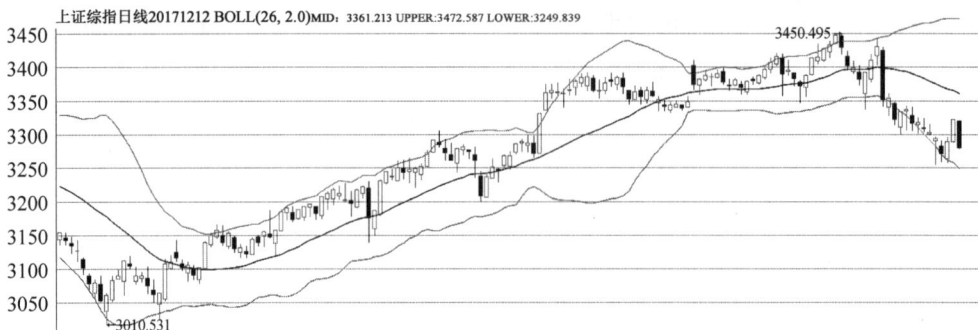

上证综指日线20171212 BOLL(26, 2.0)MID: 3361.213 UPPER:3472.587 LOWER:3249.839

图 9-7　布林通道拟合有效性低（参数 26，2.0）

（二）标准差倍数 P

标准差反映了交易品种的活跃程度和短时间资金介入的程度。长阳、长阴都会增加标准差数值，引起布林开口放大。

参数 P 说明在一定的标准差下价格的振幅，反映了主流资金的操作手法，拟合的 P 越大，布林通道越宽，说明主流资金成本大，要更大的空间才能补偿资金成本。或者主力资金喜欢凶悍的操盘手法，急升急跌。

如果上下轨的距离连续加大，我们称之为布林通道开口放大，多发生于趋势初期。长时间价格横盘会导致布林通道收窄。经过横盘期后，如果市场环境发生新的变化，大众心理预期发生改变，资金注入，新的行情诞生。如果这种转折是快速发生的，那么开口会快速放大。布林开口说明价格波动的标准差扩大，价格波动大说明市场买卖活跃。买卖活跃背后的原因是资金的流动，说明资金大量流入。如果短时间内布林开口突然大幅放大，这种行情称为"大开"行情，说明市场整体预期快速翻转，快速开仓才能跟得上行情。

如果布林通道上下轨间距连续缩小，称为开口收敛，往往是经过了大幅趋势行情后，进入调整阶段。布林收口说明价格波动缩小，市场资金流出，有些人获利后离开了市场，有些人止损出局了。布林收口往往伴随着成交量萎缩，可能持续很长时间。

（三）开仓与平仓

通常情况下，在布林通道下轨开多，布林通道上轨开空。在布林通道下轨附近买入，如果掉头有效突破布林通道，那么可能说明趋势结束，此时需要止损。在布林通道下轨开多，即使遇到行情转空而止损，止损幅度不会太大，但如果行情上涨，获利空间较大。在布林通道下轨开多，会有较大的价格优势，价格优势会带来心理安定，在上轨开空也是如此。

行情强势的时候，K线会沿着布林通道的上轨或下轨连续运行，并且都会刺穿布林通道。这种情况说明现在的主力资金不是场内资金，一是要重新评估布林参数；二是要收盘穿越或者连续两日刺穿上（下）轨才确认有效突破布林通道。

第四节 趋势线与趋势通道

一、技术指标构成

(1)依次连接两个有效的波谷形成的直线,如果向上倾斜,构成了上涨趋势线。

(2)依次连接两个有效的波峰形成的直线,如果向下倾斜,构成了下跌趋势线。

(3)如果有效的波峰(或波谷)水平高度差距很小,连接后近似于水平直线,那么我们称为趋势不典型或没有趋势。一般情况下处于趋势中途的横盘期或可能面临趋势反转,需进一步确认。

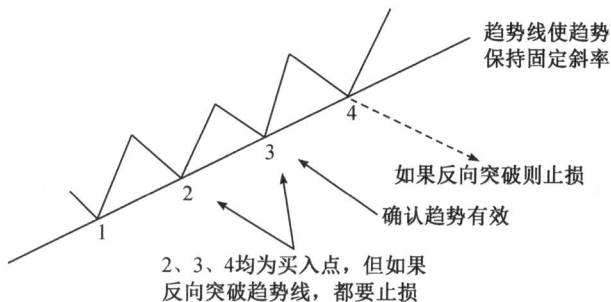

图 9-8 趋势线与趋势确认

(4)趋势线的确立通过第三个点来验证。在第二个点买入(见图 9-8)。

(5)指标需要根据行情调整。例如图 9-9 趋势通道上轨开始时是由两个波峰 A 和 B 连续构成上涨趋势通道的上轨,但经过行情发展,趋势通道上轨调整为由 B 和 C 连接构成。

二、技术指标的心理与资金运动

以图 9-9 为例,市场在下跌途中,投机者由恐慌情绪主导,价格一直跌到 S 点。此时市场已连续下跌了较大幅度,几乎所有买入者都亏损了。当天创出新低后,所有信心不坚定的投机者都已卖出,剩下的持仓者即使有零星卖盘,也无法再压低价格。

连续下跌吸引了投资者、试错的投机者和超短线的炒作者买入,也有投机者看到卖盘减弱后,决定抄底,引起了价格的反弹,上涨到 A 点。反弹到 A 点时,原先亏损较大的套牢仓位担心会再下跌,决心先割肉卖出,在低位再买回。割肉盘叠加 S 点到 A 点区间买入的短线投机者平仓,将价格压低到 T 点。S 点和 T 点接近,但在 T 点投资者会继续买入,短线炒家也会重新入场,将价格推高到 B 点。

由于 T 点没有跌破 S 点,投机者不再恐慌了,市场认为已经有投资价值,价格不会继续下跌。从 B 点回调后,没有回调到由 S 点和 T 点连接而成的上升趋势线下轨,价格就掉头上涨。A、B 连接形成趋势通道上轨。经过一段时间的运行,以 B、C 连线为上轨的趋势通道形成。

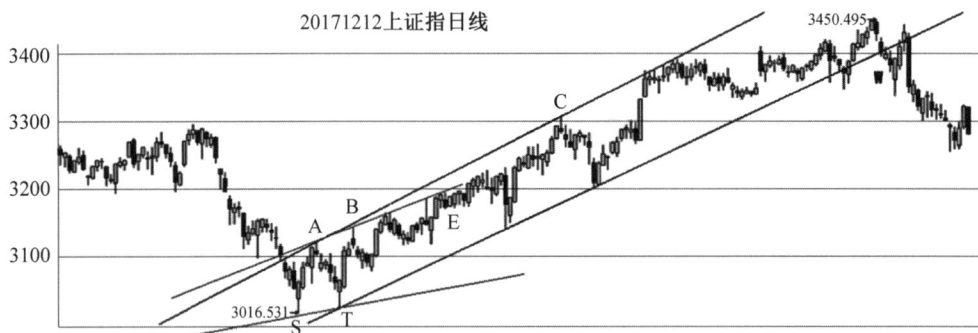

图 9-9　上证综指趋势通道(20171212)

三、技术指标的应用

在趋势线得到验证后,趋势的发展将保持相同的斜率,在操作上可顺势而为。

例如:在上升趋势中调整性下跌是不可避免的,但下跌只是触及或非常接近上升趋势线,那么就可以在上升趋势中的下跌波段买入,下方就是上升趋势线的支撑,一旦向下越过上升趋势线表明趋势发生变化,这时候止损可将损失降到最低。但交易者最大的错误都在于趋势变化后没有及时止损。

趋势线反映了观望者的等待心理,反映了早期买入者获利了结的心理。观望者想要买入,但不敢追高,回调到一定幅度后,观望者就入市开多,市场整体的行为导致在趋势线下轨形成支撑。早期买入者,由于有获利,上涨到一定幅度后就会卖出平仓,但是随着获利卖盘的加大,行情回到趋势线附近,持多者的获利水平下降,卖出意愿降低,在趋势线下轨形成平衡。

趋势线控制价格的时间越长,经过试探的次数越多则越重要,同样被突破也就越具有重要的影响。

有的时候价格暂时出现穿越但随后又回到趋势线控制的范围内,那么趋势线依然保持有效,而暂时的穿越可以看作是毛刺,造成毛刺的原因有很多,可能是市场人气的变化,也可能是主力故意制造骗线;投机者可以设计一个辅助指标作为过滤器,例如跌破趋势线 3% 确认趋势结束等。

趋势线有效穿越后:上升趋势线被穿越后可能成为价格的阻力,而下降趋势线被穿越后则可能成为价格的支撑。

第五节　峰　谷

峰谷是重要的指标,它是趋势通道的组成部分,也是波浪理论的组成部分。峰谷有效的原因是,行情永远是在波动的。

如果一个 K 线的最高价比前一天和后一天的最高价都高,则构成了一个简单的峰;如果一个 K 线的最低价比前一天和后一天的最低价都低,则构成了一个简单的谷。

但是有效的用于分析的峰谷,则要求处于一个价格波浪中,确定峰谷不能破坏价格波动的整体性。例如图 9-9 中,E 点这一天最低价低于前、后两日,但处于上涨途中,不能称为波谷。一般情况下,至少要三日新低才是有效的波谷,三日新高才是有效的波峰。

峰谷也可以直接用于交易,通常情况下,在波峰做空,在波谷做多。

应用峰谷交易,最容易造成的是投机者猜测最高值、最低点。行情经常会连续上涨,尤其有时全天都在回调,让投机者以为当天要下跌,形成波峰了,但接近收盘却突然拉升,收盘仍然持续上涨。所以应用峰谷指标的时候,不能猜测,一定要等到收盘确认下跌了,才能认为前一日是波峰。如果当天收盘下跌的幅度很小,还不一定确认波峰,应该结合布林通道、趋势通道来确认。

应用峰谷进行交易,还有一个容易犯错的是,常常有人撇开趋势进行交易。波峰做空,波谷做多,不等于波峰开空,波谷开多,要结合趋势来应用。多头趋势下,在波谷开多是对的,但波峰不宜开空,因为不确定性,如果在波峰只回调了一天,就连续上涨怎么办? 投机就是存在任何可能。但是我们可以在波峰进行减仓,在波谷再收回仓位。同样,空头趋势下,在波谷平空,在波峰开多。

第六节　黄金分割与斐波那契数列

一、黄金分割

黄金分割线是一种古老的数学方法。黄金分割的创始人是古希腊的毕达哥拉斯,他在当时十分有限的科学条件下大胆断言:把一条线段分割为两部分,使其中一部分与全长之比等于另一部分与这部分之比。这种比例会给人一种美感。这个比值近似为 0.618。这一神奇的比例关系被古希腊哲学家柏拉图称为"黄金分割律"。

黄金分割还与斐波那契数列有关。斐波那契数列(Fibonacci sequence)又称黄金分割数列,因数学家列昂纳多·斐波那契(Leonardoda Fibonacci)以兔子繁殖为例子而引入,故又称为"兔子数列",指的是这样一个数列:1、1、2、3、5、8、13、21、34、55、89、……。在数学上,斐波那契数列以递归的方法定义:$F_0=0$,$F_1=1$,$F_n=F_{n-1}+F_{n-2}$($n \geqslant 2, n \in \mathbf{N}$)。斐波那契数列前一数值除以后一数值正是黄金分割0.618。在现代物理、准晶体结构、化学等领域,斐波那契数列都有直接的应用,为此,美国数学会从1963起出版了以《斐波那契数列季刊》为名的一份数学杂志,用于专门刊载这方面的研究成果。

黄金分割线也是常用的一种分析工具,其主要作用是运用黄金分割率预先给出行情的支撑位或阻力位。以便于在可能的目标位附近提前做好操作上的准备。

黄金分割中最常用的比率为0.382、0.618,除此以外,技术分析也常用0.50、0.191、1.382、1.618等数字进行分析。一般以前一轮趋势行情中的重要高点和低点之间的涨跌幅作为分析的区间范围。无论是由跌势转为升势还是由升势转为跌势,一轮趋势行情起点开始,将原涨跌幅按0.191、0.382、0.50、0.618、0.809划分为5个黄金分割点。这些分割点就是重要的阻力或支撑位。到黄金分割点并不代表着行情就会反转,行情可能掉头,也可能不掉头;可能振荡,也可能直接越过黄金分割点,但如果是直接越过,成交量会加大。

目前,绝大多数股票分析软件上都有画线辅助功能,黄金分割线的作图比较简单,画法如下:

1.首先是找出行情调头的反转点A。

2.找出前一轮行情的起点B,由A向B画出黄金分割线。注意,是由前向后画线。

例如上证指数20170511最低3016点,20170407从前一波高点3295开始下跌,由A向B做黄金分割,在200%位趋势结束,开始下跌趋势。20171207至20171228,在黄金分割161.8%位长时间横盘。见图9-10。

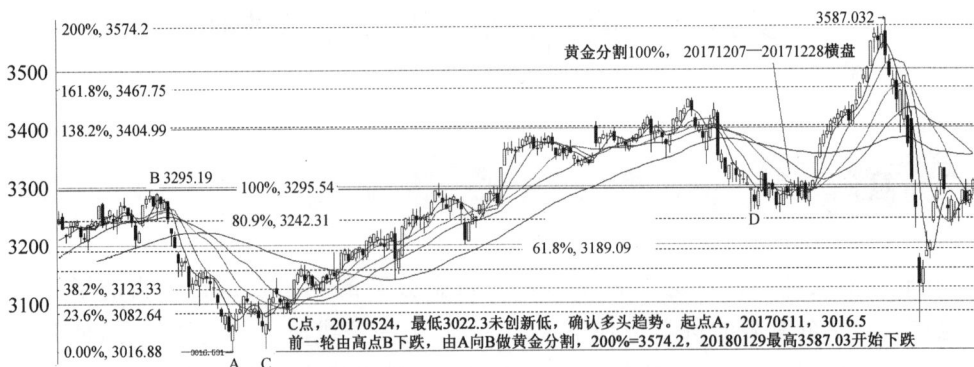

图9-10　上证综指黄金分割线(20180309)

二、黄金分割的原理

本书认为,应用黄金分割率要将其看成是一种概率。每个人都可能觉得自己的交易不是随机的,是经过深思熟虑的。但对于整体市场来说,每个人的交易决策是随机的。对于上涨行情,假设甲认为上涨 10% 就满意了,卖出了,而对乙来说,可能 20% 会满意,对丙可能要 40% 的利润才会满意。于是不停地有人买入,有人卖出。

假设市场有 n 个参与者,第 k 个人的期望收益率为 x,总体平均预期收益率为 X,市场多数人基本满意时:

$$X=\frac{\sum_{k=1}^{n}(1+x_k)}{n}-1=0.382$$

市场有了 38.2% 的涨幅,也意味着市场参与者平均收益率达到了 38.2%,此时会引起较多数人的集中卖出,从而形成市场的阻力。

同样当市场大多数人比较满意时,会出现较大的阻力。

$$X=\frac{\sum_{k=1}^{n}(1+x_k)}{n}-1=0.618$$

当市场大多数人非常满意时:

$$X=\frac{\sum_{k=1}^{n}(1+x_k)}{n}-1=1.382$$

当然这只是本书的推测,没有经过实证检验。目前也没有看到黄金分割的原理方面的研究,更多的分析是关于黄金分割的应用方面。但这并不影响我们面对黄金分割点的时候,采取更保守的投机策略。

第七节　其他常用技术指标

一、威廉指标(W%R)

威廉指标(Williams%R),简称 W%R,是由拉里·威廉斯(Larry Williams)在 1973 年出版的《我如何赚得一百万》一书中首先提出的。这个指标是一个振荡指标,是依股价的摆动点来度量股票/指数是否处于超买或超卖的现象。它衡量多空双方创出的峰值(最高价、最低价)与每天收盘价的距离与一定时间内(如 10 天)的股价波动范围的比例,以提供股市趋势反转的讯号。

W%R 指标在计算时首先要决定计算参数,此数可以采取一个买卖周期的半数。周期的取值直接影响到该指标的有效性。假设某股票平均炒作周期为 20 个交易日,取一半值,参数定为 10。

W‰R 指标的计算主要是利用分析周期内的最高价、最低价及周期结束的收盘价等三者之间的关系展开的。以日威廉指标为例,其计算公式为:

$$W‰R = \frac{H_n - C}{H_n - L_n} \times 100$$

其中:n 是交易者设定的交易期间;C 是第 n 日的最新收盘价;H_n 是过去 n 日内的最高价;L_n 是过去 n 日内的最低价。

W‰R 介于 0 至 100。如果在一定周期内收盘价越接近最高价的水平(超买),W‰R 值越接近零;收盘价越接近最低价(超卖),W‰R 越接近 100,在通用软件的 K 线图上,线形的呈现与其他技术指标相反(如:KD、RSI)。

当 W‰R 高于 80,应当考虑买进;当 W‰R 低于 20,应当考虑卖出。

二、随机指标(KDJ)

KDJ 全称为随机指标(stochastics),由美国的乔治·莱恩(George Lane)创立,也是常用的一种技术分析工具。随机指标设计的思路与计算公式都起源于威廉(W‰R)理论,但比 W‰R 指标更具使用价值,W‰R 指标一般只限于用来判断股票的超买和超卖现象,而随机指标却融合了移动平均线的思想,对买卖信号的判断更加准确;它是波动于 0~100 的超买超卖指标,由 K、D、J 三条曲线组成,在设计中综合了动量指标、强弱指数和移动平均线的一些优点,在计算过程中主要研究高低价位与收盘价的关系,即通过计算当日或最近数日的最高价、最低价及收盘价等价格波动的真实波幅,充分考虑了价格波动的随机振幅和中短期波动的测算,使其短期测市功能比移动平均线更准确有效,在市场短期超买超卖方面,又比相对强弱指标 RSI 敏感。

KD 指标是利用价格处于波动区域内(过去一段时间)的位置的变化来预测价格的运行方向。由 K、D 两条指标线组成,K 线与 D 线的波动范围为 0~100。

KDJ 先要计算 RSV 值(n 日、n 周等),即未成熟随机指标值,然后再计算 K 值、D 值、J 值等。以 n 日 KDJ 数值的计算为例,其计算公式为:

$$RSV_n = \frac{C_n - L_n}{H_n - L_n} \times 100$$

其中,C_n 为第 n 日收盘价;L_n 为 n 日内的最低价;H_n 为 n 日内的最高价。

其次,计算 K 值与 D 值:

$$K_n = (2/3)K_{n-1} + (1/3)RSV_n$$
$$D_n = (2/3)D_{n-1} + (1/3)K_n$$

若无前一日 K 值与 D 值,则可分别用 50 来代替。

$$J_n = 3K_n - 2D_n$$

在行情软件上,有三个参数(n, m_1, m_2),n 为 RSV 的参数,K 线计算取 RSV 的

M_1 日移动平均,D 线取 K 值的 M_2 日移动平均。

通常认为:

$D>80$ 为超买;$D<20$ 为超卖;$J>100$ 为超卖;$J<0$ 为超卖。

K 线向上突破线 D 为买进信号;线 K 向下跌破线 D 为卖出信号。

K 线与 D 线的交叉发生在 70 以上、30 以下,才有效。

当股价走势一峰比一峰高时,KDJ 曲线一峰比一峰低,此时称顶背离,是短线卖出信号;当股价走势一底比一底低时,随机指数曲线一底比一底高,这种现象被称为底背离,是买入信号。

三、平滑移动平均线(MACD)

MACD(moving average convergence and divergence)是 Geral Appel 于 1970 年提出的,利用收盘价的短期指数移动平均线与长期指数移动平均线之间的聚合与分离状况,对买进、卖出时机做出研判的技术指标。MACD 是在移动平均线上发展起来的,目的是消除移动平均线假信号的缺陷。

MACD 指标首先计算出快速移动平均线(EMA1)和慢速移动平均线(EMA2),以此两个数值,来测量快慢速平均线间的离差值(DIF),然后再求 DIF 的 N 周期的平滑移动平均线 DEA 线。在 MACD 的指数平滑移动平均线计算公式中,都分别加 $T+1$ 交易日的分量权值。

在持续的涨势中,快速 EMA 在慢速 EMA 之上,其间的正差离值(+DIF)会愈来愈大。反之在跌势中,差离值可能变负(-DIF),也愈来愈大。至于行情开始回转,正或负差离值要缩小到一定的程度,才真正是行情反转的信号。

以 EMA1 的参数为 12 日,EMA2 的参数为 26 日,DIF 的参数为 9 日为例来看看 MACD 的计算过程,其中 C 为收盘价,离差平均值 DEA,下标 T 表示当天,$T-1$ 代表上一日。

12 日 EMA 为:$EMA_T(12)=EMA_{T-1}(12)\times 11/13+C_T\times 2/13$

26 日 EMA 为:$EMA_T(26)=EMA_{T-1}(26)\times 25/27+C_T\times 2/27$

$DIF_T=EMA_T(12)-EMA_T(26)$

$DEA_T=DEA_{T-1}\times 8/10+DIF_T\times 2/10$

$MACD=(DIF-DEA)\times 2$

在通常的行情软件上,MACD 指标是由两线一柱组合起来形成,快速线为 DIF,慢速线为 DEA,柱状图为 MACD。

MACD 指标基本用法:

(1)MACD 金叉:DIF 由下向上突破 DEA,为买入信号。

(2)MACD 死叉:DIF 由上向下突破 DEA,为卖出信号。

(3)MACD 绿转红:MACD 值由负变正,市场由空头转为多头。

（4）MACD 红转绿：MACD 值由正变负，市场由多头转为空头。

（5）当 DIF 与 DEA 在 0 线上方时提示多头市场，当 DIF 与 DEA 在 0 线下方时提示空头市场。

（6）当价格创出新高，而指标未能到达新的高度，形成顶背离，预示行情向下反转；当价格创出新低，而指标未能相应到达新的低点，形成底背离，预示行情向上反转。

（7）红柱线（MACD 线）由峰值缩短做空，绿柱线由最长缩短做多。

MACD 通过不同周期平均成本的离差值做出行情调整的估计。根据本书作者观察，MACD 指标，只有在均线系统发散的时候才有效果。快速和慢速移动均线分别代表了不同交易周期的主力机构的成本，当均线发散时，说明短期主力机构获利较大，容易引起获利平仓；如果均线发散程度较小，说明中、短期的主力机构成本差别不大，仍处于建仓阶段，行情延续的可能性较大。

四、强弱指标（RSI）

韦尔斯·王尔德（Wells Wider）在 1978 年出版的《技术型交易系统的新思路》中，创立了一系列的技术分析预测系统，其中包括相对强弱指标、趋向指标、变异率、商品选择指数、短线买卖系统、摇摆指数、动量指标和止损点转向操作系统。其中，相对强弱指数 RSI 已经成为流行的一种技术分析工具，而成为衡量市场气氛的指标；趋向指标 DMI 则是王尔德自认为最有成就，也最为实用的一套技术分析工具。

不过后来王尔德否定了他自己创立的指标，在 1987 年发表的《亚当理论——最要紧的是赚钱》一书中，王尔德强调了顺势而为的重要意义，认为若想在证券市场上成功，最重要的条件就是必须放弃对于市场的一切专门分析，以绝对无知的立场置身市场，彻底向市场本身所表现的价格趋势屈服；至于其他一切技术分析系统，由于它们在性质上都属于武断的或者主观的预测工具，所以，必须全部抛弃。尽管 RSI 看起来可以帮助预测价格的最高点和最低点，但是投资者要知道的却是市场趋势的实际上涨或者实际下跌，而非应该上涨或者下跌。投资者要的不是预测，而是跟随趋势，各种技术分析会产生自我干扰，对于发财致富毫无用处。因此，王尔德运用市场本身的趋势作为预测市场未来趋势的基础，根据相反影像的原则提出一种自动测市系统，并辅之以十大买卖戒条。

RSI 最初发表在 1978 年 6 美国 *Commodities* 杂志（现为 *Future*）上，是用于计算特定时期内股价的变动情况和市场买卖力量对比，来判断股票价格内部本质强弱，推测价格未来的变动方向的技术指标。

RSI 计算方法：

$$N \text{ 日 } RS = \frac{U}{D} \times 100\%$$

其中 U 为 N 日内收盘涨幅之和；D 为 N 日内收盘跌幅之和（取正值）。

$$N\ 日\ RSI = 100 - \frac{100}{1+RS}$$

从计算公式上看，RSI 的计算非常简单，数学意义为：在某一阶段价格上涨所产生的波动占整个波动的百分比。使用上，利用价格在一段时间内的涨跌来反映市场中多空力量的对比。如果市场多头占优，那么上涨的力度大于下跌的幅度，如果市场空头占优，下跌的幅度大于上涨。

RSI 的变动范围在 $0\sim100$，强弱指标值一般分布在 $20\sim80$。50 为强弱分界线，RSI 从下向上突破 50 分界线代表价格转强，反之向下突破 50 分界线代表价格转弱。操作上，一般 20 以下买入，80 以上卖出。

短期 RSI 在 20 以下水平，由下往上交叉长期 RSI，为买进信号；短期 RSI 在 80 以上水平，由上往下交叉长期 RSI，为卖出信号。价格一波比一波低，相反地，RSI 却一波比一波高时，价格很容易反转上涨；价格一波比一波高，相反地，RSI 却一波比一波低时，价格很容易反转下跌。

第八节　技术指标的应用

一、趋势指标与优势指标

总体上技术指标可以分为两类：一类是趋势指标，多与平均价格移动有关，例如均线系统、MACD 等；另一类是优势指标，多与波动率或标准差有关，例如布林通道、W％R、RSI、KDJ 等。

从数学上计算出来的指标比较好区分为趋势指标和优势指标。但有些指标不易区分，例如 K 线形态，既可以是优势指标，也可以是趋势指标。

趋势指标多提示时间，如趋势变化的时点。而优势指标多提示价格空间，例如超买超卖的压力。

二、参数的选择

技术指标有趋势指标和优势指标，同样，技术指标的参数大致有两种：一是空间参数，二是时间参数。空间参数多数是关于振荡幅度的，时间参数多数与周期有关。

我们看多数技术指标的初始周期参数多数是 26 天，这是因为早期华尔街每周六天交易，一个月 26 个交易日。虽然 1952 年后才改成每周 5 个交易日，但市场习惯用 26 个交易日。参数设置的原则，要适合当前市场的交易规律。如果市场上的主流机构炒作周期在一个月内,那么用 26 天作为参数,指标就会滞后。本书认为当前市场 20 日是一个重要的参数,因为一个月是 20 个交易日,而且短线机构调度资金的时候也是以一个月或一个星期为周期,这样适宜传统计算、财务处理。如果交易周期为 26 天,那么就要计息两个月。大的投机交易商有闲置资金,也会更愿意按月拆出资金,而不是按日拆出资金。所以我们可以观察到国内市场,技术指标 20 日参数来拟合行情会更有效。有些活跃的品种,交易周期更短,5 日参数拟合得更有效。

活跃品种的空间参数,一般振荡幅度更大,而且炒作的周期也会更短,相应的时间参数也会更短。

在运用各类技术指标的时候,需要根据不同投机对象的特点来调整参数,并对各参数进行行情拟合,以找到最大有效概率的参数。

三、周期的选择

交易员要根据自己的个性特征、知识结构、资金量来选择适合自己的交易,并以此设计自己的交易系统。

确定自己的交易模式后,就要有效地选择相应的技术指标。确定相应的指标后,要正确地选择指标周期。如果是长期趋势交易,就要以周 K 线或日 K 线进行分析;如果是中期趋势交易,则用日 K 线;而如果只是进行波段交易,三五天内就完成开仓平仓,那么不但要参考日 K 线,还要应用到小时线、分钟线。

如果是波段交易,还仅仅用日 K 线进行交易,那么日 K 线反应较慢。加上收盘确认,那么等日 K 线出现交易信号时,波段已结束了。这像打仗一样,日 K 线是省级地图,而波段是乡级战争。用不合适的地图指挥战争,必败无疑。

四、拟合

拟合是把历史行情数据代入技术指标,以验证技术指标是否有效。拟合的重点是参数,通过调整参数来找出指标有效的概率与不同参数之间的关系。拟合的时间尽可能长久,从中发现有效参数变化的规律。

例如拟合某个指标,用一特定参数,12 个月前至 6 个月前胜率达到 80%,但近半年胜率只有 60%,说明市场环境变了。可能是参与资金的构成变了,例如长线交易资金入场;也可能是大机构的操盘风格变了;也可能与投机对象的特性有关,例如农产品下半年收获季节,不确定因素较多,交易频率变高,振荡幅度加大。

所以拟合指标时,我们应该尽量选出更长期、稳定、有效的参数。例如,A 参数在三年内 70%概率有效;B 参数在近半年 80%有效,但前一年只有 50%有效。那么我们在选用指标的时候,应该用 A 参数而舍弃 B 参数。因为长期有效,背后往往意味着共同的人性,说明多数人在 A 参数代表的趋势、优势条件下更愿做出类似的行为。而

B 参数代表的条件下,符合当前的金融环境、市场资金构成、参与者的构成等。环境会变的,但人性不会变。如果用 B 参数,眼前可能收益更高,但你不知道什么时候环境又变了,而且这种变化不会有人明确告诉你,谁也不知道什么时候变化了,只有半年甚至一年以后,通过行情分析才明白,而此时你可能已经反复亏损了半年。太过于美好的东西不可能长期降临投机者身上,合理的胜率才能长久。

拟合有效并不代表着技术指标与行情一定存在因果关系,只能保证它们存在相关关系。例如 5 日线同向穿越 60 日线确认趋势有效,但可能是因为 5 天平均成本引起群体心理上的预期变化,也可能是市场的短期资金增多。投机者无法探求其中的根本原因,但价格说明一切,跟随市场就可以了。

五、进攻性标准与防御性标准

在运用技术指标的时候,交易标准要分成两种,一种是进攻性的标准,另一种是防御性的标准。标准可以由单个指标确定,也可以是两个或更多的指标共同确定。进攻性指标更多的是用于开仓,而防御性指标更多的是用于止损平仓。进攻性指标主要说明什么时候该开仓,投入多少资金;防御性指标主要说明什么时候该减仓,什么时候该平仓,什么时候该止损认输。

进攻性标准对于趋势指标要滞后一些,对于优势指标要求空间更大。防御性标准要敏感些。

例如我们用均线系统进行股票交易,假设有两个指标都能提示趋势变化,一是 5 日线上穿 60 日线,二是 20 日线掉头。但是 20 日线掉头更敏感,而 5 日线穿 60 日线更滞后。那么我们在设计交易标准的时候,开仓设定了 5 日线上穿 60 日线为买入标准,但我们不能将平仓标准设定为 5 日线下穿 60 日线,因为等 5 日线下穿 60 日线的时候,空头行情已经运行了很大幅度。此时再平仓已经损失很大利润,心理账户的影响更大,导致我们更难以正确地止损。我们应该将平仓标准设定为 20 日线掉头平仓,甚至保守一些可以设定为 20 日线走平就平仓。

进攻性标准滞后,虽然可能损失一些利润空间,但是保证我们开仓时趋势已经稳定,交易失败的概率较小。将防御性标准设定敏感,防止出现重大亏损,保证能在投机市场长期生存。

开仓标准要求胜率要大,在时间上已确认趋势;平仓标准要求损失要小,赔率大。

六、技术指标应用的关键

本书再次强调,技术指标不是最重要的。对于投机交易来说,技术指标是交易成功的充分条件,但止损与原则却是必要条件。止损与交易系统决定了在投机市场上能否获利、能否生存。技术指标是赚多赚少或者亏多亏少的问题。

要用好技术指标,第一,要了解技术指标背后所代表的资金运动和大众心理预期。

第二,要对指标进行参数拟合,找出合理的参数。并不是概率越高的参数越好,而是长期稳定的参数更好。

第三,交易标准应该包含趋势指标和优势指标两方面。投机交易既要顺应趋势,也要有价格优势,因此在确定交易时,要运用两类指标。趋势指标确定交易方向,而优势指标确定交易时机。两者不可以错用。例如布林通道属于优势指标,有人仅用布林通道交易,上轨开空,下轨开多,但这样违反了趋势交易的原则,因为如果趋势是下跌的,即使你在布林下轨开多,也较难获利,有优势,只能保证你可以获小利或者能够保本退出,如果没有做好止损,心不够狠,平仓不及时,甚至可能大亏。

应用指标时还要看这个指标的前提条件。例如我们用振荡指标的时候,前提是趋势要支持,如果趋势不支持,方向错了就很容易亏损。

第四,要有严格的交易纪律,落到概率外坚决止损。任何指标者都存在失效的时候,此时通过止损进行保护,小亏出场。在大概率有效的时候,获取大的盈利来覆盖小的亏损。

第五,交易标准用到的技术指标不宜过多。用好一两个指标才能形成快速决策,果断下单的习惯。如果同类的指标都发出信号了,那么行情早就运行了一大段了,甚至可能到了尾声。每个技术指标都有不同的敏感度和敏感特性,在行情起点同时发出信号的情况几乎没有。例如仅用 RSI 和 KDJ 两个指标进行交易。两种指标实际上都是关于优势方面的,而且常常在发出交易信号的时间节点上不一致,反而容易造成混乱。

第六,技术指标是用来辅助交易的,不是用来预测行情的。行情分析只是对趋势和优势的判断,不预测具体的点位、均线、通道、风险。抄底、空顶都是猜行情。

七、收盘定多空

无论应用哪一种指标,都要等收盘确认后才能评估价格是否符合技术指标。很多投机者生怕失去交易机会,在前一天就会做出预测,当天达到某个点位时就入场交易。但是往往遇到临收盘前行情发生急剧变化,上午还符合技术标准的交易,到收盘就失效了。许多游资为了拉抬价格出货或者打压价格吸筹,也会短时集中买入或卖出,造成市场假象。投机者往往受到盘面行情的影响,启动了从众心理,而做出错误的交易。

要长时间操纵行情比较困难,需要投入的资金较大,多数情况下,到收盘时会回归行情本身的趋势。因此,交易要求收盘确认多空。如果确实认为机会很好,例如多数指标都符合开仓标准,那么可以等到收盘前 15 分钟再进行交易,这样在短短的 15 分钟内,发生重大的变化可能性较小。

◆第十章◆
资金管理与止损

第一节　概述

无论是投资还是投机,甚至赌博,资金管理都是最重要的。

对于投资,资金管理的重点是杠杆的控制。投资也可能用到杠杆,例如股票的融资融券、期货的保证金等。投资由于时间较长,因此要考虑杠杆的资金成本。市场多数时间是无效的,市场的作用之一就是纠正价格错误。金融市场的价格永远是波动的,价格错误纠正后,并不是停止不动,而是开始另一个方向的错误,市场再来纠正。例如一只股票长期价格低于价值,当市场终于纠正价格错误,股价一路上涨,但是价格并不会只涨到价值,而是会继续上涨,直到价格远远高出股票的价值。因此,长期投资如果遇到价格长期偏离价值,那么杠杆几乎会消耗掉所有的利润。投资要考虑杠杆的比例以及带来的资金成本,保持在安全边际足够覆盖的范围内。如果遇到行情趋势下跌或安全边际较小时,及时减仓,尤其要将融资杠杆减少到零。

投资资金管理的另一个方面是资金冗余比例。市场可能长期偏离价值,投资者可能面对长时间的账面亏损。如果没有杠杆,比较好应对。但如果是保证金交易,面对每日的结算,可能和投机一样遇到爆仓,需要保持足够的资金冗余,保证不会在最不利的时机,被迫平仓。

例如股民买入有投资价值的股票,但是遇到熊市也会下跌,跌到最低时候,虽然明知持有将来会有较大的利润,但如果生活、医疗等方面需要用钱时,被迫卖出股票,那么投资就失败了。并且,如果遇到熊市,股票价格严重偏离价值,安全边际很大时,没有资金冗余,那么就错失了扩大利润的机会,而且这种情形在投资过程中经常遇到。

此外,投资的现金流虽然是可以计算的,但也存在不确定性。投资也可能失败,资金冗余就是保证在每次投资失败后不会影响到投资生涯。

投资资金管理第三个方面是多空方向仓位规模的匹配。例如投资套利时多空两个方向仓位规模的匹配,股票投资时持有股票和融券卖出的仓位匹配。

押注竞赛也要资金管理。胜率低时少押注,胜率高时多押注。遇到高手对局少押注,遇到新手对局多押注。自身竞技状态不好少押注,状态良好多押注。

但是无论是投资还是专业押注竞赛,资金管理的重要性都无法与投机相比。投资的估值决定成败,投机的资金管理直接决定能否在市场上生存。

对投机交易,资金管理远远比技术分析重要。如果说资金管理和技术分析共同决定投机成功的话,那么资金管理占了80%,而技术分析仅占20%。

第二节　货币贬值

无论是投资、投机、赌博各类交易,资金管理都是非常重要的。从长远看来货币会持续贬值。因为从1973年布雷顿森林体系解体以来,全球完全进入了纸币时代。纸币的价值完全依赖于国家的信用。从政府角度,如果开征税收,会引起民众的不满。政府要扩大财政来源,发行纸钞是最方便的方法,只要通货膨胀率控制在一定的范围就可以保证民众不激烈反对,通过发钞,还能刺激经济,一举两得。因此在纸币本位下,货币将长期贬值,各国都是如此,没有例外。

当今各国的货币供应量普遍年增长超过10%,扣除GDP的增长,实际上每年都在贬值。但是人们的感觉并不明显,人们更多地是从CPI来评估通货膨胀水平。

但CPI并不能真实反映货币的真实贬值水平。首先是经济和科技的发展,科学管理的应用,生产力得到很大的提高,单位产品耗费的人力、物资等资源不断下降,使得生产成本大幅下降,而且这种下降水平有加快趋势,已经远远高于货币贬值的速度。例如水稻的亩产从20世纪80年代平均300公斤到现在普遍的吨粮田,机械化的大规模应用,扣除人工成本、农药和化肥用量的增加,水稻的生产成本是下降的,使得短期内大米价格不会大幅上涨,足够抵消货币贬值。在工业品领域,成本的下降更迅速,摩尔定律在20世纪后三十年一直有效,即芯片每18个月集成度提高一倍,同时价格下跌一半。近几年虽然芯片的发展速度慢下来,达不到摩尔定律,但芯片制造成本依旧在快速下跌。

其次,我们不会明显感受到货币贬值的一个原因,是因为世界各国的货币都在贬值。如果有某种货币升值,只是该币种相对于其他货币升值,只不过是贬值得慢些而已。

那么我们要如何有效地评估货币的价值呢?目前并没有一种方法来真实反映货币的价值,但可以从两个方面来近似估计:一是社会平均劳动成本,单位社会平均劳动价值是不变的。对比每年的社会平均工资,就可以大致知道货币的真实价值;另一种方法就是简单地根据黄金平价来计算价值。黄金的产出和消费相对较稳定,因此我们可以近似地认为黄金的价值是不变的。例如2007年黄金收盘价为836.8美元/

盎司,而 2017 年黄金收盘价为 1258.1 美元/盎司,那么我们可以大致知道黄金价格上涨了 50.35％,而美元贬值了 33％(1－1/1.5035)。当然黄金价格会存在波动,并且波动幅度很大,但如果以几年为一个周期,那么我们看到黄金永远是在上涨的,纸币永远是在贬值的。同样我们也可以用黄金平价计算不同货币的比值关系。

某一时点:美国现货黄金价格为 1578 美元/盎司,相当于 55.66 美元/克(1578/28.35),中国黄金价格为 322 元/克。

按黄金平价换算 1 美元＝5.7851 人民币(322/55.66)。

所以在交易的时候,不同国家市场的实际价格差异可以通过黄金平价来评估。

第三节　仓位管理

仓位是投机者持有期货合约、股票等交易对象占用的资金与总本金的比例。期货可以做多也可做空,建立期货合约叫开仓或者叫建仓,在市场上找到交易对手了结仓位叫平仓。股市交易一般是单向的,买入就是多头开仓,卖出就是多头平仓。

仓位管理通过开仓、减仓、加仓、平仓、止损等手段调节资金投入的比例。仓位管理应该从三个角度权衡:一是根据风险的大小,也就是盈利的胜率;二是预期收益率;三是极端情况的应对。

交易是为了赚钱,但在赚钱之前,首先要保证能够生存。只有在市场上生存下来,才有赚钱的可能。仅就盈利来说,越多的资金能带来越多的利润,但越多的资金也可能带来越多的亏损。仓位管理的目的,是让交易者能够保证本金的安全,不至于在一次亏损中将所有本金耗尽。

一、简单的资金分配

如果简单地进行资金管理,我们要考虑两个问题,一是最多能承受多少的亏损总量,二是我们能承受多少次错误。

假设你有 10 万的本金,最多可以承受 3 万的亏损,这个要求可能来自于你的内心,也可能来自于你的客户要求。通常情况下,你至少要三次改正错误的机会。那么 3 万的亏损限额,分为三次。第一次亏损的限额是 1.5 万,第二次限定 1 万,第三次 0.5 万。也就是说,止损标准分别设定为 1.5 万、1 万、0.5 万元。

为什么不是平均的一万元? 而是越来越小? 首先是因为第一次止损后,本金只剩 8.5 万了,自然要将止损限额降下来。其次人类存在本能的赌徒心理,越亏越想翻本,但这是走向灭亡的道路。从专业投机角度看,越是亏损越要降低交易规模,积累交易的状态和自信后,才能逐步提高仓位。

二、逢输加倍的错觉

有一种错误的认识，如果首次投入 1 万元亏损了，下次将本金加到 2 万元，如果赢了，其中 1 万本金的利润弥补上次亏损，另外 1 万元的利润就是净利。如果还亏，就将本金加大到 4 万，再亏加到 8 万，依此类推，一次获利就可以弥补所有的亏损，获利后将本金再降到 1 万，重新开始。

乍听起来很有道理。不过，如果起点是 1 万，万一运气不好，连亏 10 次，那么就要投入的本金是 $2^{10}=1024$ 万。连亏 20 次，需要本金 1048576 万，是 104 亿。这种模式的致命点，如果你不翻倍投入，前面的亏损全打水漂。再富也会输光，或者说早就输光了。真有那么多钱，还从事辛苦的交易干吗？

三、凯利公式

在华尔街的资金管理上，流行一种凯利公式，用于计算合理的交易规模。凯利是贝尔实验室的一位物理学家，他对较小概率发生事件提出了一个计算公式——凯利公式，依照这个公式计算出来的结果被称为凯利值。凯利公式原本是为了协助规划数据流量设计，最初论文《A New Interpretation of Information Rate》于 1956 年发表在《贝尔系统技术期刊》上。由于博彩中的冷门也是较小概率发生事件，于是凯利公式就被引入二十一点赌博中。后来被广泛用于投资组合的资金分配，也用于投机交易的仓位管理。凯利公式的基本形式是：

$$K=\frac{(R+1)\times P-1}{R}$$

其中，P 为胜率，如操作 100 次，盈利 60 次，P 就是 60％；R 为赔率，即盈亏比，操作若干次后统计平均盈利额与平均亏损额的比值；

K 为每笔交易最优资金比例，即最佳仓位比例。

【**例 10-1**】某投资者胜率为 50％，亦即 100 次交易 50 次赚钱、50 次赔钱，平均每笔获利 10000 元，平均每笔亏损为 5000 元，则：

$$P=50\%,\ R=\frac{10000}{5000}=2$$

$$K=\frac{(2+1)\times 0.5-1}{2}=0.25=25\%$$

他一次只能用 25％的资金做投资。

如果胜率为 70％，盈亏比不变，则 $F=\frac{(2+1)\times 0.7-1}{2}=55\%$。

如果胜率为 50％，盈亏比为 1，则 $F=\frac{(1+1)\times 0.5-1}{1}=0$，也就是说，如果平

均获利与平均亏损相同，那么就不能交易或下注。

如果胜率为 30%，赔率为 2，则 $F=\dfrac{(2+1)\times 0.3-1}{2}=-5\%$，说明如果胜率太低也不能下注。

凯利公式计算简单，仓位的规模由预期的依据胜率和赔率决定。对于赌局，胜率很小，而赔率较大，可能会输的赌本只限于初始的筹码，而且胜率和赔率都可以控制。

但如果用于期货交易，每个人的胜率可以通过历史数据和交易系统的技术指标拟合得出，赔率也可以由历史交易数据得出。期货交易的赔率比起赌局则要小得多。要扩大赔率，就要将止损设定较小，而在盈利时则要放开行情。

赔率意味着止损幅度的大小，从凯利公式看，还将决定开仓规模。

四、极端行情

金融市场一切皆有可能。有时会出现暴涨暴跌的极端行情。如果投机者的仓位过大，而且是保证金交易的话，有可挂市价平仓，很可能被证券公司强制平仓。而且极端行情往往持续时间很短，当一些爆仓的交易者被迫平仓时，由于集中平仓反而推动了行情的反转。因此在确定仓位规模时，一定要有资金冗余，防止在极端行情时，被迫在不利的条件下止损平仓。

附录 10-1 光大证券乌龙指事件

2013 年 8 月 15 日，上证指数收于 2081 点。2013 年 8 月 16 日，上证指数以 2075 点低开，到上午 11 点为止，上证指数一直在低位徘徊。11 点 05 分，多只权重股瞬间出现巨额买单。大批权重股瞬间被一两个大单拉升之后，又跟着涌现出大批巨额买单，带动了整个股指和其他股票的上涨，以致多达 59 只权重股瞬间封涨停，上证指数一分钟内上涨超过 5%，最高涨幅 5.62%。指数的第一波拉升发生在 11 点 05 分到 11 点 08 分之间，然后出现阶段性的回落。11 点 15 分起，上证指数开始第二波拉升，这一次最高摸到 2198 点，在 11 点 30 分收盘时收于 2149 点。

13 点，光大证券临时停牌。14 点 23 分左右，光大证券发布公告，承认套利系统出现问题，事后查明触发原因是策略投资部使用的套利策略系统出现了问题，该系统包含订单生成系统和订单执行系统两个部分。核查中发现，订单执行系统针对高频交易在市价委托时，对可用资金额度未能进行有效校验控制，而订单生成系统存在的缺陷，会导致特定情况下生成预期外的订单。

上午 11 点 02 分时，第三次 180ETF 套利下单，交易员发现有 24 只个股申报不成功，就想使用"重下"的新功能，于是程序员在旁边指导着操作了一番，没想到这个功能没实盘验证过，程序把买入 24 个成分股，写成了买入 24 组 180ETF

成分股,结果生成巨量订单。导致在 11 点 05 分 08 秒之后的 2 秒内,瞬间重复生成 26082 笔预期外的市价委托订单;由于订单执行系统存在漏洞,上述意外的巨量市价委托订单被直接发送至交易所。

五、心理因素

仓位规模要足够应付振荡,不但要能承受资金的振荡,还要能承受心理的振荡。一个人的心理强度除了与个性有关外,还与他的实际情况相关。如果一个投机者的家庭能够为他提供基本的生活需求,也不依赖于他投机收益,那么他的心理强度会更大。如果投机者有了家庭负担,例如已经结婚生子,心理强度就小;即使他能顶得住压力,长期以后也会影响身体健康。

心理强度大的投机者,可以适当将仓位放大,而心理强度小的投机者,还是将仓位控制得小一些,这样才不会在心理压力下,交易变形,导致错误地平仓。

第四节　盈利平仓

平仓的两种情况:一种是亏损状态下平仓,另一种是获利状态下平仓。盈利状态下平仓也称为止盈。

止盈平仓是由于判断错误,交易的方向与市场不一致,或市场的技术指标发生反转时,及时平仓或转换交易方向。

另一种情况是,技术指标并没有反转,但进入观察区,等有关键技术指标突破后才能知道后市的趋势方向。这种情况下,为了避免风险,保护资金,宁可不赚行情可能突破的利润,先平仓退出观望。

盈利平仓是长期交易获利的关键,在凯利公式中,提高盈利水平才能扩大赔率。盈利平仓要掌握以下两个原则:

一、赢利一定要放开

当你的持仓方向与趋势一致时,很多人见到小利后就迫不及待地想要兑现利润。尤其是那些经过长时间账面亏损的仓位,好不容易由亏转盈了,心理压力持续了很长时间,一旦能够获利,想早早平仓释放一下。但这时候更需要保持耐心,趋势不会很快开始,但开始了就不会很快结束,既然趋势站在你这一边,你已经搭上通往目的地的火车,为什么要跳车呢?你应该等到车停了才下车。

控制好亏赢比例,我们就可以在赢利次数少于亏损次数的情况下还能赚钱。

当你和趋势站在一起的时候,不该是恐惧心理,而是应该贪婪。因为你付出了很大风险的代价,如果没有丰厚的回报,那投机就没有意义。当然前提是必须做好止损位的设定。

交易要留有余地,懂得止盈。既要保护本金,也要保护利润,以部分利润换取资金安全是值得的。当技术指标出现矛盾,方向性不够明确的时候,就应该分批离场。

如果你的胜率是 P,赔率是 R,平均每笔亏损率为 L,那么你的预期收益率 V 为:

$$V=P \times R \times L-(1-P) \times L=L[P(R+1)-1]$$

假设你将止损设为账面亏损 10％平仓,那么 $V=[P(R+1)-1] \times 10\%$。

二、盈利目标 60％

为什么每次盈利目标应是每轮趋势行情的 60％,而不是全部? 想要盈利 100％,那就要求最低点买入、最高点卖出,从投机专业技术上是不可能的。能够得到 100％盈利的,一定是运气奇好的赌徒。

交易者身处最低点时并不知道是最低点,行情也可能继续下跌;当身处最高点的时候,行情还可能再高。只有确认发生反转了,我们才知道它是顶点。投机技术的要求并不是最低点开多,而是在底部确认趋势反转以后才开多。技术指标有滞后性,当技术指标确认的时候,行情差不多已运行了 20％(参见图 2-1);同样在高点的时候,当掉头反转,行情走了 20％以后,投机者才能在技术确认的前提下入场做空。

好在每一次趋势行情的幅度都足够大,虽然只有 60％,也是很可观的利润。

第五节　止损

止损也叫"割肉",是指当某一交易账面亏损达到预定数额,或者技术指标出现了不利头寸的变化,及时斩仓出局,以避免更大的亏损。其目的就在于把损失限定在较小的范围内。投机者形象地把止损比喻成鳄鱼法则:如果一只鳄鱼咬住你的脚,你唯一的生存机会就是牺牲一只脚。当你知道自己犯了错误时,立即了结出场! 不可再找借口,不可以有任何期待;无论输赢,离场是最佳选择。

止损的标准有两种。一种是以技术指标作为止损标准,例如短期趋势设定 20 日线掉头就平仓。另一种是以亏损额为止损标准,例如设定亏损达到资金总量 10％就止损。以亏损额止损还有一种是以动态的亏损额作为止损标准,例如设定最高账面利润回吐 35％就止损。

也有些投机者出于谨慎原则,以技术指标标准和亏损额标准孰先的确定止损,只要两种标准之一触发就止损。

一、止损的必要性

波动性和不可预测性是市场最根本的特征,这是市场存在的基础,也是交易中风险产生的原因,这是一个不可改变的特征。交易中永远没有确定性,所有的分析预测仅仅是一种概率,依据这种概率而进行的投机交易也是不确定的。不确定的行为必须有措施来控制其风险,这种措施就是止损。

止损远比盈利重要,因为任何时候保本都是第一位的,盈利是第二位的,建立合理的止损原则相当重要,谨慎的止损原则的核心在于不让亏损持续扩大。

投机者不可能准确地预测行情的涨跌,更不能在开仓后让行情朝着有利的方向发展,也不能期盼市场每次一定要达到他的盈利,他唯一能做的就是控制自身的亏损。

交易要获利,有两个途径,一个是提高胜率,二是提高赔率。技术分析系统、开仓标准、优势和趋势的确定等,为我们交易提供了大概率获利的开仓机会;但良好的止损为我们提高了赔率。

投机者不可能每次交易都获利,因此必须保证在亏损的交易中损失最小,在下一次交易来临时,有足够的资金再次开仓,而不是一次亏损就出局。实际上,止损是一种机会成本,使得你能够将来拥有获利的机会。所以开仓前必须有止损标准,否则方向错误,再大的资金都会消耗掉。

有的时候我们觉得投机交易和买卖水果很相似,货品更新要快,新鲜的水果能够卖出好价钱,一旦不新鲜了,这时最佳的应对办法是立即打折卖出,就是止损。否则任由水果变质,最后整筐水果烂掉,就会血本无归。所有利润来自于鲜果,剩下的旧果只要保本或者小亏就足够了。

附录 10-2   根据掷硬币结果进行交易也能挣钱?

华尔街有一个传说,一个人在期货市场每天按所掷硬币的正反面做多单和空单,一年下来,不仅不亏钱,还有盈余。但其实掷硬币只是表面,只不过将胜率固定在 50%。固定 50% 的胜率,如果赔率提高也能赚钱。而要提高赔率,关键在于资金管理和止损。

第一,此人不会在掷币后马上入场,而是先找到一个有效的支撑和阻力位,开仓后只要走反,一破位就马上止损离场,如果做对就把利润放开,每次的赢利最少能弥补三次的亏损。

第二,还可以用每次持仓的轻重不同提高总体的赔率。

第三,这样可以不受外界干扰,把胜率基本稳定在 50%,这已比那些追涨杀跌,胜率低于 50% 的人士高出一筹。

第四，我们的判断总是受我们本身的生理和心理影响，状态好的时候可能还行，状态不好的时候其实还不如硬币的判断准确率高，回忆一下刚刚做过的一些交易，经常有人发出感慨，因为他的盈利次数远远不足50%。

第五，最关键的是，开仓并不是最主要的，平仓方法才是决定胜负的关键。

二、正确的止损

对于每个投机者，止损是伴随着他的交易生涯。但是止损却不能亏得糊涂。

第一，钱要赔得明白，也就是说所有的止损都在计划内。每一次开仓的同时，就要有止损的设定，不能等待亏损后再来设立止损标准。一旦触发止损标准，就坚决止损。就像战争一样，面对敌人太强大，就必须撤退，而且必须是按计划撤退。可以输掉一次战斗，但不能输掉整个战争。投机市场机会无限，一次计划内的损失，在后来的交易中可以弥补。但前提是保存实力。

赔得明白，除了事先计划外，还要在事后对止损单进行回顾分析，找出亏损的原因。是否遵守了交易规则？是出现小概率行情，还是技术指标使用错误？本次止损是否影响心理稳定？如果影响心态，就要先停止交易一定时间，充分休息。

第二，钱要赔得合理。假设你以布林通道作为开仓和止损的标准。如果行情上涨到布林上轨可以获利5000元，而如果行情不涨，你设置跌穿布林中轨止损，可能损失1万元。那么这次亏损就不合理，获利空间只有5000元，而止损空间却达到1万元，也就是说赔率只有0.5。说明你开仓的价格太高，市场抛压太大。

从赔率来说，你的开仓和止损设置至少让赔率达到2倍以上，否则多次交易下来，注定亏损。

从技术指标来看，开仓和止损位都应该设在一个有效的支撑或阻力位附近。例如你在布林下轨附近开多，通常情况下，下轨是一个较强的支撑位，难以有效突破，预期上涨到布林上轨，你的预期收益较大。一旦跌穿下轨，说明出现小概率行情，多头的防线被突破，要当机立断止损，此时你的亏损并不大。

第三，如果是急促的上攻行情和剧烈的下挫行情，那么很多技术指标就失效了。这时你要判断是否是难得一遇的大行情，判断对了，大赚；判断错了，你就亏大了。平时的止损标准可能都不够用。不过我们还是建议，遇到这种情况，先止损平仓再说。有些行情，宁可错过。

第四，经常你一止损行情又掉头了，市场就是不确定的，价格永远在波动，但这并不说明你的止损错了，止损看重的是长期的安全和收益。胜败乃兵家常事，每一个成功的投机者都会面对这种情况，被市场先生愚弄没什么丢人的。

第五，止损要消除心理账户的影响。无论加仓还是新建仓，每一次开仓都是新的交易，不能以账面盈利作为缓冲，不能受前期平仓盈亏的影响。尤其是以账面利润加仓，不能认为是意外之财而放松止损标准。

三、正确止损的难度

很多投机者也明白止损的意义,然而也有很多投机者设置了止损而没有执行。没有按计划止损,最终因为资金或心理撑不住,被迫大幅度止损的交易者不在少数。止损为何如此艰难?原因有三:其一,侥幸的心理作祟,某些投机者尽管也知道趋势上已经破位,但由于过于犹豫,总是想再看一看、等一等,导致自己错过止损的大好时机;其二,价格波动会让投机者犹豫不决,经常止损后行情反转的情况动摇了投机者止损的决心;其三,执行止损是一件痛苦的事情,无论止损额度的大小,潜意识里,止损都是承认失败,是对自尊的重大打击。

四、程序化止损

由于止损都是违反人性的,所以当价格到达止损位时,很多投机者会患得患失,止损位置一改再改;或者临时变卦,逆势加仓,期望可以挽回损失;或者干脆采取"鸵鸟"政策,任由亏损扩大。往往是收盘后投机者清醒了,可是太迟了。为了避免这些现象,有些人采取程序化的止损策略。

一种是将止损交由程序化交易系统,开仓后在程序化交易系统设立止损,一旦触发,电脑系统自动执行。

另一种方法是利用现有交易系统的"市价止损"和"限价止损"两种止损指令。

市价止损是指市场价格一触及预设的止损价位,立刻以市价发送止损委托。这种止损保证了出现极端行情时保护亏损不再扩大,但也容易被操纵价格者洗盘。

限价止损则是在市场价格一触及预设的止损价位时以限价发送委托。市价止损指令能确保止损成功,而限价止损指令则可以避免在大幅振荡时被洗盘,防止出现不必要的损失。但如果行情确实反转,那么限价指令无法成交,最终会以更大的亏损来止损。

两种方法都有利弊,这需要个人的经验判断。一般情况下,多头上涨会有振荡行情,空单用限价止损更合适,而空头下跌往往是连续放量下跌,多单以市价止损更合适。另一方面要结合趋势的状态来决定。

五、止损是技术

有人说止损是艺术而不是技术,但在我们看来恰恰相反,投机是技术也是艺术。投机往往因人而异,即使是同一个人,不同时间、不同地点,不同的心情,都会影响着操作的效果。艺术可以加入自己的市场感觉和临场发挥,这是操盘风格。但投机的艺术只能局限于选择交易市场、技术指标,品种、交易周期,甚至于开仓,但绝对不能影响到止损。

止损完全是技术，因为止损不能带着个人的随意性，必须机械地执行。每个投机交易者的工具不同，有人用均线，有人用 K 线形态，有人用通道线。但无论哪种工具，都必须设立止损点，而且都必须严格执行。面对市场行情和止损点被触发，不能权变，只能执行，这就是技术。

止损以科学为基础。止损的科学基础就是概率。但为什么很多人认为投机是艺术呢？因为当前的科学对于人的心理波动、群体心理预期的研究都处于非常低级的阶段，所以无法计算价格波动水平，因此也不能掌握投机市场的规律，所以需要交易者权变，补充科学的不足。

但是止损与投机的其他行为还是有区别的。如果过多的权变，人性的本能和各种弱点就会影响到止损的决定，最终权变会导致止损的失败。所以要严格止损，就是在确定好止损原则后，像对待科学定理一样去执行。

六、止损失效

如果经过一段时间交易系统止损后，交易效果不佳。那么存在三个可能：

一是止损标准设置不科学，需要重新设计。以技术指标作为止损标准，长时间无效，每次止损后，行情就结束调整，重新沿原趋势方向运行，那么说明止损点设置不对，止损点容错的空间太小。趋势交易的止损点要设置在趋势转折点，如果突破，大概率趋势转向。

以资金损失为标准设立止损点，例如有些人以账面亏损比率为止损标准，可是在运用时会感觉到一止损，行情就掉头了。这里存在两种可能，一是止损标准太高，如果你的止损标准太高，假设以亏损 30％止损。当一个多头散户亏损 30％的时候，意味着有空头主力获利 30％，对于主力资金来说，30％的利润很高了，这会引发空头主力获利平仓，导致行情掉头向上。散户的止损标准如果与多数主力的获利满意度相符合，那就会常常止损失败。

二是开仓不科学。可能是开仓的标准不对。有些人进行趋势交易，也按趋势交易方向操作，但是趋势初期不敢操作，到了趋势行情运行一段时间，很多主力获利较大了，散户此时开仓容易遇到调整。也有可能是因为开仓标准没有严格执行，没有交易纪律，受到市场氛围感染，从众心理控制下开仓，没有优势，遇到振荡很容易触发止损。

三是对止损预期太高。止损是保护资金一定时段内不再快速缩小，并不是为了获利，也不能避开亏损。止损是防御手段，不是进取手段。

总的来说，止损要配合资金管理和心理管理。止损后仓位标准必须降低，等一段时间的获利后才能再放大仓位。有些人止损后为了扳回损失，放大仓位，希望毕其功于一役，这是典型的赌徒心理。一旦沾上赌徒心理，注定要亏损。

◆第十一章◆

投机交易系统设计

投机交易系统是指在交易中能实现稳定赢利的一套规则,包括资金管理、分析技术、开仓依据、平仓依据、风险控制、心理控制等。交易系统可以是完善的交易说明书,也可以是简单的几条原则规定,但一定要有,其次要能适应交易者本人。

一个交易系统就是一个交易员的心血结晶,因此它不具有普适性,即一个交易系统只有在它的创造者手中才能发挥出最大效果。每个人的心理特点、人生阅历都不相同,对同样事件的反应也不会相同,因此即使你得到成功者的交易系统,也要进行全面的改造,否则几次交易后,你就会发现按照别人的交易系统操作,对市场反应不是太快就是太慢。对交易员来讲,只有打造出自己的交易系统才能走上稳定盈利的道路。

第一节　交易系统的本质

交易系统的本质是一套规则,这套规则建立在概率基础上,以大的获利和多的获利次数覆盖概率内的亏损。

很多投机者也有系统,遗憾的是很多人将交易系统当成预测行情的工具。由于行情都存在不确定性,在行情基础上归纳的技术指标也同样存在不确定性。如果作为预测工具,不可避免地要涉及主观性。而投机交易的多数操作都是与人性本能相反的。投机者主观性太强,几乎都是亏损的。投机者以预测行情来作为交易的依据,是一个亏损的交易习惯。例如均线系统是判断价格趋势的指标,主要用于跟随趋势操作,并不能预测价格能涨多高或能跌多深。

实际上,交易系统是用来辅助交易的,不是用来分析行情的。技术指标的标准只是交易系统的一小部分,交易更重要的是交易纪律和资金管理规则。在拟合了技术指标,确定适合自己的技术指标后,投机者应该忘掉技术指标的不确定性,因为止损规则的目的就是为了应对不确定性带来的风险。

所以一个专业的投机者,永远不会对行情做出预测,而是跟随行情。很多发表"精辟分析"的人通常操作是很糟糕的。如果问专业的投机者,行情走势如何,听到最多的是"不一定""很难说""都有可能"。专业投机者不会试图去找出市场的底部,也不会去猜测顶部。只有市场分析师才需要预测。专业投机者也不会去猜测"主力"的操作,也不需要去预测利好或利空政策的变动,因为价格说明一切。

专业投机者见识了太多的预测失败,他们确实没有去预测,交易也不需要预测。对于专业投机者,A 指标符合 X 标准就买入,B 指标符合 Y 标准就卖出;A 指标符合 S 标准就止损平仓,B 指标符合 T 指标就止损。专业投机者只是遵守规则,而不预测。如果遵守规则长时间不灵,那么就是规则有问题,那就修订规则,而不是去预测。

交易系统不是万能的,当交易系统面对小概率行情时,就会失效,每一个交易系统都存在这样的问题,也就是说,交易系统都有盲区。行情在盲区的时间不会太长,一旦落入交易系统的盲区,不是修改交易系统,而是立即止损,退出交易。

如果交易系统长时间失效,那就要考虑是投机者本身没有严格执行交易系统还是交易系统有问题。

交易系统不是为了找出所有的交易机会,而是精选出适合自己的可交易机会。所以不能轻易改变交易系统,否则就会对交易系统产生怀疑,导致心理混乱,心理不坚定就注定亏损。

第二节　历史行情的拟合

设计交易系统前,首先要对历史行情进行拟合。实际上是运用统计的方法,包括线性回归、方差分析等手段,找出未来行情的发展规律;找出在大概率下,行情转折点的指标参数和特征。从中找出适合交易者个人的技术指标以及应用这些指标的特征值。拟合也是对交易指标的各种参数进行模拟交易。

拟合应该包括行情趋势的两个方面的内容,一是趋势方面的指标,二是优势方面的指标。

如果是趋势指标,主要根据线性回归的方法,如果是优势指标,主要是用到了统计波动的特征,例如方差、波动区间等。

我们可以在现有技术指标的基础上进行拟合,例如趋势类的指标有均线系统等;优势类的指标有布林线、KDJ 指标等。也可以自己设计指标来进行拟合。K 线形态既可用于趋势指标,又可用优势类指标,数学性较弱,主要通过观察、连线等手段来评估,灵活性较大。

技术指标拟合要考虑两个方面的问题:一是行情拟合的时间跨度,二是样本对总体的代表性。

一、行情拟合的时间长度

如果行情拟合太短，例如一年以内，拟合出来的准确性较高，但是一旦市场发生微小的变化，很容易失效。如果时间较长，那么拟合出来的概率较低，但是更容易适应环境的变化。

进行拟合时，如果我们用一年内的行情数据，往往能得到某个参数标准，可以达到 80% 的概率有效。而如果我们用十年的行情数据来拟合，却很难找到一个参数能够长期达到 70% 的胜率。

例如我们用布林通道拟合上证综指（参见图 9-6），将参数设为 $(10,2.5)$，那么我们可以发现短期内突破下轨做多，突破上轨做空，获利的概率有 70%，如果加上顺布林通道方向交易、通道走平不交易这一条件，那么近两年获胜概率可以达到 80%。但如果以五年长度来拟合，我们却很难找到一个参数可以达到 75% 的胜率。

如果我们用短期高胜率的参数去交易，在一定时期内会很有效，但有时市场风格会突然变换，原来的参数失效了，如果没有合理地止损，很容易造成重大亏损。如果我们用长期行情去拟合，虽然胜率不会太高，但总能找到足够覆盖亏损的参数，关键是稳定性强。

造成这种情况的原因，还是人性。长期的行情波动反映的是市场中的人性。人性是不变的，因此有些基础原则是不变的，例如突破布林上轨属于超买，应该做空，至少不再买多，突破下轨做多，不再做空。但是有时突破下轨了仍然继续下跌，这是因为你用的参数失效了。参数失效反映了市场环境发生了变化。金融投机的市场环境包括监管环境、资金流入流出、机构交易量的比例等，这些因素都会影响市场的波动周期和波动幅度。

在一定时期内，产业景气度是稳定的，制造业景气，制造业的剩余利润就可能源源不断地进入股市；如果制造业不景气，并且行业内认为不可逆转，那么可能就不再扩大再生产，甚至抽离流动资金也进入金融市场或房地产市场。

不同的资金在股市停留的时间长短不同。如果是短期游资，讲求速战速决，快速拉升又快速抛售，在技术指标上就会体现出来。例如在布林参数 (N,P) 上，N 代表短期资金的平均炒作周期，P 代表行情振荡幅度。当游资占主导时，炒作周期缩短，而行情振荡更大，那么 N 的数值调小，P 调大进行拟合就更有效。我们看到很多股票期货软件，布林线初始参数都是 $(26,2)$，那是因为布林指标是从国外引进的。国外市场的炒作周期和国内市场不同，国外的一个投机炒作周期多数是一个月，平均振荡幅度是两个标准差，如果用 $(20,2)$ 去拟合道琼斯指数的胜率还是很高的。目前国内平均是半个月，10 个交易日，波动幅度更大，用 $(10,2.5)$ 更合适。

二、样本对总体的代表性

进行历史行情拟合的时候,我们选取的是样本进行拟合。即使用上证综合指数,也是用平均价格这一样本进行拟合。拟合出来的指标系统要推广到总体,因此拟合还要考虑到样本的代表性。

例如我们对每一只个股的技术指标进行拟合,既费力,而且也容易变得机械,遇到非常规资金炒作,交易指标就失效。而如果是用大盘指数来应用于个股,就不容易出现极端情况。

第三节 交易周期策略

常听到有人说"我是做短线的""我是做长线的"这一类的话,说这些话的人往往是混淆了投机与投资的区别。

不过即使确定是投机交易,也会有交易周期的区别。目前市场上人们的投机交易周期,大致可以分为以下几个类型:趋势交易、波段交易、日内交易。

一、趋势交易

趋势交易也叫趋势跟踪法。趋势交易一般情况下参考的是日K线或周K线。

趋势交易还可进一步区分为长期趋势和中期趋势。有时一个趋势甚至持续几年时间。例如伦敦铜从 2002 年 10 月一直到 2006 年 5 月一轮牛市。

但是大趋势很少出现,一般情况下的趋势大多持续几个月的时间。不同市场和品种趋势持续的时间长度不同。

农产品每年因为收割季,会有一个半年的短期趋势。因为种植和养殖品种调整受土地和生长时间限制,农产品多数会呈现三年涨三年跌的特性。农产品牛市开始时,农民开始增加种植或养殖,但农产品的产量并不是马上可以见效的,价格会连续上涨 3 至 5 年。农民用三年调整品种,供应开始大幅增长,品种滞销,农民会逐步铲除种苗或售出仔畜,进入一轮三年的熊市轮转;调整三年以后市场供应出现不足,价格会开始一轮三年的牛市。工业品和矿产品的趋势周期更复杂,与世界各国的经济发展、科技进步都有关系,不如农产品的规律性强。总体上工业品和矿产品的趋势持续时间会比农产品更长。

二、波段交易

波段交易可以看成是一种短期趋势交易。不过由于波段交易的交易周期在日 K 线上呈现出一周至一个月的一轮波段。每个波段的日 K 线数量较少,指标受行情波动影响较大,缺乏稳定性。日 K 线往往不能有效地分析。所以进行波段交易的人常用小时 K 线来补充分析。

很多人常常将波段交易与振荡交易混同起来。波段交易仍然是一种趋势交易,只不过这种趋势持续的周期更短。振荡交易也有人称为反趋势交易,专门在没有趋势或趋势不典型时的振荡期进行交易,通过低买高卖来获利。实际上振荡交易利用的是价格波动产生的优势进行交易。

不过本书认为振荡交易并不会成功,高抛低吸理论上很美好,实际上几乎没有见到长期获利的。

首先市场是以趋势运行的,短期振荡只是长期趋势中的一个插曲,看似没有趋势的振荡,其实是在更大的趋势中。这种趋势不一定是用日 K 线反映,也可能在周 K 线中体现;还有可能体现在更短周期的小时图上。投机交易的基础之一就是认定行情以趋势的方式演变。放弃趋势就不是专业投机交易。

其次在日 K 线上振荡期与单边趋势很难把握,当你准备好进行振荡交易的时候,市场变成单边趋势了,而这种单边趋势往往行情很大,止损来不及,即使能及时止损,一次的损失能抵消几十次的获利。

再次是振荡交易运用的阻力和支撑,在阻力位做空,在支撑位做多,但投机市场一切皆有可能,阻力和支撑属于一种概率,但这种概率在一段时间后会突然失效,因为市场参与者的构成和资金变化太快。

最后是投机交易最科学的是跟随趋势。如果阻力与支撑是具体的价格,而以某个价格为依据交易本身就是猜测,猜行情就是赌博。

三、日内交易

日内交易较为复杂,很多日内交易并不属于投机,而是套利投资交易,尤其在外汇市场上。

投机日内交易也有类似于趋势交易的操作手法,运用的也是 K 线图,但周期短得多,如 1 分钟图,最多也就是 5 分钟。

日内交易还有一种叫炒单,国外称为"抢帽子"交易。炒单交易赚取的价差很小,往往只有一个价位,持续时间也很短,甚至在一分钟内完成开仓和平仓,稍有小利就立即平仓。炒单交易以前只属于场内交易者,要求直接拥有交易所席位。随着网络技术的发展,理论上现在散户也可以进行炒单交易。不过炒单更多的还是大户或机构进行的交易,因为机构或大户本身拥有自营席位,或者大户能够与经纪商要求较低的手续费用。

虽然在小时或分钟 K 线图上能看到趋势的演进,但是因为持续的时间较短,但相对于日 K 线,振荡幅度较大,设置止损幅度过小,经常会触发止损;设置幅度过大,一旦触发,损失较大。所以多数炒单的投机者是以优势指标作为交易的标准。但是很少听过长期以炒单获利的。

炒单交易的很大一部分来自于代理交易。有些代理操盘手为客户交易时,会增加交易频率,产生更多的交易手续费,而代理者也能得到更多的交易佣金。

四、各类策略的区别与联系

在交易操作中并不能以持仓时间长短来确定交易周期。首先交易的目的是为了赚钱,并不是为了机械地区分周期。其次,趋势交易可能很短时间就平仓了,波段交易也可能持有很长时间,时间并不是区别交易策略的标准。例如趋势交易开仓后,如果出现重大变化,原来依据的交易指标不存在了,必须立即当天止损,那么这次交易仍然是趋势交易,而不是日内交易。又如在波段交易中,一般是三到五天的行情,但有时遇到波段与单边趋势一致,波段延续十几个交易日是常有的事。那么持有十个交易日仍然是波段交易,前提是波段持仓的依据指标没有反转。

计划没有变化快,任何周期的交易都应以交易系统规定的技术指标来确定。

虽然不同周期的交易适用的技术指标标准不同。但不同周期的行情仍然存在关联。中期趋势是长期趋势的优势,波段是中期趋势的优势。所以在交易时,用长周期决定趋势指标,用短周期决定优势指标,就是人们常说的"看长做短"。

例如在进行波段交易,我们可以根据趋势的方向来决定交易方向。趋势行情中的回调幅度一般会低于趋势行情幅度,这样缩小止损的幅度也不容易被触发;相反如果逆趋势交易,止损幅度较大也容易被触发。

进行趋势交易时,可以用波段来确定趋势的优势。例如进行趋势交易,可以在回调波段结束后进入与趋势一致的波段时开仓,如图 15-1 中在 A、C、E 位置开多。

第四节　交易系统的内容

交易系统有繁有简,根据每个投机者的特点制定,但总体上包括这些内容:交易纪律、交易策略、资金管理、技术标准、心理控制。

一、交易纪律

交易纪律是在交易员进入交易前,心中设定的底线,也是交易员的宪法。交易纪律是投机者控制风险的基础。江恩在 1945 年补充后的 28 条交易法则多数今天还是适用的,因为人性是不变的。投机者可以参考这 28 条法则,并根据自己在交易中遇到的问题,有针对性地增加设定一些交易纪律。

附录 11-1 江恩 28 条交易法则[①]

1.将你们的投机资本分开 10 份,每次买卖所冒风险不应超过资本的 1/10。

2.小心使用止损单。

3.永远不可过度交易,过度交易会破坏你的本金使用量原则。

4.避免反胜为败。一旦你获得了 3 美分利润,就要提高止损位,这样你就不会有本金的损失。

5.不可逆市买卖。如果你不能根据趋势图及各项规则确定趋势,宁可袖手旁观。

6.看不准时就离开,并且不要在看不准时入场。

7.只在买卖活跃的市场中交易。

8.平均分配风险,如果可能,就交易两三个不同的商品,避免将所有的本钱套在一个商品上。

9.不要限制你的委托单,或者设定一个买入卖出价格,按市价交易。

10.没有充足的理由就不要平仓,用止损单跟进,以保护你的利润。

11.累积盈余。在你进行了一系列成功的交易后,将一些资金存入一个盈余账户,只有在紧急情况下或者大恐慌时才动用该账户中的资金。

12.永远不为蝇头小利而买卖。

13.永远不摊低亏损,这是交易者会犯的最糟糕的错误之一。

14.绝不因为失去耐心而平仓,或者因为价格高而放空。

15.避免赚小利,亏大钱。

16.绝不撤销交易时设置的止损单。

17.避免频繁地开仓平仓。

18.要像愿意买进那样卖空,将你的目标设定为:跟随趋势并赚钱。

19.永远不因为商品的价格低而买入,或者因为价高而卖空。

20.小心别在错误的时候加码。等待商品非常活跃并突破阻力位时再加仓买入。等待商品跌破派发区后再加仓卖空。

21.选择上升趋势强劲的商品加仓做多,选择下跌趋势明确的商品开空。

① 江恩.如何从商品期货交易中获利[M].李国平,译.北京:机械工业出版社,2007:42.

22.不要对冲风险。如果你做多一种商品,而它开始下跌,不再开空另一种商品进行对冲避险,你应该做的是开仓,认赔,等待下一次机会。

23.没有充分的理由就不要变换你的交易方向。当你开仓时,要依据某个充足的理由或者根据某个明确的规则;在没有出现明确的迹象表明趋势变化前,不要离场。

24.避免在长时间成功或者一段赚钱交易时期后增加交易规模。

25.不要猜测市场何时见顶,让市场证明顶部;不要猜测市场何时见底,让市场证明底部,遵守明确的规则,你就可以知道何时见顶,何时见底。

26.不可听信他人的建议,除非你知道他懂的比你多。

27.在第一次赔钱之后减少交易规模,而不是增加。

28.避免错误地入场,并且错误地离场。避免正确地入场而错误地离场,这是在加倍犯错。

二、交易策略

交易策略主要是指如何选取适合自己的交易模式,包括趋势交易、波段交易、炒单等。交易模式与周期密切相关。

每个人的个性是不一样的,有些人反应慢,对市场信号变化不敏感。有些人做事不够果断,平仓不够坚决。这两种人如果进行炒单交易,那么肯定是亏损的。有些人精于分析,更适合周期较长的交易;而有些人长于决策,更适合短期趋势交易。

有些人的交易本金较多,而且资金属于闲散资金,交易的时候可以更长期地持仓。而有些人的资金存在结算的要求,例如代人操盘,每个月结算一次,如果长时间持仓,虽然趋势不变的情况下,并且也没有违背设定的止损标准,在客户的压力下可能就不得不被动止损,而错过了后来获利的机会。

不同市场的便利性也不同。例如期货市场实行 $T+0$,当天不限制交易次数,才可能进行炒单交易、波段交易。而国内股市实行 $T+1$ 交易,炒单几乎不可能。大盘股的炒作周期通常比小盘股长,因为制造出市场热点,让散户相信并跟风需要更长的时间,建仓和派发都要花费更多的时间。小盘股的振荡幅度较大盘股更大,但热点切换也更快,如果不及时平仓,很容易由盈转亏,风险永远是与收益相对的。如果投机者喜欢更大的振荡幅度,更快地了结交易,那么会选择小盘股交易。反之,如果投机者追求稳定的胜率,对收益率的要求更低,那么会选择更长的交易周期。

此外在确定交易周期时,还要考虑到交易周期对心理的压力程度。交易周期越短,行情的不确定性越大,越容易产生焦虑,对心理压力越大。另一方面,交易周期越短,留给个人决策的时间越短,这时心理的变化更容易影响到交易结果。交易周期越短,交易越容易变形而违反交易计划。中长期趋势交易,趋势的稳定性强,对心理压力相对更小。

交易系统设计的时候,交易者要根据本人的个性特点、行业知识背景等选择适合自己的交易周期。当然交易周期是相对的,有时会持续很长时间没有典型的趋势行情,只适合波段交易。也有些人虽然以趋势交易为主,但也时也喜欢炒单带来的刺激,许多投机者会选择两种以上的交易周期策略,例如在趋势交易策略之外,另外增加了炒单或波段交易策略。

不过从多数投机者的经验看,两种以上的交易周期其实并不利于提高交易收益率。因为不同周期依据的技术指标是不一样的,例如波段交易主要依靠 K 线形态,而趋势交易更注重均线系统。同时进行两种周期的交易容易造成分心。有一项绝招就能行走江湖了,套路太多反而练不成绝招。

三、资金管理

资金管理包括仓位的设定和仓位变动的标准。具体包括以下几个方面:

1.开仓的初始仓位,能否进一步加仓。通常情况下,投机都是一次性开仓。如果有了账面利润,可以加仓。但加仓应该看成一次新的交易,新增的账面利润也要看成本金,也要遵守开仓的仓位标准。加仓后所有的仓位都要依据新的平仓标准。不能以为有了利润可以对冲风险而放松了开仓标准。

很多业余交易者在这方面常犯错误,例如以 20 万元入市交易,仓位 50%,只用 10 万开仓。有了 5 万元账面利润后,将 5 万元全部加仓。结果获利时是 10 万元本金,而亏损是 15 万元的本金。加仓后如果止损位没有跟随调整,那么很快原来的 5 万元利润还给市场,还会迅速消耗初始本金。

如果有些交易在技术指标上还存在疑问,那么初始仓位要比正常仓位至少减半。当行情发展疑问消除时,再提高仓位到正常标准。不过多数专业投机者有疑问就不交易。

2.平仓和减仓的规定。包括获利仓位在何种状态下平仓,何种情况下减仓。例如以布林通道为平仓标准,短时击穿上轨减仓一半多单;收盘价高出上轨平仓全部多单。

3.止损的依据与幅度。包括以技术指标还是以亏损额进行止损。如果是以技术指标止损,要明确采取哪一个指标,达到哪些标准。不同市场、品种、交易周期要采取不同的标准。例如期货交易的止损要比股市宽松;趋势交易的止损标准要比波段交易宽松。

4.异常行情的处理。例如均线粘连前提下,长阳、长阴、长影线、跳空开盘等说明多空一方优势突然大增。可能是乌龙操作,也可能确实是市场资金面发生变化。交易系统要对这种行情做出适当的应对标准,例如加仓、止损等。

四、交易技术标准

交易技术标准包括开仓标准、获利平仓标准、止损标准。设定标准选用的技术指标不一定要很复杂,技术标准过于复杂的有时不仅不能带来盈利,而且在多数时候会把自己搞晕。不同的技术指标,对趋势的敏感度不同,这就造成各种指标发出多空信号的时间和位置各不相同,甚至方向相反,导致操作时无所适从。例如同时使用 K 线形态和均线系统,常常得出相反的信号。

一般讲,简单明了的技术分析方法是交易决策的最佳选择。例如,股票趋势交易只要日 K 线图上加上两条移动平均线作标准。一个机械性的交易规则是:短期平均线下穿到长期平均线,表明市场显示卖出信号;当短期均线上穿长期均线,则给出买入信号。

实际上,用少量的技术指标进行交易决策,能够培养果断的下单风格,盈利的概率要远远大于利用多个指标分析的结果。

本书建议,用两个技术指标就够了,一个是趋势指标,确定趋势成立后按趋势方向开仓,趋势确认结束后清仓或反向交易。另一个是优势指标,在优势大时开仓或加仓,在优势消失或对手优势很大时减仓或平仓。

【例 11-1】一个简单的短期趋势交易技术标准(以做多为例)

1.趋势确认(防御性标准,用于平仓):MA5 掉头下穿 MA60,确认多头趋势结束,空头趋势形成,卖出,不再开多。

2.趋势追加确认(进攻性标准,用于开仓):MA5 掉头上穿 MA60,且 MA20 掉头向上与 MA5 形成多头趋势发散,可以趋势开多。

3.平仓:MA20 走平先卖出,再次向上后重新买入,前提是 MA60 方向不变。

4.优势标准:布林通道下轨开多,接近布林通道上轨不开多,连续两天有效突破布林通道上轨卖出。

5.中途加仓:回调到 MA20 后,接近布林通道下轨可加多。

五、心理控制

很多投机设计交易系统时,都忽略了心理因素。实际上因为心理因素而不能严格执行交易系统才是投机失败的最大原因。

交易系统要对可能发生的心理错误进行适当的纠正,不过心理错误发生时都是交易时段,身在其中往往不能察觉。投机者要做出一些明确的规定,能够有效地监控自己的心理动向,防止错误的心理破坏交易。

附录 11-2　心理监控常见问题

如果出现焦虑、紧张，多数情况下是方向错了，先退出交易。

回顾有没有出现心理定势；是否存在心理预期？如果存在预期，说明在猜测行情，如果因此而交易，不论盈亏，先平仓。

开仓时是否犹豫？如果犹豫，先平仓。

是否追价交易？在买入信号发出时没有开仓，而后受市场氛围影响而开仓，如果是，先平仓。

是否一直担心买不到股票？如果是，说明存在心理预期，先停止交易，不开仓。

等到机会没有开仓，行情如交易信号方向发展，是否后悔？如果是，先离开电脑和交易场所，避免追价，宁可错过的心态比技术指标重要。

开仓后是否认为会赚较多的利润？如果是，说明存在预期，先平仓。

当市场出现异常行情时，有没有追根究底？如果是，再次比对指标，如果还是有疑问，先平仓。

面对行情时是否受到自尊的影响，舍不得止损？如果是，无论盈亏先止损。

第五节　交易系统的确定与调整

一、模拟交易与试错调整

交易系统设计出来后，还要进行模拟交易测试。交易系统的设计中，只进行了技术指标的拟合。但是资金管理、止损规定、交易周期与技术指标的匹配也需要进行模拟。

但即使模拟交易很成功，并不代表着交易系统真的有效，因为交易系统的设计和模拟交易都无法测试出心理因素的影响。

例如有人以偏离均价超过 0.5％作为开仓依据，回归到均价立即平仓。这是一种炒单的交易系统，从期货行情拟合上统计，胜率可以达到 80％。但是他在实际应用时，却发现很难获利，原因在于心理因素。因为日内炒单止损次数非常多，每次止损都是承认自己的失败。如果不能从止损中迅速恢复心理平静，那么可能第一次止损还可以接受，但第二次止损就很难下决心，最终导致全天的交易亏损。尤其是一个人的自尊过于强烈，出于保护自我价值的本能，不愿承认失败，也就是缺乏止损能力，那么这个交易系统对他来说就是个灾难。

所以还要对交易系统进行试错检验，试错检验是通过小量的资金进行实盘交易。

实盘交易因为涉及实际的资金盈亏,因此各种心理因素都会对交易产生影响,投机者可以从中发现交易系统是否对心理干扰具有容错性,投机者自身是否能够适应交易系统。例如投机者对日内交易系统模拟交易合格,但试错交易时发现不适合日内交易,就要对交易系统重新设计,交易策略调整为波段交易。

二、交易系统的确定与运用

技术指标的拟合和模拟交易都没有加入心理因素,即使是试错检验,由于投入的资金很小,对心理冲击并不大,所以在实践中都会发现与自身个性不符合的情况,需要多次调整才能最终确定交易系统。

调整交易系统的时候,需要对失败的交易进行分析。在亏损分析的时候,先要找出自身原因,确认没有违反交易系统后,再去找交易系统的问题。

进行亏损分析,总要找出原因,但有时进行原因分析的时候却不一定正确。例如,进行趋势交易时,如果仅用日均线进行交易的时候,总是会踩不准节奏,因为日 K 线会滞后。这时会考虑加入更短周期,这是所谓看长做短,但是在运用看长做短时,可能会以日内走势图来确定交易时机。问题找对了,但原因分析却错了。看长做短是对的,但用走势图却未必正确,因为走势图相当于秒 K 线,与日线的节奏差距太大。只不过因为秒 K 线与分钟线、小时线都有相关关系,60 秒的走势构成了 1 分钟线,60个 1 分钟线构成小时线。所以走势图也与日 K 线相关,但走势图反应过于灵敏,反而不利于趋势交易。

但是交易系统也不是一成不变,一定时期后需要重新评估,如果存在缺陷,需要适当调整。另一方面环境发生变化也要调整。例如个人的资金量扩大,可能要增加交易品种。个人因为时间和经验的变化,调整交易周期,由波段交易改成趋势交易,那么交易系统就需要相应的调整。

但是重新评估和调整的间隔时间都不能太短,至少要半年以上或环境发生重大变化时。

一旦交易系统确定下来,就不能再怀疑它。要始终如一地按交易系统操作,即使连续亏损也不能放弃。过多的怀疑和变换交易系统只会亏损更多。

每次交易前,必须根据交易系统确定交易计划。交易计划包括交易品种、交易周期、投入资金在各品种之间的分配、止损的设定、多空仓位的分配等。

附录 11-3 海龟交易法则

1983 年,著名的商品投机家理查德·丹尼斯与他的老友比尔·埃克哈特进行了一场辩论,这场辩论是关于优秀的操盘手是天生的还是后天培养的。理查德相信,他可以教会普通人成为优秀的操盘手。比尔则认为遗传和天性才是决定因素。

为了解决这一问题,理查德建议招募并培训一些交易员,给他们提供真实的账户进行交易,看看两个人中谁是正确的。

他们在《巴伦周刊》《华尔街期刊》和《纽约时报》上刊登了大幅广告,招聘交易学员。广告中称,在一个短暂的培训后,新手将被提供一个账户进行交易。

因为理查德是著名的交易员,所以有1000多人申请。理查德面试了其中的80位,从中选出10人,后加上理查德原来认识的3人,一共13名学员。1983年12月底,学员被邀请到芝加哥进行两周的培训,理查德给学员一套交易规则,并要求学员机械执行。1984年1月初,学员开始用小账户进行交易。到了2月初,在学员们证明了自己的能力之后,丹尼斯给他们中的大多数人提供了50万至200万美元的资金账户。

学员们被称为"海龟",因为理查德刚从新加坡回来,参观过海龟养殖场,他认为要像培养海龟一样培养这批学员。

海龟成为交易史上最著名的实验,因为在随后的四年中这些学员取得了年均复利80%的收益。

但实际上,这些学员并不是随机挑选的,都有良好的智商和教育背景,多数受过数学概率论或博弈论的训练。例如芝加哥大学语言博士、州国际象棋冠军、会计师等,而且有些已有多年的交易经验。所以这个实验并不能科学地证明优秀的操盘手可以完全后天培养。

不过海龟实验确实让人们第一次了解了交易系统的重要性。学员们被要求要按海龟交易系统操作,并且不给交易员留下一点主观想象决策的余地。海龟交易法则具备一个完整的交易系统的所有成分,它包含了成功交易所需的每项决策:

一、分析技术

市场——买卖什么:品种选择。

入市——何时买卖:20日线突破或50日线突破。

二、资金管理

亏损10%后,交易资金降低为初始资金的80%,直到恢复初始资金。

三、心理管理

不怀疑交易系统,必须机械交易。

四、风险控制

头寸规模——买卖多少:初开仓时为资金量的1%。

止损——何时退出亏损头寸:建立头寸前先确定止损点,亏损超过资金的2%即平仓。

离市——何时退出赢利头寸:指标反向突破时离市。

◆第十二章◆

投机策略与投机纠错

第一节　孙子兵法与投机

　　世界上最早的军事著作是孙武所著的《孙子兵法》,在中国古代军事理论和实践中都起到很大的作用。现存的《孙子兵法》共有十三篇,六千字左右。即使到今天,《孙子兵法》的前八篇关于战略筹划、作战指挥、战场权变的思想,仍然能够指导现代社会的商业竞争、国家竞争。当然也能指导和战争极为类似的投机交易。

　　据《汉书·艺文志》记载:"吴孙子兵法八十二篇,图九卷。"八十二篇中一部分及图,后来都散失了。公元前512年,伍子胥"七荐孙子"。孙武带着《孙子兵法》前十三篇见吴王阖闾,得到重用。

　　《孙子兵法》十三篇的主要内容可以归纳为三个部分。第一部分是战略运筹,包括第一至第三篇。通过分析敌我实力,尽可能避免诉诸武力战争。第二部分包括第四至第八篇,是在确定可以战而且必须战争后,进行战前的准备,包括动员的兵力及物资力量的准备、整体战争规划以及战场上的权变思想。第三部分包括是关于古代具体的军事地理和战术思想。

　　第一篇《始计篇》是孙子兵法的精髓,它强调用兵前的周密谋划对战争胜负的决定作用。其中,"慎战"是孙子指导战争实践的基本主张,"庙算"是投入战争的前提。

　　投机交易和战争并没有什么两样。金融市场是和平年代搏杀最激烈的战场,资金就是士兵和弹药。每次交易都像战争一样,是激烈的短兵相接。交易的直接结果是金钱的增加或损失。

　　投机和战争一样,充满大量的不确定性,每一次交易都是新的开始,以前的战绩并不能对你有任何帮助,以前的失败也不能决定你这次交易不能获胜。明明到手的胜利,却因为不确定的原因,一转眼间变成亏损。

整个战争是由无数次大大小小的战斗组成,我们可以赢得战争,但永远不可能赢得所有的战斗,我们必须主动放弃无谓的开战。但决定性的胜败可能就是一两次,如果投入过大的资金和杠杆,一次交易可能获得重大利润,也可能导致全军覆没,爆仓破产。

一、慎战

兵者,国之大事,死生之地,存亡之道。

很多人都能说出《孙子兵法》中的一些名言,"知己知彼,百战不殆""不战而屈人之兵"。但多数人却忽略了《孙子兵法》最本质的核心。《孙子兵法》全文都贯穿着一个精神——慎战。战争即使能够取胜,也会消耗经济和人力资源,所以要尽一切可能避免。但《孙子兵法》也尊崇不惧战,在不得不进行战争的情况下,要速战,主动准备。

《孙子兵法》第一句是"兵者,国之大事,死生之地,存亡之道"。战是为了不战。如果换现代金融的角度来说,就是"钱者,家之大事,聚散之地,离合之道"。

对于战场上的将军,战争就是用兵。用兵的准备工作,要确定能动员多少的兵力,确认战争对手,可供使用的兵器,使用的战术,何种状态下结束用兵。

对于交易员而言,交易就是用钱。和战争一样,进行交易之前首先要确定可用的资金量。一个交易员将资金投入高风险的交易中,可能获得收益,但也可能亏损。所以要保证投入交易的资金不会影响到工作、生活和学习。

所以在进入投机前,无论交易额多少,都要将使用资金当成人生的大事,谋定而后动。

二、五事

故经之以五事,校之以计,而索其情:一曰道,二曰天,三曰地,四曰将,五曰法。道者,令民于上同意,可与之死,可与之生,而不危也;天者,阴阳、寒暑、时制也;地者,远近、险易、广狭、死生也;将者,智、信、仁、勇、严也;法者,曲制、官道、主用也。

道,是交易的自然规律。投机之道与投资之道大不相同。如果你用投资之道进行投机,用投机之道投资,都将失败。

交易首先要确定交易对手。要确定交易对手,就要先确定投入的市场,例如股票、期货、期权、外汇等市场。除了确定市场,还要确认是投机还是投资。对于投资来说,交易并不是主要的工作,重要的工作是确定投资对象的内在价值。投资交易的对手来自宏观与微观层面:宏观层面是宏观经济状况和行业发展前景;微观层面来自于投资对象内在价值的制造者。对于股票投资来说,对手是上市公司的经营层,经营层是否能为公司创造价值，是否存在不道德行为。如果经营层存在道德风险，需要及时做出反应，或者是通过股东会、董事会等渠道进行干预，或者"用脚投票"，卖出股票。

对于投机交易者，对手是市场上一切的参与者，包括其他投机者、投资交易者以及赌博交易者。

交易之前，确定投机还是投资是重中之重。如果你连对手和战场在哪儿都不知道，怎么可能获胜？专业投机可以获利，专业投资也可以获利，但赌博只能亏损。

天，就是趋势。顺趋势交易是投机的基本要求。

地，对于投机就是价格优势，对于投资是安全边际。市场平均成本是 10 元，你以 15 元买入，那么就处于死地。

将，就是交易者本身。其中智，就是要有专业知识，有一定的市场敏感度。信，就是要对自己的交易规则守信用，不要轻易改变。仁，即交易要留有余地，不可有暴富思想。勇，就是符合交易系统时要大胆开仓和持仓。严，就是严格执行交易纪律，严格执行止损。

法，就是交易者的交易规则和交易依据。投资交易要有适合投资者的估值系统，每个人的知识结构、阅历不同，适用的估值系统也不同。不同行业对公司价值的估值方法和数量模型也会有不同。巴菲特几乎不进行高科技股票交易，因为他认为自己的估值系统不适合高科技股。而有些具体高科技知识背景的投资者，却容易对高科技股票未来的发展和现金流做出合理的估计。在大的投资银行，每个股票分析员往往只跟踪一个行业，才能保证有足够的精力来搜集研究本行业的各种信息，从而做出有效的估计。

投机交易员有适合自己的交易系统，交易系统是一种概率系统，投机交易员根据交易系统进行交易。就像战争采取游击战、闪电战或者是阵地战一样，投机交易系统可能是短周期交易系统，也可以是长周期趋势的交易系统，这取决于每个交易员根据自己的个性和资金水平来选择。

三、庙算胜者

> 夫未战而庙算胜者，得算多也；未战而庙算不胜者，得算少也。多算胜少算，而况于无算乎！

在投入交易前，首先要对投机对象的技术指标进行分析，对历史行情进行拟合，计算出获胜的概率。根据历史平均振荡幅度、近期市场平均成本、重要阻力位和支撑位，计算出行情与预期相符时可能得到的利润空间，如果与预期不符，可能的亏损空间，通过盈亏比值确认是否值得交易。

其次要有详尽的交易计划，包括入市标准，止损、止盈退出标准。根据胜率和盈亏比计算开仓规模、加仓条件和规模。

四、先为不可胜

> 昔之善战者，先为不可胜，以待敌之可胜。

很多投机者交易之前，就想着要赚多少钱，迫切地想交易，往往等不到最佳机会，刚买入就继续下跌，等到市场底部时却没有资金再加仓了，等到市场开始上涨却因为持仓太久而小利平仓。

投机交易充满不确定性，在交易前首先想到的不能是赚钱，而是不亏钱。如果胜率太小，或者行情空间太小，那么就不应该交易。投机市场充满大量的机会，不亏就是赚。

如果胜率太小或行情空间太小，说明当前的价格没有优势，那么就要继续等待"敌之可胜"，就是等待市场出现的优势获利机会。耐心才能规避风险，得到回报。

"先为不可胜"的另一层意识，就是在开战前，首先就要计划好不可胜的情况下如何应对，就是要做好最坏的打算。对于投机交易，就是开仓前要做好止损计划，评估可能的最大损失，才能避开胜算不大的机会，找到最佳的开仓机会。

五、取用于敌

> 善用兵者，役不再籍，粮不三载，取用于国，因粮于敌，故军食可足也。

如果交易中一直要追加资金，那么说明处于失败模式，就要反省自己的交易了。原因可能有几个：一是交易模式有问题，投机与投资混淆；二是交易系统不适合自己；三是头寸没把握好，如果你只有 10 万元，去交易股指，开仓 1 手后只剩几千元了，一有振荡就要被迫止损平仓。

"役不再籍"，就是在一次战役中，你不能被动追加资金，例如期货爆仓而追加保证金，股票套牢而加仓买入摊低成本。如果出现亏损，说明交易错误，那么应该立即止损，追加资金只会越亏越大。

"粮不三载"，就是你的投机生涯，不能超过三次被动追加本金。你只能给你的投机生涯三次机会，第一次亏光是因为知识不够，那就充分休息，分析错误，补充投机知识后，再次入金。第二次亏光，是因为经验不够，资金管理和止损做得不好，那么仍然要充分休息，放空心理。第三次入金，是你最后的机会，如果再亏光，说明你真不适合投机，可能是因为性格，可能是因为经济条件，总之你必须退出投机，去上班或改为投资交易。

投机交易要当成一门职业，从这门职业中获得利润，补充交易资金，养家糊口。如果不能取用于敌，那投机干吗？

六、全胜

> 凡用兵之法,全国为上,破国次之;全军为上,破军次之。全旅为上,破
> 旅次之;全卒为上,破卒次之;全伍为上,破伍次之。

使敌国投降,获得的是整个国家完整的国土、税收、兵源;攻破敌国,只能获得部分战利品。没有全国为上的思想,破国不但要消耗大量的兵力,而且获胜后得到的战利品远低于全胜的战果。

如果说趋势交易的出发点,是全国为上,那么波段交易只是破国后部分获利。至于炒单,那么只是为了破伍。

投机交易,最优的选择是趋势交易,并且获得整个趋势行情的利润。所以在进行趋势交易的时候,不能随意地平仓。平仓的标准不是获利了多少,而是根据趋势的标准。

趋势交易,开仓前首先问,趋势开始了吗,如果技术指标确认趋势开始就要坚决进场。

在持仓阶段,每天都要问,趋势结束了吗?如果没有明确反转信号,那么就坚定地持仓。普通人最困难的就是在该持仓的时候不敢坚定持仓。

当出现趋势结束信号的时候,就是战争该结束的时候。

当然整体趋势也是相对的。趋势可以是长期趋势,也可以是短期趋势。以分钟图确定的趋势可能就持续一两个小时。但无论趋势周期长短,在进行投机交易的时候,都要有趋势全胜的思想。

七、速战

> 故兵贵胜,不贵久。故知兵之将,民之司命,国家安危之主也。
> 杀士三分之一而城不拔者,此攻之灾也。

投机与股票投资持续时间不同。投资依据的股票价值在一定时间内是不变的,因此股票投资的持续时间较长。而投机交易时间较短,因为市场每天在变,价格一直在波动。

投机交易在乎的是获胜,不是交易时间的长短。如果趋势不变就一直持有,如果趋势变了,就要及时平仓退出。

一场战役投入的士兵,如果损失 1/3 而没破城,那么就是进攻方的灾难,多数情况下不可能再取胜,因为这说明防守方城坚炮利,或者据守险阻,或者兵多粮足。进攻方的资源消耗过大,很难持续投入战斗资源,而战争的胜利往往由资源决定。所以没到损失 1/3,就要退出战斗。这 1/3 是战役的投入,不是整个战争的投入。

很多投机者在趋势变化后仍然持有原方向的仓位,直到由盈转亏。可是几千年

前的古人已经通过血淋淋的战争得出的教训告诉我们,单次交易,止损不得超过单次交易资金的 1/3。例如你有 10 万元资金,开多 1 手橡胶占用了 3 万元的保证金,那么账面亏损 1 万元后,无论什么原因都必须止损,而不是亏损到 3.3 万才止损。也许一止损行情就反转了,但投机要求必须止损,加上资金分配管理这样才能保证不会伤筋动骨,保证还能投入下一次投机交易。

八、以正合,以奇胜

> 凡战者,以正合,以奇胜。故善出奇者,无穷如天地,不竭如江海。终而复始,日月是也。
>
> 战势不过奇正,奇正之变,不可胜穷也。奇正相生,如循环之无端,孰能穷之哉!

正是合乎规则,奇是根据形势权变。投机是技术也是艺术,如果没有完善的交易规则,无法做到以正合,就没有获利的可能。但仅有交易规则,并不意味着一定能获得较高的利润,只有灵活运用才能做到以奇胜。

以正合、以奇胜的另一个意义是,我们多数的行情是小幅波动,但每隔三到五年都会有一个较大幅度的牛市或熊市。在普通行情下,我们严格交易系统,用固定的资金进行操作,获得合理的利润,不要期望能够大赚。遇到大牛市或熊市时,行情会急速上涨或急速下跌。这种行情下,我们就大胆地出击。在连续获利的前提下,可以适当追加交易资金,扩大战果。正所谓小富由勤,大富由天。当然如果是亏损,那完全不可以追加资金;很多投机者却相反,亏损了还追加资金;而当牛市来时,天天都能获利,却不敢放大交易规模。

以奇胜时要注意,出奇只能是短时间的,持续时间长就不叫出奇了,长时间状态下要以正合。牛市或熊市的急速行情持续时间很短,投机者要有很强的敏感性才能把握住这种行情,一旦发现急速行情有结束的迹象,不可恋战,及时退回到普通交易状态。如果错过了这种急速行情,就不要强求,恢复到常态交易,至少还能获得正常收益。

九、顺势

> 激水之疾,至于漂石者,势也;鸷鸟之疾,至于毁折者,节也。故善战者,其势险,其节短。
>
> 故善战者,求之于势,不责于人故能择人而任势。任势者,其战人也,如转木石。木石之性,安则静,危则动,方则止,圆则行。

聪明的投机者进行投机交易时,求之于势。趋势就像洪水能冲走石头一样,也能扫除一切阻力，推动行情上涨。投机就要利用趋势。

除了趋势，还要有价格优势，不能在波动的高点买入，在波动的低点卖出，否则即使做对了趋势，也难以获利。只有取得价格优势，才可能"势险"。节短，就是要快，只有取得优势，才能快速地完成交易，获利平仓。没有优势，买入就被套牢，无法快速完成交易，就不可能获利。

十、果断不疑

其疾如风，其徐如林，侵掠如火，不动如山。

疾如风：就是一旦符合技术标准，就要立即交易。行情出现反转信号或破位等异常状况时，要立即处置目前的仓位，按交易系统平仓、反向开仓或清仓观望。在趋势确认、行情刚启动时要立即跟随趋势开仓。

徐如林：没有合适的机会就耐心等待。在横盘振荡行情中要放慢交易节奏，尽量减少交易次数。

侵掠如火：单边的连续走势，一路持有赚钱的仓位不放手，并在调整时按交易标准追加开仓。

不动如山：很多时候走势不明，勉强进场不但难以图利，还必须承受极大的风险，不如退场观望。成功的投机者要学会长时间地耐心等待。在趋势途中，行情都会振荡，只要没有确认反转或达到平仓标准，持有获利的仓位不动，直到技术指标确认行情结束。如果进入横盘振荡行情，看不清方向，就停止交易。投机者如果错过交易机会，就不要勉强，只能耐心等待下一次机会。

疾如风、侵掠如火都是要求决策要果断。但投机交易最大的困难不是耐心等待，而是等到机会后没有把握住时，后悔心态导致追势、追价交易。

第二节　常见交易错误

一、由盈转亏

投机交易，由盈转亏是常有的事。开仓后行情按预期的方向发展，账面出现大量利润。不过在某一天，行情掉头了，投机者以为是调整，过两天就会结束，所以没有平仓，甚至觉得这是一个优势机会而加仓。可是行情继续下跌并且跌破了关键技术指标，交易系统提示趋势反转了，但投机者并没有平仓，原来赚10万都不卖了，现在才赚1万，卖它干吗。眼睁睁看着手中仓位利润缩水直到亏损。到最后，因为心理或资金杠杆承受不住而被迫止损。每次都由盈转亏,如何赚钱呢?

由盈转亏有两种情况:一种是获利途中维护初始仓位;另一种是获利途中用账面利润加仓,反而造成更大的损失。

由盈转亏最大的问题是心理账户的影响。当出现账面利润的时候,人们从心理上认为这就是自己的钱,没有想到这不过是市场临时寄存在你的账户上,如果你没有平仓落袋为安,那市场哪一天不高兴就取走了。而人性有损失厌恶心理,当你认定账面利润是你的钱,那就不愿损失它,而平仓就是从账面上确认你的钱损失了。

期货交易或者股票融资融券由于每日结算,当出现大量账面利润时,投机者不但不会平仓,还会将这些利润继续加仓。而且投机者会认为这些钱是赚来的,不用成本,就像赌博赢的钱一样,不会珍惜,用利润开仓,没有按新的交易执行仓位标准,盈利时仓位小,亏损时仓位大。

由盈转亏的另一个问题是禀赋效应。持仓过久并且长时间在获利状态下,对仓位产生偏好。如果你买入某只股票,你就觉得它是只好股,认定它会一直上涨,即使行情掉头,你也不愿放弃。

二、重仓交易

投机新手常常犯的一个问题是仓位过重,恨不得把每一分钱都用于开仓。一遇到行情波动,就会接到期货公司追加保证金的电话——爆仓了。

即使是老手,有时也会在技术指标很完美的时候重仓,不过多数情况结果并不完美。太美好的事物怎么会落到我等散户的头上。很多技术指标趋势典型,并且加速上行,例如均线一致同向发散,布林通道开口放大,都是完美的技术指标,此时行情快速趋势上涨。不过来得快去得也快,还没等乐活两天,行情往往就掉头了。

成熟的投机者,仓位都不大,尤其是期货市场,仓位很少超过50%。因为见识了太多的起起落落,经历了很多一分钟前上涨,一分钟后急跌。

重仓交易的投机者,都是认为投机是个暴利的行当,而且认为投机和赌博完全不一样,赌博是赌运气,投机是技术。重仓交易者在潜意识都盘算着这一单能够赚多少钱,心理存在大量的预期,对于风险都存在控制幻觉。投机者认为只要技术指标支持,风险就小。其实不然,技术指标提示的是概率,但行情是不确定的,技术指标并不能消除风险,唯有正确的资金管理和止损保护才能降低风险。

三、双向开仓

在开仓后,市场并没有按预期的方向发展,出现账面亏损。这种情况下正确的行为是,首先评估是否符合交易系统。如果违背了交易系统,那就要立即止损;如果符合交易系统,那么就要持仓不动,直到止损标准被触发。

然而,不少交易者面对账面亏损,一下慌了手脚,很多人进行锁单对冲风险。例如开空橡胶,但开仓后橡胶反而上涨。此时如果开多相同合约、相同数量的多单,就形成了锁单。锁单是一种对冲交易。表现上看,锁单对冲了风险,但锁单存在两处严重的心理问题:

一是为了消除焦虑而产生的不必要交易。账面亏损自然会产生焦虑,尤其是仓位过重、对交易系统不信任的时候,焦虑感会愈加严重。锁单实际上是为了消除因为亏损产生的焦虑感而进行的交易。

二是心理定势。锁单在形式上锁定了亏损,但实际上是因为心理定势,舍不得原仓位。例如开多橡胶锁单,实际上存在空头偏好,潜意识里认为行情还是空头,只不过是振荡反弹。想着在后续的交易中,上涨后平掉多单得小利,然后预期行情会掉头下跌,又可以赚空单的大利润。

锁单往往在无优势开仓后发生。开仓无优势,心里没底气,焦虑感更大,锁单能降低焦虑。

四、过度交易——追势交易

追势交易是盘前计划的方向与市场表现一致,只是不够果断而没有下手。当行情开始进入急涨或急跌,验证了盘前预期时,受市场氛围影响,没有价格优势时就开仓。由于急速行情往往就是优势消失的时候,追势交易容易由盈转亏。与追势类似的追价交易,是指受到市场氛围影响,在行情跳价急升或急跌时,不顾一切连续改变报单价格成交。

追势和追价都会导致开仓价格失去优势,这样在开仓后容易遇到行情掉头。而如果追势交易没有调整相应的止损位,那么一旦行情变化,那么损失就较大。

追势交易是为了消除后悔厌恶。当做好盘前计划,如果最终没有交易,而行情又与计划一致,人们会对没有操作而后悔,为了避免后悔,宁可放弃价格优势而交易。

追势和追价交易都是受到市场氛围的影响,在市场行情狂热前投机者其实都有与市场方向相一致的心理预期,只不过因为不信任交易系统或不够果断而没有下单。追势和追价的背后,都是典型的从众心理在主导。

散户抗拒从众心理的时间极限是 90 分钟。我们可以观察期货市场的日内走势,开盘一个半小时后往往出现较大的波动。例如图 12-1 的 B 点经常出现在 10:30 左右,很多人在 A 点不买入,而在 B 点却抵抗不住从众心理买入了,失去了优势。到了 10:45 左右,在散户跟进后,日内炒单的大户就开始派发了。

投机者要养成坚信交易系统,并按照交易系统交易的习惯,一旦趋势确认就开仓,趋势结束信号出现时就平仓或止损,否则失去交易优势,很容易亏损。

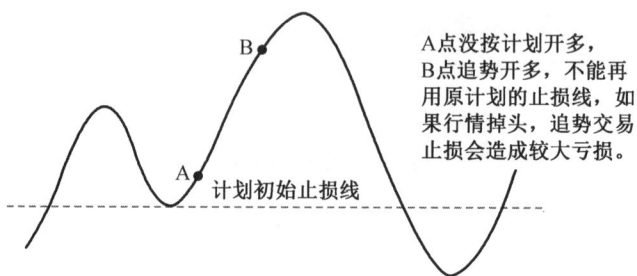

图 12-1　追势交易

五、过度交易——频繁交易

　　除了炒单,趋势持续时间数月,波段持续时间数天至数周。交易周期要与行情周期匹配,因此一次波段交易至少也要数天才能完成开仓和平仓。趋势交易持续的时间更长。很多期货投机者自认为是趋势交易或波段交易,但他们的持仓时间却很短,有时一天内几个来回,频率与炒单没有差别。这导致交易次数过于频繁,一是增加了手续费用,二是在频繁交易过程中,失去了大部分的利润空间。如果盈利时候获利金额不够大的话,遇到行情结束或调整,亏损就会较大。无法通过赚大亏小来保证总体获利。

　　开车的人都知道,刚学会驾驶时,往往只盯着车头的路面,结果不停地摆动方向盘,车辆总是不在直线上行驶,而是不断摆动。熟练驾驶后,眼光就会看得更远,反而车行进更稳,更直线。

　　要做成趋势交易就一定要眼盯着大的方向,而不理会小的波动。

六、过度交易——连续亏损

　　有时候投机者会陷入一种状态,老是踩不准市场节奏,连续几天一开多,行情就转空,受不了亏损就止损平仓。一平仓行情又转多,心有不甘,再一次开多,结果行情又掉头下跌,再一次止损。虽然每次止损数额不大,但几天累积下来也很可观。

　　很多人总觉得,"我怎么这么倒霉?一买就跌,一卖就涨"。其实,每个投机者都曾有过这样的遭遇。声称自己从未在市场上失手过的人要么在撒谎,要么从未进行金融交易。行情是波动的,交易员的开仓不可能都正好踩着节奏,如果一开仓立即就上涨,那是运气好。只不过专业投机者开仓的同时就设置好止损点,然后就不再理会市场的波动。而业余投机者缺乏对交易系统的信任,所以就无法坚定地持仓,面对正常的波动,自乱阵脚,反复止损。止损后立即投入新的交易,这是典型的赌徒心理,亏损了不甘心,想扳回损失。

连续亏损最大的可能是你在进行赌博式交易。你的心理已经失控,赌徒心理占据了你的大脑,让你很难抽身出来客观对待行情。所以当面对连续亏损的时候,就要多在自己身上找原因,问问自己"我的交易行为是赌博吗? 是投机吗?"如果是赌博式交易,那首先要从行为上入手。

专业投机者也可能会出现连续亏损的情况。在排除赌博式交易后,可能存在以下几个原因:

一是行情不适合你的个性。市场是波动的,但波动背后的原因各不相同。有些是因为政策经济环境发生重大变化,例如国家减税导致股市上涨。有些是因为有长期投资资金在买入,或是短线资金在炒作。不同的原因导致的行情波动性特点不同,可能是急速拉升,可能是长时间横盘,每个主力资金的手法各不相同。对于投机者来说,无法预知这些变化。甚至操纵者本身也无法预知对手的手法。投机者只知道价格说明一切。但是每个人的个性都有适应的行情,有些人不习惯急速拉升行情,有些人面对长时间横盘束手无策。庄家变了,就不能按原来套路下注。这时最好的方法就是退出观望,不亏就是赚。

二是交易系统设计不合理。交易系统设计需要一定的余量。例如有人用黄金分割点设定开仓,上涨幅度回调 38.2% 就止损。但是近期常回调到 40% 行情就回到原趋势方向,40% 与 38.2% 有没有本质差别? 说明止损点的设计余量太小。当出现连续亏损时,要重新评估一下交易系统,包括开仓标准、平仓标准、止损标准,多空双方的资金分配比例等。

三是趋势行情进行横盘振荡区。这种行情对投机老手也是一种折磨,专业投机者会在这种行情下停止交易,有人是持仓不动等待行情突破,也有人干脆清仓休息。

四是行情落入交易系统的盲区。交易系统是依据概率来设计的,本身就会有些行情不在大概率内,所以每个交易系统都会存在盲区。遇到交易系统的盲区,就可能连续亏损。不过一般情况下,交易系统的盲区虽然连续亏损,但如果用技术指标止损,每次止损额都不会太大,控制好仓位,不至于伤筋动骨,反而对心理的冲击却很大。

五是近期交易状态不好。每个交易员都会受到外界环境的影响,例如家庭的琐事烦恼、身体不佳、自己喜欢的球队输球都可能影响到交易状态。这种情况下,需要评估这些因素能否消除影响,如果不能就停止交易。有些人明知近期有其他事情要办,时间较忙,没空看盘,但行情又似乎很好,不肯放弃机会,结果事情没办好,钱也没赚到。不肯舍弃,就是不合理的贪婪。

无论哪种原因导致的连续亏损,首先都要先退出交易,充分休息。第一次止损后,就要冷静下来,找出原因,两次止损就要彻底停止交易。等行情明确后再跟随趋势入场。不应该的交易都是过度交易,只会带更多的亏损。

如果是正常的交易导致连续亏损,那么就要再次评估交易系统,如果落入交易系统盲区,休息一段时间,行情又会回到大概率中来。如果交易系统不合理,找出缺陷,修改系统。当然前提是专业投机，而不是赌博。

还有人面对连续亏损，会产生错觉：是不是大行情来了。交易系统都对，历史数据拟合都有效，交易行为也正确，肯定有大资金进入。的确，我们的交易系统设计都是依据大概率，建立在常规资金的基础上，有大资金进入会让交易系统短时失效。不过这种可能性很小，即使出现也不用着急，大资金带来的行情也大，有足够的空间进行投机，着急抄底仍然是赌博式交易。凡事还是要多在自身上找问题。

七、过度交易——找机会交易

投机者过度交易的一个很大表现是找机会交易。每天盯着盘面，时时将行情与交易系统进行比对，生怕失去任何一次赚钱的机会。如果技术指标与交易系统开多标准不符，就与开空标准比对；如果趋势交易标准不符合，就去比对波段交易标准。总之要找出一个可以交易的机会。所以多数投机者都有两套交易系统，一套是趋势交易系统，另一套是波段交易系统，甚至加上炒单系统，反正总能够有一套交易系统可以用，然而这样做的后果必须是亏损的。

每个人的性格、资金规模和时限都不同，不可能适合所有周期的交易，所以最多每个投机者只有一个周期的系统能够适用。找机会交易使得投机者大量交易，而其中占多数的是不适合自己的交易，不是开仓早了就是止损慢了，甚至交易方向反了，结果自然是亏多胜少。

找机会开仓，往往已经有了多或空的心理定势，只不过担心预测错误，想要通过技术指标找到合适的交易机会。本质上是一种猜行情。

要想消除找机会交易的不良习惯，投机者必须要总结出一套适合自己的交易周期和交易系统，过于全面和复杂的交易系统造成无效交易过多，放大了交易风险。机会是等出来的，即使错过了也还会有下一次机会。

八、猜行情

这是个不确定的世界，行情也一样不确定。人类面对不确定性的时候，本能产生焦虑、恐惧，这是人类进化过程中得以存活的优良品质，但对于投机交易，这种本能就不一定有利了。

所以我们要通过各种手段将不确定性转成确定。概率计算是一种手段，将不确定性转成可计量的风险。但多数投机者，运用更多的手段是猜测。

猜行情是交易者的通病，表现形式有很多种：

一是抄底、空顶。抄底、空顶都要预测具体的点位，但是在行情的转折点发生之前，谁也无法预测，存在太多的影响因素，行情存在太多的不确定性。

很多人会在行情下跌时抄底。一只股票上涨到 20 元,回调到 15 元后,业余交易者会觉得便宜而买入;但是对于投机,只要形成下跌趋势,就应该做空,而不是抄底,有人形象地称为"不接下落的刀"。同样,期货上涨,涨幅较大时,很多交易者就会卖出;但是对于投机,只要下跌趋势不变,就应该买入。

二是猜风险。开仓后总想着会存在风险,开多时想着可能随时反转下跌,一有获利就急忙平仓。

九、错误解释错误

投机者从新手走向成熟的投机者过程中,需要不断分析和总结。但是总结中常常会错误地去解释交易错误。

对事物的认识需要一定的经验和基础。交易中之所以会重复犯同样的错误,其实还是因为认识的深度不够。在发生交易错误后,对错误进行分析,然而因为认识高度不够,每次解释都不同,但每次的分析结论都是不全面的,结果就重复犯同样的错误,每次犯错后的归因都不相同。例如投机者过度交易问题一直存在,最早的分析归因于交易系统的问题,第二次犯错后认为交易没有遵循趋势,第三次认为开仓没有优势,第四次归因于没有平和的交易心态,第五次归因于没有形成专业交易习惯。并且同样错误由于具体的表现不同,用几种归因循环解释。

对交易失败的归因错误,主要是因为很多人的分析和归因都是从主观性出发。而主观性受情绪、环境、收到的信息影响,掺杂着各种认知偏差,每一次归因都会不同。要真正找出交易中的问题,最根本的是通过交易数据的分析和模拟交易,才能得出合理的解释,因为数据不会骗人。

◆结束语◆

规划职业投机生涯

能不能以投机为生，这是很多刚接触交易的人最想知道的问题。本书认为，无论是谁，只要具备了一定的基础，经过专业训练，都能成为专业投机者。不过专业投机者并不意味着你进入高收入行列。能否在投机领域取得高收入，除了专业技能外，还要有天赋和运气。就像羽毛球运动员，从小开始受到专业训练，十几年后，有些人出了成绩，进入国家队，参加国际比赛，成为球星。而天赋差一些的但足够勤奋的，或者天赋好但不够勤奋的，考个体育学院，将来毕业后回老家当个业余教练，虽然没有风风光光，但是也有足够的收入维持小康生活。不过无论是成为球星，还是业余教练，都需要经过长期刻苦的训练，一万小时少不了。

投机也是如此，经过专业训练，能够以投机为生。有没有天赋，决定着经过刻苦训练后，你是成为投机匠还是投机大师。

但是投机交易这一行业和其他行业最大的不同在于，其他行业在没有进入稳定获利前，仍然会有收入，例如工资收入、营业收入。但对于投机，完全是本金的流失。投机交易是个万人坑，能够从坑里爬出来的不容易，门槛低，竞争激烈，成功难。此中辛酸不比其他行业低，不是所有的人都可以承担那种失败的成本，有时候失败的成本会远远超过曾经的估算。

交易看似门槛很低，不需要任何资格，甚至只要几百元就可以开户交易。但是越是低门槛的行业，成功的概率越低，要求的技术难度越大。门槛越高的行业，例如垄断行业，只要拿到垄断资质，做好做坏都能赚钱，甚至会"赚钱多到不好意思"。实际上无论投资还是投机，想要成功，要求的基础都不低。

股权投资，需要系统学习企业财务、宏观经济和行业分析的知识。金融投资，需要学习金融原理和各种金融工具。投机交易，知识要求相对较低，但是对经验和训练的时间要求更长。

曾经有个朋友初入投机市场，小有收益，每次遇见，都会和我谈起交易心得。似乎一切都很顺利，我对他说，等你交易一年以后再说吧，实际上我没好意思打击他的积极性，我本来想说等你交易三年以后再来说吧。因为他所经历的我都经历过了，我知道他永远无法达到专业操盘手的基本标准，因为他已有了家庭和孩子，不可能再去经历那种投机的心理历程，也无法体验到真正的专业投机交易。

国外有经验,培训一个操盘手需要 5 至 7 年,而且是在有师傅指导的情况下。这些年,他必须经历一次大牛市、一次大熊市,而且要经历两次破产危机。

经历一次大牛市和大熊市,才知道价格是没有天花板的。垃圾可以炒到天价,天价之外,还有太空价,太空价之外还有宇宙价。而价格也没有所谓的地板,地板下还有地下室,地下室下面还有十八层地狱。你会说不可能,最多价格就是零。那只是对股票本身而言,最低就是零。但对于投机交易则不是,投机可以是负值的。股票跌到零,如果你有配资或其他杠杆,那么你除了本金全失外,你还要背负着债务。

成功的投机手,要经历两次破产危机。第一次多数都破产,否则无法体会投机市场一切皆有可能的道理,上一秒大涨,下一秒大跌,都是再正常不过了。

经历第二次危机,可能破产,也可能不破产,但一定会大亏,经历第二次,终于从心底里认可"价格说明一切",不再去猜信息,而且不再仅仅关注技术指标,而是更重视资金管理和止损。

每一次危机,都是对人类本能的消磨。虽然我们无法消除人类的从众、恐惧、自尊这些本能反应,但我们可以通过危机时所承受的痛苦体验,将投机的专业原则强行内化到我们的潜意识,使得这些本能对投机交易的影响降到最低。

期货市场上有句谚语,有新手,有老手,没有高手。新手缺乏经验,如果没有足够的资金,最终会被市场清洗出场。能在市场上存活的老手,要么有足够的资金支撑他的长期亏损,要么已经总结出一套稳定的获利方法。

很多刚入市交易的新手胆子大,满仓交易,所谓初生牛犊不怕虎。本书作者在专业交易的第一年,也是如此,满仓交易,遇到振荡,又追加资金加仓,总是觉得钱不够用。结果常常爆仓,多次接到期货公司追加资金的电话。最初三个月,收益率达到300%,似乎一切都很顺利。但是胆大的前提是要市场同意,结果三个月后,市场方向变了,由单边空头趋势转向长时间的横盘振荡。无论做空还是做多,都反复止损,不但前期的收益全部吐回去,还将本金亏损殆尽,不得已中断了专业交易。

所以你连续三天获利,那很可能是运气,很多人都可以做得到。如果你连续三个月获利,那么一定有独到之处,也许是敏锐的直觉、准确的判断,也许是有合理的资金管理,但并不表明你是成熟的投机者。如果你在市场搏杀一年依然获利,那么可以肯定,你已经有合理的交易原则和交易纪律,这种原则可能是成文的,也可能只存在于你的脑袋里。但如果没有经历大牛市和大熊市,很难说你在投机上成功了。

而经过几年的交易后,对市场的感觉和技术指标的应用有了足够的经验,能够应对不同的行情,这时其实应该是胆大交易的时候。但是由于亏损的经历太多,很多交易员变成了老手,老手的典型表现是:战战兢兢,生怕遇到大的亏损;不追求过高的收益率,有一定的收益不论行情是否到头就平仓;仓位控制在较小的范围内;遇到振荡不论是正常振荡还是反转都快速小亏止损。老手往往能稳定获利,但并不能取得投机交易应该取得的全部利润。

但本书看来,高手还是有的。高手必须大器、有大局观、耐心,同时有胆量,能够耐得住寂寞,经得起诱惑,在该出手时大胆出手,在经历振荡时能够依据交易技术指标守仓。高手与老手的区别在于,高手经过了降低人类本能影响的训练阶段后,还能够摆脱长期亏损的心理影响后遗症。当然前提是高手要很强的敏感度,这需要天赋。天赋帮助高手缩短了成熟时间,从而重大亏损对心理的影响较小,后期交易中容易摆脱这种影响。

很多人投机的目的,都是以为投机可以一夜暴富。除非你的运气好到地上没有,天上难找,否则是不可能的。即使一夜暴富,如果赚到第一桶金后没有退出投机,最终仍然会赔光。

对待投机,也应该像一门职业一样。但这门职业的艰辛却是一般行业无法体会的。所以如果有人问我如何交易,我的建议是,如果你有一定的财经知识,去学习投资吧;如果有一份好的工作,就不要投机。如果实在手痒,拿出少量的钱,就当作打麻将一样,小赌怡情就好了。

如果你想进入专业投机生涯,那么要考虑以下几个问题,问问自己,准备好了吗?

1.投机也是一门职业,如果想要靠它一夜暴富,那么注定是痛苦的亏损。即使你有天赋,也要经历三年以上的痛苦历程。

2.业余投机永远无法成功,因为你无法体验专职交易的心理历程。心理上永远无法突破人性的本能,而在投机交易上要取得成功,必须要反本能的。贪婪、恐惧和自尊的本能人人都有,但专业交易者必须驾驭它们才可能成功。要控制贪和怕,不要给自己面子,至少必须经历一次大牛市和大熊市,有过破产或濒临破产的心理体验后,才有可能成为专业的投机者。

如果你幸运,入市的时候遇到行情,例如是大牛市,并且你做多,一开始就可能有很大获利。但接下来的振荡行情,会让你倾家荡产。振荡过后的熊市初期你已没有资金了,你被迫降低交易规模,甚至交易1手豆粕或者1手基金也会让你兴奋。等你捱过这次熊市,至少你已交易了三年。如果是专业交易,你可能已经跨入了专业交易员的门槛。如果你没有专职交易,仍然不能保证稳定获利。

当然你遇到大行情,更大的可能是一次性亏光,因为没进入投机行业,你想象不到投机的天高和地深。行情涨了一倍,你会觉得哪可能再涨,更大的可能是你会做空,但对投机交易,涨十倍也很常见。

如果你入市时大行情接近尾声,你体验不到大行情的淋漓尽致,你的投机成熟期还不止五年。

3.投机是厚积薄发的行业,在交易的前三年,你每个月都要往里投钱并且看着这些钱莫名其妙地消耗,而且每次都会觉得"差一点就成功了"。但这差一点,可能差很多年。

4.投机交易前三年,必须是专职投机,至少也要大部分时间进行专业交易。这三年没有收入,每年还要给市场交学费。按现在的国内市场,我会建议,一次拿出5万,一年内不要再追加资金,如果亏损就降低交易规模,如果5万都亏光了,那就停止交易,先去打打零工或者多做些家务,第二年再来。前三年每年5万,15万应该是够了。第四年有了经验,可能可以不用再投入,第五年结束,如果能够进入稳定获利状态,那才可以逐步追加交易本金。

当然,如果你在期货、证券、基金公司工作,用别人的资金交易,那又是另外一回事。

但是你不会信这些,某个时期你碰巧做对了行情,获利可观,你会把所有的资金连本带利再投入,最终都会亏光,然后你再攒钱,再入市。这三年里,你如何面对你的家人?

5.投机交易的前几年是高度紧张的。人在高度紧张时内分泌水平会发生较大变化,免疫力必然下降,你的身体吃得消吗?尤其年纪较大再去专职交易,钱没赚到,身体垮了,值不值得?

如果你确定要开始投机交易,首先应做好以下几件事情:

1.确定你能运用的资金量,留出足够的消费资金。例如你将一周后用于还贷的资金买入股票,那么在持仓中,你每时每刻都会担心如果下跌怎么办。一有小利就会卖出,不可能获得应有的利润。如果遇到大幅振荡,你将被迫大亏止损。

2.确定交易对象。股市、期货虽然都可以投机,但是不同市场由于存在交易规则的区别,投机者、投资者和保值者构成比例不同,在行情上会表现不同的特征。确定交易市场和品种后,才能有效地选择交易工具。

3.设计交易系统。交易系统设计重点是交易纪律和资金管理。交易纪律可以参照江恩28条交易法则进行取舍。资金管理是重中之重。仓位管理建议先用凯利公式确定交易规模,等有了经验后再进行调整。交易老手的仓位往往比凯利公式计算的更低。止损标准是最难设计的,需要根据交易者的个性和行情特点反复调整。

4.对各种技术指标分别进行拟合,时间跨度最好10年以上,最后确定趋势和优势两类指标。技术指标不要太多,每类指标设定一个主指标,一个辅助指标。

5.如果拟合和模拟交易成功率都很高,但是实际交易结果很差,首先要评估是资金管理的问题还是心理问题,或者两者都有问题。如果因为心理影响了交易,就要进行心理训练。

6.在交易中,要重视止损的经验积累。多数投机者在复盘时重点关注行情分析是否正确。但止损对交易成败的影响超过70%,因此复盘更应该关注止损和平仓是否正确,是否因为心理因素错误止损。

7.每天日志记录交易心理活动;每周要对交易结果进行统计分析,找出失败的交易进行分析;每个月将失败的交易进行归纳,尤其要重视重复犯的交易错误。

参考文献

[1][德]乔齐姆·高德伯格,鲁狄格·冯·尼采.行为金融[M].赵英军,译.北京:中国人民大学出版社,2004.

[2][美]Linda Brannon,Jess Feist,John A.Updegraff.健康心理学[M].郑晓辰,张磊,蒋雯,译.北京:中国轻工业出版社,2016.

[3]阿莫斯·特沃斯基,保罗·斯洛维奇,丹尼尔·卡尼曼.不确定状况下的判断[M].方文,吴新莉,张擘,等译.北京:中国人民大学出版社,2013.

[4]爱德华·钱塞勒.金融投机史[M].姜文波,译.北京:机械工业出版社,2012.

[5]巴斯.进化心理学[M].熊哲宏,张勇,晏倩,译.上海:华东师范大学出版社,2007.

[6]陈东.道氏理论——市场分析的基石[M].北京:中国经济出版社,2004.

[7]杜·舒尔茨.现代心理学史[M].杨立能,等译.北京:人民教育出版社,1981.

[8]菲利普·费舍.怎样选择成长股[M].冯治平,译.北京:地震出版社,2007.

[9]弗洛伊德.弗洛伊德文集[M].北京:中国戏剧出版社,2008.

[10]弗洛伊德.弗洛伊德自传[M].廖运范,译.上海:上海三联书店,2011.

[11]弗洛伊德.梦的解析[M].夏金玲,译.北京:煤炭工业出版社,2016.

[12]弗洛伊德.癔症研究[M].北京:九州出版社,2014.

[13]弗洛伊.德精神分析引论[M].文思,译.北京:中华工商联合出版社,2017.

[14]格雷厄姆.证券分析[M].邱巍,译.海口:海南出版社,1999.

[15]哈罗德·德姆赛茨.所有权、控制与企业[M].段毅才,等译.北京:经济科学出版社,2000.

[16]赫特,布洛克.投资管理学[M].刘曼红,译.北京:中国人民大学出版社,2009.

[17]江恩.华尔街45年[M].陈鑫,译.北京:机械工业出版社,2010.

[18]江恩.如何从商品期货交易中获利[M].李国平,译.北京:机械工业出版社,2006.

[19]姜乾金.心身医学[M].北京:人民卫生出版社,2007.

[20]姜振宇.微表情[M].南京:凤凰出版社,2011.

[21]柯蒂斯·费思.海龟交易法则[M].乔江涛,译.北京:中信出版社,2007.

[22]李文林,邹建成,胥鸣伟.数学史通论[M].北京:高等教育出版社,2004.

[23]曼德尔布罗特,赫德森.市场的(错误)行为[M].张新,张增伟,译.北京:中国

人民大学出版社,2017.

　　[24]马克·鲁宾斯坦.投资思想史[M].张俊生,曾亚敏,译.北京:机械工业出版社,2012.

　　[25]孟昭兰.情绪心理学[M].北京:北京大学出版社,2005.

　　[26]欧文·B.韦纳.心理治疗的法则[M].周博林,等译.成都:四川人民出版社,2007.

　　[27]乔纳·布朗.自我[M].陈浩莺,译.北京:人民邮电出版社,2004.

　　[28]饶育蕾,刘达锋.行为金融学[M].上海:上海财经大学出版社,2003.

　　[29]塞思·卡拉曼.安全边际(原书1990版)[M].叶茂青,译.Value杂志社.

　　[30]斯蒂格利茨.经济学[M].梁小民,黄险峰,译.北京:中国人民大学出版社,2000.

　　[31]提摩西·威尔森.弗洛伊德的近视眼[M].傅声焜,译.成都:四川大学出版社,2006.

　　[32]约翰·赫尔.期权、期货及其他衍生品(原书第7版)[M].王勇,译.北京:机械工业出版社,2009.

　　[33]约翰·塔巴克.概率论和统计学:不明确的科学[M].杨静,译.上海:商务印书馆,2007.

　　[34]章志光,金盛华,等.社会心理学[M].北京:人民教育出版社,2008.

　　[35]陈舒永.和内省有关的几个问题[J].心理学报,1988(2).

　　[36]陈卓思.金融学中的技术分析理论基础研究综述——技术分析与模型噪声的关系[J].特区经济,2006(5).

　　[37]董奇.论元认知[J].北京师范大学学报,1989(1).

　　[38]陈成,王永县.股市技术分析理论研究发展综述[J].经济师,2005(5).

　　[39]苟雅宏.应用内隐联想测验的内隐社会认知研究新进展[J].社会心理学,2008(5).

　　[40]黄和林.论潜意识的存在性及其作用[J].宁波教育学院学报,2004(9).

　　[41]乐国安,李绍洪.心理定势发生机制的模型建构[J].心理学探新,2006(2).

　　[42]李睿.前景理论研究综述[J].社会科学论坛,2014(2).

　　[43]刘力.行为金融理论对效率市场假说的挑战[J].经济科学,1999(3).

　　[44]刘运合,杨伊生.心理防御机制的研究综述[J].内蒙古师范大学学报(哲学社会科学版),2008(1).

　　[45]钱铭怡,钟杰.心理治疗:理论学派、研究及发展[J].中国科学院院刊,2012.Z1.018.

　　[46]石文典,钟高峰,鲁直.阈下知觉和隐性广告的作用及启动效应研究[J].心理科学,2005(3).

　　[47]孙淑桥.透过弗洛伊德潜意识来探索人的本质[J].陇东学院学报,2009(7).

[48]王明辉,张淑熙.应激研究综述[J].信阳师范学院学报(哲学社会科学版),2003(2).

[49]王雪,金盛华,等.贪婪:态度、动机与决策机制[J].心理科学进展,2013(4):740-750.

[50]韦有华,汤盛钦.几种主要的应激理论模型及其评价[J].心理科学,1998(5).

[51]徐传胜.概率论简史[J].数学通报,2004,10:36-39.

[52]许晓光.日本近世城市的兴起及其经济影响[J].四川大学学报(哲学社会科学版),2008(3).

[53]严贝妮,曹娟.中外认知偏差研究述评[J].郑州师范教育,2015(5).

[54]杨晴.国内外元认知理论及其相关问题研究综述[J].商丘师范学院学报,2010(1).

[55]袁志刚,解栋栋.流动性与资产价格波动关系研究评述[J].经济学动态,2009(10).

[56]张书义.弗洛伊德人格理论述评[J].天中学刊,1988(4):82-86.

[57]郑雨明.决策判断中认知偏差及其干预策略[J].统计与决策(理论版),2007(5).

[58]邹晓翔.简论江户时代"参觐交代"制对领主阶级经济生活的影响[J].现代日本经济,1988(2).

[59]姚波.今年诺贝尔经济学奖得主19年爆赚832%,远超巴菲特[N].中国基金报,2017-10-10

[60]马靖昊.我找到了《期货大作手风云录》作者逍遥刘强自杀的原因[Z/OL].2015年8月8日,http://www.sohu.com/a/26408498_114732.

[61]R.REED.HUNT,HENRY C.ELLIS.认知心理学基础[M].北京:人民邮电出版社,2006.

[62]ALDWIN.C.M.,REVENSONT.A.Does coping help? Are examination of the relation between copying and mental health[J].Journal of Personality and Social Psychology,1987(53).

[63]BAZERMAN M.H.,CHUGH D.Decisions without blinders [J].Harvard Business Review,2006,84(1):88-97,133.

[64]BOND M. Empirical Study of self-rated defense styles [J]. Arch Gen Psychiatry,1983,40(3).

[65]DE BONDT,WERNER F.M.,RICHARD H.Thaler.Does the Stock Market Overreact? [J].Journal of Finance,1985.

[66]DE BONDT, WERNER F.M., RICHARD H.Thaler.Futher Evidence on Investor Overreaction and Stock Market Seasonality [J]. Journal of Finance,1987.

[67] GANZACH Y. Judging Risk and Return of Financial Assets [J].

Organizational Behavior and Human Decision Processes,2000(83):353-70.

[68]GILBERT D.T., PINEL E.C., WILSON T.D., et al. Immune neglect: a source of durability bias in affective forecasting [J].Journal of Personality &Social Psychology,1998, 75(3):617-38.

[69]GORT M., KLEPPER S.Time paths in the diffusion of product innovations [J]. The Economic Journal,1982(92):630-653.

[70]GREENWALD A.G., BANAJI M.R.Implicit social cognition :attitude, self-esteem [J]. Stercotypes psychological review,1995(102):4-27.

[71] HOROWITY M.J.Personality, style sand brief psychotherapy[J]. New York:Basic, 1984(2).

[72]JACOBY L L. A process dissociation framework: Separating automatic from intentional uses of memory [J]. Journal of memory and language,1991(30): 513-541.

[73]LONG WANG, J. KEITH MURNIGHAN. On Greed [J]. Academy of Management Annals,2012,5 (1) :279-316.

[74]MARCEL.A.J.Conscious and unconscious perception:experiments on visual masking and word recognition [J].Cognitive Psychology, 1983(15).

[75]R. H.Thaler. Toward a positive theory of consumer choice [J]. Journal of Economic Behavior and Organization, 1980:60-74.

[76] R. S. CRUTCHFIELD. Conformity and character [J]. American Psychologist,1955, 10(5): 191-198.

[77]REED LARSON, MIHALY CSIKSZENTMIHALYI, RONALD GRAEF. Mood variability and the psychosocial adjustment of adolescents[J].Journal of Youth Adolescence,1980,9 (6) :469-490

[78]S.MILGRAM. Some condition of obedience and disobedience to authority [J]. Journal of Human relations,1965,18:57-76.

[79]SALVADOR SáNCHEZ−ALONSO, YIANNA VOVIDES.Integration of metacognitive skills in the design of learning objects [J].Computers in Human Behavior,2007 (23).

[80]SLOMAN S A. The empirical case for two systems of reasoning [J]. Psychological Bulletin, 1996(119): 3-22 .

[81]SLOVIC, PAUL. Psychological Study of Human Judgement: Implications for Investment Decision Making [J]. Journal of Finance,1972.

[82] STANOVICH K.E., WEST R.F. Individual differences in reasoning: Implications for the rationality debate [J]. Behavioral & Brain Sciences, 2000, 23: 645-726.

［83］TVERSKY A., KAHNEMAN D. The Framing of Decisions and the Psychology of Choice ［J］. Science, 1981,211(4481):453-458.

［84］TVERSKY AMOS, KAHNEMAN DANIEL.Prospect theory: An analysis of decision under risk ［J］. Econometrica,1979.

［85］TVERSKY AMOS, KAHNEMAN DANIEL.Advances in prospect theory: Cumulative representation of uncertainty ［J］.Journal of Risk and Uncertainty,1992.

［86］KAHNEMAN D., A. Tversky. On the psychology of prediction ［J］. Psychological Review,1973.

［87］VAILLANT G.E.,BOND M. An empirically validated hierarchy of defense mechanisms ［J］. Arch Gen Psychiatry, 1986, 43(8):786-94.

［88］VAILLANT GEORGE E. Natural history of male psychological health. .V. The relation of choice of ego mechanisms of defense to adult adjustment ［J］. Arch Gen Psychiatry, June 1976,33(5).

［89］VAILLANT GEORGE E. Natural history of malepsychological health. XV: Retirement Satisfaction ［J］.American Journal of Psychiatry ,2006(5).

［90］WILLION G. CHASE, HERBERT SIMON. Perception in chess ［J］. Cognitive Psychology,1973(4):55-81.

［91］ZAJONC R. B. BUMSTEIN E. Structural Balance, Reciprocity, and Positivity as Sources of Cognitive Bias ［J］. Journal of Personality, 1965, 33 (4): 570-583.

后 记

　　本书计划始于 2012 年,当时我在一家学院兼职讲授《期货学》和《外汇管理》本科生课程。有感于投机学的理论体系不如投资学清晰,课堂上缺乏一本关于投机学的专著,当年就开始准备撰写此书。只是由于自身知识的局限和交易牵绊,陆陆续续写了一些章节,始终不能成书。

　　2016 年起,随着交易重点转向投资,终于能够有清闲的心态,重新审视以往的投机生涯,投入更多的时间继续投机学的写作。2018 年初陈润和加入,几经修改,增加了部分章节,最终成书。

　　本书初稿完成后请一些亲友审阅,非常感谢大家提出的宝贵建议。不过有些人还是难以理解投机的专业性,大家想看的是一本字数不多的投机秘笈,书店里卖的都是发家致富的书籍。如果发家致富是"利好消息"的话,本书可以说是一本"利空"的书。人人都喜欢听利好消息,没有人愿意听到利空。但是人生不可能永远是利好,知道利空才会对交易有敬畏之心。

　　投机交易要成功,都要抵抗人性的本能,例如从众、恐惧、自尊等。从这个意义上说,投机更需要"葵花宝典",不过别忘了,即使自宫,未必成功。

　　最后,套用《孙子兵法》的一句话:钱者,家之大事,聚散之地,离合之道,不可不察。

陈师伟

2018 年 9 月